La justice sportive au Cameroun

Collection « Études africaines »

Forte de plus de mille titres publiés à ce jour, la collection « Études africaines » fait peau neuve. Elle présentera toujours les essais généraux qui ont fait son succès, mais se déclinera désormais également par séries thématiques : droit, économie, politique, sociologie, etc.

Dernières parutions

Trésor LUMFUANKENDA BUNGIENA, *Architecture du care en République démocratique du Congo, Repenser l'infrastructure hospitalière*, 2025.
François KODENA (dir.), *Jean-Marc Ela ou l'audace de géo-penser. Message à la jeunesse panafrikaine,* 2025.
Riman VAN, *Les défis contemporains de la démocratie et des droits de l'homme en Afrique. Étude à l'aune du droit international et du droit régional,* 2025.
Salomé SOLOUM, *Mode vestimentaire, accessoires et parures corporels dans le sud-Bénin du XVIIe au XIXe siècle*, 2025.
Salomon MAMPETA WABASA, *Gouvernance du parc national de la Salonga en RD Congo, Protectionnisme écologique et résistances locales*, 2025.
Ibrahim HAROUNA OUSMANE, *Enjeux sécuritaires et mobilisation des jeunes dans les groupes extrémistes violents, Une analyse par l'exemple d'Abala au Niger*, 2025.
Sous la direction de Saouré KOUAME, *Philanthropie et développement de l'Afrique*, 2025.
Romain KABONGO TCHISSENS, *Gouvernance des entreprises publiques en République démocratique du Congo, Des sociétés à chartes aux sociétés commerciales, une déliquescence programmée*, 2025.
Ilunga MUKADI, *Afromanie. Essai d'études africaines*, 2025.
Jean NSONSA VINDA et Pascal KAMUFUENKETE LUVUMBU, *La République Démocratique du Congo peut-elle décoller ? Fédéralisme et développement de la RDC*, 2025.

Amadou Mbeyap Kutnjem

La justice sportive au Cameroun

Genèse et dynamiques du processus de règlement des litiges sportifs

Préface de Hamad Kalkaba Malboum

L'Harmattan

5-7, rue de l'École Polytechnique, 75005 Paris
http://www.editions-harmattan.fr
ISBN : 978-2-336-51646-2
EAN : 9782336516462

« Seul, quand il est question de justice, l'important est moins de se rassurer sur la façon des décisions que sur la manière dont certaines d'entre elles risquent d'être perçues par les usagers. Il est rare qu'en tranchant une contestation, l'autorité compétente donne égale satisfaction à chacun des adversaires. Mais il faut éviter que, chez le perdant comme chez l'ensemble de la population intéressée, la décision prise puisse être suspectée au point d'accréditer l'idée que, seul un recours devant les tribunaux d'État peut permettre d'obtenir une justice convenable ».

ALAPHILIPPE (F.), Sport et Droit, in NELSON (P.) (Dir.), Revue juridique et économique du sport, Esport, n° 1, 1987, pp. 1-22.

SOMMAIRE

PRINCIPAUX ABRÉVIATIONS, SIGLES ET ACRONYMES

AFC : Association des Footballeurs Camerounais

Al. : Alinéa

Art. : Article

CA. : Chambre Administrative

CAF : Confédération Africaine de Football

Ch.Civ. : Chambre Civile

CCA/CNOSC : Chambre de Conciliation et d'Arbitrage du Comité National olympique et Sportif du Cameroun

CCJA : Cour Commune de Justice et d'Arbitrage

C. cass : Cour de Cassation

C. civ : Code Civil

CEMAC : Communauté Economique et Monétaire de l'Afrique Centrale

CERDEPS : Centre d'Etudes et de Recherche en Droit, Economie et Politique du Sport

Charte Africaine : Charte Africaine des Droits de l'Homme et des Peuples

CIAS : Conseil International d'Arbitrage en Matière de Sport

CIO : Comité International olympique

CNO : Comité National olympique

CNRL : Chambre Nationale de Résolution des Litiges (FECAFOOT)

CP : Code Pénal (Cameroun)

CS : Cour Suprême (Cameroun)

CSA : Confédérations Sportives Africaines

CSSA : Conseil Supérieur du Sport en Afrique

CSUA : Conseil Supérieur de Sport de l'Union Africaine

CTD : Collectivité Territoriale Décentralisée

C. trav : Code du travail

CA : Cour d'Appel

CS : Cour Suprême

CE. : Conseil d'État

CIJ : Cour Internationale de Justice

CNPC : Comité National Paralympique du Cameroun

Dir. : Sous la direction

FECABOXE : Fédération Camerounaise de Boxe

FECACYCLISME : Fédération Camerounaise de Cyclisme

FECAFOOT : Fédération Camerounaise de Football

FECAHAND : Fédération Camerounaise de Handball

FECAKADA : Fédération Camerounaise de Karaté et des Disciplines Affinitaires

FIFA : Fédération Internationale de Football Association

FSI : Fédération Sportive Internationale

Ibid. ibidem : Au même endroit

Idem : Ici même/voir même référence

In : Dans

INJS : Institut National de la Jeunesse et des Sports

Infra : Plus bas, ci-dessous

J.P. : Juridis Périodique

Le Nemro : Revue Trimestrielle de Droit Economique

LFPC : Ligue de Football Professionnel au Cameroun

LGDJ : Librairie Générale de Droit et de Jurisprudence

MINSEP : ministère des Sports et de l'Education Physique

N° : Numéro

Not. : Notamment

Obs. : Observations

ONU : Organisation des Nations Unies

Op. cit, préc. : Opere citato (Précité)

Ord. : Ordonnance

OUA : Organisation de l'Union Africaine

P/pp : Page/ pages

Préc. : Précité

PUA : Presses Universitaires d'Afrique

PUF : Presses Universitaires de France

Rapp. : Rapport

SA : Société Anonyme

SARL : Société à Responsabilité Limitée

SEM : Société d'Economie Mixte

SMIG : Salaire Minimum Interprofessionnel Garanti

Spéc. : Spécialement

Supra : Plus haut, ci-dessus

SYNAFOC : Syndicat National des Footballeurs Camerounais

T. : Tome

TA : Tribunal Administratif

TAS : Tribunal Arbitral du Sport

TCS : Tribunal Criminel Spécial

TGI : Tribunal de Grande Instance

TPI : Tribunal de Première Instance

UA : Union Africaine

V. : Voir

Vol : Volume

UCAC : Université Catholique d'Afrique Centrale

REMERCIEMENTS

J'entends remercier sincèrement tous ceux, et toutes celles qui, de près ou de loin, avec le même intérêt, ont contribué à la réalisation de cet ouvrage.

Tout d'abord, nous remercions les contributeurs, membres de la Chambre de Conciliation et d'Arbitrage du Comité National olympique et Sportif du Cameroun ou non, qui ont, par leur apport scientifique, manifesté leur intérêt à la thématique du présent ouvrage. Ils auront contribué, ce faisant, à rendre compte d'un volet important de l'activité, passée, actuelle et future de la Chambre.

Ensuite, il faut tout autant remercier le Comité National olympique et sportif dans son ensemble, pour le soutien à l'activité de recherche au sein de la Chambre. En particulier, il convient de rendre hommage à Monsieur le Président du CNOSC, Colonel Hamad KALKABA MALBOUM, pour l'appui multiforme apporté à la production de cet ouvrage, notamment un appui financier, lequel aura été déterminant pour la finalisation du présent travail. En acceptant de soutenir notre entreprise, il concrétise ainsi son crédo de faire de la Chambre un pôle d'excellence en matière de recherches dans un espace pratique. La Préface qu'il a bien voulu rédiger est, si besoin supplémentaire était, la preuve de cet engagement hautement stratégique.

Qu'il nous soit permis de remercier des personnes qui ont accepté volontiers de procéder à la relecture de l'ouvrage tout entier, afin d'en assurer, au-delà des aspects de technique juridique ou des analyses de fond, la cohérence esthétique de l'œuvre. Il s'agit de : Dr Simplice GOUAMBE, Chargé des cours à l'Université de Douala ; Mme Mariama KUTNJEM MEWOUO, Professeur des Lycées ; Dr Aissatou IDRISSOU, Assistante à l'Université de Yaoundé II ; et M. Fadil Ibrahim PEBAINKOUE, Doctorant à l'Université de Yaoundé II. Que ces relecteurs et relectrices si dévoués soient grandement remerciés.

Enfin, nous tenons à remercier des personnes qui ont bien voulu nous accompagner dans cette entreprise, en particulier Dr François DIKOUME, Arbitre au TAS qui nous a grandement ouvert les portes de sa bibliothèque, et Monsieur Charles TCHATCHOUANG, Magistrat et ancien compagnon de la CCA du CNOSC.

Dr MBEYAP KUTNJEM Amadou

PREFACE

La suggestion par le Comité International olympique (CIO) de la création d'un tribunal disciplinaire au sein des Comités Nationaux Olympiques par une lettre du 27 avril 2000, révéla l'urgence qu'il y avait à mettre sur pied la Chambre de Conciliation et d'Arbitrage (CCA). Le Département des Affaires Juridiques du Comité National olympique et sportif du Cameroun (CNOSC), que je préside, avait d'ailleurs très vite exprimé le désir de la création d'une institution de ce type, pour donner aux acteurs du mouvement sportif camerounais, la possibilité d'un recours sur le plan national après épuisement des voies de recours internes aux fédérations sportives nationales.

Dans cet esprit, des mesures ont tout de suite été prises pour que la CCA voie le jour en 2001. C'est précisément en cette année où nous célébrons les vingt-quatre ans de cette juridiction qu'un de ses premiers compagnons de route, M. MBEYAP KUTNJEM Amadou, Conciliateur et ex-Arbitre devant ladite juridiction, commet un ouvrage de grande facture sur la naissance et la vie de la CCA du CNOSC.

M. MBEYAP KUTNJEM fait partie, presque dès l'origine, de l'aventure des règlements des litiges d'ordre sportif par la CCA du CNOSC. Il y exerce ses talents non seulement de juriste privatiste, mais aussi de fin connaisseur des rouages institutionnels et surtout des ressorts humains qui animent le mouvement sportif. Cette aventure est une belle histoire en tout cas, et M. MBEYAP KUTNJEM contribue encore à l'écrire.

L'auteur continue ainsi d'écrire l'histoire de la Chambre dans cet ouvrage en deux étapes. Dans un premier temps, il montre que la justice ne se trouve pas seulement dans les décisions des tribunaux étatiques ; qu'il existe une justice sportive du quotidien qui s'administre régulièrement à l'intérieur de la communauté du sport, sous la houlette d'universitaires juristes, de magistrats et d'avocats réputés dans leur spécialité, étant des hommes d'expérience, de terrain, pour certains rompus à la pratique de haut niveau, parfaits connaisseurs au demeurant, de l'intérieur, du mouvement sportif et associatif. Le rayonnement de la Chambre, au cours de ces deux dernières décennies, son éthique, son indépendance, tout ce qui constitue au fond sa crédibilité, n'ont pas d'autres explications. Cette justice-là est loin du cérémonial judiciaire : elle s'établit régulièrement à travers les échanges, les accommodements ou les actes d'autorité qui interviennent en permanence pour régler au mieux les tensions ou les crises.

M. MBEYAP KUTNJEM saisit ainsi l'occasion pour retracer la genèse de cette auguste institution de conciliation et d'arbitrage. Il fait une analyse détaillée de la naissance et de l'évolution de la Chambre, sans omettre de la situer dans son environnement.

Concernant la naissance et l'évolution de la Chambre, l'auteur met en relief la période de naissance, d'une part, et l'accueil qui lui a été réservé par les fédérations et associations sportives, d'autre part.

S'agissant de la période de naissance, l'auteur nous rappelle que le 18 janvier 2001 marque la date de naissance de la CCA du CNOSC. Elle ne sera pour autant organisée qu'en 2009 par Décision du Président du Comité National olympique et Sportif du Cameroun. Par la suite, la Chambre a été légalisée par les différentes lois relatives aux activités physiques et sportives au Cameroun. C'est pourquoi l'auteur pense à juste titre que cette institution juridictionnelle est une juridiction privée originelle, et une juridiction étatique dérivée.

S'agissant de l'accueil réservé à la Chambre, l'auteur démontre que, dès sa création, elle a fait face à la réticence de certains acteurs du mouvement sportif qui voyaient en elle un instrument d'ingérence dans les affaires intérieures des fédérations et associations sportives. Cette situation n'a pas fait long feu. Et, quelques années plus tard, on a observé un regain d'intérêt pour la Chambre. Selon l'auteur, l'intérêt s'est accru pour diverses raisons : la recherche d'un mécanisme de règlement rapide et efficace des différends d'ordre sportif, la confirmation par le TAS de la plupart des décisions rendues par la Chambre, une autopublicité de la Chambre et l'admission volontaire et progressive de la présence d'un véritable tribunal arbitral par le mouvement sportif. L'on ne s'étonne pas que l'auteur en vienne à conclure que la Chambre n'a plus d'adversaire sérieux.

Pour autant, et concernant l'environnement dans lequel travaille la Chambre, l'auteur ne manque pas de montrer que, malgré les suffrages engrangés par celle-ci, le travail de l'arbitre n'est pas toujours paisible. Il a même été plutôt turbulent. Les fréquents séjours de M. MBEYAP KUTNJEM au sein de la Chambre depuis 2009, couplées d'une observation quasi permanente du fonctionnement et de la vie du mouvement sportif camerounais, l'autorise à dire que l'arbitrage des litiges d'ordre sportif a souvent posé des difficultés. L'une d'entre elles, et même la principale, est liée aux techniques de déstabilisation de l'arbitre de la CCA. L'objectif des parties pourrait être de « *transformer leur procès perdu devant l'arbitre en procès gagné contre l'arbitre* ». Et les stratégies qui visent à entraver le travail de l'arbitre de la CCA du CNOSC (mise en cause, récusation, exception d'incompétence, refus d'exécution des sentences arbitrales, etc.), ont pris un tant soit peu une ampleur inégalée.

Cette dérive contemporaine s'explique selon l'auteur, par l'effet conjugué de deux séries de facteurs : premièrement, « *la recherche d'un responsable est presque devenue un réflexe dans notre société. Pour un échec ou insatisfaction, quelqu'un doit payer. La tendance est de ne laisser aucune déconvenue sans qu'il ne soit au moins tenté de l'imputer à quelqu'un ».* Transposé à l'arbitrage de la CCA du CNOSC, cela revient à essayer de rendre l'arbitre responsable d'une sentence défavorable ou qui s'annonce comme telle.

Deuxièmement, l'arbitre de la CCA du CNOSC est souvent moins bien considéré par les parties, comparé par exemple au juge étatique. « L'atténuation du rituel judiciaire, alliée au fait que, souvent, l'arbitre est rémunéré avec les frais payés par les litigants, n'est pas étrangère au regard que ceux-ci portent sur lui. Cet acharnement justicier a parfois touché de plein fouet l'arbitrage de la CCA du CNOSC à travers des mises en cause personnelles de l'arbitre, même s'il a rempli sa mission de façon irréprochable.

C'est pourquoi il était bon de réaffirmer et de montrer le travail de la Chambre, notamment, en apportant un éclairage sur les mécanismes qui entourent l'établissement des sentences arbitrales de cette auguste institution.

Dans un second temps donc, l'auteur s'arrête sur le travail proprement dit de la Chambre. Pour ce faire, l'auteur développe son étude en deux mouvements qui correspondent aux différentes phases du travail de la Chambre : en premier lieu la mise en place de la procédure d'arbitrage, et en second lieu, la détermination du droit et des solutions applicables au litige d'ordre sportif.

Dans le premier mouvement, l'auteur fait une analyse de la mise en place de la procédure d'arbitrage par la Chambre. Il met en relief l'organisation démocratique du déroulement de l'instance, d'une part, la gestion des procédures incidentes d'autre part et la détermination de l'objet du litige, enfin.

La seconde articulation de l'ouvrage est consacrée à la détermination du droit et des solutions applicables au litige. M. MBEYAP KUTNJEM met en place, avec soin et clarté, les éléments qui meublent cette procédure. L'auteur nous apprend que, dans ce domaine, la Chambre procède à une analyse réfléchie de l'applicabilité des règles invoquées par les parties, à un renforcement subtil du droit du sport, et à une adoption régulière et conjoncturelle des décisions acceptables.

L'auteur a ainsi plongé dans les racines du contentieux des litiges sportifs pour aller au sommet, par un incessant va-et-vient entre les principes du droit à la justice sportive, et la dynamique du procès en matière sportive, en fournissant, à chaque fois, des sentences arbitrales illustratives. Il n'est donc pas exagéré de dire que cet ouvrage est un phare du droit de l'arbitrage des litiges d'ordre sportif au Cameroun.

S'il est trop tôt pour dresser un bilan définitif des activités de la Chambre, il ne l'est pas pour s'interroger sur le sens et les perspectives de ce renouveau juridictionnel. En définitive, le bilan du processus de règlement des litiges par la

Chambre est élogieux. Celui-ci a assuré conclut M. MBEYAP KUTNJEM, la paix sociale au sein de la communauté sportive, sans pour autant totalement modifier les modes de gouvernement et d'administration en vigueur tant chez les acteurs publics que privés du mouvement sportif.

En effet, dans la mission qui est sienne, et selon l'auteur, la Chambre n'oublie pas d'où elle vient. Raison pour laquelle elle cherche régulièrement à établir une *compatibilité entre ses décisions et les objectifs du mouvement olympique.* Ainsi, dans la recherche des solutions au litige qui divise les parties, la Chambre parvient à user de ses pouvoirs, en tant que tribunal arbitral issu des recommandations du CIO, pour tenir compte des valeurs de cette organisation internationale. Le souci de contribuer à bâtir un monde pacifique et meilleur en éduquant les acteurs du mouvement sportif par le moyen du droit du sport, demeure au cœur du processus d'adoption d'une décision de la Chambre, corollaire naturel de la vision institutionnalisée qu'elle se fait de son rôle. L'importance du rôle confié aux tribunaux arbitraux en général par la Charte du Comité International olympique et à la Chambre en particulier par la Charte du Comité National olympique et sportif du Cameroun, a conduit cette dernière à se considérer comme la garante de l'ordre juridique sportif national et international et de l'implémentation de l'ambition projet de la paix par le droit du sport. Le lien institutionnel que la Chambre a envers le CIO lui exige la nécessité de contribuer à la réalisation des valeurs de cette organisation, en contribuant, de par sa fonction judiciaire, à bâtir un monde pacifique en général, et le monde sportif en particulier. Il s'agit pour la Chambre, dans la plupart de ses décisions, de faire prévaloir la logique permanente de la construction d'une communauté sportive nationale et internationale solide et pacifique. En d'autres termes, veiller à la réalisation effective des finalités incluses dans la Charte olympique. Elle parvient à le faire grâce aux motivations de ses décisions, même si celles-ci, selon l'auteur, méritent d'être approfondies.

En effet, améliorer l'accès à la justice n'est pas seulement permettre à tous d'accéder aux tribunaux ; c'est aussi chercher à ce qu'une légalité plus adaptée et mieux assurée s'accomplisse dans le milieu même où sont placés les usagers. C'est pourquoi l'auteur pense qu'il est important que, pour les jugements qu'ils rendent, les arbitres doivent continuer de rappeler et de détailler les principes juridiques.

L'ouvrage de M. MBEYAP KUTNJEM Amadou servira désormais, à coup sûr, de référence pour qui voudra mieux comprendre le fonctionnement de la justice sportive en général, et de la Chambre de Conciliation et d'Arbitrage du Comité National olympique et Sportif du Cameroun en particulier. Mené avec rigueur à partir d'une construction simple et précise, le raisonnement de l'auteur sait s'évader avec à propos des examens trop théoriques, techniques, servi manifestement par des études universitaires, sans oublier de revenir sur des illustrations pratiques à l'aide des sentences arbitrales, servi cette fois-ci par son expérience d'homme de terrain, jamais superflu lors d'une recherche en droit du sport. Il est simplement permis de déplorer que l'auteur n'ait pas fait le parallèle avec le travail d'autres institutions chargées du règlement des litiges d'ordre sportif dans les pays africains. Mais la rareté de ce profil d'institutions en Afrique, et la lenteur dans la mise en place de celles qui existent minimisent la portée de ce regret. Tel est, par exemple, le cas de la Chambre de Conciliation et d'Arbitrage du Sport du Congo, qui a récemment vu le jour le 27 juillet 2023.

On peut aussi regretter que la part faite à la procédure de conciliation soit un peu mince, ou qu'elle n'ait pas suffisamment été approfondie. Or, comme l'arbitrage, elle est une procédure ordinaire capitale et incontournable pour tout justiciable qui souhaite saisir la Chambre. L'auteur n'explique guère les raisons pour lesquelles il évacue cette procédure « de son champ d'analyse ». A-t-il eu peur de trop embrasser pour mal étreindre ? Sans doute. En s'en tenant à la stricte procédure d'arbitrage, M. MBEYAP KUTNJEM a évité le piège dans lequel sont tombés les rares mémoires et articles écrits dans ce domaine : celui de la simple description des procédures ou des modalités de règlement des litiges d'ordre sportif. Sa problématique va au-delà et il a bien raison.

Le premier essai de l'auteur en droit du sport s'avère très prometteur : celui de l'ouvrage sur l'« Introduction au Droit camerounais du sport ». Voici le second essai. Il s'avère décisif et concluant, celui des travaux consacrés aux activités de la Chambre de Conciliation et d'Arbitrage, qui, à coup sûr, forcera la satisfaction des lecteurs. Le mérite de l'auteur n'en est que plus grand.

Colonel Hamad KALKABA MALBOUM

Président du Comité National olympique et Sportif du Cameroun

Président de l'Association des Confédérations Africaines des Sports Olympiques

Président de la Confédération Africaine d'Athlétisme

INTRODUCTION

L'arbitrage de la Chambre de Conciliation et d'Arbitrage (CCA) du Comité National olympique (CNOSC) dans l'univers des modes de règlements pacifiques des différends sportifs

1. Au Cameroun, le sport est actuellement source de nombreux différends exposés devant la Chambre de Conciliation et d'Arbitrage (CCA) du Comité National olympique et Sportif (CNOSC). Ces différends sont connus sous l'appellation courante de « litige d'ordre sportif »[1]. Celui-ci est défini comme « *un différend survenu en matière de sport*[2] ». Cependant, « *le fait qu'un litige ait un lien avec le sport, même strictement défini, ne suffit*[3] *pas pour autant à en faire un litige sportif*[4] ». Pour qu'un litige soit considéré comme un véritable litige sportif, il est nécessaire qu'une double condition soit remplie. La première

---

[1] Voir MBEYAP KUTNJEM (A.), *Introduction générale au droit camerounais du sport*, Paris, L'Harmattan, 2023, 354 p.

[2] EL MELIGUI (O.), « L'arbitrage, moyen de régler les litiges de sport en Égypte », BOURMAZEL (E.), (dir.), *Sport et Droit*, IIIe Congrès de l'Association égyptienne des Juristes Francophones, XXVIIe Congrès de l'Institut International de Droit d'expression et d'Inspiration Françaises, Institut international de droit d'expression et d'inspiration françaises, Bruylant, Bruxelles, 2000, p. 667.

[3] Par exemple, un litige opposant une ligue sportive camerounaise à une société de télévision à propos de la vente des droits de retransmission d'une compétition, même s'il trouve son origine dans une décision faisant application d'un règlement fédéral relatif à la procédure de passation de ce type de contrat, n'est pas un litige sportif à proprement parler, faute d'opposer deux membres du mouvement sportif.

[4] MAISONNEUVE (M.), *L'arbitrage des litiges sportifs*, LGDJ, 2011, p. 7. Deux autres auteurs ont proposé des définitions qui se rapprochent de celle de Mathieu MAISONNEUVE. Gérald Simon relève que « *un conflit sportif, entendu comme conflit spécifique, est (…) un litige qui a pour fondement une règle, présentant le caractère d'une règle de droit, énoncée non par des autorités publiques ayant reçu compétence à cet effet dans l'ordre constitutionnel d'un État, mais par des autorités privées, faisant usage d'un pouvoir* » qu'il qualifie de « *puissance sportive* ». Il doit avoir « *pour origine et pour cause l'application d'une norme sportive, c'est-à-dire d'une règle édictée par les autorités sportives en charge d'une discipline déterminée* », Voir SIMON (G.), « Le conflit sportif, un conflit de normes ? », in ZEN-RUFFINEN (P.) (dir.), *Droit et sport*, Staempfli, 1997, p. 105. Selon RIGOZZI Antonio, le litige sportif est « *le fait que ces litiges ont pour fondement une règle de l'ordonnancement sportif privé établi par les organisations sportives. Le litige proprement sportif peut avoir pour objet une règle technique, une règle du jeu au sens large, une règle de fonctionnement interne, une règle économique ou une règle fondamentale. Dans tous les cas, ce qui rend ce conflit spécifique c'est qu'il ne repose pas en premier lieu sur l'application d'une règle étatique, mais sur une règle de l'ordre juridique sportif* », RIGOZZI (A.), *L'arbitrage international en matière de sport*, Helbing et Lichtenhahn, 2005, n° 164.

condition tient à l'origine du litige : « *il doit naître de l'application d'une règle sportive ; c'est-à-dire d'une règle édictée par une institution sportive*[5] ». La seconde condition tient à la personne des litigants. En réalité, « *l'un des demandeurs et l'un des défendeurs au moins doivent appartenir au Mouvement sportif, c'est-à-dire être membre, directement ou indirectement, d'une fédération sportive ou d'un comité olympique, voire demander à l'être ou contester leur exclusion*[6] ». L'obligation de régler pacifiquement ces litiges devant la Chambre de Conciliation et d'Arbitrage du Comité National olympique et sportif du Cameroun est progressivement devenue une règle fondamentale du droit positif camerounais. Emboîtant le pas aux orientations du Comité National olympique du 27 avril 2000[7], la loi n° 2011/018 du 15 juillet 2011 relative à l'organisation et à la promotion des activités physiques et sportives au Cameroun, abrogée par la loi n° 2018/014 du 11 juillet 2018 portant organisation et promotion des activités physiques et sportives au Cameroun dispose explicitement en ce sens qu' à l'alinéa 3 de l'article 59 que : « *les fédérations sportives nationales sont tenues d'inscrire dans leurs statuts une clause compromissoire liée à la saisine de la Chambre de Conciliation et d'Arbitrage en cas de conflit d'ordre sportif* ». L'obligation d'inscrire dans les statuts fédéraux « une clause compromissoire » a été reprécisée par la loi n° 2018/014 du 11 juillet 2018 portant organisation et promotion des activités physiques et sportives au Cameroun. Aux termes de l'alinéa 2 de l'article 94 de cette loi, « *les fédérations sportives sont tenues d'inscrire dans leurs statuts, une clause compromissoire ou la possibilité de recours à un compromis d'arbitrage devant la Chambre de Conciliation et d'Arbitrage (...) en cas de conflits d'ordre sportif* ».

---

[5] MAISONNEUVE (M.), *L'arbitrage des litiges sportifs*, op. cit, p. 8.

[6] Idem, p.8.

[7] Lors de la 110e session du CIO tenue à Lausanne les 11 et 12 décembre 1999, cinquante réformes ont été adoptées, dont certaines concernent l'institution d'un organe juridictionnel d'appel national au sein des CNO. Par une lettre du 27 avril 2000 ayant pour objet la « Révision des statuts des CNO », le Comité olympique, à travers son Directeur des Relations avec les Comités Nationaux Olympiques et son Secrétaire général des Associations des Comités Nationaux Olympiques, donne des orientations au CNOSC pour la rédaction des statuts des CNO. Parmi ces orientations, il suggère la mise en place d'un « *tribunal disciplinaire* » en ces termes : « *12. Tribunal Arbitral du Sport (TAS). Exemple de formule à insérer dans les statuts de votre CNO. Toute décision rendue par (insérer le nom du tribunal disciplinaire ou de l'instance analogue de votre CNO), constituant la dernière instance interne/ peut être exclusivement soumise par voie d'appel au Tribunal Arbitral du Sport à Lausanne, Suisse* ». Ce tribunal « *tranchera définitivement le litige conformément au Code de l'arbitrage en matière de sport. Le délai d'appel est de vingt et un jours dès réception de la décision faisant l'objet de l'appel* ».

2. De nombreux mécanismes de règlement pacifique des litiges d'ordre sportif au niveau national ont été mis à la disposition des acteurs du mouvement sportif. Il s'agit de : la conciliation[8] et l'arbitrage[9].

3. En effet, la multiplication des conflits sportifs, favorisés notamment par la reconnaissance de principe du droit au recours en matière sportive, a conduit à la mise en place de procédures mieux adaptées au particularisme de l'activité sportive. Par ailleurs, « *compte tenu de la brièveté de la carrière sportive, il était impérieux que la justice soit rendue rapidement tout en garantissant son indépendance spécialement vis-à-vis des pouvoirs sportifs* »[10]. Auparavant, l'opinion publique et bon nombre de juristes avaient découvert que le sport entretenait des rapports inattendus avec le droit et la justice étatique et celle des fédérations sportives nationales ; que ces rapports étaient déroutants et que l'intervention des juges ne pouvait apporter ni apaisement ni solution. Le CIO a ainsi proposé de créer une juridiction nouvelle, compétente pour connaître de l'ensemble des décisions disciplinaires prises par les fédérations sportives nationales[11].

4. L'institutionnalisation d'un Tribunal arbitral devant le CNOSC comme moyen de réalisation de la justice sportive nationale constitue la marque essentielle de l'État camerounais au 21e siècle. Ce développement a contribué à une modification profonde de la place de l'arbitrage des litiges sportifs parmi les modes de règlement pacifique des différends d'ordre sportif au Cameroun. Et, il a été dit, à juste titre que le règlement institutionnalisé des litiges d'ordre sportif par la Chambre de Conciliation et d'Arbitrage du Comité National olympique et sportif est le moyen certes non achevé, mais le plus adéquat dont dispose les

---

[8] La conciliation est un mode de résolution des conflits sous l'égide de la Chambre, visant à une solution négociée du litige. Il entre dans l'office de la Chambre une mission de conciliation, qui consiste à amener les parties à un règlement amiable du conflit par la voie de conciliation.

[9] L'arbitrage est une procédure de règlement des litiges conventionnellement prévue par les parties : celles-ci s'engagent, au terme d'une convention d'arbitrage (compromis ou clause compromissoire), à soumettre leur litige à une ou plusieurs personnes en nombre impair, appelés arbitres à qui elles confèrent ainsi un véritable pouvoir juridictionnel : voir GUINCHARD (S.) et DEBARD (Th.), Lexiques des termes juridiques, 2017-2018, Paris, Dalloz, 2017, pp. 83-84.

[10] SIMON (G.), « Présentation générale : les fondements du droit du sport », in BOURMAZEL (E.), (dir. Scient), *Sport et Droit*, IIIe Congrès de l'Association Égyptienne des Juristes Francophones, XXVIIe Congrès de l'Institut International de Droit d'expression et d'Inspiration Françaises, Institut International de Droit d'Expression et d'Inspiration Françaises, Bruylant, Bruxelles, 2000, p. 96.

[11] Lors de la 110e session du CIO tenue à Lausanne les 11 et 12 décembre 1999, cinquante réformes ont été adoptées, dont certaines concernent l'institution d'un organe juridictionnel national au sein des CNO.

acteurs du mouvement sportif au Cameroun pour résoudre leurs différends d'ordre sportif et faire valoir leurs droits en droit positif camerounais[12].

5. Bien que relativement récent[13] l'arbitrage des litiges d'ordre sportif par la Chambre de Conciliation et d'Arbitrage du CNOSC continue d'évoluer. On observe que « *chaque jour apporte le fruit de réflexions nouvelles en matière d'arbitrage (...). Chaque jour, la nouveauté repousse, par l'effet d'une créativité diversifiée dans l'espace, un rapprochement des règles et des pratiques*[14] ». L'évolution permanente de l'arbitrage des litiges d'ordre sportif au Cameroun est une donnée incontestable sur laquelle les auteurs s'accordent depuis longtemps. Si le règlement des litiges d'ordre sportif a connu une progression dans la société camerounaise, c'est parce qu'il y a eu un *certain changement non seulement dans la considération du rôle de la Chambre, et partant de celui de l'arbitre, au sein du mouvement sportif camerounais, mais aussi et surtout dans la manière dont ce dernier s'acquitte de ses missions*. D'où l'importance de s'appesantir sur le rôle qu'il joue au cours du contentieux des litiges d'ordre sportif.

6. Étudier le règlement des litiges d'ordre sportif par la CCA du CNOSC suppose au préalable de situer sa place exacte dans l'univers des modes pacifiques de règlement des différends, car il n'est que l'un des maillons d'un vaste ensemble établi pour l'espérance d'un mouvement sportif camerounais sans conflits. Il s'agit de cerner l'évolution erratique du règlement des litiges d'ordre sportif par la CCA du CNOSC dans la société camerounaise, partant de la réticence à un regain d'intérêt pour l'arbitrage des litiges d'ordre sportif (Section 1), pour bien appréhender le rôle que joue l'arbitre dans le contentieux sportif (Section2).

Section 1 : De la réticence à un regain d'intérêt pour l'arbitrage des litiges d'ordre sportif sur le plan national

7. Avant même la suggestion et les orientations faites par le CIO pour la mise en place d'un tribunal disciplinaire permanent au sein des CNO, la seule éventualité de son existence faisait déjà l'objet de nombreuses controverses au sein du mouvement sportif national. Ces controverses ont suscité des craintes au sein de l'État. Celles-ci se sont répercutées au cours de l'élaboration, puis de l'adoption des dispositions légales concernant la Chambre de Conciliation et d'Arbitrage (CCA) du Comité National olympique et sportif du Cameroun

[12] MBEYAP KUTNJEM (A.), *Introduction générale au Droit camerounais du sport,* L'Harmattan, 2023, 354 pages.

[13] La Chambre est née le 18 janvier 2001. Elle est organisée en 2009 par une Décision du Président du Comité National olympique et sportif du Cameroun ; et par la suite, par les différentes lois en matière de sport.

[14] TERRE (F.), « L'internationalité du juge dans l'arbitrage », in L'internationalité *dans les institutions et le droit. Convergences et défis.* Mélanges Alain Plantey. A. Pedone, 1995, p. 219, spéc. p. 232.

(CNOSC), première juridiction nationale arbitrale sportive, par un encadrement strict de sa compétence. En effet, le même volontarisme qui sous-tend l'arbitrage ordinaire, s'est manifesté, certes autrement, dans la détermination du mécanisme qui déclenche la procédure judiciaire du règlement des litiges d'ordre sportif. Ainsi, pour connaître d'un différend issu d'une fédération sportive, il faut le consentement des parties au litige, matérialisé par l'insertion des « dispositions compromissoires » dans les statuts de ladite fédération. Par conséquent, cette institution ne peut participer au règlement des litiges d'ordre sportif que si les parties au litige ont voulu et le lui ont demandé. La volonté des acteurs des fédérations sportives, parties à un différend, a constitué pendant longtemps, et constitue encore, après l'entrée en vigueur de la loi de 2018 portant organisation et promotion des activités physiques et sportives, un frein à la saisine de l'arbitre des litiges d'ordre sportif. De par ce volontarisme, il s'est installé une véritable défiance à l'égard de l'arbitrage des litiges sportifs par la CCA du CNOSC. Les signes de cette défiance à l'égard du règlement des litiges d'ordre sportif (§1) étaient diversement perceptibles. Cependant, des efforts considérables ont été fournis à la fois par « le législateur camerounais », et surtout par la Chambre de Conciliation et d'Arbitrage elle-même pour susciter un regain d'intérêt pour ce mode de règlement des différends issus du mouvement sportif national (§ 2).

§ 1- Les signes de la réticence des associations sportives à l'égard de l'arbitrage des litiges d'ordre sportif par la CCA du CNOSC

8. Survenu alors que plusieurs modes de règlement des litiges d'ordre sportif existaient déjà au sein de la communauté sportive, et appelé à coexister avec ceux-ci, le règlement des litiges par la CCA du CNOSC a eu du mal à décoller et à s'imposer dans cet univers. Il a connu des périodes d'incertitudes : la première juste après la création de la Chambre de Conciliation et d'Arbitrage du CNOSC, et la seconde, à la suite de l'entrée en vigueur de la loi de 2018 portant organisation et promotion des activités physiques et sportives. La désaffection de certains acteurs du mouvement sportif camerounais était en partie liée au contexte historique dans lequel la CCA du CNOSC a vu le jour. La caractéristique du règlement des litiges sportifs dans la plupart des États dans le monde en général et au Cameroun en particulier avant l'année 2000 est le règne des instances fédérales sans partage. En effet, jusqu'à cette date, les commissions disciplinaires régnaient en maîtres. Certaines fédérations sportives affublaient parfois leurs organes par des dénominations arbitrales de façade[15].

[15] On sait depuis la décision rendue par le Tribunal fédéral suisse le 10 août 1971 dans l'affaire AC Bellinzona C/ Ligue nationale de Football, ATF 97 1488, qu'« *une sentence arbitrale est assimilée à un jugement civil exécutoire dans toute la Suisse, à condition que le tribunal arbitral présente des garanties suffisantes d'indépendance* », et « *cette condition fait défaut lorsque le tribunal est l'organe d'une association* ».

9. La première période est marquée par la volonté de nombreuses fédérations sportives nationales de faire des recours internes l'horizon indépassable du contentieux du litigant sportif (A) ; la seconde est caractérisée par les hésitations, voire le refus des litigants sportifs membres des dites fédérations à soumettre leurs différends à la CCA du CNOSC (B).

A- Le recours interne des fédérations sportives nationales : horizon indépassable du contentieux du litigant sportif

10. L'intervention d'un tribunal sportif a été fortement discutée par les fédérations sportives nationales[16]. Pour la plupart, reconnaître l'existence de cette juridiction, c'est admettre que l'autorité fédérale ne détient pas de monopole. On se bornera à rappeler, sur ce point, que les fédérations sportives se sont dotées d'organes chargés de trancher des litiges internes et d'infliger des sanctions et que dans certains cas, elles sont allées jusqu'à prohiber dans leurs statuts le recours par leurs adhérents, à une autre justice que la leur. L'État d'abord, et la Chambre après, seraient donc des déstabilisateurs potentiels du travail fédéral. On a assisté ainsi à l'interdiction historique et permanente de la saisine d'autres instances en dehors des instances fédérales (1), dont le pendant a été le plus souvent le refus par ces fédérations d'insérer «la clause compromissoire » dans leurs statuts (2).

1- L'interdiction historique et permanente de la saisine d'autres instances en dehors des instances fédérales

11. Le mécanisme de règlement des litiges d'ordre sportif, jusqu'alors, était de laisser les fédérations sportives nationales résoudre leurs différends par elles-mêmes. Des dispositions interdisant aux acteurs de saisir une autre instance juridictionnelle que celle de la fédération dont ils sont membres sont souvent insérées dans leurs statuts, aucun autre mode de règlement ne jouissant d'une prééminence sur le leur. Pour prendre l'exemple de la FECAFOOT, selon l'alinéa 1 de l'article 74 des statuts de cette institution, « *La FECAFOOT, ses membres, joueurs, officiels, intermédiaires et agents de matchs ne présentent aucun litige*

---

[16] Même jusqu'en 2010, certaines fédérations ont contesté la compétence de la Chambre de Conciliation et d'Arbitrage du CNOSC en matière d'arbitrage. Dans Aff. n° 001/ADD/CCA/CNOSC/10 du 29 avril 2010 NKOU MVONDO Prosper C/ FECAFOOT, la FECAFOOT fait valoir que la Chambre n'est pas compétente en matière d'arbitrage d'autant plus qu'elle n'a pas été expressément prévue par la loi de 1996 fixant la Charte des activités physiques et sportives au Cameroun. Pour faire échec à cette exception, la Chambre précise que « *la compétence des CNO en matière d'arbitrage et de conciliation est consacrée à travers les dispositions de la Charte olympique qui elles, s'imposent aux Fédérations Internationales dont la FIFA ; que la norme suprême, universelle en matière sportive qu'est la Charte Olympique, attribue expressément aux CNO la compétence pour connaître des litiges en arbitrage ; que la loi camerounaise elle-même ne l'interdit pas, mais reconnait qu'entre autres institutions chargées d'appliquer les règlements et procédures relatifs aux litiges sportifs, le Comité National olympique et Sportif du Cameroun peut faire application des règles de conciliation ; qu'il échet de rejeter le déclinatoire de compétence de la Chambre de conciliation et d'arbitrage soulevé par la FECAFOOT, de dire la Chambre compétente* ».

d'ordre sportif devant les tribunaux ordinaires, à moins que cela ne soit spécifiquement stipulé dans les statuts et les règlements de la FIFA. Tout différend devra être soumis à la juridiction de la FECAFOOT, de la CAF ou de la FIFA ». L'alinéa 2 de la même disposition parachève l'interdit, en donnant « *droit de juridiction sur les litiges nationaux internes survenus entre différents membres* » à la FECAFOOT, et « *les litiges internationaux survenus entre des parties appartenant à différentes fédérations et/ou confédérations ».* Les fédérations sportives nationales ont eu du mal à partager leurs pouvoirs d'appréciation. Par conséquent, les acteurs étaient forcés de s'y conformer, de peur d'être bannis de la fédération. Ils n'avaient simplement pas de liberté. En donnant compétence aux fédérations pour dire le droit, ils abandonnent l'appréciation de leur situation juridique à un « juge et partie », et l'absence de voie de recours interne sérieuse contre le jugement ont accru le risque d'une injustice.

12. L'éloignement du Tribunal Arbitral du Sport (TAS) logé à Lausanne en Suisse, et la cherté de la procédure devant cette institution ne favorisaient pas sa saisine par les justiciables insatisfaits des décisions des commissions disciplinaires des fédérations sportives nationales. L'arbitrage de la CCA du CNOSC constituait ainsi « *une planche de salut lorsqu'apparaît une querelle que souhaitent voir aplanir des sujets de droit* [17]» moins nantis.

13. L'institution d'un tribunal disciplinaire sur la scène nationale appelé à connaître en appel des décisions des fédérations sportives nationales, et en dernier ressort sur le plan national, va engendrer la peur des fédérations d'être démasquées dans certaines mauvaises pratiques, et, par ricochet, accentuer cette défiance. En pratique, la question fait écho à une amertume régulièrement provoquée par l'actualité judiciaire lorsque l'activité sportive est livrée aux balances de la justice. Les dirigeants fédéraux ressentent comme autant d'atteintes aux « pouvoirs fédéraux » les condamnations prononcées contre eux par l'arbitre en vertu du Droit du sport. Leur réflexe est alors de s'abstenir de tout ce qui peut les contraindre à s'y résoudre.

2- Le refus d'insérer « les clauses d'arbitrage » dans les statuts des fédérations sportives nationales

14. Les associations et les clubs sportifs nationaux ne sont pas séparés les uns des autres. C'est ainsi, en leur qualité de membre d'une institution sportive, que certaines sont contraintes d'insérer des clauses compromissoires, dans leurs statuts et règlements. Cette contrainte vise à obtenir de ces institutions, la reconnaissance d'une juridiction suprême, déconnectée des interférences juridictionnelles nationales. Cette orientation va dans le sens d'une captation de

[17] KUATE TAMEGHE (S.S), *La justice, ses métiers, ses procédures*, 4e éd., L'Harmattan, Paris, 2021, p. 523.

compétence au profit du pouvoir sportif. Elle s'inscrit dans la logique des relations originelles entre sport et État, faisant prévaloir, au profit de celui-là, une autonomie dont les racines plongent dans l'histoire de l'État-nation. Dans un contexte où les pratiques nationales demeurent divergentes et évolutives, le système sportif devrait avoir la part belle pour affirmer son autonomie juridique. Le mouvement dialectique perceptible dans l'évolution du Droit du sport serait alors celui d'un dessaisissement des autorités judiciaires au profit de l'institution sportive.

B- L'hésitation ou le refus de comparaître devant l'arbitre des litiges sportifs

15. L'obligation faite aux fédérations sportives nationales d'insérer les dispositions compromissoires dans leurs statuts va accentuer cette défiance, avec comme cause essentielle leur manque de confiance non seulement dans la façon dont l'arbitrage est administré (1), mais aussi et surtout dans la composition du tribunal (2).

1- Le manque de confiance dans l'administration de l'arbitrage de la CCA

16. Au rang des facteurs qui rendaient l'admission de la CCA du CNOSC difficile, se dresse la volonté des parties qui se reflète dans les textes encadrant cette chambre par la multiplicité des modes de règlement des litiges d'ordre sportifs qui leur est offerte et la possibilité qu'elles ont non seulement de choisir parmi ces modes celui qui sied le plus à leurs intérêts, chaque mode étant exclusif de l'autre. Les solutions offertes aux justiciables de la CCA du CNOSC pour régler leurs différends sont prévues à l'article 29 du Règlement de procédures de la Chambre. Il s'agit des procédures ordinaires (la conciliation et l'arbitrage), des procédures accélérées (conciliation et arbitrage en urgence ou en extrême urgence), de la procédure ad hoc et de la procédure de consultation.

17. La méthode suivie par la loi de 2011 portant organisation et promotion des activités physiques et sportives au Cameroun et les textes de la CCA du CNOSC d'avant 2020 consistait essentiellement à laisser aux parties elles-mêmes la responsabilité de se servir de ces deux moyens, aucun mode ne jouissant d'une prééminence sur l'autre. La conciliation est facultative. Bien plus, sa présence à côté de l'arbitrage ne se pose en termes de préséance. Par conséquent, les justiciables, en majorité étant les « gouvernés » des fédérations sportives nationales, étaient souvent tentés de choisir parmi les moyens mis à leur disposition, le mode de règlement dans lequel ils pourraient avoir gain de cause, c'est-à-dire l'arbitrage, puisqu'il y aurait « un vainqueur et un vaincu ». La Chambre a parfois essayé de concilier vainement les parties. C'est ce qui ressort de l'affaire Achille ESSOMBA MANY c/ ONAMBELE ZIBI Emile du 04 avril 2017, où l'arbitre de la CCA fait savoir qu'« *avant l'arbitrage proprement dit, la Chambre a procédé à une tentative de conciliation facultative en application de l'article 14 alinéa 1et 2 du Code de procédures devant la Chambre ; cette*

tentative s'est soldée par un échec »[18]. En effet, « *sur instruction réponse, le Conseil de M. Achille ESSOMBA MANY a affirmé qu'il n'est pas pour la conciliation ; qu'à sa suite, le Conseil du défendeur a rétorqué pour sa part que, dès que la partie qui a saisi la Chambre n'est pas d'accord pour la conciliation, il ne peut accepter de procéder seul à la procédure de conciliation ; qu'il importe pour la Chambre de tirer les conséquences de droit qui s'imposent en constatant l'échec de la tentative de conciliation* »[19].

18. L'inclination de certains justiciables pour l'arbitrage a accentué la défiance d'autres, recrutés en majorité parmi les autorités fédérales à l'égard de la juridiction de la Chambre. En effet, régulièrement accusés par les parties de prendre des décisions iniques, les dirigeants fédéraux redoutaient l'incertitude à la fois du droit et d'une décision arbitrale de la CCA du CNOSC prenant en compte leurs intérêts. Leurs conseils se sont employés au cours de différentes audiences à faire le procès de cette justice alternative portée vers l'arbitrage. Cet état psychologique a poussé ces derniers à se tourner vers une procédure qui leur permet d'arriver à un ajustement de leurs intérêts et dans laquelle ils ont plus de possibilités de manœuvres. Ils proposent, par conséquent, que la conciliation, facultative dans les textes, devienne obligatoire.

19. En faisant le reproche à la CCA du CNOSC de « faire tout sauf de l'arbitrage », l'attrait de certains acteurs pour une « conciliation obligatoire » est dû à la liberté dont ils disposent à la fois sur la conduite du règlement et la solution trouvée. En effet, l'arbitrage conduit à une solution imposée par l'arbitre, contraignante pour les parties en litige, tandis que les modes politiques se caractérisent par la liberté laissée aux parties pour trouver une solution ou un rapprochement des prétentions contradictoires. Dans ce sens, l'efficacité du règlement des litiges d'ordre sportif par la CCA du CNOSC résultera de l'intervention sous-jacente du procédé de la conciliation obligatoire en amont. Ainsi, si ce dernier procédé précède l'arbitrage, il peut se poursuivre durant le règlement arbitral et a une influence directe sur le rôle de l'arbitre.

2- Le manque de confiance dans la composition du tribunal

20. Certaines fédérations sportives nationales, à travers leurs représentants, jugeaient la composition de la CCA du CNOSC insuffisamment représentative, car, aucune possibilité ne leur avait été offerte pour choisir elles-mêmes leurs arbitres ou leurs conciliateurs. Avec l'avènement du nouveau Règlement de

---

[18] Voir CCA du CNOSC, Arbitrage, Aff. n° 002/SA/CCA/17 du 04 avril 2017, Achille ESSOMBA MANY c/ ONAMBELE ZIBI Emile.
[19] Idem.

procédures de la Chambre, les parties ont le droit de choisir chacune un arbitre sous certaines conditions[20].

21. C'est pour toutes ces raisons que les dix premières années de l'existence de la CCA du CNOSC ont été marquées par une évolution en dents de scie. Elle a connu quelques affaires durant les premières années de son existence[21].

§ 2- Un regain d'intérêt pour l'arbitre des litiges sportifs dans le mouvement sportif et une transformation de son rôle

22. Malgré le flou de la nouvelle procédure de règlement des litiges d'ordre sportif instituée[22] par la loi de 2018 portant organisation et promotion des activités physiques et sportives, les années d'après 2010 sont marquées par un regain d'intérêt pour l'arbitrage de la Chambre de Conciliation et d'Arbitrage du CNOSC. Cet intérêt s'est traduit par l'encombrement de son rôle général. Plus que jamais, la Chambre n'était apparue dans le passé si attrayante qu'elle ne l'est aujourd'hui. Jamais elle n'avait eu autant de succès auprès des acteurs du mouvement sportif camerounais que de l'opinion publique. Ainsi, l'on observe que depuis cette année, en dehors d'une relative accalmie due aux difficultés pour le justiciable de choisir la juridiction appropriée après l'instauration par la loi de 2018 d'un chevauchement de compétence des tribunaux étatique et arbitral, à aucun moment au cours de son histoire, la Chambre n'a été autant sollicitée que maintenant. Les choses ont bien changé par rapport à l'époque où elle était désœuvrée, et qu'elle restait à l'étroit dans les bâtiments du siège du CNOSC, l'oreille tendue dans l'attente des rares curieux visiteurs qui frappaient de temps à autre à la porte du greffe pour s'enquérir de quelques informations. Plusieurs facteurs ont contribué à cet intérêt pour l'arbitre des litiges d'ordre sportif (A) dont le rôle s'est expressément transformé (B).

---

[20] Les parties peuvent choisir chacun un membre du collège arbitral, à condition de s'acquitter des frais de procédure d'arbitrage : voir les alinéas 1, é et 3 du Règlement de procédures de la Chambre.

[21] De 2009 à 2018, la Chambre a eu à connaitre de loin plus d'une centaine d'affaires.

[22] Aux termes de l'article 95 de la loi du 11 juillet 2018, après épuisement des voies de recours internes aux fédérations sportives nationales, le litige d'ordre sportif « peut être porté en dernier ressort au plan national, selon le cas :

a) Soit devant la Chambre de Conciliation et d'Arbitrage du Comité National olympique et sportif du Cameroun ;
b) Soit devant les juridictions administratives ou de droit commun ; eu égard à la nature du litige, conformément à la législation en vigueur ». On y voit, en attendant le Règlement d'application de la loi pour connaître l'intention du législateur, que les tribunaux étatiques sont, après épuisement des voies de recours internes à la structure sportive concernée, compétents pratiquement dans les mêmes termes que la CCA du CNOSC. Or, en l'état actuel des débats autour de l'implication des juridictions étatiques dans le règlement des litiges d'ordre sportif au Cameroun, celle-ci ne fait pas l'unanimité, le positivisme étatique n'étant pas forcément la conception de droit la plus en phase avec la réalité sportive.

A- Les facteurs d'accroissement de l'intérêt pour l'arbitrage des litiges sportifs

23. Plusieurs facteurs sont à l'origine de l'intérêt croissant des justiciables du mouvement sportif pour la Chambre : la recherche d'un mécanisme de règlement des différends d'ordre sportif rapide et efficace (1), la confirmation par le Tribunal Arbitral du Sport (TAS) de la plupart des décisions rendues par la Chambre (2), la publicité de la Chambre faite par elle-même (3), et l'admission volontaire et progressive de la présence d'un véritable tribunal arbitral (4).

1- La recherche d'un mécanisme de règlement rapide et efficace des différends d'ordre sportif

24. La recherche d'un mécanisme de règlement rapide et efficace des différends d'ordre sportif par les acteurs du mouvement sportif camerounais les a conduits à une revalorisation du règlement des litiges par la voie de l'arbitrage devant la CCA du CNOSC. Cette aspiration à la célérité et à l'efficacité constitue un facteur d'accroissement d'intérêt pour l'arbitrage des litiges d'ordre sportif dans la communauté sportive nationale. Celle-ci veut éviter des contentieux semblables à ceux des tribunaux étatiques, où l'on retrouve des problèmes, tels que : lenteur des procédures, montants impressionnants, dossiers et plaidoiries interminables, manœuvres dilatoires, etc.[23]

25. L'arbitrage des litiges d'ordre sportif fait ainsi partie des mœurs des acteurs du mouvement sportif camerounais et la souplesse qui, jusqu'aujourd'hui, caractérise sa procédure, continue d'attirer irrésistiblement les membres des fédérations sportives nationales et des associations lorsque la protection de leurs droits est en cause.

2- La confirmation par le Tribunal Arbitral du Sport de la plupart des décisions rendues par la Chambre

26. En réalité, il semble que la Chambre n'ait aussi acquis de reconnaissance progressive qu'à l'occasion de certaines sentences qu'elle a rendues, portées devant le Tribunal Arbitral du Sport, mais le plus souvent confirmées[24]. Deux

---

[23] En général, selon l'article 25 du Règlement de procédure de la Chambre, « la Chambre examine tout litige dans un délai de trois (03) mois à partir de la saisine ». Des procédures accélérées (procédure d'urgence et procédure d'extrême urgence) sont aussi prévues à l'article 57 dudit Règlement pour se tenir dans un délai très court.

[24] Quelques-unes de ses Décisions ont néanmoins été annulées par le TAS. On peut citer l'affaire TAS 2015/A/4229 du 1er Juillet 2016, Fovu Club de BAHAM c/ Conon Sportif de Yaoundé. Dans cette affaire, Fovu Club de BAHAM a déposé une déclaration d'appel à l'encontre du Conon Sportif de Yaoundé, demandant l'annulation de la sentence de la CCA du CNSC du 17 septembre 2015, la confirmation de la décision de la Commission de Recours du 18 août et la condamnation de l'intimé à supporter les frais d'arbitrage et d'avocat. Le TAS a annulé la sentence arbitrale rendue par la Chambre de Conciliation et d'Arbitrage du CNOSC, et a confirmé la décision de la Commission de Recours de la FECAFOOT en date

affaires saillantes peuvent être citées. Les affaires FECAFOOT c/ ABDOURAMAN HAMADOU BABBA [25] et Étoile filante de Garoua c/ FECAFOOT[26]. Dans la première affaire, l'appel déposé le 20 novembre 2014 par la FECAFOOT à l'encontre de la sentence de la CCA du CNOSC en date du 30 octobre 2014 a été rejeté par le TAS et la sentence de la Chambre en date du 30 octobre 2014 a été confirmée. Dans la seconde, le TAS déclare irrecevable l'appel déposé le 9 décembre 2015 par le Club Étoile filante de Garoua contre la sentence rendue le 12 novembre 2015 par la CCA du CNOSC, confirme explicitement la sentence rendue le 12 novembre 2015 par la CCA du CNOSC et a rejeté toutes les autres ou plus amples conclusions, c'est-à-dire « *constater que la CCA n'a pas statué sur le point relatif à la réintégration dans ses fonctions du Comité exécutif de la FECAFOOT élu le 24 mai 2009 par la mandature 2009-2013, d'évoquer et de statuer à nouveau en ordonnant la réintégration dans ses fonctions ce jusqu'à la finalisation du nouveau processus électoral du Comité exécutif de la Fédération Camerounaise de Football (FECAFOOT) élu le 24 mai 2009 présidé par M. John BEGHENI NDEH, Premier Vice -Président de la FECAFOOT et président par Intérim* ». Plusieurs autres sentences de la Chambre ont été également confirmées : celles du 23 mars 2011 dans l'affaire M. Prosper NKOU MVONDO c/ FECAFOOT[27], du 27 mai 2013[28], du 10 juin 2013[29], du 1er juin 2018, du 10 septembre 2018[30], celle du 25 septembre 2018[31], celle du 24

du 18 août 2015, sous réserve de la suspension imposée au joueur Jean Calvin Kohn ; il en est de même de l'affaire TAS 2018/A/5662 du 28 décembre 2018, FECAFOOT c/ BENOIT ASSAM ASSAM et TAS/ 2019/A/6258 du 15 janvier 2021, AS Olympique MEIGANGA et consorts c/ FECAFOOT. D'autres décisions à l'instar de TAS 2017/A/5442 du 18 octobre, Aff. FOVU CLUB de BAHAM c/ BOTAFOGO FC, Ligue de Football Professionnel du Cameroun, FECAFOOT, ont simplement été réformées. Selon le TAS, l'appel est admis et la décision rendue par la CCA du CNOSC le 6 novembre 2017 est reformée.

[25] Voir TAS 2014/A/3830 du 6 juillet 2015, Aff. FECAFOOT c/ ABDOURAMAN HAMADOU BABBA.

[26] Voir TAS 2016/A/4415 du 27 février 2017, Aff. Étoile filante de Garoua c/ FECAFOOT.

[27] Voir TAS/2010/A2248 du 23 mars 2011. M. Prosper NKOU MVONDO. Le TAS juge l'appel interjeté contre la décision rendue par la CCA le 23 septembre 2010 irrecevable.

[28] Voir TAS FECAFOOT c/ NGAOUNDERE FC, DYNAMIQUE FC, BANYO FC, RENAISSANCE FC, ESPOIR FC. Dans cette affaire, le TAS rejette la requête d'effet suspensif de l'appelante contre la décision en date du 28 mars 2013 de la CCA du CNOSC ordonnant à la FECAFOOT d'harmoniser ses textes, notamment les statuts, en ce qui concerne les règles de quorum décentralisées.

[29] Voir TAS 2013/A/3197 du 10 juin 2013, John BEGHENI NDEH c/ FECAFOOT et MOHAMED IYA. Le TAS rejette la requête de l'effet suspensif d'une décision de la Chambre.

[30] Voir TAS 2018/A/5548 du 10 septembre 2018, Jeunesse Stars de Yaoundé et Al. c/ Chambre de Conciliation et d'Arbitrage du CNOSC. Le TAS rejette l'appel pour déni de justice déposé le 1er févier 2018 contre la CCA du CNOSC.

[31] Voir TAS 2018/A/5625 du 25 septembre 2018, FECAFOOT c/ Vincent ONANA. Dans cette affaire, la TAS 1- admet partiellement l'appel déposé en date du 13 mars 2018 par la FECAFOOT contre la décision de la CCA du CNOSC en date du 21 décembre 2017 ;- Modifie la décision ; 3- et confirme ladite décision pour le surplus.

novembre 2020[32]. Cette vague de confirmation des décisions de la Chambre a montré aux yeux des acteurs du mouvement sportif camerounais que ceux-ci peuvent lui faire confiance.

3- Une auto- publicité de la Chambre

27. En plus de la défiance de certains acteurs du mouvement sportif à son égard, la Chambre elle-même ne se faisait pas connaître suffisamment, du fait du degré réduit des relations publiques qu'elle entretenait. Or, toute forme de sollicitation de la Chambre n'a de sens que si le justiciable a un accès suffisant à l'information. Celle-ci est la matière première qui leur permet de connaître et de juger, en toute connaissance de cause, l'action du tribunal arbitral. C'est dans ce sens que la sensibilisation des acteurs du mouvement sportif camerounais sur les activités de la Chambre, est une innovation fondamentale, en vue de rapprocher la justice arbitrale des justiciables. Il s'agit d'une précondition d'une saisine effective et efficace de la Chambre. Travailler pour sa connaissance par le public était donc l'une des possibilités additionnelles explorées et utilisées par la Chambre, en portant à la connaissance du public ou des individus qui la sollicitent, selon le cas, toutes les informations dont ils ont besoin.

28. Les séminaires se sont imposés, par conséquent, comme le passage obligé vers la dotation des acteurs du mouvement sportif d'informations à la hauteur du rôle que chacun peut jouer à l'égard de la Chambre. Les autorités de cette institution, en collaboration avec le CNOSC ont développé, dans ce sens, des stratégies que l'on pourrait regrouper en deux catégories : les unes mettant l'accent sur une politique de formation empirique[33], les autres, axées sur une politique institutionnelle spécifique de formation professionnelle axée sur la justice arbitrale.

29. Le règlement des litiges d'ordre sportif par la voie de l'arbitrage CCA du CNOSC tend à s'ancrer dans la conscience des acteurs du mouvement sportif camerounais et ces derniers s'y accrochent comme une bouée de sauvetage,

---

[32] Voir TAS/2019/A/6623 du 24 novembre 2020 FECAFOOT c/ NEWS STARTS de Douala. Dans cette affaire, l'appel déposé le 29 novembre 2019 par la Fédération Camerounaise de Football à l'encontre de NEWS STARS de Douala concernant la décision rendue le 21 octobre 2019 par la CCA du CNOSC est rejeté.

[33] Le qualificatif empirique est utilisé, ici, pour rendre compte d'une politique qui n'est pas axée sur une vision globale et permanente, avec des objectifs à long terme Les efforts sont concentrés sur les besoins immédiats. La formation s'organise alors sous forme de séminaires, ateliers de formation, etc. tel est l'exemple du Séminaire pour dirigeants sportifs organisé par le Comité National olympique et sportif du Cameroun (CNOSC) à l'attention des juristes et journalistes sportifs le 22 novembre 2021 sur le Thème « Radioscopie de la Chambre de Conciliation et d'Arbitrage : Regards sue le service public de distribution de la justice sportive ». Pendant deux jours, les participants ont appris davantage sur le droit du sport au Cameroun, les procédures et de la pertinence de l'instance contentieuse et de la médiation du sport à l'épreuve du droit.

malgré des tentatives de diversion de certaines autorités publiques[34]. Cette nouvelle sollicitude traduit une demande morale : l'attente d'une juridiction qui rende justice et fixe les frontières du mal dans la mémoire des acteurs de la communauté sportive. Par conséquent, si la Chambre est désormais sollicitée de façon récurrente, on attend beaucoup d'elle, non seulement une justice illimitée, mais aussi une justice absolue et équitable. Surtout que son rôle s'est transformé.

4- L'admission volontaire et progressive d'un véritable tribunal arbitral

30. Dans l'immense majorité des cas, les fédérations sportives nationales ont fini par admettre que leurs organes contentieux se situaient bien hors du champ juridictionnel. En effet, si nombre de fédérations sportives ont longtemps entendu et entendent encore faire des recours internes l'horizon contentieux indépassable du litigant sportif, en particulier en insérant dans leurs statuts ou règlements des dispositions interdisant à leurs membres de saisir les juridictions étatiques ou arbitrales, la plupart d'entre elles y ont aujourd'hui renoncé, soit qu'elles se soient résignées à l'intervention du juge étatique, faute de pouvoir s'y opposer, soit qu'elles aient préféré lui substituer, lorsqu'elles en avaient la possibilité, une véritable juridiction arbitrale par l'insertion d'une « clause compromissoire » dans leurs statuts et règlements.

31. Même la Fédération Camerounaise de Football (FECAFOOT), que l'on cite généralement comme la figure emblématique du refus de toute ingérence extérieure, a fini par s'y résoudre. Elle a reconnu la compétence de la Chambre pour connaître des recours contre les décisions issues d'elle, ouvrant ainsi la voie à l'appel contre ses décisions. L'article 73 intitulé « *litiges d'ordre sportif, conciliation et arbitrage* » *de ses Statuts du 10 octobre 2023 dispose en effet que « 1- Les litiges d'ordre sportif opposant les ligues, les clubs, les associations de corps de métiers, les licenciés à la FECAFOOT et/ou entre eux-mêmes sont résolus, en premier ressort, suivant les règles propres à la FECAFOOT. 2- En cas d'épuisement des voies de recours internes à la FECAFOOT, l'une des parties peut, en dernier ressort au plan national, saisir la CCA instituée auprès du CNOSC ».*

B- La transformation du rôle de l'arbitrage des litiges sportifs

32. La méfiance de certains acteurs du mouvement sportif camerounais était si criarde qu'ils n'ont pas souvent permis à la CCA du CNOSC d'apporter à la résolution des litiges d'ordre sportif la contribution qui devrait résulter du

---

[34] La croyance en l'arbitre des litiges d'ordre sportif a eu pour effet une prolifération d'instances de toutes sortes dans l'appareil étatique créées dans des circonstances particulières pour connaître de certains types de litiges. La dernière en date est la mise sur pied par le ministère en charge des sports d'un organe destiné à connaître des litiges d'ordre sportif. Cet acte n'a pas découragé les acteurs du mouvement sportif qui ont massivement saisi la CCA du CNOSC pour le règlement des litiges liés au processus électoral dans les fédérations sportives nationales.

règlement, par elle, des différends de caractère juridique. Face à ce constat, il fut suggéré d'entreprendre une étude des obstacles qui s'opposent à une saisine plus satisfaisante de la Chambre et des voies et moyens de lever ces obstacles. Cette étude a abouti à la consolidation de l'institutionnalisation de la Chambre de Conciliation et d'arbitrage (1) et la modification de certaines procédures (2).

1- La consolidation de la place de la Chambre de Conciliation et d'Arbitrage dans l'univers des modes de règlement des litiges d'ordre sportif

33. Créée par une organisation privée, la Chambre a eu du mal à entrer dans l'univers des modes de règlement des litiges au Cameroun. Il ne fait l'ombre d'aucun doute que le tribunal arbitral créé au sein du CNOSC a été imposé par le droit d'une institution sportive : le CIO. L'arbitrage de la CCA est donc un arbitrage fondamentalement imposé. Cette imposition a été par la suite reconnue et organisée par la loi n° 2011/018 du 15 juillet 2011 relative à l'organisation et à la promotion des activités physiques et sportives au Cameroun à travers ses articles 44 alinéa 2, 59 et 62, abrogée par la loi n° 2018/014 du 11 juillet 2018 portant organisation et promotion des activités physiques et sportives au Cameroun, dont la caractéristique majeure demeure le dualisme juridictionnel instauré en matière de règlement des litiges d'ordre sportif. Aux termes de l'article 95 de la loi du 11 juillet 2018, les tribunaux étatiques sont, après épuisement des voies de recours internes à la structure sportive concernée, compétents pratiquement dans les mêmes termes que la CCA du CNOSC. Selon cet article, le litige peut être porté en dernier ressort au plan national, selon le cas :

a) Soit devant la Chambre de Conciliation et d'Arbitrage du Comité National olympique et sportif du Cameroun ;

b) Soit devant les juridictions administratives ou de droit commun ; eu égard à la nature du litige, conformément à la législation en vigueur.

2- La modification de certaines procédures

34. L'institution d'une conciliation obligatoire (a) et la modification de la procédure de choix des arbitres (b) constituent les principales procédures modifiées en faveur des acteurs du mouvement sportif.

a- L'institution d'une conciliation obligatoire

35. La loi de 2018 portant organisation et promotion des activités physiques et sportives au Cameroun a non seulement consolidé la place de la conciliation parmi les modes de règlement de litige devant la CCA du CNOSC, mais elle l'a aussi rendu obligatoire. Sa présence remarquable à côté de l'arbitrage des litiges d'ordre sportif se pose non seulement en termes de préséance, mais aussi en termes de permanence. Désormais, la conciliation est le passage obligé pour

parvenir à l'arbitrage. La Chambre ne manque pas souvent l'occasion de rappeler ce principe cardinal de procédure aux justiciables. Dans l'affaire MAYAM RE-NIOF Blaise c/ Fédération Camerounaise de Volley-ball, elle précise que « l*a conciliation préalable est obligatoire et, en cas de non-conciliation, l'arbitrage est impératif sans qu'il soit besoin d'une autre forme de clause d'arbitrage ou de juridiction* »[35].

36. Avant la loi de 2018, pendant longtemps, malgré la présence de la conciliation, l'arbitrage est resté le mode de règlement juridictionnel le plus sollicité par les justiciables. Avec la loi de 2018, la conciliation est le passage obligé de tout justiciable. Cette imposition a eu pour effet la transformation du rôle de l'arbitre dans le contentieux. En effet, fondé sur une activité syllogistique, le rôle de l'arbitre était essentiellement technique. Désormais, on ne recherche plus dans l'arbitre de la CCA du CNOSC le juriste « diseur de droit », mais le conciliateur, le pacificateur, voire le facilitateur de l'accord amiable. Cette nouvelle conception de l'arbitre a conduit les rédacteurs du règlement de procédure devant la Chambre de suggérer à l'arbitre de privilégier les accords des parties[36]. Cette transformation du rôle de l'arbitre de la CCA du CNOSC serait le signe d'une mutation profonde du règlement des litiges d'ordre sportif vers la finalité du Droit en général et du Droit du sport en particulier : la recherche d'une communauté sportive juste et sans conflit.

b- La modification de la procédure de choix des arbitres

37. L'intérêt de l'arbitrage semble en grande partie dû au rôle attribué par la loi de 2018 au ministre en charge des sports dans le choix des arbitres, d'une part, et à la maîtrise qu'ont les justiciables de la CCA du CNOSC, sur sa composition et sur sa procédure, d'autre part.

38. Dans le premier cas, pour apprécier la modification de la procédure du choix des arbitres, il s'agit de distinguer entre la situation qui prévalait avant la loi n° 2018/014 du 11 juillet 2018 portant organisation et promotion des activités physiques et sportives au Cameroun et les statuts et Règlements de la CCA du CNOSC. Avant 2018, les membres de la CCA du CNOSC étaient nommés conformément l'article 3 de l'ancien Code de procédures devant la Chambre par le Président du CNOSC. Cette influence individuelle du Président était pour le moins problématique. Depuis 2018, la liste des arbitres est arrêtée par le Conseil

---

[35] Voir CCA du CNOSC, Arbitrage en procédure ordinaire, Aff. n° CCA/2021/009 du 21 septembre 2021, MAYAM RE-NIOF Blaise c/ Fédération Camerounaise de Volleyball.

[36] Aux termes de l'article 46 du Règlement de procédure de la Chambre intitulé « Accord des parties hors la présence des arbitres », « *1) Accord des parties :*

- *S'il s'agit d'un accord partiel, la Chambre rend une sentence qui intègre l'accord intervenu entre les parties ;*
- *Si les parties conviennent d'un accord mettant fin de manière définitive au litige, alors que la Chambre est saisie du litige dans les termes du présent Règlement, ladite Chambre peut, à la demande de ces parties, rendre une sentence dite d'homologation* ».

d'administration du CNOSC, après consultation du ministre chargé des sports et les fédérations sportives, conformément l'alinéa 2 de l'article 98 de la loi de 2018 suscitée.

39. Dans le second cas, aux termes de l'article 43 alinéa 1, « … *À peine de forclusion, la partie demanderesse dispose d'un délai de dix (10) jours pour payer sa quote-part des frais d'arbitrage et désigner un Arbitre* ». Bien plus, « *la requête, le nom de l'Arbitre désigné par la partie demanderesse ainsi que celui du Président du collège sont communiqués à la partie défenderesse ou aux autres parties. Ils disposent d'un délai de quatre (04) jours pour récuser l'Arbitre désigné par la partie demanderesse et le Président du Collège pour des motifs légitimes, et d'un délai de (10) jours pour payer sa quote-part ou leur quote-part de frais d'arbitrage, désigner un arbitre et déposer son mémoire en réponse, le tout à peine de forclusion…* ». L'arbitrage de la CCA du CNOSC paraît ainsi désormais plus respectueux de la volonté des parties. C'est pourquoi, en cas de défaillance d'une partie dans le choix de l'arbitre, la Chambre tient à préciser que « *la carence de la défenderesse pour la désignation d'un troisième arbitre a été suppléée par la Chambre* »[37].

40. Le constat est aujourd'hui fait : plus qu'antérieurement, les principaux intervenants à l'activité sportive ne manifestent guère de réticence à requérir l'aide de la Chambre pour sauvegarder leurs positions et leurs prérogatives, sans se soucier des perturbations ou des bouleversements que peuvent entraîner leurs actions dans des organisations sportives. C'est que les enjeux de pouvoirs et d'argent ont une telle intensité, et parfois un tel éclairage médiatique, que personne n'accepte d'être la victime ou d'en être écarté. Il n'est dès lors nullement incohérent que l'arbitre soit sollicité pour dénoncer les décisions, les actes ou les négligences dommageables ; pour attribuer à des situations leur réelle qualification, ou pour condamner des procédures déloyales. Cet appel à l'arbitre est suffisamment constant pour ne pas être accidentel. De plus en plus, il n'est pas l'apanage de quelques disciplines sportives isolées, mais est suffisamment diversifié pour apparaître comme un phénomène généralisé[38]. L'ampleur de l'échantillon des décisions rendues et des procès-verbaux issus des procédures de conciliation autorise à des constats dont la signification ne peut être minimisée. Dans une vision globale, l'impression prévaut qu'il y a une grande accélération du contentieux. Ponctuellement, on observe que, si, par rapport à la période

[37] Voir CCA du CNOSC, Arbitrage en procédure d'extrême urgence, Aff. n° CCA/2021/028 du 8 décembre 2021, MABOANG KESSACK Emmanuel c/ FECAFOOT, voir aussi CCA du CNOSC, Arbitrage en procédure d'extrême urgence, Aff. n° CCA/2021/029 du 08 décembre 2021, MABOANG KESSACK Emmanuel c/ FECAFOOT ; voir encore CCA du CNOSC, Arbitrage en procédure ordinaire, Aff. n° CCA/2021/009 du 21 septembre 2021, MAYAM RE-NIOF Blaise c/ Fédération Camerounaise de Volleyball.

[38] Les requêtes en introduction d'instance viennent de diverses associations sportives, telles la FECAFOOT, la FECAVOLLEY, la FECABASKET, la FECARUGBY, la FECACYCLISME, la FECANANBUDO, etc.

antérieure se maintient un certain nombre de constances[39], se dessinent aussi quelques données nouvelles.

41. Plus remarquable est l'extension du domaine d'application du contentieux devant la Chambre. Plus de la moitié des litiges ne relève plus ou pas du contentieux classique de la responsabilité contre un tiers. Ceux-ci s'inscrivent dans la permanence du contentieux du droit du travail et du droit des affaires, dans la montée du contentieux des droits fondamentaux, du droit électoral et de l'apparition de quelques contentieux concernant les droits de la personnalité.

Section 2 : La singularité de l'arbitrage des litiges sportifs de la présente étude et l'approche du rôle de l'arbitre dans le contentieux sportif national

42. Malgré leur diversité et leur spécialité, les arbitres des juridictions sportives nationales et internationales ont en commun leur origine. Ils sont rattachés à des organisations sportives. En outre, leur juridiction n'est pas essentiellement consensuelle et ces arbitres ont pour principaux justiciables les acteurs des fédérations et associations sportives. Même si ces arbitres partagent le fonds commun de leur nature judiciaire, leurs méthodes de travail sont divergentes. Il est donc loisible de faire ressortir les particularités (1) de la CCA du CNOSC, avant de présenter l'approche envisagée du rôle de cette institution (2).

§ 1- La singularité de la CCA

43. La CCA est un organe juridictionnel annexe du CNOSC issu du CIO reconnu par la loi (A) et est compétente pour connaître des litiges d'ordre sportif sur le plan national (B).

A- La CCA, organe juridictionnel annexe du CNOSC

44. Lors de la 110e session du CIO tenue à Lausanne, les 11 et 12 décembre 1999, cinquante réformes ont été adoptées, dont certaines concernent l'institution d'un organe juridictionnel d'appel national au sein des CNO[40]. Par une lettre du 27 avril 2000 ayant pour objet la « Révision des statuts des CNO », le Comité olympique, à travers le Directeur des Relations avec les Comités Nationaux Olympiques et le Secrétaire général des Associations des Comités Nationaux Olympiques, donne des orientations au CNOSC pour la rédaction des statuts des CNO. Parmi ces orientations[41], figure la mise en place d'un « *tribunal disciplinaire* » en ces termes : *12. Tribunal Arbitral du Sport (TAS). Exemple de*

---

[39] La plupart d'affaires sont issues de la FECAFOOT.

[40] Il faut préciser que les amendements apportés à la Charte olympique instituent des organes juridictionnels au sein des CNO du CIO. Les statuts de ces comités nécessitaient donc quelques adaptations.

[41] Plusieurs autres recommandations ont été faites au CNO relatives à leur mission, leur rôle, leurs membres, leurs statuts, les Assemblées générales, le drapeau, les emblèmes et hymne.

formule à insérer dans les statuts de votre CNO. Toute décision rendue par (insérer le nom du tribunal disciplinaire ou de l'instance analogue de votre CNO), constituant la dernière instance interne/ peut être exclusivement soumise par voie d'appel au Tribunal Arbitral du Sport à Lausanne, Suisse ». Ce tribunal « *tranchera définitivement le litige conformément au Code de l'arbitrage en matière de sport. Le délai d'appel est de vingt et un jours dès réception de la décision faisant l'objet de l'appel* ».

45. La prise en compte de cette recommandation du CIO a évidemment entraîné un bouleversement du schéma traditionnel du règlement des litiges sportifs au Cameroun. Les instances disciplinaires sont devenues le premier niveau de règlement des litiges d'ordre sportif, le tribunal disciplinaire ou une instance analogue est institué comme organe de recours qui connaît des litiges en dernier ressort au Cameroun, et le Tribunal Arbitral du Sport (TAS), est érigé en organe international d'appel après le tribunal disciplinaire.

46. Par une lettre signée du Directeur des relations avec les CNO, datée du 18 janvier 2001, et adressée au Président du CNOSC, le CNO approuve les nouveaux statuts du CNOSC. On peut y lire : « *Nous avons l'honneur de vous informer par la présente que, conformément à la Charte olympique (troisième alinéa du paragraphe 1 de la Règle 4), nous approuvons les statuts de votre CNO. La date d'enregistrement de cette approbation est le 18 janvier 2001* ». Parmi les dispositions de ces statuts, figurent en bonne place celles mettant sur pied la Chambre de Conciliation et d'Arbitrage.

47. Cependant, si le 18 janvier 2001 marque la date de naissance de la CCA, celle-ci ne sera organisée qu'en 2009 par Décision du Président du Comité National olympique et sportif du Cameroun (CNOSC) n° 332/CNOSC/P/SG du 1er décembre 2009 portant modalités d'organisation et de fonctionnement de la CCA. Ce texte sera abrogé en 2013 par le Code des procédures devant la Chambre, abrogé à son tour le 5 août 2020 par les Statuts et règlements de procédures de la Chambre.

48. La création de la Chambre de Conciliation et d'Arbitrage du CNOSC trouve ainsi sa source dans des textes de nature privée. Elle a d'abord été suggérée par les textes du CIO avant d'être reçue par les statuts du CNOSC. La CCA a ainsi deux origines privées fondamentales : la première est internationale et la seconde est nationale. La CCA est donc une juridiction privée originelle. Elle a par la suite été légalisée par les différentes lois relatives aux activités physiques et sportives au Cameroun. Cette reconnaissance fit-elle de la Chambre une juridiction étatique ?

49. Au Cameroun, dans la majorité des cas, savoir si une juridiction est étatique ou arbitrale ne pose aucun problème. Il ne fait, par exemple, aucun doute que les litiges portés devant le juge administratif ou le Conseil constitutionnel le sont devant des juridictions publiques. Dans certains cas, l'hésitation est permise.

Il arrive que certaines juridictions ayant reçu une dénomination arbitrale cachent en réalité une juridiction étatique[42]. Est-ce le cas de la Chambre de Conciliation et d'Arbitrage du CNOSC ?

50. En effet, l'obligation de recourir à la CCA du CNOSC avant de pouvoir valablement s'adresser au TAS à Lausanne trouve l'une de ses sources dans la loi du 11 juillet 2018 portant organisation et promotion des activités physiques et sportives. Au Cameroun, c'est donc le législateur lui-même qui est intervenu pour imposer le recours à la CCA du CNOSC, ou plus exactement pour le règlement de certains litiges sportifs, en imposant clairement aux fédérations sportives camerounaises d'insérer des dispositions compromissoires dans leurs statuts et règlements. Aux termes de l'article 94 alinéa 2 de la loi de 2018, « *Les fédérations sportives sont tenues d'inscrire, dans leurs statuts, une clause compromissoire ou la possibilité d'un compromis d'arbitrage devant la Chambre de Conciliation et d'Arbitrage siégeant en matière d'arbitrage, en cas de conflit d'ordre sportif* ». Elles disposent, depuis le 11 juillet 2018, d'un délai de six (06) mois pour se conformer aux dispositions de la loi[43].

51. La loi a ainsi rendu obligatoire la saisine de la CCA du CNOSC, en imposant aux fédérations sportives nationales l'inscription d'une « *clause compromissoire* » dans leurs statuts. La nature institutionnelle des dispositions compromissoires interpelle, et par voie de conséquence celle de la CCA du CNOSC. Peuvent-elles entraîner l'arbitrage des litiges sportifs hors des frontières de l'arbitrage véritable pour épouser les canons des procédures juridictionnelles étatiques ?

52. Rien n'est moins sûr. Si l'arbitrage de la CCA est un arbitrage imposé, il n'est pas pour autant un arbitrage imposé par la puissance publique. Lorsque le législateur impose que certains litiges soient portés devant un organe juridictionnel créé par lui, il s'agit sans doute d'une juridiction étatique d'exception malgré les dénominations arbitrales dont il peut être paré[44]. Lorsque le recours à l'arbitrage est imposé par un pouvoir fondamentalement privé, à l'image de celui de la CCA du CNOSC, il n'y a pas d'abus de langage à parler d'arbitrage. L'essence de l'arbitrage est en effet de constituer une justice privée.

53. Originale, en raison de son caractère imposé, mais pas forcé, la procédure devant la CCA l'est tout autant du point de vue de sa nature. Témoins de la confusion qui règne parfois sur ce point, on a ainsi pu dire que ce type de procédure instaurée devant la CCA du CNOSC était une justice privée, « *à la fois expertale et consensuelle, naturellement sensible à la logique institutionnelle du sport, mais demeurant connectée à la justice publique, de droit commun, à*

---

[42] MAISONNEUVE (M.), *L'arbitrage des litiges sportifs*, op. cit, p. 21.
[43] Voir article 107 de la loi du 11 juillet 2018 portant organisation et promotion des activités physiques et sportives au Cameroun.
[44] MAISONNEUVE (M.), *L'arbitrage des litiges sportifs*, op. cit, p. 223.

laquelle peut toujours revenir le dernier mot[45] » ; d'autant plus qu'en cas d'échec de conciliation, le justiciable peut choisir de porter son affaire devant les juridictions de droit commun.

54. Même si la loi du 11 juillet 2018 ne l'affirme pas directement, il faut avouer que la procédure arbitrale devant la CCA du CNOSC n'est pas tout à fait une procédure comme les autres.

55. Tout compte fait, la Chambre s'est vue reconnaître un rôle de premier plan dans la vie de la communauté sportive et la gestion des relations conflictuelles entre les acteurs membres des associations et des fédérations sportives nationales.

56. Les avantages attendus de cette évolution sont de deux ordres : apaisement des conflits entre institutions sportives et institutions judiciaires, et règlement des litiges sportifs par des praticiens du droit, à même de faire accepter des décisions respectueuses des principes généraux du droit du sport et des spécificités sportives. La Chambre doit ainsi tenir compte du fait que l'acceptation de sa juridiction à travers l'insertion des clauses compromissoires est un des moyens les plus efficaces par lesquels la loi a essayé de donner un effet pratique aux buts et aux principes du CIO. Un arbitre de la CCA manquerait à son devoir d'arbitre en appliquant une règle d'interprétation destinée à mettre en échec les efforts des membres du CIO pour atteindre ce but. Ainsi, les liens que la Chambre entretient avec le CIO sont marqués par le besoin d'aménagement de sa procédure en vue d'une meilleure représentation des intérêts en présence lors de l'audience.

57. Au niveau de sa composition, la CCA du CNOSC est un organe qui siège en collégialité et en tant que tel, c'est un ensemble d'arbitres nommés par le Conseil d'administration du Comité National olympique et Sportif du Cameroun[46]. Les arbitres nommés et choisis dans un collège arbitral ne représentent pas les parties au sein du tribunal arbitral[47]. Celui-ci n'est donc pas composé des représentants des associations et des fédérations sportives, car les

[45] ALAPHILIPPE (F.), « Le préliminaire de conciliation : relance d'une justice sportive ou renaissance d'une utopie », p. 30.

[46] Aux termes de l'alinéa 2) a) de l'article 5 des Statuts de la Chambre, « *La qualité de membre s'acquiert par :*

- *La nomination par le Conseil d'administration du Comité National olympique et sportif du Cameroun, pour ce qui concerne les membres du Bureau de la Chambre, les Conciliateurs et les arbitres (…)* ». En tant que de besoin, selon l'alinéa 5 du même article, « *Pour chaque olympiade (…) l'Assemblée générale de la Chambre examine, sélectionne et propose au Conseil d'Administration du CNOSC les nouvelles demandes d'admission comme membres de la Chambre conformément à l'article 65 alinéa 6 des statuts du CNOSC* ».

[47] Aux termes de l'alinéa 4 de l'article 15 des statuts de la Chambre, « *Les Conciliateurs et Arbitres de la Chambre de Conciliation et d'Arbitrage ne doivent être ni membres d'une Fédération ou Association sportive ni employé du Comité National olympique et sportif du Cameroun* ».

arbitres sont indépendants et prennent à leur entrée en fonction l'engagement solennel d'impartialité et de neutralité par une prestation de serment[48]. La composition statutaire de la Chambre est en principe de vingt membres dont le mandat est de quatre ans renouvelables[49]. En outre, la Chambre dispose d'un Greffe constitué d'un Rapporteur général, greffier en chef, d'un ou plusieurs greffier (s), d'un ou plusieurs secrétaires dont le rôle n'est pas négligeable au cours du contentieux des litiges d'ordre sportif. C'est ce service, à travers le Rapporteur général qui, à ce titre, assure la mise en état des dossiers de procédure, est responsable des finances de la Chambre, est gardien des biens de la Chambre, tient les comptabilités à cet effet[50].

B- La CCA du CNOSC, tribunal arbitral à compétence particulière

58. La CCA du CNOSC est le seul juge- arbitre chargé de régler les litiges d'ordre sportif sur le plan national par voie de conciliation, d'arbitrage et de consultation, conformément à la loi n° 2018/014 du 11 juillet 2018 portant organisation et promotion des activités physiques et sportives au Cameroun, aux statuts du CNOSC, à ses statuts et Règlement de procédures et au principe du procès équitable[51]. Elle statue en dernier ressort après épuisement des voies de recours internes aux fédérations et associations sportives. Sa vocation à être compétente vis-à-vis de toutes les fédérations et associations sportives et sur l'étendue du territoire camerounais, a été certes consacrée par la loi de 2018, mais davantage par sa qualité d'organe annexe judiciaire du CNOSC, dont, par leur adhésion aux Statuts, cette dernière institution, les fédérations et associations sportives, ainsi que leurs membres, s'obligent à soumettre à la CCA, tous les litiges à caractère sportif dont ils ont la libre disposition[52]. La CCA du CNOSC a pour mission de trancher, sur la base du droit et des faits, les différends que les fédérations et associations sportives lui soumettent et de répondre aux demandes d'avis consultatifs qui lui sont adressées par les acteurs de ces institutions sportives. La CCA du CNOSC est le juge d'application du droit en général et du droit des fédérations et associatives sportives en particulier. En dépit du privilège de juridiction qu'elle possède, la recherche de l'adhésion des acteurs du

---

[48] Aux termes de l'article 2 des statuts de la Chambre, « Les conciliateurs et arbitres, avant d'entrer en fonction, prêtent serment en audience solennelle, présidée par le Président de la Chambre, assisté du Rapporteur général, Greffier audiencier, suivant la formule ci-après :
« *Moi... (Nom de l'arbitre ou du conciliateur), je jure devant Dieu et devant les hommes que j'assumerai mes fonctions de membre de la Chambre de Conciliation et d'Arbitrage en tout honneur et dévouement, en pleine et parfaite indépendance et impartialité, sans haine ni rancune, en toute conscience et probité, dans le respect des lois, règlements et textes en vigueur et que je garderai le secret des délibérations, même après la cessation de mes fonctions* ».

[49] Aux termes de l'article 11 alinéa 1 des statuts de la Chambre, « *La durée du mandat des Membres du Bureau de la Chambre, des Conciliateurs et des Arbitres est de quatre ans renouvelables* ».

[50] Voir article 8 alinéa 2 des Statuts de la Chambre.

[51] Voir article 3 des Statuts de la Chambre.

[52] Voir article 1 4e paragraphe des Statuts de la Chambre.

mouvement sportif à sa juridiction a poussé la Chambre à épouser les contours avantageux des modes alternatifs de règlement des conflits tout le long du processus, pour se rapprocher de ses justiciables et accommoder sa procédure à leur volonté en vue de les attirer davantage à son prétoire. En conséquence, elle a sensiblement modéré son pouvoir à l'égard des parties à l'arbitrage. Ces efforts se sont matérialisés par la « conciliatisation » de sa procédure d'arbitrage et une tendance à privilégier la volonté des parties. Dans ce sens, l'article 46 alinéa 1 intitulé « Accord des parties » prévoit que : «

- *S'il s'agit d'un accord partiel, la Chambre rend une sentence qui intègre l'accord intervenu entre les parties ;*
- *Si les parties conviennent d'un accord mettant fin de manière définitive au litige, alors que la Chambre est saisie du litige dans les termes du présent Règlement, ladite Chambre peut, à la demande de ces parties, rendre une sentence dite d'homologation*[53] ».

59. C'est eu égard à cette spécificité qu'il est loisible d'envisager l'approche du rôle de ce tribunal arbitral dans le règlement des litiges d'ordre sportif au Cameroun.

§ 2- L'approche du rôle de l'arbitre de la CCA

La notion du rôle et les spécificités de l'arbitrage des litiges sportifs (A) seront suivies de l'intérêt du travail (B), de l'analyse des attitudes possibles de l'arbitre de la CCA face à la typologie des principes juridiques (C), et de l'approche de l'étude (D).

A- Le rôle et les spécificités de l'arbitre des litiges sportifs

60. Le rôle de la CCA du CNOSC dans le règlement des litiges d'ordre sportif au Cameroun ne peut être évalué de façon efficace qu'à travers la connaissance des spécificités du contentieux national des litiges d'ordre sportif.

1- Le rôle de l'arbitre

61. Les recherches se révèlent décevantes dans la poursuite d'une définition juridique du rôle pouvant correspondre à l'objectif de cette étude. Le lexique des termes juridiques 2017-2018 le considère comme le « *Répertoire général des affaires* [54] », une sorte de « *registre sur lequel sont inscrites par ordre*

---

[53] L'homologation est une procédure par laquelle un juge ou un arbitre approuve un acte juridique et lui confère la force exécutoire après contrôle de légalité et, généralement d'opportunité : Voir pour plus d'éclairages GUINCHARD (S.) et DEBARD (Th.), Lexique des termes juridiques, 2017-2018, op. cit, p. 577.

[54] GUINCHARD (S.) et DEBARD (Th.) (S. la Dir), *Lexique des termes juridiques 2017-2018*, Dalloz, 2017, p. 1012.

chronologique les affaires soumises à une juridiction ainsi que tous les actes de procédure[55] ».

62. Non satisfait par la définition juridique de ce terme, il est important d'observer comment il est défini par le langage courant. Le Larousse définit le rôle « *l'ensemble (...) des actions correspondant à un personnage donné dans une pièce de théâtre, un film, etc.*[56] ». De cette définition, il ressort un double aspect du rôle : « *un aspect imaginaire qui indique la possibilité de s'identifier à un personnage idéal ou au contraire de dissimuler sa personnalité ; un aspect fonctionnel, actif en rapport avec une situation sociale (...) cet aspect se réfère à des normes sociales et culturelles*[57] ». Ce dernier aspect est assez proche de l'objectif de ce travail. Il met l'accent sur le rôle comme « *ensemble des conduites et attitudes attendues par la société d'un sujet possédant tel ou tel statut* »[58]. Dans les institutions comme la CCA du CNOSC, ces conduites et ces comportements se cristallisent dans la fonction attribuée à une personne ou à un organe par un texte particulier, c'est-à-dire, « *lorsqu'une personne met son activité au service du public, pour remplir une tâche déterminée, soit directement, soit dans le cadre d'une organisation collective publique ou privée*[59] ». La fonction peut être exercée sans le couvert d'une organisation. Elle peut aussi être exercée sous le couvert d'une organisation : un service public, une société civile ou de commerce ou une association. La fonction exercée par l'arbitre de la CCA du CNOSC fait partie de cette dernière catégorie. Cela implique de s'attarder sur la façon dont cette institution fonctionne dans le système auquel elle appartient, pour évaluer les actes que les arbitres posent pour l'accomplissement de leur service.

63. Mais fonction et rôle semblent être assez proches. Il existe cependant entre ces deux notions une différence de degré. En effet, la fonction est généralement consignée dans les textes et codes juridiques, dans le cas d'espèce, la loi, les Statuts et règlements de procédure devant la Chambre ; alors que le rôle est la mise en œuvre de cette fonction. Cette mise en œuvre prend en compte les

---

[55] BASDEVANT (J), *Dictionnaire de la terminologie du droit international public*, Paris, Sirey, 1960, p. 548, cité par METOU (M.M.B), Le rôle du juge dans le contentieux international, le cas de la Cour International de Justice, Thèse pour l'obtention du Doctorat en Droit public international, Université de Yaoundé II, Année 2008, p. 19.

[56] Larousse, Dictionnaire de la langue Française, édition 2020.

[57] GRAWITZ (M.), *De l'utilisation en droit des notions sociologiques*, Paris, PUF, 1960, cité par METOU (M.M. B)), *Le rôle du juge dans le contentieux international*, le cas de la Cour International de Justice, Thèse pour l'obtention du Doctorat en Droit public international, Université de Yaoundé II, Année 2008, p. 19.

[58] GRAWITZ (M.), *Méthodes des sciences sociales*, Paris, Dalloz 2003, p. 578, cité par METOU (M.M.B)), *Le rôle du juge dans le contentieux international, le cas de la Cour International de Justice*, Thèse pour l'obtention du Doctorat en Droit public international, Université de Yaoundé II, Année 2008, p. 19.

[59] GUINCHARD (S.) et DEBARD (Th.) (S. la Dir), *Lexique des termes juridiques 2017-2018*, Dalloz, 2017, p. 523.

circonstances dans lesquelles elle s'exerce[60]. S'il peut donc y avoir une répartition des fonctions au sein de la CCA du CNOSC, les rôles respectifs des différents membres (Conciliateurs et arbitres, Président de la CCA, Greffier/Rapporteur) chargés de remplir ces fonctions « *sont interdépendants, étant donné qu'ils peuvent avoir certains usages qui se forgent sous l'influence des circonstances dans lesquelles ils exercent leurs fonctions*[61] ».

64. La présente étude appréhendera le rôle de l'arbitre comme étant l'ensemble des actions accomplies par ce dernier dans l'exercice de ses fonctions arbitrales. Sous l'influence des circonstances litigieuses, l'arbitre pourrait adopter des attitudes qui ne lui sont pas dictées par les Statuts et Règlement de Procédure, à toutes fins utiles. L'arbitre de la CCA du CNOSC pourrait ainsi contribuer à l'effectivité des dispositions statutaires, en adaptant parfaitement la mission qui lui est assignée aux circonstances de l'espèce, et en ayant à l'esprit que, seul, quand il est question de justice, l'important est moins de se rassurer sur la « façon » des décisions que sur la manière dont certaines d'entre elles risquent d'être perçues par les usagers. Il est rare qu'en tranchant une contestation, l'autorité compétente donne égale satisfaction à chacun des adversaires. Mais il faut éviter que chez le perdant tout comme chez l'ensemble de la population intéressée, la décision prise puisse être suspectée au point d'accréditer l'idée que, seul un recours devant les tribunaux d'État permette d'obtenir une justice convenable. Il en est ainsi parce que le droit en général, et le droit du sport en particulier, ne peut tout prévoir jusqu'au moindre détail.

2- Le contentieux des litiges sportifs comme instance des fédérations et associations sportives

65. Dans les Statuts et Règlement de procédure devant la Chambre, il est distingué des procédures qui permettent la contestation d'une situation de celles qui cherchent simplement à requérir l'avis de la Chambre. Dans le premier cas, il s'agit du contentieux, branche d'activité de la Chambre qui se caractérise par le prononcé des sentences arbitrales sur une situation qui fait l'objet d'un désaccord[62]. C'est le sens restreint donné à cette branche d'activité de la Chambre. Elle s'oppose à son activité interprétative[63] et consultative[64]. Mais

---

[60] METOU (M.M. B), *Le rôle du juge dans le contentieux international, le cas de la Cour Internationale de Justice*, Thèse pour l'obtention du Doctorat en Droit public international, Université de Yaoundé II, Année 2008, p. 20.

[61] Idem, p. 20.

[62] GUINCHARD (S.) et DEBARD (Th.) (S. la Dir), *Lexique des termes juridiques 2017-2018*, Dalloz, 2017, p. 292.

[63] Aux termes de l'article 54 alinéa 1 des Statuts de la Chambre, « *Toute partie peut, aux fins de clarification d'une sentence, saisir la Chambre d'une requête en interprétation* ».

[64] Aux termes de l'article 63 des Statuts de la Chambre, « *La requête en consultation est présentée par toute personne qui y a intérêt lorsqu'une disposition des textes régissant les fédérations et associations sportives ou une entité du mouvement olympique national paraît obscure ou ambiguë* ».

l'activité de la CCA du CNOSC est plus dense et ne se limite pas à la production des sentences. Cette définition ne permet donc pas de cerner le rôle de l'arbitre considéré plus haut. Bien plus, elle ne permet pas d'évaluer de manière précise l'activité contentieuse du tribunal arbitral, et induit simplement un commentaire de cette activité. L'ambition de cette étude est plus grande. Fort heureusement, le contentieux est aussi assimilé au procès se rapportant au même objet[65] ou à une instance. Le procès est défini comme le litige[66] soumis à un tribunal ou comme une « *difficulté de fait ou de droit soumis à l'examen d'un juge ou d'un arbitre* [67] » ; la contestation pendante devant une juridiction, tandis que l'instance[68] s'appréhende comme la suite des actes de procédures effectués devant un tribunal allant de la saisie de celui-ci, c'est-à-dire de la demande en justice, jusqu'au prononcé de la décision[69] ou autre mode d'extinction de la procédure initiée. Cette définition de l'instance et du procès correspond à l'aspect dynamique du statut pris comme rôle de l'arbitre dans le contentieux des litiges d'ordre sportif.

66. Dans la présente étude, le contentieux sportif national sera entendu comme l'instance entre les acteurs des fédérations et associations sportives pour pouvoir analyser et évaluer la façon dont la CCA du CNOSC traite les divers actes de procédure effectués par les parties devant elle durant le procès et gère les rapports litigieux entre lesdites parties durant l'instance, en fonction des règles procédurales fixées par son statut et règlement de procédure pour parvenir à une solution judiciaire du différend entre les acteurs des fédérations et associations sportives nationales. Dans ce sens, le rôle qu'elle joue dans le contentieux sportif national va de la demande introductive d'instance jusqu'à la sentence arbitrale. C'est dans ce canevas qu'il est possible d'analyser la manière dont la Chambre met en œuvre les divers moyens mis à sa disposition par son statut et son Règlement de procédures pour parvenir au règlement du litige d'ordre sportif dont elle est saisie. Durant tout ce parcours, le règlement des litiges par la CCA du CNOSC présente des spécificités qu'il est loisible de faire ressortir.

---

[65] GUINCHARD (S.) et DEBARD (Th.) (S. la Dir), *Lexique des termes juridiques 2017-2018*, Dalloz, 2017, p. 292.

[66] On parle de litige lorsqu'une personne ne peut obtenir amiablement la reconnaissance d'une prérogative qu'elle croit avoir et qu'elle envisage de saisir un tribunal pour lui soumettre sa prétention. Avant la saisine du juge, on parle d'un simple différend ou d'un conflit de prétentions. Il est important de noter que « le terme, bien que très large, est, en pratique, synonyme de procès ». Voir GUINCHARD (S.) et DEBARD (Th.) (S. la Dir), *Lexique des termes juridiques 2017-2018*, Dalloz, 2017, p. 683.

[67] GUINCHARD (S.) et DEBARD (Th.) (S. la Dir), *Lexique des termes juridiques 2017-2018*, Dalloz, 2017, p. 898.

[68] L'ouverture de l'instance fait naître entre les plaideurs un lien juridique particulier : le lien d'instance. Les voies de recours donnent lieu à une instance nouvelle, à l'exception de l'opposition.

[69] Idem, p. 618.

a- Un contentieux obligatoire en amont et « consensuel en aval »

67. La justice arbitrale en général a la spécificité d'être conventionnelle. Il en est ainsi parce qu'« *on retrouve à sa base un accord des personnes intéressées par ce mode alternatif de règlement des conflits*[70] ». Cet accord peut être soit une clause compromissoire[71], soit un compromis[72]. Dans le premier cas, les parties s'engagent à soumettre à l'arbitrage les différends pouvant naître ou résulter d'un rapport juridique d'ordre contractuel, tandis que, dans le second, les parties à un différend déjà né conviennent de l'aplanir par voie d'arbitrage. La volonté des personnes en désaccord y est donc prépondérante[73]. Plusieurs éléments poussent à soutenir que l'arbitrage est conventionnel. Cette part du conventionnel dans la justice arbitrale implique l'existence d'une convention d'arbitrage, l'inscription dans l'acte fondateur de l'arbitrage d'une étape préalable à l'arbitrage telle que la transaction, la conciliation ou la médiation, la maîtrise du temps du règlement du litige, lequel dépend de leur bon vouloir, avec quelques exceptions près, la large configuration du tribunal par les justiciables[74].

68. Certes, l'arbitrage de la CCA du CNOSC est précédé d'une étape de résolution préalable, la conciliation obligatoire, dont le tribunal arbitral est tenu d'examiner l'exception portant sur le non-respect de cette phase, et, le cas échéant d'envoyer au respect de ce qui a été imposé, mais, cet arbitrage n'est pas à la base une procédure consensuelle. Contrairement à l'arbitrage classique, l'arbitrage de la CCA du CNOSC est un arbitrage imposé à la base.

69. En effet, si la compétence *rationae personae* de cet arbitre devrait s'étendre de façon automatique à l'ensemble des fédérations et associations sportives de par leur adhésion aux statuts du Comité National olympique et sportif du Cameroun[75], l'obligation de recourir à la CCA du CNOSC avant de pouvoir

---

[70] KUATE TAMEGHE (S.S), *La justice, ses métiers, ses procédures*, op. cit, p. 530.

[71] La clause compromissoire est celle qui est insérée dans un contrat, par laquelle les parties s'engagent à recourir à l'arbitrage pour les différends qui surgiraient entre elles relativement à ce contrat : voir GUINCHARD (S.) et DEBARD (Th.), Lexique des termes juridiques 2017-2018, op. cit, p

[72] Le compromis est la convention par laquelle deux ou plusieurs personnes décident de soumettre un litige déjà né et concernant des droits dont elles ont la libre disposition à l'arbitrage d'un tiers. Voir GUINCHARD (S.) et DEBARD (Th.), Lexique des termes juridiques 2017-2018, op. cit, p. 245.

[73] KUATE TAMEGHE (S.S), *La justice, ses métiers, ses procédures*, op. cit,, p. 536.

[74] À eux revient le soin de nommer, révoquer et remplacer les arbitres, parmi les seules personnes physiques ayant le plein exercice de leurs droits civils, lesquelles en principe sont frappées par des interdictions. Il est vrai qu'en fonction de certaines circonstances, le soin peut revenir à la juridiction compétente de désigner les arbitres.

[75] Aux termes de l'article 1 § 4 des Statuts et Règlement de procédures de la Chambre, « *Par leur adhésion aux statuts du Comité National olympique et sportif du Cameroun, les fédérations et associations sportives, ainsi que leurs membres, s'obligent à soumettre à la Chambre de Conciliation et d'Arbitrage du Comité National olympique et Sportif du Cameroun tous les litiges à caractère sportif dont ils ont la libre disposition* ».

valablement s'adresser au TAS à Lausanne trouve l'une de ses sources dans la loi du 11 juillet 2018 portant organisation et promotion des activités physiques et sportives. Au Cameroun, c'est donc le législateur lui-même qui est intervenu pour imposer le recours à la CCA du CNOSC, ou plus exactement pour le règlement de certains litiges sportifs, en imposant clairement aux fédérations sportives camerounaises d'insérer des dispositions compromissoires dans leurs statuts et règlements. Selon l'article 94 alinéa 2 de la loi de 2018, « *Les fédérations sportives sont tenues d'inscrire, dans leurs statuts, une clause compromissoire ou la possibilité d'un compromis d'arbitrage devant la Chambre de Conciliation et d'Arbitrage siégeant en matière d'arbitrage, en cas de conflit d'ordre sportif* ». Elles disposent, depuis le 11 juillet 2018, d'un délai de six (6) mois pour se conformer aux dispositions de la loi[76].

70. La loi a ainsi rendu obligatoire la saisine de la CCA du CNOSC, en imposant aux fédérations sportives nationales l'inscription d'une « *clause compromissoire* » dans leurs statuts. Par conséquent, le terme « clause » approprié en matière commerciale, par exemple, devient inapproprié en matière de règlement des litiges sportifs. En raison de sa connotation unilatéraliste, « *l'expression disposition sportive compromissoire*[77] » serait plus indiquée. Elle désigne « *les dispositions des statuts et règlements des fédérations sportives ou des comités olympiques qui prévoient le recours à l'arbitrage dans le cas où un litige viendrait à les opposer à leurs membres directs ou indirects*[78] ».

71. Un compromis est d'ailleurs exigé entre les parties pour saisir la CCA du CNOSC. Aux termes de l'alinéa 2 de l'article 94 de loi n° 2018/014 du 11 juillet 2018 portant organisation et promotion des activités physiques et sportives au Cameroun, « *les fédérations sportives sont tenues d'inscrire dans leurs statuts, une clause compromissoire ou la possibilité de recours à un compromis d'arbitrage devant la Chambre de Conciliation et d'Arbitrage siégeant en matière d'arbitrage en cas de conflits d'ordre sportif* ».

72. Le débat a surgi et surgira toujours de savoir pourquoi le législateur a voulu imposer un compromis entre les parties soumises à « une clause compromissoire » en amont pour la saisine de la CCA en arbitrage lorsque la conciliation s'est avérée infructueuse. La loi n'est pas suffisamment expressive sur ce point. On peut penser que l'obligation d'un compromis a des liens, non pas

---

[76] Voir article 107 de la loi du 11 juillet 2018 portant organisation et promotion des activités physiques et sportives au Cameroun.

[77] MAISONNEUVE (M.), *L'arbitrage des litiges sportifs, op. cit,*, p. 191.

[78] Selon MAINSONNEUVE, « *le terme disposition est employé à dessein, en raison de sa connotation unilatéraliste, de préférence aux termes « stipulation », ou « clause », qui sont marqués par leur usage contractuel. (…) les prescriptions arbitrales qui figurent dans les textes fédéraux ou olympiques sont de nature institutionnelle. Elles sont, comme la plupart des autres dispositions de ces textes, unilatéralement imposées à leurs destinataires par l'effet du pouvoir privé dont dispose l'institution à laquelle ils appartiennent* », Idem, p. 191.

avec le souci du législateur de revenir à l'un des principes fondamentaux de l'arbitrage, mais avec la volonté de celui, de drainer les différends d'ordre sportif vers la justice étatique ou à sevrer la Chambre de conciliation et d'arbitrage du CNOSC de certaines catégories de litiges d'ordre sportif.

73. Le législateur camerounais du 11 juillet 2018 a ainsi combiné l'absence de conciliation partielle ou totale et l'absence d'accord sur la compétence de la Chambre de Conciliation et d'Arbitrage pour essayer de rendre un peu plus étroite l'intervention de la CCA dans l'arbitrage des litiges sportifs.

74. Or, si on ne peut pas obliger les parties à se concilier, chaque partie n'a pas besoin de l'accord de l'autre pour se pourvoir en arbitrage. D'ailleurs, la clause compromissoire insérée dans les statuts ne limite pas la saisine de la CCA à la procédure de conciliation. Elle concerne plus la procédure d'arbitrage. En présence d'une clause compromissoire, les parties n'ont plus besoin d'un compromis d'arbitrage pour avancer. C'est l'existence de la clause compromissoire qui a déclenché la procédure de conciliation. Celle-ci lui est préalable aux termes de la loi du 11 juillet 2018. Dès lors, l'exigence d'un « compromis d'arbitrage[79] » l'alinéa 2 de l'article 94 de loi n° 2018/014 du 11 juillet 2018 portant organisation et promotion des activités physiques et sportives au Cameroun, semble avoir poursuivi un autre but que celui d'aider directement à la solution du litige. La justification de cette dernière référence n'est pas véritablement donnée et paraît dès lors cosmétique, voire superflue. Elle produit à première vue plus un effet d'embrouille de la part du législateur qu'un effet de juridiction.

75. Dans tous les cas, l'alinéa 2 de l'article 96 de la loi du 11 juillet 2018 suscitée va contribuer, dans une large mesure, à donner une consistance juridique au « mythe de l'ennemi ». Avec cette disposition, la CCA semble promue au rang d'ennemi du mouvement sportif. Il s'agit d'une disposition redoutable qui aura marqué la vie judiciaire de cette dernière institution. En effet, avec cette exigence de l'accord des deux parties en conciliation pour saisir la CCA en arbitrage, le législateur aurait voulu parvenir à l'inhibition quasi totale de toute volonté des justiciables de poursuivre leurs affaires en arbitrage devant ladite chambre ; car cette disposition serait de nature à orienter les comportements.

76. Pourtant, quelques années après, c'est avec surprise que, malgré l'existence de cette obligation de compromis, et sans l'existence de la convention d'arbitrage, les justiciables confèrent une priorité à la saisine de la CCA du CNOSC après la procédure de conciliation obligatoire, provoquant l'évitement

[79] Aux termes de l'alinéa 2 de l'article 94 de loi n° 2018/014 du 11 juillet 2018 portant organisation et promotion des activités physiques et sportives au Cameroun, « *les fédérations sportives sont tenues d'inscrire dans leurs statuts, une clause compromissoire ou la possibilité de recours à un compromis d'arbitrage devant la Chambre de Conciliation et d'Arbitrage siégeant en matière d'arbitrage en cas de conflits d'ordre sportif* ».

de toute procédure devant le juge étatique. De telles attitudes venant tant des justiciables que de la CCA du CNOSC permettent de comprendre que la disposition imposant un compromis préalable à la saisine de la CCA est ineffective et même inefficace. La Chambre saisit toujours l'occasion des litiges pour rappeler aux justiciables le caractère superfétatoire de l'imposition d'un compromis. Dans l'affaire MAYAM RE-NIOF Blaise c/ Fédération Camerounaise de Volleyball du 21 septembre 2021, elle a rappelé à la FECAVOLLEY qui a soulevé l'incompétence de la Chambre aux motifs que l'article 96 alinéa 2 de la loi n° 2018/014 du 11 juillet 2018 portant organisation et promotion des activités physiques et sportives au Cameroun dispose : « *en cas de non-conciliation totale ou partielle et en cas d'absence d'un accord sur la compétence de la Chambre de conciliation et d'arbitrage en matière d'arbitrage (compromis), le procès-verbal de non-conciliation total ou partiel est réputé constituer une décision en dernier ressort sur le plan national* », que « *la conciliation préalable est obligatoire et, en cas de non-conciliation, l'arbitrage est impératif sans qu'il soit besoin d'une autre forme de clause d'arbitrage ou de juridiction* »[80].

77. Plus surprenante est que la CCA du CNOSC ne se déclare incompétente, ni n'examine l'exception portant sur le non-respect de cette disposition, et par conséquent, de renvoyer au respect de ce qui a été imposé.

b- Un contentieux diversifié

78. L'un des points névralgiques de l'arbitrage de la CCA du CNOSC a trait à son domaine. La formule de l'article 95 de la loi n° 2018/014 du 11 juillet 2018 portant organisation et promotion des activités physiques et sportives au Cameroun montre que la CCA du CNOSC est chargée de régler les litiges d'ordre ou à caractère sportif par voie de conciliation et d'arbitrage. Formulée ainsi, la compétence de la CCA du CNOSC est loin de faire l'unanimité. Quelques-uns estiment que cette institution arbitrale est compétente pour tous les différends d'ordre sportif à l'exclusion des contentieux électoraux issus des fédérations sportives nationales. C'est le cas du ministre en charge des sports qui, à deux reprises, a posé des actes avec pour effet de sortir le contentieux électoral du champ des litiges sportifs. Le premier est une lettre datée du 14 mars 2016 adressée à Monsieur le Président du Comité National olympique et sportif du Cameroun lui suggérant de prendre « *des dispositions urgentes (...) pour une révision du nouveau Code des Procédures de la Chambre de Conciliation et d'Arbitrage, en vue de sortir le contentieux électoral du champ des litiges*

[80] Voir CCA du CNOSC, Arbitrage en procédure ordinaire, Aff. n° CCA/2021/009 du 21 septembre 2021, MAYAM RE-NIOF Blaise c/ Fédération Camerounaise de Volleyball. Voir également CCA du CNOSC, Arbitrage en procédure ordinaire, Aff. n° CCA/2021/008 du 21 septembre 2021 TIMBA MAJORE Louis c/ Fédération Camerounaise de Volleyball.

sportifs[81] ». Cette suggestion est restée lettre morte. Le second acte est la création d'un Comité chargé du suivi des opérations de renouvellement des organes dirigeants des Fédérations Sportives Civiles Nationales placé sous la supervision du ministre des Sports et de l'Education Physique par Décision n° 2022-205 MINSEP/CAB du 21 octobre 2022 portant création, composition et fonctionnement du Comité chargé du suivi des opérations de renouvellement des organes dirigeants des Fédérations Sportives Civiles Nationales pour la période biennale 2022-2024. Quelques autres sont d'un avis contraire et soutiennent que le soin revient à la CCA du CNOSC qui a pleine compétence en matière d'arbitrage de se pencher sur toutes les catégories de litiges d'ordre sportif, y compris les litiges relatifs aux questions électorales. En ce sens, l'attention est notamment attirée sur le contenu de l'article 17 des statuts et Règlement de procédure de la Chambre. Selon cet article, est litige d'ordre sportif, une « *contestation née de l'application ou de l'interprétation des règles et/ou des normes édictées par les fédérations sportives nationales et/ou les instances faîtières internationales auxquelles elles sont affiliées pour l'encadrement de la pratique de la discipline sportive concernée* ». Le même texte donne les détails du contenu des litiges d'ordre sportif. « *Relèvent notamment de ce champ* », précise-t-elle, «

- *L'achat ou la mise à disposition d'équipements sportifs ;*
- *Opération de partenariat publicitaire ;*
- *Acquisition ou cession de droits de retransmission ;*
- *Exploitation de marques sportives ;*
- *Activité salariée ou prestations de service rémunérées des sportifs, de leurs entraîneurs ou de leurs agents, ou encore conventions ayant pour objet l'organisation d'une épreuve ou celle de la billetterie ;*
- *Les intérêts pécuniaires ;*
- *Les questions de principe relatives au sport ;*
- *L'ensemble des litiges du mouvement sportif ;*
- *Le contentieux disciplinaire ;*

---

[81] Un large extrait de cette lettre du 14 mars 2016 mérite d'être relevé ici. « *Monsieur le Président* », *écrit le ministre des sports et de l'Education physique,* « *La Chambre de Conciliation et d'Arbitrage a, relativement à l'objet repris en marge, adopté un nouveau Code des Procédures qui fait du Contentieux électoral un litige d'ordre sportif relevant de sa compétence. J'ai l'honneur de vous faire connaître que le renouvellement des organes dirigeants des fédérations sportives civiles nationales est une opération organisée conformément à une instruction ministérielle et sanctionnée par une décision d'homologation, cadre juridique de ladite opération. Seul le juge administratif, juge de l'acte administratif, peut connaître des actions en annulation d'un acte administratif (ordonnance 72/6 du 26 août 1972). Je vous saurai par conséquent gré des dispositions urgentes que vous voudrez (…) prendre pour une révision du nouveau Code des Procédures de la Chambre de Conciliation et d'Arbitrage, en vue de sortir le contentieux électoral du champ des litiges sportifs…* ».

- *La suspension, la disqualification, refus ou retrait d'une sélection ;*
- *L'exclusion d'une importante épreuve et bien d'autres mesures du même type ;*
- *Le recours contre les décisions prises, en dernier ressort, par un organe disciplinaire ou une instance analogue d'une fédération, association ou tout autre organisme sportif ;*
- *Le contentieux électoral au sein d'une fédération sportive nationale* ».

79. Cette diversité et cette diversification des domaines du contentieux des litiges d'ordre sportif devant la CCA du CNOSC confirment la place de choix qu'occupe ce tribunal dans le règlement des litiges d'ordre sportif au Cameroun.

B- Intérêt de l'étude

80. L'intérêt d'une étude sur la justice sportive, et à travers elle, celle du rôle de l'arbitre de la CCA du CNOSC aujourd'hui, va au-delà d'un effet de mode. Si l'arbitrage est un thème qui reste d'actualité, elle fait aussi partie d'une dynamique plus large des réformes institutionnelles que connaissent les États africains en général, et le Cameroun en particulier. Il est un aspect. Mais, un aspect peut-être plus pratique parce que ses effets influencent directement la vie des populations, et, dans le cas d'espèce, des acteurs du mouvement sportif.

81. La présente étude pourrait ainsi éclairer les praticiens du droit sur la singularité de l'exercice de la fonction arbitrale et encouragera les fédérations et associations sportives nationales à recourir au règlement arbitral des litiges d'ordre sportif grâce à l'éclairage qui sera fait sur l'accomplissement des missions dévolues à l'arbitre dans l'appareil judiciaire camerounais.

82. La question du règlement des litiges d'ordre sportif au Cameroun est traitée dans quelques articles[82] et ouvrages[83]. Ces études ayant consacré quelques pages à l'activité de la CCA du CNOSC ont essayé de présenter les missions de cette chambre, le recrutement des arbitres et leurs statuts, et la place que la Chambre occupe dans la nomenclature judiciaire. Il y a donc un déficit de travaux sur la question. Ce déficit ne permet pas au praticien du droit de saisir toutes les composantes pratiques de son rôle dans le contentieux des litiges d'ordre sportif. Il a paru, de ce point de vue, important d'essayer d'apporter quelques éclairages sur ce nouveau centre d'intérêt qui mobilise les énergies d'horizons les plus divers. L'ambition est d'évaluer la fonction de l'arbitre en droit en général et en droit du sport en particulier, dans un effort de systématisation de diverses tâches

---

[82] MBEYAP KUTNJEM (A.), « Le règlement des litiges d'ordre sportif au Cameroun (à propos de la loi n° 2018/014 du 11 juillet 2018 portant organisation des activités physiques et sportives au Cameroun », Le Nemro, Revue trimestrielle de droit économique, n° 20, avril-juin 2021, pp. 113-150.

[83] MBEYAP KUTNJEM (A.), *Introduction générale au Droit du sport camerounais*, op. cit, p. 354 p.

que remplit la Chambre durant le règlement des litiges d'ordre sportif, de l'introduction de la requête jusqu'à l'établissement de la sentence arbitrale. Cette étude éclairera aussi les praticiens sur le lien étroit qui existe entre les conditions d'examen d'un litige d'ordre sportif par l'arbitre et celles qui commandent sa solution.

83. Bien plus, au regard de l'augmentation du nombre et de la fréquence des litiges, la mise en lumière des efforts déployés par la Chambre pour garantir les droits de chaque partie à l'instance inciterait les acteurs du mouvement sportif à lui soumettre davantage leurs différends. Munis de cette étude, ils pourront vérifier que leurs divers arguments font l'objet d'un examen sérieux et minutieux de la part de la Chambre. La mise en évidence des diverses tâches auxquelles se livre la Chambre avant de trouver une solution à leurs différends permet de dégager la prise en compte des intérêts de chacune des parties à l'instance. Quand ces intérêts ne sont pas toujours déterminés, il appartient à l'arbitre de les déterminer dans chaque contentieux.

84. Même si certains observateurs estiment le travail de l'arbitre de la CCA « relativement paisible », il faut avouer qu'il a souvent aussi été plutôt turbulent. L'arbitrage des litiges d'ordre sportif a souvent posé quelques difficultés. L'une d'entre elles, et même la principale, est due aux techniques de déstabilisation de l'arbitre de la CCA. L'objectif des parties pourrait être « *de transformer leur procès perdu devant l'arbitre en procès gagné contre l'arbitre*[84] ». Les stratégies qui visent à entraver l'arbitre de la CCA du CNOSC ont pris un tant soit peu une ampleur inégalée.

85. Jusqu'à récemment encore, si une partie souhaitait paralyser l'affaire devant la CCA, elle tentait d'utiliser une des nombreuses manœuvres dilatoires à sa disposition. Mais progressivement, la pratique arbitrale a élaboré un arsenal de contre-mesures permettant, dans la plupart des cas, de mettre en échec ces manœuvres dilatoires. C'est alors que quelques fossoyeurs de l'arbitrage ont orienté leurs manœuvres, non plus contre l'instance arbitrale, mais directement contre l'arbitre. Telle est la nouvelle donne en matière d'arbitrage[85].

86. On a vu se multiplier les mises en cause de l'arbitre de la CCA du CNOSC pour des motifs « plus ou moins futiles dans l'espoir d'obtenir son remplacement par une personne plus « malléable »[86]. À cela se sont ajoutées des demandes de récusation d'arbitres[87] ». Une étape a été franchie avec les exceptions d'incompétence, et le refus d'exécution des sentences arbitrales.

---

[84] MEZGER (E.), « La jurisprudence allemande en matière d'arbitrage depuis 1950 (suite) », Rev.arb, 1995.78, spéc. p. 84., cité par CLAY (T.), L'arbitre, op. cit, p. 24.
[85] CLAY (T.), *L'arbitre*, op. cit, p. 25.
[86] Voir CCA du CNOSC, Arbitrage en procédure d'urgence, Aff. n° CCA/2019/007 du 18 juin 2019, EFBC c/FECAFOOT.
[87] Idem.

87. La mise en cause de l'arbitre de la CCA du CNOSC participe d'une « stratégie procédurale ». Il est attaqué à la place de la sentence arbitrale parce que celle-ci est devenue immuable. Le litige est ainsi déplacé dans un domaine où il peut sembler a priori rencontrer plus de succès.

88. Cette dérive contemporaine s'explique par l'effet conjugué de deux séries de facteurs. Premièrement, « *la recherche d'un responsable est presque devenue un réflexe dans notre société*[88]*. Pour tout échec ou insatisfaction, quelqu'un doit payer. La tendance est de ne laisser aucune déconvenue sans qu'il ne soit au moins tenté de l'imputer à quelqu'un*[89] ». Transposé à l'arbitrage de la CCA du CNOSC, cela revient à essayer de rendre l'arbitre responsable d'une sentence défavorable ou qui s'annonce comme telle.

89. Deuxièmement, l'arbitre de la CCA du CNOSC est souvent moins bien considéré par les parties, comparé par exemple au juge étatique. « *L'atténuation du rituel judiciaire, alliée au fait que, souvent, l'arbitre est rémunéré par les litigants, n'est pas étrangère au regard que ceux-ci portent sur lui. La nature patrimoniale des relations existant entre l'arbitre et les parties modifie la perception que ceux-ci ont du juge qui tranche leur différend dont elles peuvent croire, à tort, qu'il leur est soumis*[90] ». Cet acharnement justicier a touché de plein fouet l'arbitrage de la CCA à travers des mises en cause personnelle de l'arbitre de la CCA même s'il a rempli sa mission de façon irréprochable. D'où l'intérêt de scruter, à travers la personne de l'arbitre de la CCA du CNOSC, le droit de l'arbitrage sportif à un moment donné de son évolution pour essayer de suggérer des solutions aux problèmes qu'il rencontre.

90. Cette étude a aussi un aspect théorique. Dans ce sillage, elle permettra d'éclaircir certains aspects qui caractérisent l'usage du pouvoir de « dire le droit » par l'arbitre en droit du sport, notamment en apportant un éclairage sur les mécanismes qui entourent l'élaboration des sentences arbitrales de la CCA du CNOSC. Il s'agit de s'appesantir sur l'interprétation du droit par l'arbitre de la CCA du CNOSC. Est-ce une interprétation classique ? Est-ce une interprétation réaliste ? Quoi qu'il en soit, les décisions de l'arbitre pourraient être influencées par tel ou tel mécanisme d'interprétation. Elles pourraient aussi prendre la coloration d'un mélange des deux, par la prise en compte des circonstances particulières de l'espèce litigieuse. L'arbitre de la CCA du CNOSC essayant d'échapper à l'enfermement de la conception du rôle de l'arbitre dans un schéma prédéfini et immuable.

---

[88] ENGEL (L.), « Vers une nouvelle approche de la responsabilité. Le droit français face à la dérive américaine », Esprit n° 192, 1993.5.
[89] CLAY (T.), *L'arbitre,* op. cit, p. 25.
[90] Idem, p. 26.

C- Les attitudes possibles de l'arbitre de la CCA du CNOSC face à la typologie des principes juridiques

91. Cette année marque la période de deux décennies d'existence de la CCA du CNOSC. Vingt années au cours desquelles chacun a eu sa propre conception sur le rôle de l'arbitre de cette institution juridictionnelle, imaginant des formules parfois complexes, parfois originales, mais dont presque aucune ne répondait aux canons du travail de l'arbitre de cette institution. C'est pourquoi, pour mieux cerner son travail, il est nécessaire de poser une série de questions à partir de la définition de l'arbitre et de la fonction de la justice arbitrale. L'arbitre est généralement perçu comme une « *personne privée, ayant le plein exercice de ses droits civils, chargé d'instruire et de juger un litige à la place d'un juge public, à la suite d'une convention d'arbitrage*[91] ». Dans ce sens, les parties qui choisissent l'arbitre, lui donnent « *le pouvoir d'arbitrer, et régler ce qui leur paraîtra juste et raisonnable pour terminer les différends dont on les fait juges*[92] ». Il semble cependant loisible de proposer une formulation plus conforme à cette étude et de définir l'arbitre comme « *un juge privé désigné par ceux dont il doit trancher le litige*[93] ». Même si, en matière d'arbitrage institutionnel, le choix des arbitres est orienté par la présence d'une liste, cette définition permet de comprendre que l'arbitre, même s'il est un juge privé, est finalement un juge. Celui qui est chargé d'un litige sur des questions à objet sportif en est l'une des figures[94].

92. Mais en réalité, deux conceptions de l'arbitrage continuent de s'affronter. La première voit l'arbitrage comme une technique d'ingénierie juridique qui permet coûte que coûte de parvenir au résultat escompté[95]. La seconde la considère avant tout comme institution de justice, fût-elle privée, qui a pour objet le règlement des litiges selon une culture propre[96]. Appliquée à l'arbitrage CCA, cette opposition signifie que, pour les uns, cette procédure est une technique, alors que, pour les autres, c'est une institution. Or, « *de l'idée qu'on se fait de l'arbitrage dépend le rapport entretenu avec l'arbitre. Soit on le considère*

---

[91] GUINCHARD (S.) et DEBARD (Th.), *Lexique des termes juridiques 2017-2018*, op. cit, p. 84.
[92] DOMAT (J.), *Les lois civiles dans leur ordre naturel ; le droit public ; et Legum delectus*. À Chevallier, Luxembourg, 2e éd., 1702, spéc. Tome 1er, titre XIV « Des compromis », Préambule, cité par CLAY (T.), *L'arbitre*, 2001, p. 18.
[93] CLAY (T.), *L'arbitre*, idem, p. 18.
[94] MAISONNEUVE (M.), *L'arbitrage des litiges sportifs*, LGDJ, ; CLAY (T.), *L'arbitre*, op. cit, p. 21.
[95] LAZAREFF (S.), « Interventions », in « Accélérer la procédure : l'arbitre », in Improving International Commercial Arbitration. The need for speed and trust. Mélanges Michel Gaudet. Colloque, Paris, 7 mai 1998. Edité par DAVIES (B.G). Préface de A. PLANTEY. ICC Publishing, n° 598, 1998, p. 137, cité par CLAY (T.), L'arbitre, op. cit, p. 27.
[96] PLANTEY (A.), « L'arbitrage international dans les nouveaux enjeux culturels mondiaux », in Mélanges Ottoarndt. Recht und Wirtschaft, Heidelberg, 1993, p. 241.

comme un rouage qui doit permettre de parvenir à ses fins, soit on le tient pour un juge avec toute la majesté que cela implique[97] ».

93. Dans ce travail, il serait inutile d'opter pour l'une ou l'autre de ces deux visions antagonistes de l'arbitrage. Il est plutôt loisible de les prendre pour un fait acquis et de se demander comment, en tant que juge fut-il privé, « *organe doté d'un pouvoir juridictionnel, c'est-à-dire, du pouvoir de dire le droit, de trancher le litige* », l'arbitre de la CCA du CNOSC exerce son pouvoir juridictionnel, dans cette procédure où il y a plus du juridictionnel que du contractuel, où il est plus juge que contractant ? On sait que « *l'exercice du pouvoir juridictionnel consiste à trancher le litige par application du droit* [98]». Dans ce sens, aux termes de l'article 50 alinéa 3 des Statuts de la Chambre, « *la sentence doit être motivée en droit et en fait* ». Le rôle de l'arbitre CCA du CNOSC comme aspect dynamique de son statut suppose ainsi l'exercice de ce pouvoir dans ses divers aspects durant l'instance contentieuse. L'arbitre reste ainsi « *garant de la bonne application de la règle du droit*[99] ». Il doit « *dire le droit et trancher un litige*[100] ». On peut donc se demander si, dans l'exercice du pouvoir juridictionnel, l'arbitre se contente de dire le droit pour trancher un litige d'ordre sportif. Autrement dit, la réglementation de l'activité de l'arbitre en droit du sport enferme-t-elle celui-ci dans « *un modèle de rôle prédéterminé qu'il récite indifféremment des circonstances litigieuses et des fluctuations de l'instance contentieuse* » ? Cette question induit plusieurs autres qui facilitent la bonne évaluation de l'activité de l'arbitre durant l'instance arbitrale.

94. Premièrement, on peut se poser la question de savoir si, en matière de règlement des litiges d'ordre sportif au Cameroun, l'arbitre est obligé de trancher tous les litiges qui lui sont soumis. Il s'agit d'une question liée à la définition de sa compétence. Selon les Statuts de la Chambre, celle-ci ne connaît pas de tous les différends[101], et, en l'état actuel de la loi portant organisation et promotion des

---

[97] CLAY (T.), L'arbitre, op. cit, p. 27.

[98] CORNU (G), *Vocabulaire juridique*, p. 507.

[99] CLAY (T.), *L'arbitre*, op. cit, p. 187.

[100] MAISONNEUVE (M.), *L'arbitrage des litiges sportifs*, op. cit, p. 135.

[101] L'article 17 des Statuts de la Chambre donne les détails du contenu des litiges d'ordre sportif. « *Relèvent notamment de ce champ* », précise-t-elle, «

- *L'achat ou mise à disposition d'équipements sportifs ;*
- *Opération de partenariat publicitaire ;*
- *Acquisition ou cession de droits de retransmission ;*
- *Exploitation de marques sportives ;*
- *Activité salariée ou prestations de service rémunérées des sportifs, de leurs entraîneurs ou de leurs agents, ou encore conventions ayant pour objet l'organisation d'une épreuve ou celle de la billetterie ;*
- *Les intérêts pécuniaires ;*
- *Les questions de principe relatives au sport ;*
- *L'ensemble des litiges du mouvement sportif ;*
- *Le contentieux disciplinaire ;*

activités physiques et sportives au Cameroun, les parties au litige, doivent, après la phase de conciliation obligatoire, accepter sa compétence en arbitrage par un compromis pour qu'elle puisse l'exercer. Cela veut dire que la compétence de la Chambre, pour le moment, et de façon théorique, n'est pas générale et obligatoire. En conséquence, la Chambre peut se déclarer incompétente. Dans ce cas, ne fait-elle rien pour dissiper le malentendu existant entre les parties, et qui constitue une bombe à retardement contre la sécurité et la stabilité du mouvement sportif dont la CNOSC en est membre ? Pour mieux dire, est-ce que la CCA du CNOSC reste calfeutrée dans les limites de sa compétence fixée par les Statuts et Règlement de procédures de la Chambre ? ne cherche-t-elle pas à participer d'une façon ou d'une autre à la réalisation des objectifs du Comité international olympique ?

95. Deuxièmement, si l'arbitre de la CCA du CNOSC s'engage à accomplir sa mission juridictionnelle, le fait-il obligatoirement en disant le droit comme l'enjoint l'alinéa 3 de l'article 50 des Statuts de la Chambre ? Cette question implique celle du droit qui est appliqué par l'arbitre pour trancher le litige. Quel droit l'arbitre applique-t-il pour trancher le litige ? Une décision a énoncé que l'arbitre est « *entièrement assimilé à une juridiction dans son assujettissement aux règles de fond, soient-elles impératives ou supplétives*[102] ». Prenant position dans le fameux débat entre les naturalistes et les positivistes en faveur de ces derniers, cette décision affirme que l'arbitre ne peut appliquer que le droit tel qu'il existe, qu'il soit droit étatique ou droit issu de l'ordre juridique sportif en vigueur. Dans cette application, il doit même, selon un auteur, « *soulever d'office la règle du droit applicable*[103] », et même « *les moyens du pur droit d'ordre public*[104] ». Or, pour que cet assujettissement soit effectif, il faudrait d'une part que les règles du droit du sport variées et diversifiées « *possèdent une qualité technique susceptible de l'aider à trancher effectivement et efficacement le litige par simple déduction syllogistique*[105] », et d'autre part, que les deux ordres juridiques, sportif et étatique, ne comportent pas des lacunes. On sait que la trouvaille d'un système juridique qui a tout prévu est pratiquement impossible. Dans ce cas, l'arbitre doit-il s'abstenir de trancher le litige dont il est saisi ? S'il s'abstient, cela

- *La suspension, la disqualification, refus ou retrait d'une sélection ;*
- *L'exclusion d'une importante épreuve et bien d'autres mesures du même type ;*
- *Le recours contre les décisions prises, en dernier ressort, par un organe disciplinaire ou une instance analogue d'une fédération, association ou tout autre organisme sportif ;*
- *Le contentieux électoral au sein d'une fédération sportive nationale* ».

[102] Paris 21 mai 1996 (G,), Rev. arb. 1996.625 (1re esp.), note A. Viander.

[103] CLAT (T), *L'arbitre*, op. cit, p. 187.

[104] « *Un tribunal arbitral peut retenir des moyens de droit qui n'ont pas été invoqués par les parties, sans pour autant statuer ultra petita ou extra petita, c'est-à-dire sans respecter le principe ne eat judex ultra petita partium* », « *il ne procède qu'à une nouvelle qualification des faits de la cause* », (ATF 120. II. 172 (en français), cité par CLAY (T.), idem, p. 187.

[105] METOU (M.M.B), Le rôle du juge dans le contentieux international, Le cas de la Cour International de Justice, op. cit, p. 32.

correspondrait à sa fonction d'interprétation selon la conception classique de sa fonction arbitrale. Or, si l'arbitre est un juge à part entière[106], le droit lui interdit formellement le déni de justice [107]et lui accorde une relative latitude de créer le droit pour trancher le litige en cas de vide juridique[108]. L'arbitre refuse-t-il de trancher le litige d'ordre sportif face aux lacunes du droit du sport, alors que les parties en cause manifestent clairement leur intention de vouloir obtenir de lui une décision qui mette fin à leur malentendu, ou alors se permet-il de créer le droit pour trancher un litige divisant les acteurs du mouvement sportif, alors qu'en droit du sport, ceux-ci, à travers les fédérations sont à la fois créateurs, et destinataires des règles de droit. La Chambre est avertie de cette situation et devrait se fixer des limites dans l'interprétation du droit du sport dans le but de trouver une solution au litige dans le processus d'arbitrage. Un processus souvent marqué par plusieurs phases incidentes comme prévu par l'article 47 alinéa 1 et 2 des Statuts de la Chambre[109]. Au cours de ces diverses phases, se contredisant les parties au litige, permettent à l'arbitre d'apprécier les malentendus qui les opposent, et de mesurer l'étendue de son pouvoir juridictionnel sur le litige d'ordre sportif. Il était donc loisible de s'attarder sur le contentieux arbitral pour évaluer et comprendre comment l'arbitre, tout en veillant à l'intégrité de sa fonction, conduit, de façon paisible, parfois aussi turbulente, un procès caractérisé à la fois par une diversité d'intérêts contradictoires et par une kyrielle de questions dans le domaine du droit du sport, pour finalement trouver une solution, qui, « *dès lors qu'elle est rendue, produit les effets d'un jugement et acquiert, à l'expiration des délais de recours, autorité de la chose jugée* »[110].

96. Les précédents questionnements permettent d'aboutir en fin de compte à un problème de la détermination, c'est-à-dire de définition, de précision par l'analyse, de l'évaluation ou de la mesure de l'exercice de la fonction

---

[106] CLAY (T.), *L'arbitre*, op. cit, p. 194.

[107] Aux termes de l'article 4 du Code civil, « *le juge qui refusera de juger sous prétexte de déni du silence, de l'obscurité ou de l'insuffisance de la loi pourra être poursuivi comme coupable de déni de justice* ».

[108] L'article 5 du Code civil applicable au Cameroun relativise le rôle créateur du juge. Selon ce texte, « *il est interdit au juge de se prononcer par voir de disposition générale et réglementaire sur les causes qui lui sont soumises* ».

[109] Selon cet article, « *2- Le collège arbitral apprécie les exceptions, fins de non-recevoir, demandes additionnelles ou reconventionnelles formulées par les parties.*

3- Toute demande reconventionnelle formulée par un défendeur doit être accompagnée de sa réponse à la demande principale et contenir, notamment :

- *Un exposé sommaire de la nature et des circonstances du litige à l'origine de la demande reconventionnelle ;*
- *Une indication de l'objet de la demande reconventionnelle et, notamment, les mesures réclamées (condamnation pécuniaire, exécution d'une obligation, etc.,)* ».

[110] Article 52 alinéa 3 des Statuts de la Chambre. Pour la question de l'autorité de la Chose jugée, voir aussi CCA du CNOSC, Arbitrage, Aff. n° 002/SA/CCA/17 du 04 avril 2017, Achille ESSOMBA MANY c/ ONAMBELE ZIBI Emile, in Recueil Thématique des sentences de la Chambre de Conciliation et d'Arbitrage du CNOSC, Tome I, inédit.

juridictionnelle en droit du sport, à partir de l'utilisation par la Chambre de son pouvoir juridictionnel durant le contentieux arbitral.

97. Il résulte des développements précédents et du problème soulevé que l'activité juridictionnelle de l'arbitre de la CCA du CNOSC en droit du sport est orientée par les dispositions statutaires qui orientent sa fonction. Sans remettre en cause la procédure arbitrale, ces dispositions accordent un avantage particulier à la conciliation tout au long de l'instance arbitrale. Si la procédure d'arbitrage soumise à la Chambre en arbitrage doit faire l'objet d'une conciliation préalable et obligatoire, « *l'accord des parties même hors la présence des arbitres*[111] » est privilégié jusqu'à la fin du procès. Ce profil statutaire oriente quelque peu le travail de l'arbitre. En droit du sport, l'arbitre de la CCA du CNOSC symbolise alors ce paradoxe d'une contrainte exercée par la procédure d'arbitrage et d'un accord amiable des parties recherchées. Ce qui attribue un caractère ambivalent[112] au rôle de l'arbitre dans le contentieux des litiges d'ordre sportif. Cette ambivalence s'exprime pratiquement par l'inclination de la Chambre à orienter sa démarche en fonction de la diversité des circonstances particulières de chaque espèce, tout en préservant énergiquement la plénitude, la pureté de sa fonction. C'est une attitude consécutive de la flexibilité qui caractérise le cadre juridique de l'exercice de la fonction juridictionnelle en droit positif camerounais. Elle enseigne que, dans le règlement des litiges d'ordre sportif devant la CCA du CNOSC, les pouvoirs de l'arbitre s'équilibrent avec ses devoirs. L'hybridisme de son rôle vise l'efficacité du règlement judiciaire des litiges d'ordre sportif, et l'autorise à rechercher, à chaque problème soulevé par une phase particulière de la procédure, la meilleure stratégie possible pour bien piloter l'instance arbitrale pour trouver une solution au litige sans frustrer aucun justiciable en cause, tout en préservant les principes généraux de l'arbitrage et l'intégrité de sa fonction judiciaire. En effet, il y a des limitations dans l'exercice de la justice arbitrale,

---

[111] Aux termes de l'article 46 intitulé « Accord des parties hors la présence des arbitres », « - s'il s'agit d'un accord partiel, la Chambre rend une sentence qui intègre l'accord intervenu entre les parties ;

- Si les parties conviennent d'un accord mettant fin de manière définitive au litige, alors que *la* Chambre est saisie du litige dans les termes du présent Règlement, ladite Chambre peut, à la demande de ces parties, rendre une sentence dite d'homologation ».

[112] Selon le Grand Robert de la langue française, t I, 2e éd. Le Robert, 2001, Ve Ambivalence, L'ambivalence, c'est le « *caractère de ce qui comporte deux composantes de sens contraire* ». Ce mot s'est déjà retrouvé dans plusieurs études de droit. Certaines sont consacrées à l'arbitrage des litiges sportifs. Mathieu MAISONNEUVE parle ainsi du « *fondement ambivalent de l'arbitrage des litiges sportifs* », in MAISONNEUVE (M.), *L'arbitrage des litiges sportifs*, op. cit, p. 135. D'autres sont consacrées au droit international public à l'instar de la thèse du Professeur METOU BRUSIL Miranda Martine citée plus haut intitulée « Le rôle du juge dans le contentieux international, le cas de la Cour Internationale de Justice. Que le mot se retrouve dans une étude consacrée au rôle de l'arbitre de la CCA du CNOSC, ne devrait pas surprendre. Certes, les vérités qu'on essaye de démontrer ne sont pas les mêmes, mais, parmi les termes utilisés pour montrer la contrariété de deux composantes (dualisme, ambiguïté, dualité, hybridisme, etc.), il en est le plus approprié pour cette étude.

dont la Chambre, en tant que tribunal arbitral, se doit toujours de tenir compte. En conséquence, à l'intérieur des limites statutaires et réglementaires, la Chambre s'aménage un rôle spécifique, en fonction des circonstances litigieuses et étapes procédurales engendrées par l'instance contentieuse elle-même, mais qui ne se détache pas complètement des autres espèces. Auréolée de son pouvoir d'organisation de la procédure contentieuse et d'application du droit, elle harmonise une diversité d'intérêts concurrents et contradictoires des parties à l'instance, rapprochant ainsi sa fonction de celle de l'arbitrage classique. Autant « *la substance des règles qu'elle applique se doit d'être assouplie et doit évoluer pour l'aider à résoudre le litige et à faire face aux difficultés toujours renouvelées qu'engendre l'instance*[113] », autant la chambre « *doit chercher à satisfaire certaines exigences inhérentes à la fonction judiciaire*[114] ».

98. La variété des profils de litiges et la diversité des questions soumises à l'appréciation de la Chambre fondent aussi le dualisme du rôle de l'arbitre de la CCA du CNOSC dans le règlement des litiges d'ordre sportif. Selon les circonstances de l'instance, les statuts de la Chambre, et la stratégie adoptée par celle-ci, son rôle peut être limité ou étendu dans la conduite du procès. En effet, lié par la volonté des parties, le rôle de l'arbitre n'est, en l'état actuel de la législation, en principe déclenché que par l'acte introductif d'instance[115]. Ce rôle peut se raccourcir lorsqu'il y a accord des parties au cours de l'instance, même hors la présence des arbitres, ou lorsqu'elle fait droit aux exceptions préliminaires soulevées par l'une des parties[116], si elle ne les joint pas au fond, ou s'allonger lorsque les demandes accessoires viennent se greffer sur l'instance principale, comme les demandes des mesures provisoires ou conservatoires[117]. La procédure arbitrale, tout autant que la détermination du droit et des solutions applicables pour trancher le litige, n'est donc pas épargnée par le double visage du rôle de l'arbitre de la CCA du CNOSC.

99. S'agissant de la procédure, la dualité du rôle de l'arbitre est marquée d'une part par la variété des fonctions qu'il est amené à exercer durant l'instance contentieuse, mais aussi par le double caractère de cette procédure qui est à la

---

[113] METOU (M.M.B), *Le rôle du juge dans le contentieux international, Le cas de la Cour Internationale de Justice,* op. cit, p. 35.

[114] Idem, p. 35.

[115] La Chambre ne manque pas l'occasion de le préciser. Elle commence généralement l'élaboration d'une sentence par « *par requête en date du…* ».

[116] Aux termes de l'article 47 alinéa 2, « *Le collège arbitral apprécie les exceptions, fins de non-recevoir, demandes additionnelles ou reconventionnelles formulées par les parties* ».

[117] Aux termes de l'article 48 des Statuts de la Chambre, « *1) La formation arbitrale peut, dès sa saisine ou à la demande de l'une des parties, ordonner toute mesure conservatoire ou provisoire.*
2) Elle peut, cependant, la subordonner à la constitution de garanties adéquates par la partie ayant formulé la demande.
3) En cas d'admission d'une telle demande, celle-ci fait l'objet d'une sentence avant dire droit, non susceptible de recours ».

fois accusatoire et inquisitoire. Accusatoire parce que les parties ont un rôle prépondérant dans le déclenchement et la conduite du procès, ainsi que la recherche des preuves, l'arbitre cantonné à un rôle passif, sans initiative, et d'une complète neutralité[118]. Ce double aspect de son rôle permet à la Chambre de trouver un certain équilibre entre les pouvoirs des parties à l'instance et ses propres pouvoirs dans la conduite du procès. C'est à la faveur de cette procédure que l'arbitre dit le droit. C'est aussi, si paradoxale soit-elle, à cause de cette procédure que l'arbitre de la CCA du CNOSC se trouve souvent obligé de renforcer le droit du sport.

100. S'agissant de l'application du droit, le double aspect du rôle de l'arbitre est issu de la considération du fait qu'elle applique le droit à des fédérations sportives, qui ayant reçu pour la plupart une mission de service public, sont à la fois les créateurs des règles de droit dans l'ordre juridique sportif[119], et les

---

[118] GUICHARD (S.) et DEBARD (Th.), *Lexiques des termes juridiques 2017-2018*, op. cit, p. 17 (Accusatoire), p. 894 (Procédure accusatoire) et p. 896 (Procédure inquisitoire).

[119] Sur un plan général, « *les associations sportives élaborent librement leurs statuts et règlements* » (Voir article 7 alinéa 1 de la loi du 11 juillet 2018 portant organisation et promotion des activités physiques et sportives au Cameroun).

Les statuts en question devraient sous peine de nullité, « *être conformes au statut type dont la forme est déterminée par voie réglementaire* » (Voir article 8 alinéa 1 de la loi du 11 juillet 2018 portant organisation et promotion des activités physiques et sportives au Cameroun).

Dans le cadre de leur mission de service public, les fédérations sportives se sont vues confier par le législateur sportif de 2018 une compétence réglementaire, c'est-à-dire la possibilité de prendre des mesures de caractères général et impersonnel, s'imposant à tous les membres de la fédération, et notamment aux organisateurs de manifestations sportives. L'article 46 de la loi de 2018 dispose à cet effet que « *les fédérations sportives participent à l'exécution d'une mission de service public. À ce titre, elles contribuent à (…) g) l'exercice du pouvoir disciplinaire sur les licenciés, les ligues, les clubs et les athlètes qui leur sont affiliés, ainsi que sur les organismes qu'elles créent ; j) l'édiction des règlements techniques et généraux de la discipline qu'elles contrôlent* » (Voir article 46 de la loi du 11 juillet 2018 portant organisation et promotion des activités physiques et sportives au Cameroun). Ainsi, il appartient, dans chaque discipline sportive, à la fédération ayant reçu délégation du ministre chargé des Sports, d'organiser d'une part, des competitions sportives, des stages de perfectionnement technique, de formation de cadres sportifs et d'animation, à l'issue desquels sont délivrés les titres internationaux, nationaux, régionaux ou départementaux, et d'autre part, de définir, dans le respect des règlements internationaux, les règlements techniques propres à cette catégorie de discipline. Il s'agit des actes unilatéraux, généraux et impersonnels. On voit ainsi l'importance du pouvoir de réglementation reconnu aux fédérations sportives camerounaises agréées et délégataires de la puissance normative, puisque, dans l'exercice effectif d'une discipline sportive, ce sont les règlements fédéraux qui s'imposent, en premier et en permanence aux acteurs. C'est même un principe général fondamental dégagé par la jurisprudence du Tribunal Arbitral du Sport (TAS). Selon ce principe, « *les fédérations doivent agir dans le cadre de leurs règlements et que les décisions contraires à la réglementation fédérale doivent être annulées* », ((LOQUIN (E.), « L'utilisation par les arbitres du TAS des principes généraux du droit et le développement d'une Lex Sportiva », in RIGOZZI (A.) et BERNASCONI (M.) (ed.), *The Proceedings before the Court of Arbitration for sport*, Weblaw, 2007, p. 101). Tous les organismes sportifs prévoient dans leur statut un régime disciplinaire qui constitue l'un des moyens de maintenir leur cohésion.

destinataires de ses décisions. Ce qui amène la Chambre à tenir compte de leurs statuts autant que faire se peut. De ce fait, l'application du droit du sport par la Chambre est relative aux problèmes soulevés dans le domaine du droit du sport en cause dans le litige et du degré de précision des règles applicables au cas d'espèce. Le champ opératoire du règlement des litiges d'ordre sportif détermine le cadre d'exercice du rôle de l'arbitre et conditionne son degré de contribution au développement du droit du sport, si celui-ci a prévu des règles applicables à certaines affaires, il n'a pas tout prévu. Des domaines fondamentalement nouveaux liés à l'évolution de la société, permettent à l'arbitre de la CCA de contribuer à la réglementation de ces domaines, et le pousse à intervenir dans la sphère de l'élaboration du droit. Il en est de même lorsque le droit du sport en présence est flou ou recèle des lacunes. Dans ce cas, l'arbitre de la CCA du CNOSC doit y apporter lui-même une interprétation adéquate pour son application, puisque c'est à lui que revient la détermination du droit applicable au litige. Une grande partie du travail de l'arbitre CCA réside dans son effort de contribution au développement du droit du sport. Il y a une évidence : l'arbitre de la CCA du CNOSC ne peut passer outre le droit positif existant qui est la base autour de laquelle il bâtit son raisonnement. Mais le processus judiciaire de l'adéquation d'une solution juridique abstraite et impersonnelle à un cas concret impose à l'arbitre une adaptation du droit applicable. Cette adaptation du droit en vue de son application le conduit vers la « création du droit » dans certains cas, à travers le comblement des lacunes que pourrait receler le droit applicable.

D- L'approche de l'étude

101. Différents cas de figure dans lesquels il est possible de déterminer le rôle que joue la CCA du CNOSC dans le contentieux national des litiges d'ordre sportif peuvent être envisagés. D'abord, il serait possible de choisir une affaire particulière au cours de laquelle son rôle sera étudié pour en évaluer. Or, ce choix ne permettrait pas une évaluation panoramique et limiterait l'analyse à un cas particulier qu'on ne peut aisément généraliser, car, la Chambre exerce son pouvoir juridictionnel de différentes façons en fonction des circonstances particulières de chaque cause. Ensuite, l'on pourrait opter pour le rôle que joue la Chambre dans une phase particulière de l'instance pour en ressortir les particularités. Pourtant, cette option serait tout aussi limitée que la première parce que la Chambre ne joue pas un rôle identique d'une phase à une autre phase de l'instance arbitrale. C'est pourquoi, pour évaluer efficacement le rôle de l'arbitre dans le contentieux sportif national, il sera tenu compte de diverses tâches auxquelles se livre la CCA du CNOSC, de l'introduction d'instance jusqu'à la sentence arbitrale, y compris les phases incidentes [120] que peut connaître l'instance.

---

[120] Aux termes de l'article 47 alinéa 2 des Statuts et Règlement de procédures de la Chambre, « *le collège arbitral apprécie les exceptions, fins de non-recevoir, demandes additionnelles ou reconventionnelles formulées par les parties* ».

102. Cependant, il n'est juridiquement pas possible d'envisager une analyse de l'exercice de la fonction judiciaire de l'arbitre de la CCA du CNOSC durant le contentieux des litiges d'ordre sportif si l'on n'appréhende pas de prime abord les règles qui régissent l'exercice de ses fonctions en droit du sport. L'étude de ces règles oblige à convoquer le régime général du contentieux des litiges d'ordre sportif, et ce faisant, à la méthode juridique qui préside au raisonnement du juriste. Cette méthode induit une lecture croisée du statut de la Chambre, de son règlement de procédure et de tous les autres instruments juridiques élaborés à cet effet. Elle permet de faire ressortir la fonction de l'arbitre telle qu'elle doit être accomplie en droit interne.

103. L'analyse d'autres documents en dehors des Statuts et Règlements, tels que ceux découlant des actes de procédure des parties au litige permettra d'y détecter l'évolution de leurs positions respectives durant le procès et la façon dont elles cherchent à influencer le procès. Elle permettra aussi de dépouiller les décisions de la Chambre ainsi que tous les actes qu'elle est appelée à prendre durant le procès pour ressortir clairement la façon dont elle envisage et met en œuvre ses attributions durant l'instance arbitrale. Par ailleurs, la lecture des décisions de la Chambre permet d'apprécier et d'évaluer les sentences arbitrales. Enfin, nos fréquents séjours au sein de la Chambre de Conciliation et d'Arbitrage du Comité National olympique et sportif du Cameroun, joints à une observation quasi permanente du fonctionnement et de la vie du mouvement sportif camerounais a été d'une grande utilité pour être témoins de l'ambiance qui y règne. Ils nous ont ainsi permis d'être témoins de la mise en place de la procédure d'arbitrage par la Chambre (Première partie) et de la détermination du droit et des solutions applicables au litige d'ordre sportif (Deuxième partie).

Première partie :

La mise en place de la procédure d'arbitrage par la Chambre

104. Au sens large, la procédure est la « *branche du droit dont l'objet est de fixer les règles d'organisation et de compétence des tribunaux, d'instruction des procès et d'exécution des décisions de justice* »[121]. Au sens étroit, c'est un « *ensemble des formalités qui doivent être suivies pour parvenir à une solution juridictionnelle de nature civile, pénale ou administrative selon le cas* »[122]. Deux enseignements peuvent être tirés de cette dernière définition. D'une part, la procédure est constituée d'un ensemble de règles qui régissent la fonction des arbitres en général, et d'autre part, de celles qui gouvernent les activités des parties, allant de l'acte introductif d'instance jusqu'à la décision par laquelle l'arbitre vide sa compétence. Ces règles sont fixées à la fois par le statut de la Chambre et par son Règlement de procédure. Le premier, formule les principes directeurs de la procédure arbitrale, mais ces principes sont exposés en de termes trop généraux pour couvrir l'ensemble des questions que peut soulever en pratique le déroulement de l'instance. Un Règlement de procédure a été prévu à titre complémentaire pour faciliter l'application du statut de la Chambre. Bien qu'aucune disposition de ce dernier texte ne précise que la Chambre détermine par un règlement le mode suivant lequel elle exerce ses attributions et règle sa procédure, l'élaboration du Règlement de procédure de la Chambre a été confiée à la Chambre elle-même en vertu de l'alinéa 4 de l'article 98 de la loi n° 2018/014 du 11 juillet 2018 portant organisation et promotion des activités physiques et sportives au Cameroun. Selon cet alinéa, « *L'organisation, le fonctionnement et le Règlement de procédure de la Chambre de Conciliation et d'Arbitrage sont fixés par des textes particuliers du CNOSC* ». Faisant écho à la loi de 2018, les statuts du CNOSC adoptés le 20 juin 2019 précisent que le fonctionnement de la Chambre « *est régi par son code de Procédures et autres textes particuliers*[123] ». Ce code « *est approuvé par le Conseil d'Administration du CNOSC, puis soumis à la ratification de l'Assemblée générale du CNOSC après adoption par l'Assemblée générale de la Chambre*[124] ». Auréolée de cette compétence certes amoindrie par les étapes de l'approbation et de la ratification, pour élaborer son règlement de procédure, la Chambre détient également la compétence pour en modifier les dispositions lorsque cela s'avère nécessaire. Cette modification peut se faire de manière subtile et implicite dans un cas d'espèce particulier. Mais elle n'en a pas théoriquement ce pouvoir. Elle peut aussi se faire explicitement. Dans ce cas, la modification devrait suivre les procédures d'élaboration prévues par

---

[121] GUINCHARD (S.) et DEBARD (Th.), Lexique des termes juridiques 2017-2018, op. cit, p. 893.
[122] Idem, p. 893.
[123] Voir alinéa 4 de l'article 65 intitulé : La Chambre de Conciliation et d'Arbitrage (CCA) des statuts du CNOSC.
[124] Voir alinéa 7 de l'article 65 intitulé : La Chambre de Conciliation et d'Arbitrage (CCA) des statuts du CNOSC.

l'alinéa 7 de l'article 65 des statuts du CNOSC. Pour faciliter la tâche en ce sens et éviter les lenteurs pouvant être engendrées par les procédures normales d'amendement dudit Règlement, et illégalité des modifications, les Statuts du CNOSC et ceux de la Chambre, devraient prévoir la possibilité pour cette dernière de l'édiction des instructions de procédure à l'usage des justiciables paraissant devant elle. Celle-ci permet ainsi à la Chambre de réexaminer constamment ses méthodes de travail, dans le strict respect des principes fondamentaux de la procédure qui découlent même de la notion de l'arbitrage et de la fonction judiciaire, que la Chambre doit non seulement respecter, mais garantir l'effectivité. En ce sens, l'article 47 alinéa 1 du Règlement d'arbitrage de la Chambre précise que l'audience d'arbitrage « *est conduite dans le strict respect des règles du procès équitable. Les parties, leurs conseils, leurs témoins, et les experts s'il y a lieu, sont entendus* ». Malgré la présence de ces principes qui garantissent la bonne administration de la justice, l'ajustement de la procédure se fait étape par étape en fonction de la nature et de l'objet du litige soumis à l'appréciation de l'arbitre, et du comportement des parties au litige. Puisque, tout au long de la procédure, l'accord des parties est privilégié, même hors la présence des arbitres[125], le caractère ambivalent du rôle de la chambre durant l'audience d'arbitrage lui permet de trouver le point d'équilibre entre ses propres pouvoirs et ceux des justiciables. C'est ainsi que, durant le procès, la Chambre reste partagée entre le devoir du respect de la procédure d'arbitrage, et le respect de la volonté des acteurs du mouvement sportif, parties au litige. Celles-ci peuvent vouloir utiliser les divers moyens qui leur sont offerts (possibilité de recherche de l'accord entre elles, procédures incidentes, etc.). Ce qui risque d'occasionner un prolongement inutile du procès. Or, la Chambre a l'obligation de suivre sa procédure dans un schéma et dans un délai prédéterminé. Elle adapte ainsi son travail en fonction des configurations de l'instance arbitrale et des rapports complexes qu'entretiennent les parties. Il découle ainsi de cette adaptation une organisation démocratique du déroulement de l'instance (Titre I), une gestion rapide et soigneuse des (éventuelles) procédures incidentes (Titre II) et une détermination bien agencée de l'objet du litige (Titre III).

[125] Voir article 46 suscité du Règlement de procédures de la Chambre.

Titre I :

Une organisation démocratique du déroulement de l'instance arbitrale

105. La Chambre de Conciliation et d'Arbitrage du CNOSC « *est saisie par voie de requête* »[126]. Dès l'introduction de la demande d'arbitrage, la Chambre commence immédiatement à organiser la procédure pour parvenir à la solution du litige soumis à son appréciation. Tous les actes qu'elle pose contribuent inévitablement à cette fin. Elle est appelée ainsi à s'appuyer sur les formalités prévues en fonction du cas d'espèce pour assurer le bon déroulement de l'instance arbitrale. Ces formalités lui permettent de bien gérer les rapports entre les parties au litige d'une part, et entre ces dernières et elle-même, d'autre part. Cette gestion dépend largement de la procédure d'arbitrage dont elle a été saisie[127]. C'est ainsi que la façon dont elle appréciera le litige d'ordre sportif dans une instance introduite pour une procédure d'arbitrage ordinaire sera différente de la façon dont elle appréciera ledit litige dans une instance introduite pour des procédures accélérées.

106. La gestion des rapports d'instance entre les parties et entre celles-ci et la Chambre dépend donc de la façon dont elle a été saisie. C'est l'acte introductif d'instance qui permet à la Chambre de mesurer, de prime abord, sa marge de manœuvre durant l'instance. Autrement dit, la procédure à suivre par la Chambre s'organise autour de la façon dont elle a été saisie.

107. Cependant, en marge de ces règles d'organisation, de compétence, d'instruction et d'exécution des sentences arbitrales, la Chambre doit aussi gérer et prêter une oreille attentive à certains rapports qui peuvent se nouer entre les parties susceptibles de mettre fin au procès ou de le compliquer davantage. Dans le premier cas, certes l'avènement du procès e change la nature des relations que les parties entretenaient antérieurement à l'introduction de la demande d'arbitrage. De la cohabitation pacifique à la mésentente, et de celle-ci à la procédure de conciliation obligatoire, les parties à l'instance arbitrale attendent désormais qu'on tranche le litige pour faire un vainqueur et un vaincu. Et le rôle de la Chambre se trouve très fortement influencé par ce nouveau rapport. Mais, jusqu'à la fin du procès, la Chambre instruit l'affaire en ayant toujours l'espoir qu'un accord puisse survenir de l'entente des parties même hors sa présence[128]. Dans le second cas, l'affaire, loin de s'éteindre par un accord des parties, peut se compliquer davantage. Plusieurs cas de figure peuvent se présenter. On peut se retrouver dans une situation où un même rapport de droit peut engendrer plusieurs instances, et une même instance pouvant regrouper les questions relatives à

---

[126] Voir article 19 alinéa 1 du Statut de la Chambre de Conciliation et d'Arbitrage du CNOSC.

[127] Aux termes de l'article 29 alinéa 1 « *les procédures devant la CCA sont :*

- *Les productions ordinaires (la conciliation et l'arbitrage)*
- *Les procédures accélérées (conciliation et arbitrage en urgence ou en extrême urgence) ;*
- *La procédure ad hoc ;*
- *La procédure de consultation* ».

[128] Voir article 46 du Règlement de procédure de la Chambre.

plusieurs rapports de droit[129]. Une autre situation est celle où une même instance peut réunir plusieurs acteurs du mouvement sportif demandeurs et défendeurs[130] en créant des liens entre eux. Ces liens peuvent atteindre des tiers, appelés à intervenir comme témoins ou experts[131].

108. Il s'en suit que l'instance arbitrale ne peut pas être similaire tout au long de la procédure. Le privilège donné à l'accord des parties au litige a une influence considérable sur le rôle de l'arbitre de la CCA du CNOSC. Celui-ci conduit l'instance en fonction du climat général des relations entre les parties. Celles-ci peuvent déclencher la procédure, l'interrompre, le suspendre ou y mettre fin en demandant aux arbitres de « *rendre une sentence dite d'homologation*[132] ». Pourtant, la Chambre est aussi tenue de respecter et de faire respecter les principes judiciaires de manière rigoureuse[133], de conduire l'instance arbitrale ou de diriger le déroulement de la procédure. Il doit pour cela rester ferme sur certaines questions et pouvoir résister aux manœuvres dilatoires des parties. Ce paradoxe que vit la Chambre rejaillit sur l'organisation de sa procédure, qui est en même temps concertée et ferme. Elle se manifeste par une vérification clairvoyante de sa compétence à conduire l'arbitrage (Chapitre 1) et par la conduite participative de l'audience (Chapitre 2).

---

[129] L'on pense par exemple aux demandes connexes prévues à l'article 47 du Règlement de procédure de la Chambre.

[130] Aux termes de l'article 7 du Règlement de procédures de la Chambre, « *Toute requête collective est irrecevable, sauf lorsqu'il s'agit d'un recours dirigé contre un acte indivisible* ».

[131] Aux termes de l'article 47 du Règlement de procédures de la Chambre, « ...les parties, leurs conseils, leurs témoins, et les experts s'il y a lieu, sont entendus ».

[132] Voir article 46 du Règlement de procédure de la Chambre.

[133] Comme la question du délai par exemple. Aux termes de l'article 25 alinéa 1, « *La Chambre examine tout litige dans un délai de trois (03) mois à partir de la saisine* ».

Chapitre I :

La vérification clairvoyante de sa compétence à conduire l'arbitrage et du respect des conditions de recevabilité de la demande

109. Comme devant les juridictions étatiques et même non étatiques, la première question que la Chambre se pose lorsqu'elle est saisie d'une affaire est celle de savoir si elle a « *l'aptitude légale à accomplir un acte ou instruire et juger*[134] » une affaire ; c'est-à-dire si elle a la compétence nécessaire pour en connaître. En effet, « *les règles de compétence désignent, parmi plusieurs organes dotés des mêmes prérogatives juridiques, celui qui pourra les exercer dans un cas précis*[135] ». S'agissant de la Chambre, on peut dire que c'est l'aptitude de celle-ci à exercer son pouvoir de juger ou d'administrer l'arbitrage de préférence à une autre. C'est de cette aptitude légale qu'elle « *tirera le pouvoir de contribuer à la solution du différend qui oppose les parties en cause*[136] ». Cependant, la compétence peut rester acquise à la Chambre, alors que celle-ci ne peut pas la mettre en œuvre en raison d'un défaut de demande d'arbitrage. C'est là une question de recevabilité de la demande, non une question de compétence. La recevabilité est le « *caractère d'une demande en justice rendant possible son examen au fond par la juridiction saisie, parce que les conditions de l'action sont remplies et qu'il n'existe aucune fin de non-recevoir*[137] ». La vérification clairvoyante de la compétence de la Chambre d'administrer l'arbitrage (Section 1) est ainsi suivie de la vérification du respect des conditions de recevabilité de la demande (Section 2). Il s'en suit alors une diffusion du litige dont elle est saisie (Section 3).

Section 1 : La vérification clairvoyante de sa compétence à conduire l'arbitrage

110. Trois éléments fournissent les bases pour l'appréciation de la compétence de la Chambre : les matières qui lui sont attribuées, les parties à l'instance et le préalable à respecter par celles-ci avant toute saisine de la

---

[134] GUINCHARD (S) et DEBARD (Th.)), S. la dir., *Lexique des termes juridiques 2017-2018*, op. cit, p. 241.

[135] THERY (P.), *Pouvoir juridictionnel et compétence (étude de droit international privé)*, thèse, Paris 2, 1981, spéc. n° 3 et s.

[136] METOU (M.M B.), *Le rôle du juge dans le contentieux international, le cas de la Cour Internationale de Justice*, op. cit, p. 46.

[137] GUINCHARD (S.) et DEBARD (Th.), *Lexique des termes juridiques 2017-2018*, p. 935.

Chambre en arbitrage. S'agissant de ce dernier cas, aux termes de l'alinéa 2 de l'article 94 de loi n° 2018/014 du 11 juillet 2018 portant organisation et promotion des activités physiques et sportives au Cameroun, « *les fédérations sportives sont tenues d'inscrire dans leurs statuts, une clause compromissoire ou la possibilité de recours à un compromis d'arbitrage*[138] *devant la Chambre de Conciliation et d'Arbitrage siégeant en matière d'arbitrage en cas de conflits d'ordre sportif* ». Ce qui est adopté en matière sportive par la loi de 2018, c'est le procédé du consentement forcé. Pour s'assurer que tous les acteurs du mouvement sportif camerounais accepteront bien de participer à une procédure organisée sous l'égide de la Chambre, le législateur ne leur a pas laissé le choix pour la procédure initiale de conciliation obligatoire. Il est plus facile de les contraindre avant que naisse un litige. C'est le moyen de clause compromissoire qui est utilisé à cette fin par les institutions sportives. Après la phase de la conciliation obligatoire et forcée, la partie la plus diligente peut vouloir saisir la Chambre en arbitrage et l'autre non. Or, les compromis expressément formés arbitraux sont rares. Si l'inscription d'une possibilité de recours à un compromis d'arbitrage est exigée, aucune forme déterminée n'est exigée pour l'établissement d'un compromis en temps opportun. Du côté de la Chambre elle-même, ni son statut ni son règlement n'envisage que sa saisine s'effectue à la suite d'un compromis entre les parties. C'est pour cette raison qu'en la matière, la Chambre fait preuve à la fois d'une souplesse et d'une rigueur en fonction de la nature des éléments qui lui attribuent compétence. En effet, elle ne s'attache pas aux considérations liées au compromis dans les recours qui lui sont adressées pour ne pas décourager les acteurs du mouvement sportif qui la saisissent. Depuis la loi de 2018, elle a toujours eu recours au principe selon lequel elle ne doit pas sanctionner un défaut légal qui affecterait un acte de procédure et que les parties pourraient aisément corriger. Aucun texte ne prescrit le moment d'intervention du compromis entre les parties. C'est pourquoi la Chambre aspire toujours à l'acceptation de sa compétence par toutes les parties et ne décline que très rarement sa compétence dans une affaire dont elle est saisie. Ainsi, dans l'affaire MAYAM RE-NIOF Blaise c/ FECAVOLLEY, face aux arguments de la FECAVOLLEY qui « *soulève l'incompétence de la Chambre aux motifs que l'article 96 alinéa 2 de la loi (...) du 11 juillet 2018 portant organisation et promotion des activités physiques et sportives au Cameroun dispose : en cas de non-conciliation totale ou partielle et en cas d'absence d'un accord sur la compétence (compromis) de la Chambre de conciliation et d'arbitrage, le procès-verbal de non-conciliation total ou partiel est réputé constituer une décision en dernier ressort sur le plan national* »[139], elle rappelle que « l*a conciliation*

[138] Le compromis est « *une convention par laquelle 2 ou plusieurs personnes décident de soumettre un litige déjà né et concernant des droits dont elles ont la disposition à l'arbitrage d'un tiers* »., in GUINCHARD (S.) et DEBARD (Th.), *Lexiques des termes juridiques 2017-2018,* op. cit, p. 245.

[139] Voir CCA du CNOSC, Arbitrage en procédure ordinaire, Aff. n° CCA/2021/009 du 21 septembre 2021, MAYAM RE-NIOF Blaise c/ Fédération Camerounaise de Volleyball. Voir

préalable est obligatoire et, en cas de non-conciliation, l'arbitrage est impératif sans qu'il soit besoin d'une autre forme de clause d'arbitrage ou de juridiction »[140]. La vérification de sa compétence par la Chambre est ainsi souple et limitée sur le préalable du compromis pour la saisir (§ 1) alors que cette vérification est rigide s'agissant de sa compétence sur les parties et les bases de compétence fournies par le requérant (§ 2).

§ 1- Une vérification souple et limitée du respect du préalable du compromis

111. La souplesse de la vérification du préalable du compromis par la Chambre se manifeste tant en ce qui concerne les compromis arbitraux d'investiture (A) qu'en ce qui concerne les compromis arbitraux de confirmation (B).

A- Les compromis arbitraux d'investiture

112. Les compromis arbitraux d'investiture sont des conventions entre deux ou plusieurs personnes qui « *fondent la compétence des arbitres en l'absence de toute clause compromissoire liant préalablement les parties*[141] ». La formulation de l'alinéa 2 de l'article 94 de la loi de 2018 suscitée laisse présager cette possibilité. Celle-ci semble laisser le choix aux associations et fédérations sportives. Celles-ci peuvent ainsi prévoir dans leurs statuts soit une clause compromissoire, soit la possibilité d'un compromis après la survenance d'un litige. Celui-ci peut être explicite (1) ou implicite (2).

1- Les compromis arbitraux explicites

113. Un compromis arbitral explicite peut prendre plusieurs formes : celle d'un document unique signé des parties et celle d'un échange de lettres[142]. Selon les arbitres du TAS, « *…il est communément admis qu'un compromis arbitral puisse résulter d'un échange de lettres* [143]».

114. La Chambre ne s'attache que très peu à ces considérations, d'autant plus que les compromis arbitraux implicites peuvent pallier l'absence d'accord explicite.

également CCA du CNOSC, Arbitrage en procédure ordinaire, Aff. n° CCA/2021/008 du 21 septembre 2021 TIMBA MAJORE Louis c/ Fédération Camerounaise de Volleyball.

[140] Idem.

[141] MAISONNEUVE (M.), *L'arbitrage des litiges sportifs*, op. cit, p. 287.

[142] MAISONNEUVE (M.), *L'arbitrage des litiges sportifs*, op. cit, p. 287.

[143] LALIVE, POUDRET et RAYMOND, *Le droit de l'arbitrage interne et international en Suisse*, Payot, Lausanne, 1989.-Ad. LDIP, art 178, n° 9, cité par MAISONNEUVE (M.), *L'arbitrage des litiges sportifs*, op. cit, p. 287.

2- Les compromis arbitraux implicites

115. En l'absence d'accord exprès, la Chambre peut déduire un compromis arbitral du contenu des mémoires échangés par les parties. Elle s'appuie ainsi sur l'affirmation des arbitres du TAS selon laquelle « *un mémoire introductif d'instance arbitral auquel fait suite un mémoire en réponse au fond, sans contestation de la compétence arbitrale, constitue un compromis implicite valable*[144] ». La réponse de la partie défenderesse fonde ainsi implicitement la compétence de la Chambre.

B- Les compromis arbitraux de confirmation

116. Les compromis arbitraux de confirmation sont des conventions entre deux ou plusieurs personnes « *par lesquels les parties confirment, après la naissance d'un litige, la clause compromissoire qu'elles ont préalablement conclue*[145] ». Cette possibilité est également envisagée par l'alinéa 2 de l'article 94 de la loi de 2018. Les associations sportives peuvent ainsi prévoir la possibilité d'un compromis pour confirmer la clause compromissoire prévue avant la survenance du litige. Un tel compromis peut être oral (1) ou écrit (2).

1- La confirmation orale de la compétence arbitrale

117. Le compromis peut être oral, à l'image d'un accord verbal constaté à l'audience. C'est pourquoi, quand la Chambre est saisie d'une affaire en arbitrage, compte tenu du caractère consensuel de la procédure d'arbitrage, le collège arbitral prend acte de cet accord entre les parties, sans qu'il y ait lieu d'examiner plus avant la question de la compétence. Le non-respect de la convention d'arbitrage n'a guère de conséquences pratiques devant la Chambre. On sait que, pour se prévaloir de l'incompétence du tribunal arbitral au stade du recours contre la sentence, il faut en principe l'avoir au préalable évoqué devant ce tribunal[146].

2- La confirmation écrite de la compétence arbitrale

118. On peut voir dans l'échange des mémoires, à condition bien sûr que la compétence du tribunal n'y soit jamais contestée, une confirmation implicite de l'accord des parties sur la compétence des arbitres. Telle est la position de la Chambre qui considère que le défendeur, en faisant connaître ses arguments de fait et de droit sans contester la compétence du tribunal arbitral, a consenti à ce que leur litige soit réglé par voie arbitrale. Elle ne prend plus soin, d'obtenir des parties qu'elles confirment par écrit reconnaître sa compétence, soit dans un

---

[144] Voir CAS, Aff. 2007/A/1395, AMA c/National shooting association of Malaysia et al., sentence du 31 mars 2008, pubs. internet, sec. § 51 et s. ; Rev., arb., 2008. P. 544, obs. C. Chaussard.

[145] MAISONNEUVE (M.), *L'arbitrage des litiges sportifs*, op. cit, p. 287.

[146] MAISONNEUVE (M.), *L'arbitrage des litiges sportifs*, op. cit, p. 287.

compromis arbitral en bonne et due forme, soit dans un document susceptible d'en faire office.

119. Deux enseignements peuvent être tirés des développements précédents. Premièrement, tous les acteurs, ou presque, recourent à l'arbitrage en l'absence d'un compromis explicite. Deuxièmement, et c'est la conséquence du premier enseignement, la Chambre est souple dans la vérification de l'existence de ce compromis. On ne saurait mieux dire que le fondement initial de la compétence arbitrale de la CCA du CNOSC se trouve ailleurs que dans les ordonnances de procédure, et sans doute même ailleurs que dans un contrat de compromis. La compétence de la Chambre n'est pas négociée par les parties et ne peut être négociée par elles.

120. Si on ne peut pas obliger les parties à se concilier, chaque partie n'a pas besoin de l'accord de l'autre pour se pourvoir en arbitrage. D'ailleurs, la clause compromissoire insérée dans les statuts ne limite pas la saisine de la CCA à la procédure de conciliation. Elle concerne plus la procédure d'arbitrage. En présence d'une clause compromissoire, les parties n'ont plus besoin d'un compromis d'arbitrage pour avancer. C'est l'existence de la clause compromissoire qui a déclenché la procédure de conciliation. Celle-ci lui est préalable aux termes de la loi du 11 juillet 2018. Dès lors, l'exigence d'un « compromis d'arbitrage » l'alinéa 2 de l'article 94 de loi n° 2018/014 du 11 juillet 2018 portant organisation et promotion des activités physiques et sportives au Cameroun, semble avoir poursuivi un autre but que celui d'aider directement à la solution du litige. La justification de cette dernière référence n'est pas véritablement donnée et paraît dès lors cosmétique, voire superflue. Elle produit à première vue plus un effet d'embrouille de la part du législateur qu'un effet de juridiction. Sauf à voir dans la prévision du législateur, le choix laissé aux associations ou aux fédérations sportives de choisir l'un ou l'autre.

§ 2- Une vérification rigide de la compétence de la Chambre sur les parties en cause et sommaire sur la compétence d'attribution

121. Lorsque la Chambre est saisie d'une requête, la vérification de sa compétence va des parties en cause à sa compétence d'attribution. Le Règlement de procédure de la Chambre rappelle qu'aucun requérant ne saurait se présenter devant la Chambre sans être en mesure de préciser dans sa requête « *les noms/prénoms des personnes physiques ou dénominations non équivoques de la personne morale requérante ; qualités et adresses de chacune des parties, un exposé sommaire de la demande et, notamment, l'objet de la demande, les mesures réclamées…*[147] ». Ces mentions permettent à la Chambre de s'assurer rigoureusement que la partie requérante, ainsi que celle contre laquelle la requête

[147] Voir article 20 du Règlement de procédure de la Chambre.

est adressée, sont toutes justiciables de sa juridiction (A) et que les mesures réclamées entrent dans le champ de ses attributions (B).

A- La vérification de sa compétence sur les parties

122. La Chambre vérifie aussi si sa compétence *rationae personae* est établie. En effet, elle n'a pas automatiquement compétence pour connaître des différends juridiques entre tous les acteurs du mouvement sportif camerounais. Elle n'a compétence qu'entre ceux des acteurs qui sont admis à ester devant elle. C'est pourquoi elle doit se rassurer qu'elle a compétence à la fois sur le requérant (1) et sur le défendeur (2).

1- La compétence sur le (s) requérant (s)

123. Dans ce cas, la compétence de la Chambre ne dépend pas d'un préalable à l'instar du compromis. Elle dépend d'une détermination de la loi et de son statut qui désignent à cet effet quels sont les sujets pouvant ester devant elle. Il s'agit pour la Chambre de vérifier si la personne, l'organe ou l'institution qui la saisit est habileté à le faire dans le cadre de ses attributions. En effet, lorsqu'un sujet est acteur du mouvement sportif camerounais, cette seule qualité ne lui suffit pour ester devant la Chambre, il lui faut faire partie des justiciables visés par la loi, ou être parmi les membres ayant adhéré aux statuts du Comité National olympique et sportif du Cameroun (CNOSC).

124. S'agissant de la loi de 2018 portant organisation et promotion des activités physiques et sportives au Cameroun, elle donne compétence à la Chambre de connaître des litiges d'ordre sportif impliquant les associations sportives, les sociétés sportives, les licenciés et les fédérations sportives[148].

125. En ce qui concerne les statuts du CNOSC, la vérification de la Chambre se fait sur la base de l'acceptation de la CCA du CNOSC au titre de l'article 1 § 4 du Statut de la Chambre. Aux termes de cette disposition, « *par leur adhésion aux statuts du Comité National olympique et sportif du Cameroun, les fédérations et associations sportives, ainsi que leurs membres, s'obligent à soumettre à la Chambre de Conciliation et d'Arbitrage du Comité National olympique et Sportif du Cameroun tous les litiges à caractère sportif dont ils ont la libre disposition* ».

---

[148] Aux termes de l'article 94 de la loi de 2018 portant organisation et promotion des activités physiques et sportives au Cameroun, « 1. Les litiges d'ordre sportif opposant les associations sportives, les sociétés sportives, les licenciés et les fédérations sportives sont résolus en premier ressort suivant les règles propres à chaque structure sportive. (2) Les fédérations sportives sont tenues d'inscrire dans leurs statuts, une clause compromissoire ou la possibilité de recourir à un compromis d'arbitrage devant la Chambre de Conciliation et d'Arbitrage siégeant en matière d'arbitrage en cas de conflits d'ordre sportif. Ces litiges peuvent être portés devant la Chambre de conciliation et d'Arbitrage du Comité National olympique et sportif du Cameroun aux termes de l'article 95 de la loi suscitée.

126. La Chambre a ainsi une compétence d'office sur les associations et les fédérations sportives nationales. La rigueur dont elle fait preuve dans la vérification de sa compétence découle du fait que celle-ci ne devrait pas s'étendre sur les litiges ne concernant pas ces catégories d'institutions sportives.

127. Lorsqu'il s'agit de ces dernières, la Chambre ne se pose pas de questions préliminaires en ce qui concerne sa compétence pour connaître de l'affaire. Cela provient du fait que les acteurs du mouvement sportif qui seront probablement parties au procès consentent implicitement à sa juridiction en adhérant aux statuts du CNOSC et qu'il y a peu de chance que, durant le procès, cette compétence soit contestée en dépit des divergences qui peuvent apparaître entre elles.

128. Il s'agit, en principe, des institutions sportives, institution-organisme dont l'idée d'œuvre à réaliser est, si ce n'est exclusivement, au moins essentiellement de nature sportive. « *L'activité sportive (...) doit être distinguée du jeu et de l'exercice physique. Le sport est certes une activité physique (...), mais c'est aussi et surtout la recherche de la performance à l'occasion de compétitions qui se déroulent dans un cadre réglementaire préétabli*[149] ».

129. Il appartient donc à la chambre d'examiner tout d'abord la question de savoir si le demandeur remplit les conditions énoncées tant dans la loi portant organisation et promotion des activités physiques et sportives que dans le Statut de la Chambre, et si de ce fait, la Chambre lui est ouverte. Ce n'est que si la réponse à cette question est affirmative que la Chambre aura à examiner les questions de recevabilité. De ce fait, elle établit une distinction entre une question de compétence liée au consentement d'une partie par la Clause compromissoire ou le compromis, et celle du droit d'une partie à ester devant la Chambre conformément aux prescriptions de la loi et du statut de la Chambre.

130. Dans ces conditions, les institutions publiques en charge des sports au Cameroun ne sont pas justiciables devant la CCA du CNOSC. Bien qu'elles jouent un rôle important en matière sportive, le sport n'est pas son idée directrice. Ces institutions sont plutôt caractérisées par « *une certaine idée de l'intérêt général* »[150]. Bien sûr, les institutions sportives, telles que les associations sportives et les fédérations sportives, participent à leur manière, à la satisfaction de l'intérêt général. Mais à la différence du ministère en charge des sports, ce n'est qu'une conséquence indirecte de leur action, non leur raison d'être.

131. Ne sont pas aussi soumises à l'arbitrage, les institutions sportives, les institutions qui interviennent certes dans le sport, mais dont « *l'idée d'œuvre est spéculative, médiatique (...) économique ou bien encore politique*[151] ». Les

---

[149] MAISONNEUVE (M.), *L'arbitrage des litiges sportifs*, op. cit, p. 175.
[150] Idem, p. 176.
[151] Ibidem, pp. 176-177.

équipementiers sportifs, les sociétés d'évènementiel sportif, les médias spécialisés, ou bien encore les associations de sportifs professionnels ne sont pas des institutions sportives, pas plus que les groupements constitués par des clubs sportifs professionnels afin de défendre leurs intérêts économiques ou que les institutions intergouvernementales à compétence sportive.

132. Il arrive très souvent que la situation d'un requérant soit incertaine au regard du Statut de la Chambre et de celui du CNOSC dont la Chambre est l'organe annexe, du fait de la diversification et de l'extension de la compétence de la Chambre à plusieurs domaines connexes au sport. Il en est, par exemple, de : « *achat ou mise à disposition des équipements sportifs, opérations de partenariat publicitaire, acquisition ou cession de droits de retransmission, exploitation de marques sportives*[152] … ». Le Statut juridique imprécis de certaines institutions au regard de la loi et à l'égard du CNOSC dont la CCA est l'organe judiciaire, pose alors des difficultés lorsque celle-ci est saisie d'une requête émanant de ces dernières. Dans cette situation, la Chambre ne peut pas rejeter immédiatement le recours sur la base de la loi et de son Statut, comme cela devrait normalement être le cas. Elle doit parfois attendre d'être rassurée de la situation de cette institution dans le mouvement sportif et vis-à-vis du CNOSC avant de se prononcer. Dans l'affaire Association des Footballeurs Camerounais c/ FECAFOOT, 26 juillet 2012, la Chambre ne s'est pas déclarée incompétente *in limine litis*. Elle a instruit l'affaire avant de déclarer la requête irrecevable. En se prononçant sur le statut d'un Syndicat au sein d'une fédération sportive nationale, la Chambre estime « *qu'il y a lieu de relever que le syndicat est régi au Cameroun par le Code du travail et les textes subséquents, alors que la fédération sportive est régie par la loi n° 2011/018 du 15 juillet susvisée (il s'agit de la loi organisant les activités physiques et sportives au Cameroun avant 2018) ; qu'autant que le Code de travail ne prévoit pas la présence d'un syndicat au sein d'une fédération sportive comme membre, qu'autant la loi qui régit les fédérations sportives ne prévoit pas de syndicats au sein des fédérations ; qu'ainsi les fédérations ne sont constituées que de regroupements d'athlètes, d'associations de sportifs et de corps de métiers ; attendu surabondamment, que la requête tend à solliciter ainsi que le SYNAFOC soit intégré au sein de la FECAFOOT en lieu et place de l'AFC, que cependant cette mesure serait contraire à la loi en ce que chaque fédération organise elle-même ses règles de fonctionnement, dont l'application est exigée de ses membres, que le syndicat ne faisant pas partie des différentes catégories de membres de la fédération, son rôle ne consisterait qu'à représenter les associations sans pour autant prendre part aux différentes instances des fédérations sportives ès qualité de membre ; (...)*

[152] Voir article 17 du Règlement de procédures de la Chambre.

qu'il y a lieu de déclarer la demande de l'AFC devenue SYNAFOC irrecevable[153] ».

133. Certes, la Chambre n'a pas pu affirmer que le SYNAFOC, dont l'idée d'œuvre est syndicale, n'aurait pas pu la saisir valablement, quel que soit le titre de compétence qu'il aurait pu invoquer, parce qu'elle ne fait pas partie des associations sportives ou des fédérations dont l'idée d'œuvre est le sport, mais par un chemin détourné, elle a reprécisé le statut de cette institution syndicale[154].

134. Il est dès lors important que le Règlement de procédures de la Chambre recentre bien la compétence d'attribution de celle-ci, car, s'il est vrai qu'elle a pu considérer que certaines questions connexes au sport constitueraient des litiges d'ordre sportif dont elle est compétente, c'est une appréciation qui nous semble très discutable. En plus de cette compétence sur le requérant, la Chambre s'assure également de sa compétence sur le défendeur. Peut-être a-t-elle reçu le SYNAFOC parce que la défenderesse, la FECAFOOT, faisait partie des justiciables de sa juridiction.

2- La compétence sur le (s) défendeur (s)

135. Une requête régulièrement adressée à la Chambre doit révéler l'identité de la partie adverse. La Chambre l'identifie facilement. Jusqu'ici il n'y a pas encore eu des cas complexes dans lesquels la Chambre a consacré du temps pour identifier le ou les défendeurs.

136. Au cours de la vérification de l'identification, la Chambre se rassure que le défendeur est non seulement un acteur du mouvement sportif, mais également un acteur entrant dans le champ de ses compétences.

B- La compétence d'attribution de la CCA

137. Une fois saisie, la Chambre procède à une appréciation sommaire des bases de compétences d'attribution invoquées par le requérant, puisque, selon l'article 20 alinéa 4, « *la requête aux fins d'arbitrage doit comporter (...) un exposé sommaire de la nature et des circonstances du litige à l'origine de la demande, l'objet de la demande et notamment les mesures réclamées (...) la décision contestée* ».

138. Les acteurs du mouvement sportif, justiciables devant la Chambre, font habituellement un exposé de la nature, des circonstances du litige, et de l'objet de la demande que la Chambre passe au peigne fin pour déterminer sa compétence sur le litige. Ici, la Chambre vérifie si elle a l'aptitude à exercer son pouvoir de juger ou d'administrer l'arbitrage de préférence à une autre juridiction, ou bien si c'est cette dernière qui est compétente.

---

153 Voir CCA du CNOSC, Arbitrage, Aff. Association des Footballeurs Camerounais c/ FECAFOOT, 26 juillet 2012, inédit.

154 Il est vrai qu'on s'apercevra par la suite que ce statut attribué au SYNAFOC va évoluer.

139. Le caractère obligatoire de l'indication de ces mesures témoigne de l'importance que la Chambre accorde à ce dernier. En effet, les matières qui relèvent ou pas de la compétence de la Chambre ont été indiquées par la loi du 11 juillet 2018 portant organisation et promotion des activités physiques et sportives au Cameroun, puis détaillées par le Règlement de procédures de la Chambre.

140. S'agissant de la loi du 11 juillet 2018 celle-ci a organisé le sport et lui a donné une structure particulière ; elle constitue la pratique sportive en obligation nationale et lui confère une mission d'éducation, de culture et de vie sociale. Cette vision institutionnelle du système sportif camerounais a des conséquences jurisprudentielles : les fédérations sportives camerounaises sont regardées comme exerçant, et exercent même une mission de service public lorsqu'elles organisent des compétitions nationales ou régionales. Il en résulte que les organisations sportives reconnues par l'État et ayant reçu délégation du ministre, détiennent, dans la branche considérée, un véritable pouvoir de décision réglementaire et individuelle dont le juge administratif peut être appelé à apprécier la légalité et qui peut entraîner la mise en jeu de leur responsabilité. Il n'existe pas encore au Cameroun un ordre juridictionnel spécifique au sport pour connaître de la légalité des actes administratifs.

141. Aux termes de l'article 99 de la loi de 2018 portant organisation et promotion des activités physiques et sportives, le juge administratif connaît de la « *contestation des actes réglementaires des fédérations sportives*[155] ». Ces actes posés par les autorités sportives sont soumis à un régime dérogatoire de droit commun. L'article 99 de la loi de 2018 portant organisation et promotion des activités physiques et sportives précise que cette contestation se fait conformément à la législation en vigueur, sauf disposition de la présente loi.

142. On espérait que la loi sur l'organisation et la promotion des activités physiques et sportives donne une précision sur la nature et le contenu de ces actes. Le législateur n'en dit mot. En pareille circonstance, le raisonnement habituellement suivi consiste à dire qu'il s'agit des actes pris dans l'intérêt général[156] par les autorités fédérales sportives camerounaises, et exerçant une mission de service public lorsqu'elles organisent des compétitions nationales ou régionales. On peut ainsi considérer comme actes réglementaires des fédérations sportives, ceux relatifs à l'organisation du sport. On pense entre autres aux actes administratifs (actes unilatéraux « individuels ou de portée générale », ou contractuels signés par les exécutifs fédéraux), aux règlements en général (statuts

---

[155] Voir Article 99 de la loi de 2018 portant organisation et promotion des activités physiques et sportives au Cameroun.

[156] Aux termes de l'article 2 alinéa 3 de la loi de 2018 portant organisation et promotion des activités physiques et sportives au Cameroun, la promotion et l'organisation des activités physiques et sportives « *sont d'intérêt général* ».

et règlements fédéraux qui énoncent les sanctions susceptibles d'être prises à l'encontre des sportifs), Règlements de procédure, Chartes, Code éthique, etc.,), aux règlements d'application (règlements destinés à assurer l'exécution d'une loi) ou aux règlements d'assemblée (résolution par laquelle une assemblée fixe les règles de son organisation interne et de son fonctionnement). Il s'agit, au-delà du pouvoir disciplinaire, de nombreux litiges de principes ou institutionnels, dont le contentieux peut aller jusqu'à la légalité d'organisations et de représentations sportives.

143. En effet, on sait qu'aux termes de l'article 8 alinéa 1 de la loi de 2018, les statuts des associations sportives doivent sous peine de nullité être conformes au statut type dont la forme est déterminée par voie réglementaire, et doivent être soumis à un contrôle de conformité du ministre en charge des sports aussi bien lors de leur adoption que de leur modification. Ils imposent, notamment, le respect des principes inhérents à la matière disciplinaire qui relève du contrôle du juge administratif. De toute évidence, ces garanties s'imposent aux juridictions administratives lorsqu'elles contrôlent la légalité des actes pris par les fédérations sportives. Le juge administratif peut exercer à l'égard de ces sanctions son contrôle habituel de l'annulation, en vérifiant si elles ne sont pas entachées d'illégalité externe (incompétence ou vice de forme), ou d'illégalité interne (violation de la loi ou détournement de pouvoir).

144. Par ailleurs, les sportifs licenciés doivent être considérés comme des usagers du service public. Les usagers d'un service public administratif sont en principe dans une situation légale et réglementaire. La délivrance des licences et des titres fédéraux devrait être qualifiée expressément par la loi sportive de 2018 de mission de service public. En tant que licenciés à une fédération sportive, les sportifs sont des usagers du service public administratif du sport. La licence est un acte administratif créateur de droits.

145. Or, une telle démarche est hasardeuse dans les rapports entre les juridictions administratives et la Chambre de Conciliation et d'Arbitrage du CNOSC, compétente pour connaître des litiges d'ordre sportif dont le flou persiste dans la définition donnée par le législateur de 2018[157]. Pour celui-ci, le litige d'ordre sportif est « *une contestation née, soit de l'application des règles et/ou des normes édictées par les fédérations sportives nationales et/ou les instances faîtières internationales auxquelles elles sont affilées pour l'encadrement de la pratique de la discipline sportive concernée, soit d'un contrat de droit privé dont l'objet est de nature sportive* ». En dehors de l'idée de contrat de droit privé, on peut sérieusement se demander quels sont les autres

[157] Pour le législateur sportif de 2018, le litige d'ordre sportif est « *une contestation née, soit de l'application des règles et / ou des normes édictées par les fédérations sportives nationales et / ou les instances faitières internationales auxquelles elles sont affilées pour l'encadrement de la pratique de la discipline sportive concernée, soit d'un contrat de droit privé dont l'objet est de nature sportive* ».

critères d'identification des actes réglementaires des fédérations pouvant faire l'objet de recours devant la juridiction administrative.

146. Pour l'instant, la pensée dominante consiste à tirer argument de ce qu'en matière d'actes réglementaires des fédérations, la juridiction administrative détient une compétence exclusive au détriment des autres juridictions étatiques et du tribunal arbitral du sport. L'article 17 des Statuts et Règlements de procédure de la CCA en citant les matières dont elle est compétente (le recours contre les décisions prises en dernier ressort par un organe disciplinaire ou une instance analogue d'une fédération, association ou tout autre organisme sportif, le contentieux disciplinaire…) a d'office exclu l'appréciation de la légalité des actes réglementaires.

147. Restent encore quelques questions auxquelles le législateur sportif camerounais n'a pas répondu : le profil des fédérations sportives nationales dont les sanctions relèvent du contentieux administratif, l'étendue du contrôle, les modalités d'intervention des juridictions administratives par rapport aux litiges qui ne sont pas d'ordre sportif, la qualité du requérant devant les juridictions administratives, et les litiges relatifs aux questions de tutelle.

148. S'agissant du profil des fédérations sportives nationales, le législateur ne dit pas laquelle des fédérations délégataires ou agréées relèvent du contentieux administratif. Si l'on s'en tient au droit comparé, seules les sanctions disciplinaires prises par les fédérations délégataires prévues à l'article 51 alinéa 1[158] de la loi de 2018 relèvent du contentieux administratif ; les sanctions prises par les fédérations agréées[159], prévues à l'article 44 alinéa 2 de la loi de 2018, relèvent de la compétence du juge judiciaire[160] ou du juge arbitral.

149. En effet, les fédérations délégataires ont un pouvoir disciplinaire, dans le respect des principes généraux du droit, à l'égard de leurs licenciés et font respecter les règles techniques et déontologiques de leurs disciplines. Les sanctions disciplinaires prises par les fédérations sportives délégataires constituent donc l'exercice normal des prérogatives de puissance publique, qu'elles détiennent pour l'accomplissement de leur mission. Même si elles

---

[158] Aux termes de l'article 51 alinéa 1, « *dans chaque discipline sportive, une seule fédération reçoit délégation de pouvoirs du ministre chargé des sports pour organiser dans le respect des lois et règlements en vigueur les (…) manifestations sportives à l'issue desquelles sont délivrés les titres à l'échelle de toutes les unités administratives et procéder aux sélections correspondantes* ».

[159] Aux termes de l'article 44 alinéa 2, « *les fédérations sportives civiles peuvent être créées autour d'une ou plusieurs disciplines sportives. Leur fonctionnement est subordonné à l'agrément préalable du ministre chargé des sports* ». Les fédérations simplement agréées ne bénéficient pas d'un monopole de droit pour organiser les compétitions sportives à l'issue desquelles sont délivrés, par exemple les titres nationaux et pour procéder aux sélections correspondantes.

[160] ISRAEL (J-J.), « Le contrôle juridictionnel par les juridictions administratives françaises des sanctions disciplinaires prises par les fédérations sportives », in BOURNAZEL (E.) (Dir. Scient.), *Sport et Droit,* op. cit, p. 615.

émanent de personnes privées, ces sanctions sont, selon une jurisprudence classique, des actes administratifs qui relèvent de la compétence du juge administratif[161]. En revanche, à la différence des fédérations délégataires, les fédérations simplement agréées ne sont pas investies de la gestion de l'ensemble des missions de service public liées aux activités physiques et sportives prévues à l'alinéa 51 alinéa 1 et 2 de la même loi. De surcroît, les sanctions prises par ces fédérations ne relèvent pas de la mise en œuvre de prérogatives de puissance publique. Leur prononcé est inhérent à l'organisation de toute association et relève des conditions normales de fonctionnement d'une personne privée[162].

150. S'agissant de l'étendue du contrôle du juge administratif, celui-ci devrait normalement porter uniquement sur les décisions unilatérales des fédérations qui font grief, c'est-à-dire sur les actes unilatéraux qu'elles édictent[163]. Les décisions prises par les arbitres sportifs camerounais sur les terrains de jeux ne sont pas des actes susceptibles de faire l'objet d'un recours pour excès de pouvoir.

151. S'agissant des modalités d'intervention du juge administratif camerounais, on sait que dans une compétence concurrente avec la CCA et le juge judiciaire, et eu égard à la nature du litige, il peut intervenir en dernier ressort dans le règlement des litiges d'ordre sportif relativement aux décisions prises par les fédérations délégataires de service public lorsqu'elles ne font pas usage des prérogatives de puissance publique ou à celles prises par les fédérations agréées, même si c'est incertain, « *en cas d'épuisement des voies de recours internes à la structure sportive concernée* ». En adoptant la règle de l'épuisement des voies de recours internes aux fédérations sportives nationales, le législateur de 2018 inscrit sa démarche en porte à faux avec le principe selon lequel toute décision administrative peut-être déférée directement au juge administratif, sauf si ce texte en dispose autrement. Cette règle viserait à garantir l'identité du droit du sport, laissant aux groupements sportifs le soin de régler, de façon interne, la majeure partie des litiges disciplinaires. On pense ainsi que le sportif qui contrevient aux dispositions fixées par les règlements fédéraux, doit tout d'abord faire l'objet d'une procédure devant un organe disciplinaire de première instance.

152. Cela peut paraître un détail, la formulation choisie par le législateur à l'article 99 de la loi de 2018, selon laquelle « *La contestation des actes réglementaires des fédérations sportives devant la juridiction administrative se*

---

[161] CE, section 22 novembre 1974, Fédération des industries Françaises d'articles de sport, Rec. p. 576. Concl. Contraires M. Théry ; AJDA 1975, p. 19 ; RDP 1975, p. 1109 ; D. 1975 I 739 ; JCP 1975 I 2724.

[162] Selon le CE, 19 décembre 1988, n° 79-962, Mme Pascau et autres c/ Fédération française d'aérobic et de Stretching, Rec, p. 459, il s'agit d'actes unilatéraux de droit privé dont il appartient à la seule juridiction judiciaire d'apprécier la régularité.

[163] ISRAEL (J-J.), « Le contrôle juridictionnel par les juridictions administratives françaises des sanctions disciplinaires prises par les fédérations sportives », op. cit, p. 616

fait conformément à la législation en vigueur », laisse croire que les actes réglementaires ne sont pas concernés par l'exigence de l'épuisement des voies de recours internes. Il s'agit d'une compétence de droit commun et direct des tribunaux administratifs dans laquelle ceux-ci sont compétents en premier ressort. Ainsi, la contestation des actes réglementaires des fédérations sportives relève en premier ressort, du contrôle des tribunaux administratifs. Le jugement peut faire l'objet d'un appel devant la Chambre administrative de la Cour suprême.

153. S'agissant de la qualité du requérant, le législateur n'en dit mot. Est-ce le requérant, les associations ou les ligues auxquelles sont rattachés les athlètes ou même l'administration publique ? Faisant application de sa jurisprudence relative à l'intérêt à agir des syndicats et associations devant les juridictions administratives, le juge administratif reconnaît l'intérêt à agir des seuls sportifs sanctionnés et rejette systématiquement celui des associations et ligues auxquelles ils sont rattachés[164].

154. Mais d'un point de vue pratique, l'application de cette jurisprudence aux recours exercés par les associations sportives camerounaises ne s'impose pas. Leur spécificité mérite d'être davantage prise en considération dans la mesure où, lorsqu'une sanction disciplinaire est prononcée contre un de leurs membres, elle peut avoir des conséquences importantes aussi sur l'organisation interne des clubs que sur le déroulement des compétitions auxquelles ils participent. L'intérêt qu'elles poursuivent à ce titre en formant un recours contre une décision de sanction paraît suffisamment distinct de l'intérêt individuel de la personne sanctionnée pour être recevable.

155. La Chambre ne peut non plus élaborer des sentences et connaître elle-même de l'exequatur de ses sentences. Jusqu'à présent, seul le Président du Tribunal de première instance est compétent pour connaître de l'exequatur des sentences arbitrales. Et aux termes de l'alinéa 2 de l'article 97 de la loi 2018/014 du 11 juillet 2018 portant organisation et promotion des activités physiques et sportives au Cameroun, « *pour être exécutoires au plan national, les sentences rendues par la Chambre de Conciliation et d'Arbitrage du CNOSC, en matière d'arbitrage, ou par le TAS doivent être revêtues de la formule exécutoire et ne pas être contraires à l'ordre public, conformément à la réglementation en vigueur* ».

156. La combinaison de quatre textes permet de se faire une idée précise des compétences du Président du tribunal de première instance : l'article 15, alinéa 2 de la loi portant organisation judiciaire, les articles 3, 4 et 5 de la loi n° 2007/001 du 19 avril 2007 instituant le juge du contentieux de l'exécution et fixant les conditions de l'exécution au Cameroun des décisions judiciaires et actes publics étrangers ainsi que des sentences arbitrales étrangères, l'article 23 du décret

---

164 CE, sect, Association handball club de Cysoing 13 juin 1984, Rec., p. 217.

n° 69/DF-544 du 19 décembre 1969 fixant l'organisation et la procédure devant les juridictions traditionnelles du Cameroun oriental, et de l'article 4 de la loi n° 2003/009 du 10 juillet 2003 prise en application de l'article 30 de l'Acte uniforme OHADA relatif au droit de l'arbitrage.

157. Le Président du Tribunal de Première Instance est compétent pour :

- Statuer sur les procédures en référé ;
- Rendre les ordonnances sur requête ;
- Connaître du contentieux de l'exécution des actes publics nationaux, notamment les actes notariés ;
- Connaître de l'exequatur des sentences arbitrales, des décisions judiciaires étrangères et actes publics étrangers.

158. L'exposé des attributions du Président du tribunal offre un détail important. C'est que, si les trois premières compétences n'intéressent pas directement les sentences arbitrales issues des litiges d'ordre sportif, la formulation de la dernière compétence laisse croire que le Président du tribunal de première instance peut y trouver matière.

159. Au regard de la pratique judiciaire, le Président du tribunal de première instance a eu l'occasion de connaître de l'exequatur des sentences arbitrales issues des litiges d'ordre sportif[165].

160. S'agissant du Règlement de procédures de la Chambre, la combinaison de deux textes permet de se faire une idée précise des compétences d'attribution de la Chambre : l'article 18 sur la compétence de la Chambre, et l'article 17 sur la définition du litige d'ordre sportif. Aux termes du 4e paragraphe de l'article 18 du Règlement de procédure de la Chambre, celle-ci « *est compétente pour régler les litiges d'ordre sportif ou nés à l'occasion de la pratique du sport* » sur le plan national. Il faut se référer à la définition du litige d'ordre sportif de l'article 17 dudit Règlement pour déterminer les litiges qui relèvent de son champ de compétence. Il nous apprend que relèvent de ce champ : « *achat ou mise à disposition d'équipements sportifs, opérations de partenariat publicitaire, acquisition ou cession de droits de retransmission, exploitation des marques sportives, activité salariée ou prestations de service rémunérées des sportifs, de leurs entraîneurs ou de leurs agents, ou encore conventions ayant pour objet*

[165] Le Président du Tribunal de première instance de Yaoundé Centre administratif a autorisé le 29 mars 2021, l'exécution d'une sentence du TAS du 15 janvier 2021 qui a annulé l'ensemble du processus électoral organisé par la FECAFOOT en 2018. La formule exécutoire apposée sur le dispositif de ladite sentence est la suivante : « En conséquence le Président de la République du Cameroun Mande et Ordonne à tous les Huissiers d'Exécution sur ce requis de mettre ce jugement à Exécution aux Procureurs Généraux et aux Procureurs près les Tribunaux de Première Instance d'y tenir la main à tout Commandants et Officiers de la Force Publique de Prêter main Forte lorsqu'ils en Seront légalement Requis ».

l'organisation d'une épreuve ou celle de la billetterie, les intérêts pécuniaires, les questions de principe relatives au sport, l'ensemble des litiges du mouvement sportif, le contentieux disciplinaire, la suspension, disqualification, refus ou retrait d'une sélection, l'exclusion d'une importante épreuve et bien d'autres mesures du même type, le recours contre les décisions prises, en dernier ressort, par un organe disciplinaire ou une instance analogue d'une fédération, association ou tout autre organisme sportif, le contentieux électoral au sein d'une fédération sportive nationale ».

161. Cette énumération des litiges qualifiés d'ordre sportif est une base importante pour permettre à la Chambre de vérifier sa compétence lorsqu'elle est saisie d'une affaire. La diversité des manifestations du sport, et particulièrement de haut niveau, explique que l'exercice des voies de recours devant la Chambre se situe face à des défis très divers, politiques, financiers, commerciaux et naturellement éthiques. Ces recours impliquent des réponses spécifiques à diverses questions, comme l'objectivité des règles de conduite sportive et du contrôle de leur respect, l'opportunité et le respect des différentes sanctions, la régularité des désignations d'athlètes, etc.

162. Toutefois, cette énumération si salutaire soit-elle, ne situe pas véritablement l'arbitre. Elle contient encore des dispositions vagues et obscures telles que « *l'ensemble des litiges sportifs du mouvement sportif* ». Or, l'arbitre peut être tenté de ne pas tenir pour irrégulière un recours qui porte sur une matière qui n'est exclue par aucun texte, alors qu'il n'est normalement pas compétent. Il étend ainsi sa compétence sur une matière dont il n'est pas apte à connaître. Il s'agit, par exemple, d'affaires dont les juridictions étatiques peuvent, en dernière analyse, s'estimer valablement saisies, quelles que soient, par ailleurs, les dispositions contractuelles et les institutions disciplinaires propres aux sports en question : il est de fait que, dans certaines affaires délicates, le pouvoir disciplinaire voisin avec la juridiction pénale. Ainsi a-t-il été jugé que « *les affaires de dopage dépassent les règles du jeu et donnent lieu à des sanctions de caractère statutaire sujettes à un contrôle judiciaire en raison de leurs implications avec les droits de la défense et de l'ordre* »[166]. Il est clair que c'est un litige d'ordre sportif du mouvement sportif. Mais, la Chambre ne peut pas s'estimer compétente pour connaître de cette affaire.

163. Au-delà du pouvoir disciplinaire, il existe de nombreux litiges de principes ou institutionnels, privés ou publics, contentieux pouvant aller jusqu'à l'appréciation de la légalité d'organisations ou de représentations sportives. Le sort juridique de l'athlète balance alors entre les règles du droit du travail et les particularités de son art, entre disciplines collectives et les droits et libertés de l'individu. Le droit du sport se trouve ainsi débordé par de nombreuses opérations annexes à l'exercice du sport, opérations parfois très lucratives. Il est parfois

---

[166] Tribunal Fédéral Suisse, 31 mars 1999.

difficile de distinguer dans un procès ce qui est purement sportif de ce qui est patrimonial. Certes, il est bon que le champ de compétence de la Chambre soit détaillé, voire auto-détaillé, mais il faut bien remarquer que l'œuvre de l'arbitre n'est pas facilitée par le manque d'harmonie et les lacunes des dispositifs légaux, statutaires et réglementaires qui s'apparentent à un fourre-tout.

Section 2 : Une vérification avisée du respect des conditions de recevabilité de la demande

164. Le greffe de la Chambre vérifie que la demande d'arbitrage remplit les conditions posées par le Règlement de procédures, c'est-à-dire l'ensemble d'éléments de validité ou d'efficacité de la requête. Cet examen formel de la demande (§ 1) produit des effets bien déterminés (§ 2).

§ 1- L'examen formel de la demande

165. Le greffe de la Chambre vérifie que le requérant a épuisé les voies de recours (A) et que la demande est faite dans les délais prescrits (B).

A- La vérification de la question de l'épuisement des voies de recours

166. La Chambre considère que le respect du principe de l'épuisement des voies de recours est une condition fondamentale à remplir par le requérant avant sa saisine en arbitrage[167]. Ce principe est prévu tant par la loi du 11 juillet 2018 que par le Règlement de procédures de la Chambre. Aux termes de l'article 94 alinéa 1 de la loi du 11 juillet 2018 portant organisation et promotion des activités physiques et sportives au Cameroun, « *les litiges d'ordre sportif opposant les associations sportives, les sociétés sportives, les licenciés et les fédérations sportives sont résolus en premier ressort suivant les règles propres à chaque structure sportive* ». Cette disposition est une quasi-reprise des articles 18 alinéa 1 de la loi n° 96/09 du 5 août 1996 fixant la charte des Activités Physiques et Sportives selon lequel « *les litiges d'ordre sportif opposant les associations sportives, les sociétés sportives, licenciés et les fédérations sportives sont résolus suivant les règles propres à chaque fédération* », et 44 alinéa 1 de la loi n° 2011/018 du 15 juillet 2011 relative à l'organisation et à la promotion des activités physiques et sportives qui disposait que « *les litiges d'ordre sportif opposant les associations sportives, les sociétés, les fédérations sportives sont résolus suivant les règles propres à chaque fédération* ».

[167] Voir CCA du CNOSC, Arbitrage e procédure d'urgence, Aff. n° CCA/2019/0011 du 14 juin 2019, DYNAMO FC c/ FECAFOOT ; CCA du CNOSC, Arbitrage, Aff. n° du 18 octobre 2019, LFPC c/ FECAFOOT ; CCA du CNOSC, Arbitrage, Aff. n ° du 28 mars 2013, Ngaoundéré FC et autres clubs de la Ligue Régionale de Football de l'Adamaoua c/ Ligue Régionale de Football de l'Adamaoua et FECAFOOT ; CCA du CNOSC, Arbitrage, Aff. n° 004/SA/CCA :16 du 07 avril 2016, ABENA FOE Jean Louis c/ La Fédération Camerounaise de Cyclisme ;

167. Le Règlement de procédures de la Chambre contient des dispositions relatives à l'épuisement des voies de recours internes aux institutions sportives. Il s'agit du paragraphe i de l'article 18 et de l'alinéa 1 de l'article 19 du Règlement de procédures de la Chambre. Selon la première disposition, « *la saisine de la Chambre de conciliation et d'arbitrage se fait après épuisement préalable des voies de recours internes aux Fédérations et Associations sportives concernées* ». Selon la seconde, « *la Chambre de Conciliation et d'Arbitrage est saisie par voie de requête. Celle-ci n'est recevable qu'après épuisement préalable des voies de recours internes de l'association ou fédération en cause* ».

168. Deux enseignements peuvent être tirés de ces dispositions. Premièrement, le législateur reconnaît que les acteurs du mouvement sportif, sont des individus ou des personnes morales qui ont le droit de demander que justice soit rendue quand leurs intérêts sont mis en cause.

169. Deuxièmement, la victime doit donner la possibilité à la fédération sportive, dont elle est membre, de résoudre d'abord le litige par elle-même. On peut y voir la manifestation d'un principe de subsidiarité.

170. Le principe de subsidiarité guide le partage des tâches à chaque niveau d'organisation. Selon ce principe, « *l'autorité la plus haute (...) ne doit intervenir que là précisément où la plus petite ne peut plus pourvoir. Chaque instance n'est que supplétive par rapport aux instances les plus petites*[168] ». Vu sous cet angle, ce principe entend valoriser les acteurs de proximité par rapport aux instances éloignées.

171. Le principe de subsidiarité semble être au cœur même de la définition de compétences en matière de règlement des litiges sportifs au Cameroun. Il n'est pas explicitement proclamé. Cependant, même non évoqué dans sa lettre, ce principe est plus ou moins affirmé dans les différentes lois successives relatives à la promotion et à l'organisation des activités physiques et sportives au Cameroun.

172. Le critère de subsidiarité serait en matière de règlement des litiges sportifs, essentiellement déterminé par la proximité des fédérations par rapport à leurs membres, et la garantie de l'identité du droit du sport, laissant ainsi aux fédérations sportives, le soin de régler, de façon interne, la majeure partie des litiges disciplinaires. Partout où elles peuvent agir, aucune autre institution judiciaire ne devrait se substituer à elles.

173. L'idée maîtresse qui gouverne cette voie, qui est fortement disciplinaire, est que « *les conflits survenant dans un milieu donné doivent être résolus par ceux qui appartiennent à ce milieu. Ainsi, on peut considérer que les*

---

[168] NACH MBACK (C.), *Démocratisation et décentralisation, Genèse et dynamiques comparées des processus de décentralisation en Afrique subsaharienne*, Khartala/PDM, 2003, p. 401.

litiges qui surgissent dans le monde du sport seront mieux réglés par des sportifs ou à tout le moins des gens du sérail qui auront une meilleure connaissance des problèmes et des spécificités du milieu[169] ». Par cette voie, la justice est rendue à l'intérieur du mouvement sportif, et la solution est donnée par les sportifs eux-mêmes. L'exercice des activités sportives obéit non seulement à un corps de règles techniques « les règles du jeu » qui leur sont propres, mais également à un ensemble de règles déontologiques spécifiques.

174. Ainsi, des fédérations sportives aux instances judiciaires sportives internationales, en passant par les instances judiciaires sportives internes, les tâches se superposent. C'est aux fédérations sportives que reviennent les compétences disciplinaires. Et, toute autre instance ne devient compétente qu'après que les instances sportives se soient prononcées au préalable.

175. Le principe de subsidiarité va en droite ligne avec le principe de l'épuisement des voies de recours adopté par le législateur de 2011 et réconforté par celui de 2018. En effet, aux termes de l'article 44 alinéa 1 de la loi du 15 juillet 2011 et 95 de la loi du 11 juillet 2018, le litige ne peut être porté devant une instance supérieure qu'« *en cas d'épuisement des voies de recours*[170] ». Les instances fédérales sont ainsi considérées, malgré leur caractère disciplinaire,

---

[169] ZLATESCU (I.), « Aspects du droit comparé relatifs à la juridiction en matière de litiges sportifs », in BOURMAZEL (E), (dir Scient.), *Sport et Droit*, IIIe Congrès de l'Association égyptienne des Juristes Francophones, XXVIIe Congrès de l'Institut International de Droit d'Expression et d'Inspiration Françaises, Institut International de Droit d'Expression et d'Inspiration Françaises, Bruylant, Bruxelles, 2000, p. 610.

[170] La règle de l'épuisement des voies de recours peut être appréhendée sur un double plan : le plan procédural et le plan substantiel. Sur le premier plan, elle est celle selon laquelle un justiciable ne peut saisir une juridiction supérieure que s'il a au préalable exercé tous les recours utiles existants avant d'en appeler à cette juridiction ; elle est une condition de recevabilité de sa requête. Voir GUINCHARD (S.) et DEBARD (Th.), *Lexique des termes juridiques 2017-2018*, 25e éd. 2017-2018, Dalloz, p. 942. Sur le second plan, à travers cette règle, il existe l'obligation pour le justiciable d'invoquer au moins en substance, devant le premier juge les dispositions pertinentes des institutions sportives querellées. L'épuisement des voies de recours interne qui serait « formel » se bornant à viser en général et sans autre précision, l'irrespect des normes fédérales ne suffit évidemment pas. Encore faut-il soumettre aux instances fédérales, lors des recours internes, le grief tiré des dispositions pertinentes des statuts et des règlements fédéraux. Et, s'il n'est pas requis de fournir référence à ces dispositions, il s'impose, du moins d'en invoquer la substance. La règle de l'épuisement des voies de recours interne n'exige pas seulement la saisine des institutions compétentes et l'exercice des recours. Elle exige aussi, en principe, de soulever devant ces mêmes institutions, au moins en substance et dans les formes prescrites par le droit interne, les griefs que le justiciable entend formuler par la suite. Voir pour plus d'amples précisions sur la subsidiarité substantielle, les multiples arrêts de la Cour Européenne des Droits de l'Homme, Arrêt Guzzardi c. Italie du 06 novembre 1980, Série A n° 39, p.26, § 72 ; arrêt Cardot c. France du 19 mars 1991, Série A n° 200, p. 18 § 34 ; arrêt Castells c. Espagne du 23 avril 1992, Série A n° 236, p. 19 § 27 ; arrêt Akdivar c. Turquie du 16 septembre 1996, Recueil 1996- IV, pp. 1210-1211, § 65-69 ; arrêt Fressoz et Roire c. France du 21 janvier 1999, § 37.

comme des « *juridictions de première saisine*[171] » en matière de règlement des litiges d'ordre sportif. Ce point de vue est renforcé par les termes employés par le législateur du 11 juillet 2018 à l'article 94 alinéa 1. Celui-ci exige que « *les litiges d'ordre sportif opposant les associations sportives, les sociétés sportives, les licenciés et les fédérations sportives* » soient « *résolus en premier ressort suivant les règles propres à chaque structure sportive* ».

176. Le respect de ce principe cardinal en matière de procédure judiciaire a été plusieurs fois rappelé aux justiciables par la CCA du CNOSC. Dans l'affaire Ligue de Football Professionnel du Cameroun (LFPC) c/ AS BELABO, elle a décidé que tout recours contre une décision disciplinaire prononcée par l'instance d'une fédération sportive, en l'occurrence la Ligue de Football Professionnel, ne peut être exercé qu'après que le requérant, AS BELABO ait au préalable épuisé toutes les voies de recours, en respectant le « *principe du double degré de juridiction*[172] ».

177. De même, dans l'affaire Dynamo FC de Douala c/ FECAFOOT, la CCA a rappelé que « *l'organisation juridictionnelle de la Fédération Camerounaise de Football (FECAFOOT) se compose en instance de la Commission Fédérale d'Homologation (CFH), et en appel de la Commission de recours (CR) ; (...) qu'en l'espèce, la Dynamo FC de Douala en saisissant directement la CCA sans avoir au préalable adressé des recours ni à la CFH, ni à la CR a, par cette omission, violé le principe d'épuisement préalable des voies de recours internes aux fédérations ou associations sportives prévu par l'article 25 (2) du Code de Procédure de la Chambre de Conciliation et d'Arbitrage »;« qu'il s'en suit que »,* ajoute la CCA *« son recours encourt la sanction d'irrecevabilité »*[173] ». Dans tous les cas, cette juridiction tient à ce que « *la règle de l'épuisement des voies de recours (soit) observée*[174] ».

---

[171] Cette expression est utilisée par le Professeur Jean-Marie TCHAKOUA pour désigner les juridictions publiques de droit commun de première saisine comme le Tribunal de Première Instance ou le Tribunal de Grande Instance (TGI)., Voir TCHAKOUA (J-M), *Introduction générale au Droit camerounais*, l'Harmattan, 2017, 442 p.

[172] CCA du CNOSC, 07 janvier 2016, affaire Ligue de Football Professionnel c/ AS BELABO, n° 001/SA/CCA/16, Recueil thématique des sentences de la Chambre de Conciliation et d'Arbitrage, Tome 1.

[173] CCA du CNOSC, affaire Dynamo FC c/FECAFOOT, 14 décembre 2019, n° CCA/2019/0011, Recueil thématique des sentences de la Chambre de Conciliation et d'Arbitrage, Tome 3, inédit.

[174] C'est le cas dans l'affaire Ngaoundéré FC et autres clubs de la Ligue Régionale de football de l'Adamaoua c/ Ligue Régionale de Football de l'Adamaoua et FECAFOOT, 26 mars 2013, Recueil thématique des sentences de la Chambre de Conciliation et d'Arbitrage, Tome 3, inédit ; c'est aussi le cas aussi dans CCA/CNOSC, Arbitrage en procédure d'urgence, Aff. n° CCA/2019/0011, DYNAMO FC de Douala c/ FECAFOOT, 14 juin 2019 ; CCA/CNOSC, Aff. LFPC (Barrister-DANG Elise-NGOS Daniel –WAMBA MAKOLLO) V FECAFOOT (Barrister ABDOUL AZIZ) 18 octobre 2019 ; CCA/CNOSC, Arbitrage, Aff. MAYEBI David c/ FECAFOOT, 26 juillet 2012 ; CCA/CNOSC, Arbitrage, Aff.

178. En droit comparé, le Conseil d'État, dans l'arrêt Association Handball club de Cysoing, a jugé que tout recours contentieux à l'encontre d'une décision disciplinaire prononcée par une fédération sportive, ne peut être exercé qu'après que le requérant ait au préalable épuisé les voies de recours internes prévues par les règlements fédéraux[175].

179. L'obligation d'épuiser les voies de recours internes aux institutions sportives pour pouvoir déposer valablement une demande d'arbitrage n'est pas absolue. En effet, dans des circonstances exceptionnelles, le collège arbitral saisi d'un litige doit pouvoir déroger au principe de l'épuisement des voies de recours internes. De telles dérogations ne sont pas prévues dans le Règlement de procédures de la Chambre, mais les arbitres de la Chambre les appliquent. Elle estime, comme un auteur, que cette règle devait pouvoir être écartée[176], même en l'absence de toute disposition expresse, lorsque son respect « *ne saurait raisonnablement être exigé au vu des circonstances*[177] ». C'est ce que font les arbitres de la Chambre dans le cas où le recours interne existant n'est pas immédiatement disponible, risque de retarder exagérément l'issue définitive du litige, voire de l'empêcher[178]et provoquer des conséquences désastreuses.

180. Écarter le principe de l'épuisement des voies de recours internes à chaque fois en l'absence du texte s'accorderait mal avec le respect d'un principe

---

Ngaoundéré FC et autres clubs de la Ligue Régionale de Football de l'Adamaoua c/ Ligue Régionale de Football de l'Adamaoua et FECAFOOT, 28 mars 2013 ; CCA/CNOSC, Arbitrage, Aff. n° 004/SA/CCA/16, ABENA FOE Jean Louis c/ La Fédération Camerounaise de Cyclisme, 07 avril 2016, in Recueil Thématique des sentences de la Chambre de Conciliation et d'Arbitrage, Tome III, inédit.

[175] CE, sect. 13 juin 1984, Association handball club de Cysoing, Rec. p. 217.

[176] Dans l'affaire Achille ESSOMBA MANY c/ Ligue de Football Professionnel du Cameroun et ONAMBELE ZIBI par exemple, la Chambre décide « qu'il y a lieu de dire (…) que la règle de l'épuisement des voies de recours interne s'accommode de plusieurs exceptions notamment, le caractère inefficace du recours ; qu'en l'espèce il appert de pièces produites au dossier de la procédure, que le Conseil d'administration de la LFPC a en date du 16 février 2017, pris une résolution validant les travaux de février 2017, le Président dudit Conseil agissant comme autorité suprême de la LFPC, a unilatéralement et à titre individuel remis en cause la résolution adoptée en sa présence et pour laquelle il a été mis en minorité ; que la décision n° 003/LFPC/PDT/17 portant affiliation à la Ligue du Club Tonnerre Kalara Club de Yaoundé suffit à établir le caractère inefficace de tout éventuel recours (…) qu'il y a lieu de rejeter les exceptions formulées par le Conseil de ONAMBELE ZIBI et d'ouvrir les débats au fond ». Voir CCA du CNOSC, Arbitrage, Aff. n° 00&/SA/CCA/17 du 16 mars 2017, Achille ESSOMBA MNY c/ La Ligue de Football Professionnel du Cameroun et ONAMBELE ZIBI, in Recueil Thématique des Sentences de la Chambre de Conciliation et d'Arbitrage du Cameroun, Tome I, inédit.

[177] RIGOZZI (A.), *L'arbitrage international en matière de sport*, Helbing et Lichtenhahn, 2005, p. 526.

[178] Voir CCA du CNOSC, Arbitrage, Aff. n° 00&/SA/CCA/17 du 16 mars 2017, Achille ESSOMBA MNY c/ La Ligue de Football Professionnel du Cameroun et ONAMBELE ZIBI, in Recueil Thématique des Sentences de la Chambre de Conciliation et d'Arbitrage du Cameroun, Tome I, inédit.

de subsidiarité. De ce point de vue, il est important, pour une bonne administration de la justice, de l'encadrer par des limites claires et précises dans le Règlement de procédures de la Chambre.

181. Depuis l'entrée en vigueur de la loi de 2018, une condition supplémentaire s'est ajoutée : celle de la conciliation obligatoire. En effet, aux termes de l'alinéa 1 de l'article 96 *in fine* « *les litiges portés devant la Chambre de Conciliation et d'Arbitrage font l'objet d'une conciliation (...) obligatoire* ». Cette imposition est reprise par le Règlement de procédures de la Chambre à l'alinéa 1 de l'article 42 en ces termes : « *Toute procédure soumise à la Chambre en arbitrage doit faire l'objet d'une conciliation préalable et obligatoire* ». Elle confirme de ce fait l'alinéa 3 de l'article 20 dudit règlement qui fait de la conciliation une procédure ou une voie de recours incontournable avant d'en appeler à l'arbitrage. Selon ce texte, « *la requête aux fins d'arbitrage doit comporter (...) la copie du procès-verbal de non-conciliation ou de conciliation partielle...* ».

182. Au cours de la vérification en matière d'arbitrage, la Chambre se rassure non seulement que le requérant a épuisé les voies de recours internes aux fédérations, mais également qu'il est passé par la phase de la conciliation obligatoire[179]. Contrairement au principe de l'épuisement des voies de recours internes qui n'est pas absolu, la phase de conciliation obligatoire est impérative. L'article 29 est formel sur ce point lorsqu'il dispose que « l*es procédures sont administrées sur la base des principes suivants :*

- *L'épuisement des voies de recours internes aux fédérations ou associations ;*
- *La conciliation obligatoire (...).*

3) L'échec total ou partiel de la conciliation est un préalable à la saisine de la Chambre d'arbitrage : les deux procédures sont indissociables ».

B- La vérification rigoureuse du respect des délais

183. Le Règlement de procédures de la Chambre impose que les demandes d'arbitrage soient introduites dans un certain délai. Aux termes de l'alinéa 4 de l'article 19 du Règlement de procédures de la Chambre, « *le délai pour saisir la Chambre en arbitrage est de trente (30) jours, (...) à compter de la notification soit du procès-verbal de non-conciliation, soit de conciliation (...) partielle, issu*

---

[179] Voir CCA du CNOSC, Arbitrage en procédure ordinaire, Aff. n° CCA /2021/009 du 21 septembre 2021 MAYAM RE-NIOF Blaise c/ Fédération Camerounaise de Volleyball. ; voir aussi CCA du CNOSC, Arbitrage en procédure ordinaire, Aff. n° CCA/2021/030 du 03 mars 2022, Astres FC de Douala c/ Fédération Camerounaise de Football (FECAFOOT). ; voir également CCA du CNOSC, Arbitrage en procédure d'extrême urgence, Aff. n° CCA/2022/007 du 11 janvier 2023, BIDJA SIH Pierre Didier c/ Fédération Camerounaise de Cyclisme.

de la procédure de conciliation devant la Chambre de Conciliation et d'Arbitrage[180] ». Ainsi, quand la saisine est faite dans le délai, la Chambre ne manque pas de préciser qu'elle « *reçoit la requête comme faite dans les forme et délai prescrits par la loi* »[181]. Si la saisine se fait avant que le délai ne commence à courir, elle sera dite prématurée[182]. Si elle est faite après le délai, il y a forclusion. Dans l'affaire Achille ESSOMBA MANY c/ ONAMBELE ZIBI Emile du 04 avril 2017, la Chambre « *constate la forclusion de la saisine ; déclare irrecevable la requête de M. Achille ESSOMBA MANY* »[183].

§ 2- Les effets de l'examen formel de la demande

184. Le sort de la demande dépend de la cause du défaut dont elle souffre. En fonction de la cause, la requête aux fins d'arbitrage encourt rejet ou classement sans suite (A). Le requérant peut bénéficier de l'octroi d'un délai supplémentaire (B).

A- Le rejet de la requête ou le classement de la requête sans suite

185. Si la cause de l'irrecevabilité de la demande est liée au délai, cela « *emporte irrecevabilité de la requête pour cause de forclusion* »[184]. La Chambre fait preuve de rigidité, mais parfois de souplesse dans certains cas sur la question du respect des délais.

186. Pour favoriser la recherche de la solution judiciaire aux acteurs du mouvement sportif, il pourrait être expressément prévu par le Règlement de procédures devant la Chambre, qu'un délai plus court ou plus long peut être choisi par les parties, ou par les statuts ou règlements de l'institution sportive qui a pris la décision contestée.

---

[180] L'alinéa 4 prévoit que « *le délai pour saisir la Chambre en conciliation est de trente (30) jours, sous peine de forclusion, à compter de la notification, publication ou connaissance de la décision contestée* ». Si la date de notification ou de publication est facile à être déterminée, en revanche, celle de la connaissance de la décision contestée est plus délicate. C'est pourquoi, généralement, en cas de doute sur la réalité de la notification d'une sanction à son destinataire ou sur la date exacte de celle-ci, c'est en principe sur l'institution sportive responsable du processus disciplinaire que pèse la charge de la preuve.

[181] Voir CCA du CNOSC, Arbitrage, Aff. n° 002/CCA/SA/18 du 23 septembre 2018 L'Association sportive les Astres Football Club de Douala c/ TOWA Richard.

[182] Sur la question de saisine prématurée voir CCA du CNOSC, Arbitrage en procédure d'urgence, Aff. n° CCA/2019/0025 du 05 novembre 2019 ASTRES DE DOUALA c/ PWD DE BAMENDA.

[183] Voir CCA du CNOSC, Arbitrage, Aff. n° 002/SA/CCA/17 du 04 avril 2017 Achille ESSOMBA MANY c/ ONAMBELE ZIBI Emile.

[184] Voir CCA du CNOSC, Arbitrage, Aff. n° 002/SA/CCA/17 du 04 avril 2017 Achille ESSOMBA MANY c/ ONAMBELE ZIBI Emile.

187. Si la cause de l'irrecevabilité est liée aux indications que doit comporter la demande, la requête peut être « *classée sans suite*[185] ». Un délai supplémentaire peut être accordé au requérant pour compléter sa demande.

B- L'octroi d'un délai supplémentaire

188. Aux termes de l'alinéa 6 de l'article 20, « *lorsque les conditions de dépôt d'une requête ne sont pas réunies, le greffe de la Chambre fixe un délai de cinq (05) jours, au plus, au demandeur, pour la compléter, faute de quoi l'instruction écrite n'est pas déclenchée...* ». Dans l'affaire FOVU CLUB DE BAHAM c/ FECAFOOT du 8 novembre 2010, l'affaire est « *enrôlée à l'audience du 29 octobre 2010, puis renvoyée au 04 novembre 2010 à 15 heures pour la production d'autres pièces par le demandeur* »[186].

189. Le fait d'accorder un délai supplémentaire au requérant témoigne de la souplesse que la Chambre accorde à cette exigence. Les arbitres de la Chambre s'abstiennent de faire preuve d'un formalisme excessif. En effet, en dépit de toute cette vérification, la Chambre reste convaincue que cette appréciation du respect des conditions de sa saisine est provisoire, car, à partir d'échanges d'écritures entre les parties, la question de compétence ou de recevabilité peut connaître une modification en cours d'instance, du fait de l'introduction d'une demande incidente, de désistement ou d'acquiescement par les parties[187].

190. Une fois sa compétence et la recevabilité de la requête avérées, la Chambre procède à la publicité du litige.

Section 3 : La mesure de la diffusion du litige

191. Lorsqu'elle est saisie, la Chambre a à cœur d'informer les personnes concernées par l'affaire en temps opportun. Cette information est une tâche essentiellement administrative. Cependant, elle peut avoir, dans certains cas, une incidence sur le déroulement de l'instance. C'est pourquoi elle transmet délicatement le dossier aux personnes concernées (§ 1) par le litige, et lui attribue un intitulé avant de l'inscrire à son rôle général (§ 2).

§ 1- La transmission aux personnes concernées

192. S'il est évident qu'un litige peut concerner certains tiers, les parties au procès et les arbitres sont les principaux concernés. La Chambre les informe ainsi par voie de notification (A). Le Règlement de procédures de la Chambre n'a pas prévu la possibilité d'informer les tiers (B).

---

[185] Article 20 alinéa 6 *in fine* du Règlement de procédures de la Chambre.

[186] Voir CCA du CNOSC, Arbitrage, Aff. n° du 08 novembre 2010, FOVU CLUB DE BAHAM c/ FECAFOOT et RENAISSANCE FC de NGOUMOU

[187] Voir article 26 du Règlement de procédures de la Chambre sur la demande incidente, désistement et acquiescement.

A- La notification aux personnes concernées

193. Il n'appartient pas aux parties qui recourent à la Chambre de communiquer elles-mêmes une copie de leur demande d'arbitrage au (x) défendeurs (s), c'est la Chambre qui s'en charge. Immédiatement après sa saisine, elle notifie, à travers son greffe, l'affaire à la partie ou aux parties défenderesse (s). Dans cette notification, le greffe reprécise le délai dans lequel le ou les défendeur (s) devront formuler toutes les indications utiles pour la constitution du collège arbitral[188] et soumettre une réponse comprenant une brève description des moyens de défense, ainsi que toute éventuelle exception d'incompétence ou demande reconventionnelle.

B- La non-prévision de la possibilité d'informer les tiers intéressés

194. L'information des tiers intéressés n'a pas été envisagée par le Règlement de procédure de la Chambre. Au contraire, elle a opté pour la confidentialité. Aux termes de l'alinéa 1 de l'article 22 de ce Règlement, « *les procédures instituées (...) sont confidentielles* ». L'alinéa 2 de cet article exige par la suite que « *les parties, les conciliateurs, les arbitres, tout préposé et tout représentant de la Chambre s'engagent à ne pas divulguer à des tiers des faits ou autres informations ayant trait au litige et à la procédure* ».

195. Ainsi, même si « *la collégialité apprécie toute demande de publicité émanant des parties*[189] », la question de la participation des tiers intéressés à un litige faisant l'objet d'une demande d'arbitrage devant la Chambre se pose avec une acuité particulière. Que celle-ci annule un refus de sélection d'un joueur pour une compétition et c'est la participation du joueur sélectionné à sa place qui risque d'être remise en cause. Qu'elle annule la décision de rétrograder en division inférieure un club et c'est le club qui a pris sa place à l'échelon supérieur qui risque de redescendre.

196. Il était donc important que le Règlement de procédures de la Chambre réserve aux tiers intéressés la possibilité d'intervenir comme partie à l'arbitrage. Il en est par exemple ainsi de la procédure prévue devant le TAS dont le code prévoit que « *si un tiers désire participer comme partie à l'arbitrage, il doit soumettre au TAS une demande à cet effet, motifs à l'appui, dans un délai de dix*

---

[188] Aux termes de l'alinéa 3 de l'article 43 du Règlement de procédures de la Chambre, « *la requête, le nom de l'Arbitre désigné par la partie demanderesse ainsi que celui du Président du Collège sont communiqués à la partie défenderesse ou aux parties. Elles disposent d'un délai de quatre (04) jours pour récuser l'Arbitre désigné par la partie demanderesse et le Président du Collège, pour des motifs légitimes, et d'un délai de dix (10) jours pour payer sa quote-part ou leur quote-part de frais d'arbitrage, désigner un Arbitre et déposer son ou leur mémoire en réponse, le tout à peine de forclusion. Tous ces éléments doivent être transmis au greffe de la Chambre par tout moyen laissant trace écrite* ».

[189] Aux termes de l'alinéa 3 de l'article 22 du Règlement de procédure de la Chambre, « *les audiences ne sont pas publiques. Toutefois, la collégialité apprécie toute demande de publicité émanant des parties* ».

jours suivant le moment où le tiers intervenant apprend l'existence de l'arbitrage, mais avant l'audience ou avant la clôture de la procédure écrite si aucune audience n'a lieu[190] ».

197. Un tiers peut apprendre l'existence d'un arbitrage l'intéressant par l'intermédiaire de la presse en général, et de la presse sportive en particulier. Celle-ci relaie régulièrement les informations sur les recours arbitraux introduits dans les affaires les plus suivies. Mais si le tiers peut être identifié, et que sa situation pouvait être éventuellement affectée par l'issue du litige, le règlement de procédures de la Chambre pourrait contenir quelques dispositions destinées à assurer une information plus officielle et moins aléatoire pour cette catégorie de tiers. Il pourrait ainsi imposer que la demande d'arbitrage et la réponse à celle-ci contiennent l'identification de toute personne dont la situation sera éventuellement affectée par l'issue du litige. La Chambre à son tour pourrait alors envoyer à cette personne un avis contenant la question qui lui est soumise, l'effet éventuel que la sentence arbitrale pourrait avoir sur elle, un exemplaire de la demande d'arbitrage et de la réponse, ainsi que le délai dont elle dispose pour soumettre une demande d'intervention.

198. Dans tous les cas, la notification de la demande au défendeur ou aux défendeurs déclenche le décompte du délai à respecter pour les échanges d'écritures entre les parties au greffe. Ils sont de dix (10) jours pour les procédures ordinaires, cinq (5) jours pour les procédures d'urgence, et vingt-quatre (24) heures pour les procédures d'extrême urgence[191].

§ 2- L'attribution d'un intitulé au litige et son inscription au rôle général de la Chambre

199. À la fin des échanges, les dossiers sont transmis au Collège arbitral concerné et la date d'audience est fixée, puis communiquée aux parties par le greffe de la CCA[192]. Mais avant, la Chambre s'acquitte de certaines formalités ayant pour but de situer les arbitres et de faciliter leur travail. L'attribution d'un intitulé au litige (A) précède ainsi l'inscription du litige au rôle général de l'audience et sa publicité (B).

A- L'attribution d'un intitulé au litige

200. Pour des raisons d'une bonne administration de la justice arbitrale, la Chambre attribue au litige un intitulé. Cet intitulé est neutre et, jusqu'à présent, elle se fait en langue française. L'attribution d'un intitulé relève du travail interne de la Chambre, mais il faut que cet intitulé emporte l'adhésion des parties. C'est pourquoi le choix de cet intitulé tient compte du libellé adopté par les deux parties

---

[190] Article R41. 3 du Code du TAS.
[191] Voir article 24 alinéa 1 *in fine* du Règlement de procédures de la Chambre.
[192] Voir article 24 alinéa 1 *in fine* du Règlement de procédures de la Chambre.

dans leurs échanges d'écritures[193]. Celui-ci peut aussi donner lieu dans certains cas à une phase au cours de laquelle d'âpres discussions s'élèvent entre les parties en cause et la Chambre.

B- L'inscription du litige au rôle de l'audience et sa publicité

201. La Chambre tient un rôle général des affaires soumis à son arbitrage. L'inscription y est automatique. Un numéro d'ordre est ainsi attribué à l'affaire. Il y a eu par exemple l'Affaire n° 004/SA/CCA/15 du 07 mai 2015[194]. Une fois inscrite à ce rôle de l'audience, le litige ne peut plus y être rayé par la seule volonté des parties ou même de l'arbitre. Le rôle de l'audience qui comprend toutes les affaires inscrites est rendu public[195]. Le demandeur garde toujours le droit de désister[196] soit par un acte qu'il a signé ou signé par son avocat ou son mandataire et déposé au greffe, soit par déclaration à l'audience. Ce désistement est soumis à l'appréciation du défendeur[197].

---

[193] L'intitulé attribué par la Chambre est simple. Il est basé sur les noms des parties impliquées au litige. Par exemple, Affaire Achille ESSOMBA MANY c/ ONAMABELE ZIBI, Affaire BAMABOUTOS DE MBOUDA c/ FEDERAL DU NOUN et FECAFOOT, Affaire LITTO TEAM ACADEMY c/ BAFIA VOLLEYBALL DAMES EVOLUTION et FECAVOLLEY, etc.

[194] Il s'agit de l'affaire NGONSU TCHONLAHUI, BISSO Alfred Daniel, ENGUENE Serge, TSIMI Alain, ESSONO METEH Marc Emmanuel C/ LIKALE Jean Daniel. Voir Recueil des sentences de la Chambre de Conciliation et d'Arbitrage, Tome 1, inédit.

[195] Voir article 24 alinéa 2 du Règlement de procédures de la Chambre.

[196] Voir CCA du CNOSC, Arbitrage, Aff. n° 002/CCA/CCA/17 du 04 avril 2017, Achille ESSOMBA MANY c/ ONAMBELE ZIBI Emile.

[197] Voir article 26 §2 du Règlement de procédures de la Chambre.

Chapitre II :

La conduite participative de l'audience

202. La mise en œuvre de l'arbitrage n'est pas toujours un exercice paisible pour la CCA du CNOSC, d'autant plus qu'elle ne peut contraindre les parties à se présenter devant elle pour justifier ou critiquer une prétention. C'est pourquoi ses Statuts et son Règlement de procédures ont envisagé un ensemble de mécanismes lui permettant d'associer les parties à la mise sur pied d'une procédure efficace et efficiente devant favoriser une bonne conduite de l'instance arbitrale. Pour ce faire, la Chambre est très méticuleuse, car, l'organisation du contentieux des litiges d'ordre sportif est très délicate et soulève parfois des problèmes complexes et difficiles à résoudre. Elle se trouve entre le marteau du respect de son pouvoir discrétionnaire d'administrer la justice arbitrale, et l'enclume de la volonté des acteurs du mouvement sportif camerounais parties au litige de faire évoluer l'arbitrage chacun à son gré. En conséquence, la conduite de l'instance arbitrale par la Chambre apparaît libre et assistée. Celle-ci transparaît dans l'implication des parties dans la désignation du collège arbitral (Section 1), dans l'établissement de la procédure (Section 2), ainsi que dans les précautions prises en cas de dysfonctionnement de l'instance (Section 3).

Section 1 : L'implication des parties dans la désignation du collège arbitral

203. À la différence d'un tribunal étatique, la Chambre est une juridiction permanente dont les juges doivent être constitués pour chaque affaire, ce qui se réalise par la désignation d'un collège d'arbitres. Par conséquent, la Chambre est un organe collégial dont la composition et la présidence varient d'une affaire à une autre, suivant les arbitres désignés par les parties ou non appelés à connaître du litige en question[198]. De même, la composition de la Chambre peut être modifiée d'une phase à une autre de la procédure dans une instance. Mais, malgré toutes ces éventualités, la Chambre essaye tant bien que mal de respecter le quorum de trois arbitres dans le collège devant participer à l'instance arbitrale. C'est ainsi que l'audience peut être renvoyée pour constitution régulière de la collégialité[199]. Pour constituer ce collège, la Chambre prend en compte de la

---

[198] C'est pourquoi la Composition de la Chambre constituée d'un Président, d'un Rapporteur et d'un membre est toujours mentionnée en début de chaque sentence arbitrale rendue par la Chambre.

[199] Voir CCA du CNOSC, Arbitrage, Aff. n° 0040/SA/CCA du 23 juillet 2013, ATEBA KOUNGOU Fabien et ESSONO Thierry c/ DOGO Moustapha et BIDJA Didier. Voir aussi

volonté des parties sur sa composition (§ 1), bien que le rôle primordial du président de la Chambre en cette matière ne soit pas à négliger (§ 2). La Chambre consulte aussi les parties pour sa composition lorsqu'elle est confrontée aux hypothèses de jonctions d'instances (§ 3).

§ 1- La prise en compte de la volonté des parties dans la composition du tribunal arbitral

204. En principe, tous les arbitres membres de la Chambre ont l'obligation de participer au règlement des litiges d'ordre sportif. Toutefois, le Statut et le Règlement de procédures de la Chambre reconnaissent qu'ils peuvent être indisponibles pour une affaire donnée, du fait non seulement des nécessités indépendantes de leur volonté[200], mais aussi du profil de certaines affaires[201]. Par ailleurs, le Règlement de procédures autorise les parties à influencer sur la composition de la Chambre à travers la désignation initiale d'un arbitre chacune (A) et la contestation des arbitres désignés (B).

A- L'influence des parties sur la composition initiale de la Chambre

205. La désignation des arbitres de la Chambre par les parties est une opération complexe au regard l'acte final auquel elle aboutit, c'est-à-dire la nomination, ne peut intervenir qu'après qu'un autre acte soit posé : la communication de la liste des arbitres aux parties (1). Celle-ci précède le choix par les parties (2) des arbitres à nommer.

1- La présentation de la liste des arbitres aux parties

206. Il existe deux types de listes d'arbitres qu'un centre d'arbitrage peut établir : des listes obligatoires que l'on dit fermées, et qui sont des listes au sein desquelles devront nécessairement être choisis les membres du collège arbitral à constituer ; des listes facultatives, que l'on dit également ouvertes, et qui sont des listes proposant des personnes aux fonctions d'arbitres sans pour autant interdire que soient désignées des personnes n'y figurant pas[202]. Le Règlement de procédures de la Chambre a retenu le premier système. Il propose une liste de dix

---

CCA du CNOSC, Arbitrage, Aff. n° 001/SA/CCA du 21 février 2014, Conseil des sages du Canon sportif de Yaoundé c/ FECAFOOT et Présidente du Conseil d'Administration du Canon sportif de Yaoundé. Voir également CCA du CNOSC, Arbitrage, Aff. n° 002/SA/CCA/16 du 18 février 2016 BENDE Martin c/ KINGUE Dihand Alain Christian. Voir de même CCA du CNOSC, Arbitrage, Aff. n° 003/SA/CCA/16 du 31 mars 2016 Membres du Bureau Exécutif et du Conseil d'Administration de la FECAKADA c/ Fédération Camerounaise de Karaté et Disciplines affinitaires.

[200] L'alinéa 1 de l'article 45 du Règlement de procédures de la Chambre a prévu des cas d'indisponibilités, tels que l'empêchement et le décès.

[201] Une affaire peut par exemple entraîner la démission d'un arbitre pour cause de parenté ou d'alliance avec l'une des parties, ou pour cause de communauté ou opposition d'intérêt avec l'une des parties.

[202] MAISONNEUVE (M.), *L'arbitrage des litiges sportifs*, op. cit, p. 97.

arbitres au maximum, choisis parmi des personnes ayant une compétence reconnue en matière de sport et, une formation juridique[203].

207. Le collège arbitral devant être constitué de trois arbitres, et que chaque partie a la possibilité d'en choisir un, en dehors du président du collège, c'est cette liste qui est communiquée par le greffe, d'abord à la partie demanderesse, après le dépôt de la requête introductive en arbitrage[204]. La partie défenderesse sera informée de l'arbitre désigné par la partie demanderesse, et du président du collège par un communiqué du greffe. Un délai lui est imposé pour la désignation à son tour d'un arbitre.

208. Parce que les arbitres qui peuvent être choisis figurent sur une liste préétablie, on peut penser à juste titre que la liberté de choix des parties est en tout état de cause limitée. Elle l'est toutefois plus ou moins, non seulement en fonction du nombre de personnes composant la liste d'arbitres considérée, mais également selon le nombre d'arbitres à choisir.

209. Toutefois, dans certains Règlements d'arbitrage, les parties n'ont aucunement le choix du nombre d'arbitres[205]. Or, le Règlement de procédures de la Chambre laisse néanmoins place à l'expression de la volonté des parties. En tenant compte des désidératas des parties, la procédure de la Chambre s'est sensiblement rapprochée de l'arbitrage classique.

2- Le choix par les parties des arbitres à nommer

210. Le Règlement de procédures de la Chambre prévient que chacune des deux parties en choisira séparément un. Un délai leur est imparti. Ainsi, dans le cadre de la procédure d'arbitrage devant la Chambre, « *après le dépôt de la requête introductive en arbitrage (...) la partie demanderesse dispose d'un délai de dix jours (10) pour payer sa quote-part des frais d'arbitrage et désigner un Arbitre*[206] », et la « *partie défenderesse ou autres parties (...) disposent (...) d'un délai de dix (10) jours pour payer sa quote-part ou leur quote-part de frais d'arbitrage, désigner un Arbitre*[207] *(…) le tout à peine de forclusion* ». Pour être conforme au Règlement, la Chambre ne manque pas de préciser que la possibilité a été offerte aux parties de choisir un arbitre chacune. Elle informe par exemple dans les affaires MABOANG KESSACK Emmanuel c/ FECAFOOT que « *la*

[203] Aux termes de l'alinéa 3 de l'article 10 du Statut de la Chambre, « *Le choix des (…) arbitres est fonction des critères liés à une formation juridique appropriée, une compétence reconnue en droit du sport, une expérience dans le domaine (…) d'arbitrage et une bonne maîtrise du sport en général* ».

[204] Voir article 43 alinéa 1 du Règlement de procédures de la Chambre.

[205] C'est le cas des commissions belge et luxembourgeois d'arbitrage pour le sport où tous les litiges doivent être soumis à des formations de trois arbitres, leur Règlement ne prévoyant pas d'autres possibilités. Article 10 du Règlement de la CBAS et article 11 du Règlement de la CLAS.

[206] Article 43 alinéa 1 du Règlement de procédures de la Chambre.

[207] Article 43 alinéa 3 du Règlement de procédures de la Chambre.

requête de saisine et le nom de l'arbitre désigné par la partie demanderesse ont été communiqués à la FECAFOOT par voie d'huissier le 7 décembre 2021 ; la carence de la défenderesse pour la désignation d'un troisième arbitre a été suppléée par la Chambre »[208].

B- La contestation des arbitres désignés

211. Le défaut d'indépendance d'un arbitre peut être sanctionné par sa récusation[209]. Cette procédure organisée par la Chambre est particulièrement importante. Elle permet de réajuster la composition du collège arbitral, en sanctionnant un cas éventuel ou avéré d'absence d'indépendance. Le Règlement d'arbitrage de la Chambre prévoit cette procédure (1) en donnant une liste des motifs de récusation justifiant sa mise en œuvre (2).

1- La procédure de récusation

212. Selon le Règlement de procédures de la Chambre, une partie qui souhaite obtenir la récusation d'un ou plusieurs arbitres doit adresser une demande au Greffe de la Chambre dans un délai de quatre (4) jours de la réception de la notification. Le Greffe la transmet au Président de la Chambre afin qu'il y statue[210].

213. La récusation est donc de la compétence exclusive du Président de la Chambre. Il n'est pas prévu la manière dont il statue. La procédure est-elle contradictoire ? Les autres parties, l'arbitre concerné et les autres arbitres sont-ils invités à prendre position ? La décision doit-elle être motivée ou non ? Doit-elle être publiée ?

214. Si en pratique tout est fait pour qu'une demande de récusation ne puisse porter atteinte à l'objectif de célérité qui sied aux procédures arbitrales[211], le Règlement de procédures de la Chambre gagnerait à être plus précis sur cette procédure. Dans tous les cas, si la Chambre accède à la demande, son Président organise le remplacement de l'arbitre concerné[212].

---

[208] Voir CCA du CNOSC, Arbitrage en procédure d'extrême urgence, Aff. n° CCA/2021/028 du 08 décembre 2021 MABAOANG KESSACK Emmanuel c/ FECAFOOT ; CCA du CNOSC, Arbitrage en procédure d'extrême urgence, Aff. n° CCA/2021/029 du 08 décembre 2021 MABAOANG KESSACK Emmanuel c/ FECAFOOT ; voir aussi CCA du CNOSC, Arbitrage en procédure d'extrême urgence, Aff. n° CCA/2022/012 du 15 novembre 2022, NYAMSI Paul et Consorts c/ Fédération Camerounaise de NANBUDO (FECANA).

[209] Voir article 44 du Règlement de procédures de la Chambre.

[210] Voir article 44 alinéa 2 du Règlement de procédures de la Chambre.

[211] Voir CCA du CNOSC, Arbitrage en procédure d'extrême urgence, Aff. n° CCA/2019/007 du 18 juin 2019, EFBC c/ FECAFOOT. Dans cette affaire, la FECAFOOT a introduit une exception tendant à la désignation d'un arbitre fondée sur l'incompatibilité des fonctions d'arbitre et de Rapporteur général faisant office de Greffier en Chef de la Chambre. Il est vrai que la FECAFOOT n'a pas parlé de récusation, mais en sollicitant le retrait du Rapporteur du Collège arbitral, et son remplacement par un autre, il s'agit d'une récusation déguisée.

[212] Voir article 45 alinéa 1 du Règlement de procédures de la Chambre.

2- Les motifs de récusation

215. Là où certains règlements d'arbitrage se contentent de formules générales[213], celui de la Chambre donne une liste de motifs de récusation. Il est aisé d'identifier les situations qu'elle recouvre concrètement : «

- *Parenté ou alliance de l'Arbitre avec l'une des parties ;*
- *Intérêt ou intervention de l'Arbitre dans le différend, à quelque titre que ce soit ;*
- *Communauté ou opposition d'intérêt entre l'Arbitre et l'une des parties* »[214].

§ 2- Le rôle essentiel du Président de la Chambre

216. Le Président de la Chambre détient de lourdes responsabilités durant la procédure d'arbitrage, en général et dans l'aménagement de la composition de la Chambre, en particulier. Il est l'un des collaborateurs des parties à l'instance. Pour la désignation de l'arbitre, il déploie une activité multiforme. Il joue un rôle prépondérant dans la désignation des arbitres en temps normal (A) et dans la résolution des cas de récusation (B).

A- Le rôle du Président dans la désignation des arbitres en temps normal

217. La désignation du président du collège arbitral (1) et des arbitres à défaut du choix des parties (2) précèdent leur nomination (3) par le président de la Chambre.

1- Le choix du président du collège

218. Une fois les deux arbitres choisis, ce sera au Président de la Chambre de choisir un troisième. Celui-ci fera office de président. Le Règlement de procédure de la Chambre a confié cette tâche au président de la Chambre. L'alinéa 2 de l'article 43 précise que « *dès que la preuve du paiement des frais de l'arbitrage est fournie par la partie demanderesse, le Président (de la Chambre) désigne l'Arbitre chargé de présider le Collège. Ce choix est notifié à la partie demanderesse et aux autres parties au litige* ».

219. Les termes « aux autres parties » laissent entrevoir l'hypothèse d'un arbitrage multipartite. Dans ce cas, les modalités précédemment décrites relatives à la composition des tribunaux arbitraux à trois membres posent évidemment

---

[213] Selon l'article 6 alinéa 11 a du Code canadien de règlement des différends sportifs, la récusation peut être sollicitée « *s'il y a un doute quant à l'indépendance de l'Arbitre ou l'apparence d'un conflit d'intérêts* ». Le Code du TAS et le Règlement d'arbitrage pour les JO disposent quant à eux qu'un arbitre peut être récusé lorsque « *les circonstances permettent de douter légitimement de son indépendance* ».

[214] Voir article 44 alinéa 1 du Règlement de procédures de la Chambre.

problème. L'arbitrage multipartite est par définition un arbitrage impliquant plus de deux parties, et les règles prévues par le Règlement de procédure de la Chambre n'envisagent le choix des arbitres que par un seul demandeur et un seul défendeur auquel sont greffées plusieurs autres parties[215], l'hypothèse d'une requête collective étant exclue, sauf lorsqu'il s'agit d'un recours dirigé contre un acte indivisible[216]. Dans l'hypothèse prévue par l'article 43 du Règlement de procédure de la Chambre, il n'est pas certain que cette disposition satisfasse pleinement aux exigences du principe d'égalité des parties dans la constitution du collège arbitral. En effet, dans le cas d'un arbitrage opposant un demandeur à plusieurs défendeurs, une partie aura choisi seule un arbitre, en l'occurrence le demandeur, quand les autres auront dû transiger entre elles pour en choisir un autre.

220. Or, si « *le droit pour chaque partie de choisir un des arbitres composant le tribunal n'est peut-être pas un principe reconnu de l'arbitrage, le principe d'égalité des parties dans la constitution du tribunal arbitral l'est en revanche clairement*[217]*, et il serait indiscutablement méconnu si certains pouvaient choisir un arbitre à l'exclusion des autres*[218] ». Aussi, est-il important de prévoir des modalités particulières de constitution du collège arbitral en cas de litiges opposant plus de deux parties. On peut prévoir, par exemple, que, dans ce cas, seul le président de la Chambre choisira lui-même trois arbitres pour statuer sur le litige. Dès lors, le principe d'égalité des parties est parfaitement respecté. Aucune des parties ne dispose d'un avantage sur l'autre dans la constitution du collège arbitral dans la mesure où toutes sont privées de la possibilité de choisir un arbitre. On peut aussi envisager une désignation conjointe des demandeurs et des défendeurs, à défaut de laquelle le Président de la Chambre choisira lui seul les trois arbitres.

2- La désignation de l'arbitre à défaut du choix des parties

221. Le règlement de procédures de la Chambre subordonne aussi bien la recevabilité des demandes d'arbitrage que le choix des arbitres par les parties au versement d'une somme d'argent plus ou moins importante. Il arrive qu'une partie ne puisse pas s'acquitter de ces frais. À défaut de paiement de cette

---

[215] Voir CCA du CNOSC, Arbitrage en procédure d'extrême urgence, Aff. n° CCA/2021/028 du 08 décembre 2021 MABAOANG KESSACK Emmanuel c/ FECAFOOT ; CCA du CNOSC, Arbitrage en procédure d'extrême urgence, Aff. n° CCA/2021/029 du 08 décembre 2021 MABAOANG KESSACK Emmanuel c/ FECAFOOT ; voir aussi CCA du CNOSC, Arbitrage en procédure d'extrême urgence, Aff. n° CCA/2022/012 du 15 novembre 2022, NYAMSI Paul et Consorts c/ Fédération Camerounaise de NANBUDO (FECANA).

[216] Aux termes de l'article 20 alinéa 7, « *toute requête collective est irrecevable, sauf lorsqu'il s'agit d'un recours dirigé contre un acte indivisible* ».

[217] Voir notamment Cass. 1er Civ, 7 janvier 1992, Ducto. Bull. civ, I, n° 2 ; Rev. arb. 1992, p. 470, note P. Bellet.

[218] MAISONNEUVE (M.), *L'arbitrage des litiges sportifs*, op. cit, p. 105.

provision, la partie défaillante est supposée s'être désistée du choix de l'arbitre. Alors, « *le Président de la Chambre procède à cette désignation* »[219]. Il en est ainsi dans plusieurs affaires où la Chambre a précisé que « *la carence de la défenderesse pour la désignation d'un arbitre a été suppléée par la Chambre* »[220].

3- La nomination des arbitres

222. La nomination est l'acte par lequel les personnes choisies sont investies des fonctions d'arbitres[221]. Pour être parfait, le choix des arbitres unilatéralement fait par chaque partie suppose une décision formellement distincte. Certes, il est prévu à l'article 43 alinéa 4 du Règlement de procédures de la Chambre que « *si aucune demande de récusation n'est intervenue dans le délai requis, le Rapporteur Général Greffier en chef confirme, sans formalité aucune, la composition du Collège dans l'ordre ci-après :*

- *Président du collège Arbitre désigné par le Président de la Chambre ;*
- *Rapporteur Arbitre, désigné par la partie défenderesse, tenant le plumitif ;*
- *Membre Arbitre, désigné par la partie demanderesse* », mais en pratique, c'est le Président de la Chambre qui signe l'acte de nomination des arbitres.

223. La confirmation du choix des arbitres par le Rapporteur général est donc sans formalité, alors que celle du président de la Chambre est formelle. Celle-ci se fait après une vérification préalable de toute garantie d'indépendance et d'impartialité des arbitres pressentis.

B- La résolution des problèmes suscités par les cas de récusation

224. L'aboutissement de la procédure de récusation pousse le Président à une réorganisation du collège arbitral. Cela n'est pas toujours facile et évident, car la Chambre doit pouvoir composer avec le moment où l'évènement se produit et les désidératas des parties. Deux cas de figure peuvent être envisagés. Le réajustement de la composition de la Chambre (1) et la possibilité de continuer l'affaire avec moins de trois arbitres (2).

1- Le réajustement nécessaire de la composition de la Chambre

225. Le cas de réajustement de la composition de la Chambre est réglé par l'alinéa 2 de l'article 45 du Règlement de procédure de la Chambre qui prévoit

---

[219] Voir article 43 alinéa 6 du Règlement de procédures de la Chambre.

[220] Voir CCA du CNOSC, Arbitrage, Aff. n° CCA/2021/029 du 08 décembre 2021, MABOANG KESSACK Emmanuel c/ FECAFOOT. Voir aussi CCA du CNOSC, Aff. n° CCA/2021/028 du 08 décembre 2021 MABOANG KESSACK Emmanuel c/ FECAFOOT ; CCA du CNOSC, Arbitrage en procédure d'extrême urgence, Aff. n° CCA/2022/012 du 15 novembre 2022, NYAMSI Paul et consorts c/ Fédération Camerounaise de NANBUDO (FECANA).

[221] CLAY (T.), *L'arbitre*, op. cit, p.

que « *lorsque l'évènement justifiant le remplacement d'un arbitre survient avant la clôture des débats, le Président de la Chambre procède au remplacement de l'arbitre* ». En cas de remplacement, le délai d'arbitrage est suspendu de plein droit depuis le jour de l'évènement qui a justifié le remplacement jusqu'à la décision de confirmation du nouvel arbitre par le Président de la Chambre[222].

226. Le Président de la Chambre aménage ainsi la composition de la Chambre de façon à permettre l'application des dispositions du Règlement de procédures par l'exercice des parties de leur droit de choisir les arbitres dans chaque affaire.

2- La fragile possibilité de continuer l'affaire sans remplacement de l'arbitre récusé

227. Aux termes de l'article 45 alinéa 2 *in fine du Règlement de procédures de la Chambre*, « *lorsque l'évènement justifiant le remplacement d'un Arbitre survient après la clôture des débats, la procédure se poursuit, avec l'accord des parties et de celui des autres membres du Collège des arbitres restants, jusqu'à l'issue de la procédure* ». Mais l'application de cette disposition s'avère parfois délicate. En effet, les parties peuvent être en désaccord quant à la suite de l'instruction de l'Affaire avec les deux Arbitres. La Chambre ne peut siéger en l'espèce, compte tenu du désaccord. Dès lors, conformément à l'article 45 alinéa 3 *in fine*, « *un troisième arbitre est désigné par le Président de la Chambre* »[223].

§ 3- La résolution des problèmes de composition en cas de jonction d'instance

228. La jonction de procédure est une « *mesure d'administration judiciaire par laquelle un tribunal (...) décide d'instruire et de juger en même temps deux ou plusieurs instances unies par un lien de connexité* »[224]. Aucune disposition du Règlement de procédures de la Chambre ne prévoit ladite mesure. Mais la Chambre s'est vue confrontée aux problèmes de jonctions d'instances lorsqu'elle

[222] Voir article 45 alinéa 3 du Règlement de procédures de la Chambre.
[223] Voir CCA du CNOSC, Arbitrage, Aff. n° 0040/SA/CCA du 23 juillet 2013, ATEBA KOUNGOU Fabien et ESSONO Thierry c/ DOGO Moustapha et BIDJA Didier. Voir aussi CCA du CNOSC, Arbitrage, Aff. n° 001/SA/CCA du 21 février 2014, Conseil des sages du Canon sportif de Yaoundé c/ FECAFOOT et Présidente du Conseil d'Administration du Canon sportif de Yaoundé. Voir également CCA du CNOSC, Arbitrage, Aff. n° 002/SA/CCA/16 du 18 février 2016 BENDE Martin c/ KINGUE Dihand Alain Christian. Voir de même CCA du CNOSC, Arbitrage, Aff. n° 003/SA/CCA/16 du 31 mars 2016 Membres du Bureau Exécutif et du Conseil d'Administration de la FECAKADA c/ Fédération Camerounaise de Karaté et Disciplines affinitaires.
[224] GUINCHARD (S.) et DEBARD (Th.) (S. la Dir.), *Lexique des termes juridiques, 2017-2018, op. cit, p. 638.*

est en présence d'une pluralité de demandeurs ou d'une pluralité de défendeurs[225]. Dans pareille situation, elle doit chercher à assurer un équilibre entre les parties et sa composition. Si les membres du collège arbitral ne sont pas identiques dans ces affaires, elle cherche à revoir sa composition aux fins d'équilibre, ambitionnant à rassurer les parties et une bonne administration de la justice. Dans l'exercice de ce pouvoir qu'elle ne tire d'aucun texte, la Chambre peut prendre une décision de jonctions de procédure (A) dans un moment qu'il faut préciser (B).

A- Le choix d'une jonction de procédure

229. La Chambre décide de joindre des instances lorsque le succès d'une instance ne peut se faire sans l'autre instance, car il y a un lien de connexité, ou lorsqu'il apparaît que les parties demanderesses ont en général un intérêt commun et invoquent les mêmes bases de compétence. Au lieu d'instruire séparément les deux instances, il devient nécessaire de les joindre. Ce choix en faveur de la jonction n'est pas automatique. En effet, elle a très souvent procédé à des renvois d'affaires pour « *jonction éventuelle des procédures* »[226], mais ne l'a finalement pas fait pour des raisons particulières. La décision de jonction d'instance par la Chambre est donc souveraine, même si elle l'accomplit rarement ainsi sans demander l'avis des parties. Elle est prise au cas par cas, car c'est l'examen des requêtes qui l'oriente vers le cas de jonction d'instance. La Chambre n'a pas échappé à l'application de cette mesure à l'issue de l'examen des affaires Étoile filante de Garoua c/ FECAFOOT, BANDJOUN FC c/ FECAFOOT et LOGA c/ FECAFOOT[227]. Confrontée à ces affaires, elle « *déclare les dossiers de procédures n° 16, 17 et 18 joints* »[228]. La Chambre entend ainsi se prononcer dans des affaires opposant les mêmes parties à la FECAFOOT avec des objets similaires ou presque pour aboutir à un jugement unique. Dans l'affaire suscitée, *la Chambre a prononcé une jonction d'instances en considérant que « les arguments d'Étoile filante de Garoua, de BANDJOUN FC et de LOGA sont en substance les mêmes, sauf certains à certains endroits de détails et qu'ils sont présentés en commun et en étroite collaboration*[229] ». La Chambre a déclaré

---

[225] Voir CCA du CNOSC, Arbitrage, n° 014/SA/CCA/15, Aff. Étoile filante de Garoua, Bandjoun FC et LOGA c/ FECAFOOT, 12 novembre 2015, in Recueil Thématique des sentences de la Chambre de Conciliation et d'Arbitrage du CNOSC, Tome III, inédit.

[226] *Voir CCA du CNOSC, Arbitrage, n° 002/SA/CCA, Aff. AUTHENTIC FC c/ FECAFOOT, 21 février 2014, in Recueil Thématique des Sentences de la Chambre de Conciliation et d'Arbitrage du CNOSC, Tome II, inédit ; voir aussi, CCA du CNOSC, Arbitrage, n° 005/SA/CCA, Aff. BANDJOUN FC c/ FECAFOOT, 21 février 2014, in Recueil Thématique des Sentences de la Chambre de Conciliation et d'Arbitrage, Tome II, inédit.*

[227] Voir CCA du CNOSC, Arbitrage, n° 014/SA/CCA/15, Aff. Étoile filante de Garoua, Bandjoun FC et LOGA c/ FECAFOOT, 12 novembre 2015, in Recueil Thématique des sentences de la Chambre de Conciliation et d'Arbitrage du CNOSC, Tome III, inédit.

[228] Idem.

[229] Il est à noter qu'en substance, toutes ces parties sollicitaient l'annulation de « l'ensemble du processus électoral organisé par la FECAFOOT au sein des ligues départementales et

« qu'à quelques exceptions près, les demandeurs dans leurs actions prétendent tous à la nullité de l'ensemble du processus électoral organisé par la FECAFOOT au sein de ses ligues départementales et régionales, ainsi que celui poursuivi au niveau fédéral, lequel a conduit à l'élection du Président et membres du Comité Exécutif de la FECAFOOT (...) que les prétentions des demandeurs sont connexes ; qu'il y a lieu de joindre les dossiers n° 16 (BANDJOUN FC représentée par Joseph Antoine BELL), n° 17 (LOGA), Président de Littoral Maison Mère représentée par LOGA), n° 18 (ETOILE FILANTE de Garoua, représentée par Abdouramane HAMADOU BABBA) en vertu de la règle qui peut le plus peut le moins »[230]. Ici, c'est l'idée de nécessité qui a conduit la Chambre à procéder à une jonction d'instances. Cependant, on peut lire dans sa décision qu'en définitive, les arbitres ont tenu plus compte des vœux des parties.

B- Le temps de la jonction d'instance

230. Le moment de la jonction d'instance est une situation qui n'est pas encadrée par le Règlement de procédures de la Chambre d'autant plus qu'elle n'a pas institué cette mesure. Elle apprécie le temps de la jonction en fonction des circonstances et de la tournure prise par l'instance contentieuse. La Chambre peut donc décider de procéder à cette mesure à tout moment de l'instance, que ce soit au début de l'instance, à la phase écrite ou à la phase orale. Mais la pratique de la Chambre montre qu'elle procède toujours à un renvoi des affaires avant de voir si elle va procéder à une jonction d'instances[231].

231. Une fois fixée sur sa composition en l'affaire, la Chambre se rapproche encore des parties pour pouvoir établir le déroulement de la procédure.

---

régionales, ainsi que celui poursuivi a niveau fédéral du 28 août 2015 au 28 septembre 2015 du fait de la contrariété entre l'article 23 alinéa 2 des Statuts de la FECAFOOT annulé par Décision de la Chambre de Conciliation et d'Arbitrage (CCA) n° 012/SA/15 du 1er octobre 2015 et l'article 32 alinéa 3 de la loi n° 2011/018 du 15 juillet 2011 relative à l'organisation et à la promotion des activités physiques et sportives au Cameroun qui dispose que « la Ligue sportive regroupe en son sein les clubs sportifs et le cas échéant, les ligues régulièrement constituées et qui lui sont affiliées, conformément à ses statuts sous l'égide duquel l'entier processus électoral a été et l'a vicié.».

[230] *Voir CCA du CNOSC, Arbitrage, n° 014/SA/CCA/15, Aff. Étoile filante de Garoua, Bandjoun FC et LOGA c/ FECAFOOT, 12 novembre 2015, in Recueil Thématique des sentences de la Chambre de Conciliation et d'Arbitrage du CNOSC, Tome III, inédit.*

[231] Voir CCA du CNOSC, Arbitrage, n° 002/SA/CCA, Aff. AUTHENTIC FC c/ FECAFOOT, 21 février 2014, in Recueil Thématique des Sentences de la Chambre de conciliation et d'Arbitrage du CNOSC, Tome II, inédit ; voir aussi, CCA du CNOSC, Arbitrage, n° 005/SA/CCA, Aff. BANDJOUN FC c/ FECAFOOT, 21 février 2014, in Recueil Thématique des Sentences de la Chambre de Conciliation et d'Arbitrage, Tome II, inédit. Voir CCA du CNOSC, Arbitrage, n° 014/SA/CCA/15, Aff. Étoile filante de Garoua, Bandjoun FC et LOGA c/ FECAFOOT, 12 novembre 2015, in Recueil Thématique des sentences de la Chambre de Conciliation et d'Arbitrage du CNOSC, Tome III, inédit.

Section 2 : L'implication des parties dans l'organisation du déroulement de la procédure

232. La Chambre organise le déroulement de l'arbitrage avec les parties. Cette procédure gravite autour de deux phases prévues par les articles 24 à 27 du Code de procédures de la Chambre : la procédure écrite (§ 1) et la procédure orale (§ 2).

§ 1- L'établissement de la procédure écrite

233. La procédure écrite se fait entre la Chambre et les parties en matière de fixation des délais de dépôt de pièces de procédure, délais susceptibles d'être prorogés sur demande de la partie requérante (A) et après lesquels la Chambre réceptionne les pièces de procédure en veillant à leur production régulière (B). Après ces délais, l'admission de nouveaux documents n'est pas certaine (C).

A- La détermination des délais de dépôt des pièces de procédure

234. La Chambre précise les délais de dépôt des pièces aux parties selon les termes du Règlement de procédures de la Chambre. Ceux-ci sont fixés au fur et à mesure qu'évolue l'instance et en fonction de l'état des dossiers. À cette occasion, la Chambre organise utilement le nombre de tours de ces pièces de procédures et les délais au bout desquels elles doivent être déposées. La prise en compte des observations des parties est importante car, aux fins de l'élaboration de la sentence, il est tenu compte de l'accord qui serait intervenu entre les parties « *hors la présence des arbitres*[232] », et n'entrainerait pas un retard injustifié. La Chambre s'efforce de respecter les délais aussi brefs que le permettent les spécificités de l'espèce litigieuse. Même les demandes incidentes « *sont jugées en même temps et suivant les mêmes règles que les demandes principales* »[233].

1- Des délais impératifs prorogeables

235. Dans le respect des dispositions impératives du Règlement de procédures, il appartient à la Chambre d'en fixer les modalités concrètes. Le délai pour saisir la Chambre en arbitrage est de trente (30 jours), sous peine de forclusion, à compter de la notification soit du procès-verbal de non-conciliation, soit de conciliation partielle, issu de la procédure de conciliation devant la Chambre de conciliation et d'Arbitrage. Le non-respect des délais susmentionnés emporte irrecevabilité de la requête pour cause de forclusion. Ce délai concerne seulement une première phase des pièces de procédure dont le dépôt incombe au demandeur. Ce dernier peut respecter les délais prévus par la Chambre en

---

[232] Voir article 46 du Règlement de procédures de la Chambre.
[233] Voir article 26 du Règlement de procédure de la Chambre.

produisant la somme des pièces requises. Mais il est rare que ces délais soient strictement respectés par les parties[234].

236. La Chambre est consciente que, même si ces délais fixés par le Règlement de procédures de la Chambre sont impératifs, ils ne sont pas pour autant figés, ce qui fait qu'en surfant sur la possibilité laissée par ce Règlement de fixer un autre délai[235], elle tient compte des circonstances particulières de l'espèce lors de sa fixation. Le requérant peut par exemple faire face à une résistance abusive de la partie soumise à l'obligation de délivrance d'un document, d'une décision. Dans ce cas, le délai est prorogé et il peut saisir la Chambre « *d'une demande d'astreinte, si le requérant démontre ne pas être en possession de ladite décision ou n'en avoir jamais reçu notification et si le refus de notifier est guidé par un désir de nuire* »[236]. La Chambre peut fixer une astreinte pour briser la résistance fautive de la partie soumise à l'obligation de délivrance.

2- Des délais impératifs absolus

237. La fixation des délais impératifs concerne la phase de la participation de toutes les parties. Il s'agit de celle liée aux échanges d'écriture entre les parties prévues à l'article 24 du Règlement de procédure de la Chambre. Ces délais sont de « *dix-jours (10) jours pour les procédures ordinaires, cinq (5) jours pour les procédures d'urgence, et de vingt-quatre heures (24) heures pour les procédures d'extrême urgence* »[237].

238. Les litiges soumis au règlement de procédure tant ordinaire que d'urgence passent ainsi par une phase d'instruction écrite comprenant des échanges d'écriture. Le nombre d'échanges n'a pas été précisé par le Règlement de procédure de la Chambre. Néanmoins, la procédure ordinaire comprend deux échanges d'écritures : à la requête initiale et à la réponse qui lui est opposée succèdent normalement « un mémoire » et un « contre-mémoire ». Le défaut de contre-mémoire n'empêche cependant pas la formation arbitrale de poursuivre la procédure et de rendre une sentence[238]. Si les circonstances l'exigent, un

---

[234] Voir CCA du CNOSC, Arbitrage, Aff. n° du 08 novembre 2010, FOVU CLUB DE BAHAM c/ FECAFOOT et RENAISSANCE FC de NGOUMOU.

[235] Aux termes de l'article 20 alinéa 6 « *lorsque les conditions de dépôt d'une requête ne sont pas réunies, le Greffe de la Chambre fixe un délai de cinq (05) jours, au plus, au demandeur, pour la compléter, faute de quoi l'instruction écrite n'est pas déclenchée, et la requête classée sans suite* ».

[236] Voir article 20 alinéa 5 du Règlement de procédures de la Chambre.

[237] Voir article 24 alinéa 1 du Règlement de procédure de la Chambre.

[238] Voir par exemple CCA du CNOSC, Arbitrage en référé sportif, Aff. n° 005/SA/CCA/16 du 14 juillet 2016, Ligue de Football Professionnel du Cameroun c/ La Fédération Camerounaise de Football ; CCA du CNOSC, Arbitrage n° 0033 du 24 mai 2013, ATAH Robert BAHAZAH c/ IYA Mohamed et FECAFOOT.

troisième échange d'écritures comprenant une réplique[239] et une duplique est envisageable. En pratique, il est en revanche exclu que de nouvelles demandes puissent être formulées à cette occasion, sauf si la partie adverse l'accepte. Le Règlement de procédures de la Chambre ne dit pas si c'est dans leur mémoire ou contre mémoire, voire dans leur réplique ou duplique, que les parties doivent mentionner les témoins et experts qu'elles désirent faire entendre. Mais, c'est avec ces écritures qu'elles doivent produire toutes les pièces utiles dont elles entendent se prévaloir, et utiles pour l'examen des dossiers[240].

239. Les procédures d'urgence et d'extrême urgence comportent généralement une phase d'échanges de mémoires limités[241]. Elles se limitent en principe à un seul échange d'écritures. Dans les cinq (5) jours prévus pour la procédure d'urgence, et les vingt-quatre (24) heures prévues pour l'extrême urgence, le demandeur dépose sa requête. Le défendeur dispose alors du temps restant à compter de la réception du dossier pour soumettre à la Chambre une réponse comprenant une description des moyens de défense, toute exception d'incompétence, toute demande reconventionnelle et toutes les pièces ou offres de preuves qu'il entend invoquer.

240. Il peut arriver qu'il y ait une absence d'échanges d'écritures. C'est le cas de la procédure *ad hoc* mise en œuvre au cours d'une compétition sportive nationale. Certes, la procédure est identique à celles des procédures ordinaires[242]. Toutefois, les litiges y sont examinés dans la plus grande célérité[243]. Si « *l'écrit est l'ami de la réflexion, il n'est pas forcément celui du temps* »[244]. La procédure est bien initiée par une demande écrite d'arbitrage contenant au moins un bref exposé des moyens de fait et de droit, mais il n'y a pas en principe d'échange d'écritures. En effet, instruite par un seul arbitre, celui-ci convoque les parties à une audience à très brève échéance, sauf s'il considère un autre mode de procédé plus approprié.

241. À la fin des échanges, les dossiers sont transmis au Collège concerné et la date d'audience est fixée, puis communiquée aux parties par le greffe de la CCA. Et, dès lors, « *le rôle de l'audience qui comprend toutes les affaires*

---

239 Voir CCA du CNOSC, Arbitrage, Aff. n° 003/SA/CCA/17 du 06 novembre 2017 BOTAFOGO de Douala c/ FOVU Club de Baham et FECAFOOT.

240 Voir article 20 alinéa 3 du Règlement de procédure de la Chambre.

241 Voir CCA du CNOSC, Arbitrage, Aff. n° CCA/2021/029 du 08 décembre 2021, MABOANG KESSACK Emmanuel c/ FECAFOOT. Voir aussi CCA du CNOSC, Aff. n° CCA/2021/028 du 08 décembre 2021 MABOANG KESSACK Emmanuel c/ FECAFOOT ; CCA du CNOSC, Arbitrage en procédure d'extrême urgence, Aff. n° CCA/2022/012 du 15 novembre 2022, NYAMSI Paul et consorts c/ Fédération Camerounaise de NANBUDO (FECANA).

242 Voir article 62 alinéa 4 du Règlement de procédure de la Chambre.

243 Voir article 62 alinéa 5 du Règlement de procédure de la Chambre.

244 MAISONNEUVE (M.), *L'Arbitrage des litiges sportifs*, op. cit, p. 110.

inscrites est rendu public[245] ». Dans les délais fixés, la Chambre reçoit et étudie les pièces de procédure fournies par les parties.

B- La vérification de la communication régulière des pièces de procédure

242. La Chambre vérifie chaque pièce de procédure versée au dossier par les parties. L'article 24 du Règlement de procédures de la Chambre est muet sur les pièces dont il s'agit. Toutefois, à la lecture combinée des articles 20 alinéa 3[246] et 4[247], et 43 aliéna 3[248] de ce même Règlement, on se rend compte que les pièces de la procédure écrite comprennent la communication à l'arbitre des mémoires, des contre-mémoires et, éventuellement, des répliques, ainsi que de toute pièce et document à l'appui. La tâche de la Chambre dans cette phase est délicate, car elle a besoin d'une franche collaboration des parties pour s'acquitter aisément de ses fonctions. Son travail consiste ici en l'exploitation des différentes pièces de procédure du dossier qui lui sont fournies par les parties, cela dans le but de s'imprégner du litige. En effet, ces éléments de procédure contiennent un exposé sommaire détaillé des points de fait du litige. Au cours de cette phase, la Chambre peut demander elle-même la production de documents ou d'explications en fonction des questions que suscitent les documents mis à disposition. Ces pièces sont intrinsèquement liées au recours principal et sont souvent accompagnées des moyens de preuve dont se prévalent les parties. Au cours de cette phase, la Chambre contrôle l'authentification des pièces de procédures (1) et veille au respect par les parties du nombre de tour des productions des pièces (2) dans le temps imparti.

1- Le contrôle de l'authenticité des pièces produites

243. Le Règlement de procédures de la Chambre n'a pas prévu ce type de contrôle. Cependant, la Chambre contrôle l'authenticité de toute pièce de

---

[245] Voir article 24 alinéa 2 du Règlement de procédure de la Chambre.

[246] Aux termes de l'alinéa 3 de l'article 20 du Règlement de procédures de la Chambre, « *la requête aux fins d'arbitrage doit comporter : les noms/prénoms des personnes physiques ou dénominations non équivoques de la personne morale requérante, qualités et adresses de chacune des parties, un exposé sommaire de la nature et des circonstances du litige à l'origine de la demande, l'objet de la demande et notamment, les mesures réclamées (condamnation pécuniaire, exécution d'une obligation, etc), la décision contestée, la copie du procès-verbal de non-conciliation ou de conciliation partielle et toutes pièces utiles pour l'examen de la requête* ».

[247] Aux termes de l'alinéa 4 de l'article 20, « *la requête doit être déposée en autant d'exemplaires qu'il y a de parties plus quatre. Elle doit préciser en outre : l'adresse (ou siège social) ; le numéro de téléphone du demandeur (privé, professionnel, fixe et portable) ; le numéro de téléphone du ou des défendeurs (si possible) ; l'adresse (postale ou électronique)* ».

[248] Aux termes de l'alinéa 3 de l'article 43 du Règlement de procédures devant la Chambre, la partie défenderesse ou autres parties à l'arbitrage disposent « *…d'un délai de quatre (04) jours pour récuser l'Arbitre désigné par la partie demanderesse et le Président du collège (…) et d'un délai de dix (10 jours pour payer sa quote-part ou leur quote-part de frais d'arbitrage, désigner un Arbitre et déposer son ou leur mémoire en réponse…* ».

procédure versée au dossier. Il est possible qu'au cours de cette phase, une partie conteste l'authenticité de certains documents annexés au mémoire, ainsi qu'au contre-mémoire. Dans ce cas, la Chambre est amenée à fixer par ordonnance un délai pour la présentation d'un rapport contenant l'authenticité de chacun des documents contestés pour faire avancer la procédure.

244. La Chambre veille à ce que ces pièces soient datées et enregistrées au jour de leur dépôt[249]. La Chambre peut permettre la correction de certaines erreurs que peuvent receler certaines pièces de procédure. Elle fournit donc un effort pour pouvoir exercer un contrôle à la fois sur la qualité et sur la quantité, voire la portée des pièces de procédure.

2- Le contrôle du respect par les parties du nombre de tours de pièces

245. La Chambre procède rarement à un contrôle ferme du nombre de tours de pièces de procédure. Celui-ci dépend de la tournure que prend la procédure[250]. Pour l'essentiel, elle veille à ce que chaque partie ait pu être en mesure de contester les arguments de l'autre. La Chambre contrôle alors si le défendeur est le dernier à répliquer aux prétentions et arguments du demandeur. En effet, elle vérifie si la démarche est effectivement contradictoire. Cette attitude lui permet de saisir, dans l'ordre de dépôt des pièces de procédure, l'initiative du demandeur, inscrite dans le mémoire contenant ses allégations, puis une contre-attaque du défendeur dans son contre-mémoire. Il est dès lors facile pour la Chambre dès le dépôt des différentes pièces, et dans une première phase, de recueillir les positions respectives des parties. À cet instant, les méandres du litige qui divisent les parties commencent à se préciser et à être bien cernés par la Chambre. Le Règlement de procédures n'ayant pas prévu le nombre de tours, la Chambre veille moins au respect des tours de pièces que des délais d'échanges.

---

[249] Dans plusieurs de ses décisions, la Chambre commence d'abord par rappeler les dates de la requête avant toute chose en ces termes : « *Par requête datée du* … » ; « *Parvenue à la Chambre le* … » ; « *L'affaire a été enrôlée à l'audience du…* ».

[250] Dans certaines affaires, « *seule la partie demanderesse avait produit un mémoire écrit. Les autres parties ne l'ont pas fait malgré le caractère écrit essentiellement écrit de la procédure devant la Chambre* », voir CCA du CNOSC, Arbitrage en procédure d'extrême urgence, Aff n° CCA/2023/017 du 12 mai 2023, Avion Academy FC c/ Union des Mouvements Sportifs (UMS) de Loum ; dans d'autres, on a vu le nombre de tours de pièces se limiter aux dépôts initiaux de demande et de réplique par les parties : voir par exemple CCA du CNOSC, Arbitrage en procédure d'urgence, Aff. n° CCA/2021/008 du 21 septembre 2021, TIMBA MAJORE Louis c/ Fédération Camerounaise de Volley-ball. Dans d'autres enfin, le nombre de tours s'est multiplié allant jusqu'à trois, quatre et même plus.

C- L'examen du contenu des pièces de procédure et la découverte des conclusions des parties dans la phase écrite

246. Confortés par le Règlement de procédures de la Chambre dans leur faculté de statuer sur pièces[251], les membres de la Chambre, dans la phase écrite de la procédure, lisent diverses pièces déposées par les parties (1) et prennent connaissance de leurs conclusions dans cette phase (2).

1- L'analyse du contenu des pièces de procédure

247. Dès que la Chambre est en possession des pièces de procédure déposées par les parties, elle commence à les examiner pour découvrir leur contenu. L'article 20 du Règlement de procédures leur a facilité la tâche dans cette phase, en posant certaines exigences par rapport au contenu de ces pièces. Dans ce sens, la Chambre cherche principalement dans le mémoire du demandeur un exposé des faits sur lesquels la demande est fondée, de même qu'un exposé de droit et les conclusions. Le contre-mémoire du défendeur, qui riposte à la requête, lui permet de savoir si ce dernier reconnaît ou conteste les faits allégués par le demandeur ou s'il fait à son tour l'exposé de sa propre version des faits.

2- Le repérage des conclusions des parties dans la phase écrite

248. Dans l'analyse des pièces de procédure déposées par les parties, la Chambre cherche à mettre en exergue les conclusions de ces dernières. Cette attitude n'est pas prévue formellement par le Règlement de procédures de la Chambre. Toutefois, de manière insidieuse, l'article 20 alinéa 3 prévoit que la requête énonce « *les mesures réclamées (condamnation pécuniaire, exécution d'une obligation, etc.* ». Celles-ci diffèrent des arguments. Dans une phase sur les exceptions préliminaires, il s'agit des conclusions du défendeur relativement aux diverses exceptions qu'il a soulevées. Dans une phase sur le fond, il s'agit à la fois des conclusions du demandeur, telles que formulées à la fois dans sa demande initiale et les développements qu'elles ont subis en cours d'instance, mais éventuellement des conclusions du défendeur si ce dernier a ou non introduit devant la Chambre une demande reconventionnelle.

249. La Chambre accorde à chaque partie une certaine liberté pour modifier ses conclusions en cours d'instance si cela n'entraîne pas une modification de l'objet de la requête initiale. Cette exigence est étendue au contre-mémoire en distinguant entre une « nouvelle demande » et ce qui est « une preuve additionnelle ».

250. Dans le respect de l'égalité des armes, la Chambre donne droit à chaque partie de discuter les mesures réclamées par l'autre, et elle y veille

---

[251] Aux termes de l'article 27 alinéa 1, « *La Chambre a la faculté de statuer sur pièces, sans audience de plaidoirie avec l'accord des parties et de leurs conseils, si elle s'estime suffisamment édifiée* ».

scrupuleusement. Par cette voie, il est difficile qu'une partie soulève dans la phase orale des mesures qui auraient dû être soumises dans la phase écrite.

251. Après la phase écrite, la Chambre procède à l'organisation de la phase orale conformément aux articles 24 à 28 du Règlement de procédures de la Chambre.

§ 2- L'organisation de la procédure orale

252. Si le Règlement de procédure de la Chambre prévoit en principe que l'instance arbitrale comporte une phase orale[252], il n'en fait pas obligatoirement une exigence absolue. Il fait de l'instruction orale un principe auquel la Chambre peut exceptionnellement déroger et statuer sur pièces « *avec l'accord des parties et de leurs conseils, si elle s'estime suffisamment édifiée* »[253].

253. Dans la grande majorité des cas, les procédures organisées sous l'égide de la CCA du CNOSC donnent lieu à la tenue d'une ou de plusieurs audiences. L'intérêt de cette phase dans l'arbitrage est marqué par la préparation qui se fait au sein de la Chambre avant son ouverture. La Chambre organise la procédure orale aussi bien sur le fond que dans les phases incidentes. Pour ce faire, elle requiert la collaboration des parties à la fois pour fixer la date d'ouverture de la procédure orale (A) et pour suivre attentivement les débats oraux (B).

A- La fixation de la date d'ouverture de la procédure orale

254. La Chambre est libre de fixer la date de l'audience, sous réserve de respecter le délai dans lequel elle doit rendre la sentence. Sur ce point, le Règlement de procédures de la Chambre est plus précis. Il impose que le litige soit examiné « *dans un délai de trois (03) mois à partir de la saisine* » pour la procédure d'arbitrage ordinaire[254]. Dans cette fourchette de temps qu'elle doit respecter, la Chambre fixe la date d'ouverture de la phase orale en fonction de son calendrier et, dans la mesure du possible, en fonction des convenances des parties qui sollicitent souvent un délai pour préparer leurs plaidoiries, et aussi en fonction de la nature de la procédure en jeu.

255. Les parties peuvent être en désaccord sur la date à fixer. Dans ce cas, la Chambre prend en considération ce qui est prioritaire dans cette affaire et toutes autres circonstances particulières. En réalité même, la Chambre dispose d'un pouvoir discrétionnaire en la matière. Elle n'a aucune obligation de consulter les parties pour fixer la date d'ouverture de la procédure orale. Mais elle s'est toujours montrée très coopérante, et la date qu'elle fixe et communique aux

---

252 Voir article 27 du Règlement de procédures de la Chambre.

253 Voir article 27 alinéa 1 du Règlement de procédures de la Chambre.

254 Pour la procédure d'urgence, les délais de procédure sont réduits de moitié (article 58 alinéa 3 du Règlement de procédure de la Chambre). Pour l'extrême urgence, les délais sont de 24 heures (article 59 du Règlement de procédures de la Chambre)

parties [255] peut être modifiée sur demande de l'une des parties après acquiescement de l'autre. Elle est ainsi libre de tenir compte de leur désidérata et de prendre en compte leurs éventuelles demandes de renvoi de cette date[256].

B- Le suivi du déroulement des audiences

256. Aux termes de l'article 47 alinéa 1, l'instruction orale consiste en l'audition des parties, de leurs conseils, de leurs témoins et des experts éventuellement.[257] Cet entretien est primordial pour la Chambre. En effet, c'est un moment capital au cours duquel les contours de l'objet du litige qui divise les parties se trouvent nettement tracés, car les affrontements directs des parties mettent à nu leur différend et les membres du collège arbitral peuvent leur poser des questions pour en être plus édifiés. Ces échanges permettent aux arbitres de s'imprégner plus profondément des points qui peuvent échapper à leur vigilance durant la phase écrite. Ils vont de l'écoute attentive des parties (1), en passant par la formulation des questions à ces dernières (2), jusqu'à l'audition éventuelle des autres intervenants au procès (3) et le suivi de la présentation des conclusions finales par les parties (4).

1- L'écoute attentive des plaidoiries des parties

257. Les plaidoiries des parties sont réglementées par les articles 25 et 27 du Règlement de procédures de la Chambre. Aux termes du point VII du premier article, « *une première audience dite de cadrage* » permet à la collégialité de prononcer « *la clôture des échanges d'écritures et avec l'accord des parties, les plaidoiries sont ouvertes...* ». L'alinéa 2 de l'article 27 suscité reprend la même prévision en des termes différents : « *à la première audience dite de cadrage, la Chambre prononce la clôture des échanges d'écritures. Dès le prononcé, aucune écriture et /ou pièce ne peut être échangée, sauf avec l'autorisation du collège pour les observations et les mesures d'instruction ordonnées* ».

---

[255] Aux termes de l'article 43 alinéa 8 du Règlement de procédures de la Chambre, « *après échanges des mémoires par les parties au travers du greffe de la Chambre, les dossiers de procédure sont transmis aux Arbitres désignés et la date d'audience est fixée, puis communiquée aux parties par le Greffe* ».

[256] Dans plusieurs affaires, la Chambre a accepté de proroger la date d'audience. Il en est ainsi dans l'affaire Caïman Football Club c/ Unisport Football Club du Haut NKAM du 28 février 2013 où « *l'affaire a été enrôlé à l'audience du 28 décembre 2012, puis renvoyée au 17 janvier 2013 pour comparution du défendeur à reconvoquer ; advenue cette date, elle a été mise en délibéré au 24 janvier 2013 à 16 heures ; à cette audience, le délibéré a été rabattu à la demande du défendeur et l'affaire a été renvoyée au 07 février 2013 pour réouverture des débats ; l'audience a été renvoyée pour répliques du défendeur et présentation du mandat du représentant de Unisport au 21 février 2013 ; puis a de nouveau été mise en délibéré au 28 février 2013 ; advenue à cette date, la Chambre a rendu la décision* ».

[257] Aux termes de l'article 47 alinéa 1 du Règlement de procédures devant la Chambre, l'audience d'arbitrage « *est conduite dans le strict respect des règles du procès équitable. Les parties, leurs conseils, leurs témoins, et les experts s'il y a lieu, sont entendus* ».

258. Le Règlement de procédure de la Chambre ne suggère pas pour autant de manière détaillée les mesures procédurales que le collège arbitral peut être amené à prendre au cours des plaidoiries. Il précise simplement qu'« *à l'audience de plaidoirie, le cas échéant, la Chambre de Conciliation et d'Arbitrage entend les parties et éventuellement les témoins et les experts requis* »[258]. Si la Chambre est appelée à entendre les parties, rien n'est dit sur la manière dont les parties doivent présenter leurs exposés.

259. La réglementation des exposés est l'œuvre du collège arbitral. En général, celui-ci interdit la répétition des faits et arguments présentés dans les pièces de procédure en phase orale. De par cette exigence devenue récurrente, très souvent, les parties lisent un texte préparé à l'avance. Les divers orateurs contredisent les thèses défendues par leurs adversaires, sous l'œil vigilant de la Chambre qui exige la non-reprise des arguments développés dans les pièces de procédure. La Chambre accorde un temps raisonnable à chacune des parties. Elle demande très souvent aux parties d'être brèves. Cependant, elle a du mal à faire respecter cette directive, estimant qu'il est maladroit d'interrompre un orateur si ce n'est pas pour le relancer et laisser chaque partie choisir et déployer librement sa stratégie judiciaire, en développant tous ses arguments. Les débats sont en général turbulents et exceptionnellement paisibles. Les arguments d'une partie sont combattus avec force. Les arbitres interviennent régulièrement pour recadrer les débats. Or, aux termes de l'article 28 § 1, « *les parties et leurs Conseils sont tenus de s'exprimer avec modération...* ».

260. Avant d'intervenir, la Chambre suit les divers exposés attentivement afin de ne rien manquer de ce qui peut être utile pour la prise de décision. Dans ce sens, ce qui semble utile est reproduit *in extenso* par les soins du Rapporteur du collège arbitral. Les membres de la Chambre se concertent régulièrement en cours d'audience pour discuter des éventuelles questions à poser aux parties. Quand cette concertation n'est pas ponctuée de pause, il y a risque pour ces membres de perdre le fil des exposés.

2- La formulation des questions aux parties

261. Au cours des audiences, les membres du collège peuvent adresser des questions sur des points qui appellent, selon eux, des éclaircissements, ou des compléments d'information, et même de documentation. Parfois, ils s'abstiennent de faire usage systématique de ce moyen pour ne pas donner une indication précise de ce qu'elle considère comme capital pour l'issue de l'affaire. La Chambre a aussi la faculté de poser les questions à d'autres intervenants au procès.

---

[258] Voir article 27 alinéa 3 du Règlement de procédures de la Chambre.

3- L'audition d'autres intervenants au procès

262. Au cours de l'instruction orale, la Chambre peut recevoir des informations venant d'autres intervenants. Il s'agit des témoins et des experts suivant la réglementation formulée aux articles 25, 27 et 47 du Règlement de procédure de la Chambre. L'analyse combinée des deux articles et des décisions de la Chambre[259] fait ressortir que la Chambre entend « *éventuellement les témoins et les experts requis*[260] » dont « *les noms ont été communiqués à la première audience de cadrage*[261] ».

263. Aucune disposition statutaire ni réglementaire ne prévoit la façon dont les témoins et les experts doivent intervenir devant la CCA du CNOSC. C'est un procédé qui se fait en fonction des circonstances de l'affaire. En général, avant le passage des témoins, le Président du Collège donne la manière dont leur audition va se dérouler. Concernant les experts, ceux-ci sont généralement désignés par une sentence avant dire droit (ADD). À la fin de leur travail, ils sont astreints au dépôt d'un rapport[262].

264. La Chambre se concerte sur les questions à poser aux témoins et aux experts. Elle se rassure que ces questions se déroulent sans interruption de l'autre partie, sauf si une objection est soulevée à l'égard de ladite question. Comme pour les parties et leurs conseils, en principe, la Chambre n'interfère pas dans la discussion entre les témoins. À la fin de cette audition, les parties ou leurs conseils précisent à l'intention de la Chambre leurs conclusions finales.

4- Le suivi de la présentation de leurs conclusions finales par les parties

265. Aux termes de l'article 26 alinéa 4, « *à la fin des plaidoiries des parties, la Chambre de conciliation et d'Arbitrage prononce la clôture des débats et met l'affaire en délibéré. Aucun délibéré ne peut être rabattu, sauf en cas de motifs sérieux* ». C'est pourquoi, la Chambre accorde aux parties, un temps raisonnable afin qu'elles présentent leurs conclusions finales à la fin de la phase orale. Celles-ci revêtent un intérêt particulier pour la Chambre. En effet, en faisant un rapprochement ou un éloignement avec les conclusions présentées dans la phase écrite, les membres du collège détectent ce que les parties demandent définitivement « d'arbitrer ». Elles peuvent être soit identiques aux conclusions présentées dans la phase écrite ou s'en éloigner, les parties ayant jugé nécessaire

---

[259] Voir CCA du CNOSC, Arbitrage, Aff. n° 002/SADD/CCA/17 du 25 avril 2017 ONANA Vincent c/ FECAFOOT.

[260] Voir article 25 §VII du Règlement de procédures de la Chambre. L'article 47 prévoit une disposition similaire en ces termes : « *...leurs conseils, leurs témoins, et les experts, s'il y a lieu, sont entendus* ».

[261] Voir article 27 alinéa 3 du Règlement de procédures de la Chambre.

[262] Voir CCA du CNOSC, Arbitrage, Aff. n° 002/SADD/CCA/17 du 25 avril 2017 ONANA Vincent c/ FECAFOOT.

après la connaissance des positions et arguments de leurs adversaires, de s'en tenir à certaines demandes et d'en ignorer d'autres.

266. Au cours de la procédure, une partie peut opter pour un désistement ou un acquiescement. La Chambre donne acte du désistement [263] ou de l'acquiescement[264]. Dès lors, « *la décision de donner acte au défendeur de son acquiescement adjuge au demandeur le bénéfice de ses conclusions*[265] ».

267. Au cours de leurs exposés oraux, les parties sont parfois portées à faire mention de certains documents non produits par elles lors de la procédure écrite. Cette attitude complique davantage la tâche de la Chambre en matière d'organisation, eu égard aux dispositions réglementaires sur ce sujet.

C- Le sort des documents produits après la phase écrite et/ou pendant la phase orale

268. Après la clôture des échanges à la phase écrite, les parties à l'instance peuvent être animées par l'envie de produire de nouveaux documents. Or, selon l'alinéa 2 de l'article 27 du Règlement de procédures de la Chambre, « *dès le prononcé de la clôture des échanges d'écritures, aucune écriture et/ou pièce ne peut être échangée, sauf avec l'autorisation du collège pour les observations sur les mesures d'instruction ordonnées* ».

269. L'acceptation de nouveaux documents par la Chambre après la phase écrite est ainsi subordonnée à son pouvoir discrétionnaire. Leur admissibilité est étroitement encadrée par l'article 27 suscité qui conditionne leur production. Elle concerne les observations sur les mesures d'instruction ordonnées. En pratique, l'acceptation de documents après la clôture des échanges dépend de l'enjeu que cela représente pour la Chambre[266].

270. En principe, une partie qui souhaite produire de nouveaux documents après la clôture des échanges d'écritures les dépose au Greffe qui se charge de les transmettre à la Chambre et/ou à l'autre partie. Ces documents peuvent être communiqués à une partie, même si elle ne prend pas part à la phase orale, afin

---

[263] Voir CCA du CNOSC, Arbitrage, Affaire Conseil des Sages du Canon sportif de Yaoundé c/ Présidente du Conseil d'Administration du Canon sportif de Yaoundé et FECAFOOT, 27 décembre 2012, inédit. Voir aussi CCA du CNOSC, Arbitrage n° 001/SA/CCA/17, Affaire Achille ESSOMBA MANY C/ Ligue de Football Professionnelle du Cameroun, ONAMBELE ZIBI Emile, 16 mars 2017, inédit.

[264] Aux termes de l'article 26 ii « *le désistement ou l'acquiescement est fait soit par acte signé par le demandeur, son avocat ou son mandataire et déposé au greffe, soit par déclaration à l'audience. Il est soumis à l'acceptation de la partie adverse* ».

[265] Voir article 26 iv du Règlement de procédures de la Chambre.

[266] Dans l'affaire FC 2000X MIMBOMAN et Consorts c/ FECAFOOT, la Chambre a insisté sur la production d'un exploit d'huissier capital pour déterminer si les demandeurs ont épuisé les voies de recours internes ou non : voir CCA du CNOSC, Conciliation en procédure d'extrême urgence, Procès-verbal de non-conciliation n° 060/CCA/PVNC/24 du 4 juin 2024 FC 2000X MIMBOMAN et Consorts c/ FECAFOOT.

qu'elle fasse toutes les observations qu'elle juge utiles. Mais, très souvent, c'est au cours des plaidoiries que les parties font allusion aux nouvelles pièces.

271. La résolution de ce genre de situation est encore plus compliquée dans une procédure où l'une des parties est non présente. Lorsque les deux parties sont présentes, la Chambre accède aux documents et propose à l'autre partie d'y faire ses observations. Elle peut le faire immédiatement. Mais le plus souvent, c'est l'occasion pour cette partie de mettre en œuvre ses manœuvres dilatoires pour profiter du temps. Elle sollicite dès lors un renvoi pour avoir le temps de faire ses observations [267]. Ce type d'incident se présente régulièrement devant la Chambre[268]. Elles engendrent de nombreux dysfonctionnements dans le cours de la procédure et amènent la Chambre à trouver des stratégies efficaces pour les surmonter dans le respect des principes fondamentaux du droit procédural.

Section 3 : La gestion des dysfonctionnements d'instance

272. Il est souhaitable pour la Chambre que tous les protagonistes comparaissent. Cette comparution totale est de nature à lui faciliter la tâche dans la recherche des preuves. Encore que, même avec la comparution d'une seule partie, l'obtention des preuves n'est pas aisée. Dans l'affaire ABENA FOE Jean Louis c/ ATEBA KOUNGOU Fabien, la Chambre s'indigne que « *le demandeur n'a fourni aucune pièce juridiquement fondée justifiant ses allégations ; que la partie demanderesse a la charge de la preuve ; que le collège ne dispose d'aucun moyen pour attester les faits du demandeur* »[269] ; et « *par ces motifs, constate la non-production des pièces par le demandeur ; déclare la requête non fondée* »[270]. C'est pourquoi elle est souvent fort aise de rappeler que « *Attendu que les deux parties, régulièrement saisies, ont comparu ; qu'il y a lieu de statuer par décision contradictoire* »[271]. Malheureusement, au cours de l'instance, la Chambre est confrontée à divers dysfonctionnements. Il peut s'agir de la non-comparution de l'une des parties à l'audience ou de la demande de suspension de la procédure. Dans le premier cas, les membres de la collégialité prennent certaines dispositions (§ 1). Dans le second cas, elle apprécie en fonction de la demande (§ 2).

---

267 Voir CCA du CNOSC, Arbitrage, Aff. n° du 28 février 2013 Caïman Football Club de Douala c/ Unisport Football Club du Haut-Nkam : voir aussi CCA du CNOSC, Arbitrage, Aff. n° 005/SA/CCA/17 du 21 décembre 2017 ONANA Vincent c/ FECAFOOT ; voir également CCA du CNOSC, Arbitrage, Aff. n° du 24 mai 2013, NKOU MVONDO Prosper et Clubs du Cameroun c/ FECAFOOT ; CCA du CNOSC, Arbitrage, Aff. n° 002/SADD/CCA/17 ONANA Vincent c/ FECAFOOT

268 Idem.

269 Voir CCA du CNOSC, Arbitrage, Aff. n° du 1er Avril 2013, Dr ABENA FOE Jean Louis c/ ATEBA KOUNGOU Fabien.

270 Idem.

271 Voir CCA du CNOSC, Arbitrage, Aff. n° du 10 mai 2013, MENDOUGA Bertrand Magloire c/ TCHWEM Justin et NWAHA Boniface.

§ 1- Des dispositions prises en cas d'absence d'une partie

273. Lorsqu'une partie ne comparaît pas devant la Chambre, on dit qu'elle fait défaut. L'organisation et la conduite de la procédure d'arbitrage dans ce cas cause de sérieuses difficultés à cette institution d'arbitrage, étant donné que le Règlement de procédures de la Chambre ne prévoit pas cette éventualité, mais lui impose de statuer si elle ne s'estime pas suffisamment édifiée[272]. Généralement, la Chambre n'a pas une vue panoramique de l'affaire. Elle n'a qu'une vue partielle. Elle connaît seulement les moyens et les conclusions de la partie qui comparaît. Pis encore, elle ne peut pas efficacement y pallier, par ses propres investigations, les conséquences de l'absence de l'une des parties qui limite son information. Dans l'affaire ASSAM ASSAM Benoit c/ FECAFOOT, la Chambre dévoile « *qu'en l'absence des défendeurs qui ont été convoqués à prendre part aux audiences par deux fois sans aucune suite, la Chambre est en droit de ne statuer qu'à partir des allégations du demandeur* »[273]. Dans ce cas, la Chambre, de façon ingénieuse, recompose une instance contradictoire[274] que l'absence du défendeur rend normalement impossible[275]. Dans cette situation, elle conduit l'instance dans le strict respect des règles du procès équitable qu'elle aurait suivi dans une procédure normale, comme l'exige l'alinéa 1 de l'article 47 du Règlement d'arbitrage[276] en s'assurant que l'absence du défendeur ne le désavantage pas. Il en est même des cas de défaut total où, bien que non présente, la défenderesse a eu gain de cause. Dans l'affaire MABOANG KESSACK Emmanuel c/ FECAFOOT du 08 décembre 2021, la FECAFOOT « *n'a pas réagi à la requête du demandeur et l'affaire a été enrôlée à l'audience du 08 décembre 2021. À cette audience, la FECAFOOT n'a pas comparu* »[277]. Cela n'a pas empêché la Chambre de « *recevoir la demande de MABOANG KESSACK Emmanuel et de l'y dire non fondée* »[278]. Selon les formes du défaut (A), la Chambre procède à des solutions particulières (B).

---

[272] Voir article 27 alinéa 1 du Règlement de procédures de la Chambre.

[273] Voir CCA du CNOSC, Arbitrage, Aff. n° 002/SA/CCA/17 du 11 juillet 2017, ASSAM ASSAM Benoit c/ FECAFOOT.

[274] La Chambre précise toujours dans ce cas en ces termes : « La Chambre ; Statuant contradictoirement à l'égard de Monsieur ASSAM ASSAM Benoit et selon les textes » : Voir CCA du CNOSC, Arbitrage, Aff. n° 002/SA/CCA/17 du 11 juillet 2017, ASSAM ASSAM Benoit c/ FECAFOOT.

[275] Idem.

[276] Aux termes de l'article 47 alinéa 1 du Règlement de procédures de la Chambre, l'audience d'arbitrage « *est conduite dans le strict respect des règles du procès équitable* ».

[277] Voir CCA du CNOSC, Arbitrage en procédure d'extrême urgence, Aff. n° CCA/2021/029 du 8 décembre 2021, MABOANG KESSACK Emmanuel c/ FECAFOOT. Voir aussi CCA du CNOSC, Arbitrage en procédure d'extrême urgence, Aff. n° CCA/2021/028 du 08 décembre 2021 MABOANG KESSACK Emmanuel c/ FECAFOOT.

[278] Idem. Il en de même d'une autre affaire n° CCA/2021/028 du 8 décembre 2021 MABOANG KESSACK Emmanuel c/ FECAFOOT. Malgré la non-comparution de la défenderesse, la sentence a été rendue en défaveur du demandeur, estimant que « *celui-ci ne produit aucune pièce justifiant cet état, que dès lors, sa demande encourt rejet* ».

A- En fonction des formes du défaut

274. Devant la Chambre, il arrive fréquemment que la partie défenderesse ne comparaisse pas dès le début de la procédure. On parle de non-comparution totale[279]. Il arrive aussi qu'une partie décide de ne pas poursuivre la procédure qu'elle a entamée devant la Chambre, parce que l'une des décisions de cette dernière, dans une phase incidente de la procédure, ne l'a pas satisfaite ou pour une raison ou une autre[280]. Quelle que soit la forme du défaut et quel que soit le moment auquel se positionne ce dysfonctionnement, la décision de la Chambre de poursuivre la procédure lui revient en vertu de l'adage *jura novit curia*[281] « *qui s'applique aussi bien dans l'établissement des faits que dans l'application du droit*[282] ».

275. Ainsi, bien que cela n'ait pas été formellement prévu par le Règlement de procédures devant la Chambre, celle-ci considère que la partie qui refuse de comparaître ne saurait être admise à tirer profit de sa non-comparution[283]. Elle rappelle néanmoins aux parties qu'il leur reste la voie du recours devant le TAS dans un délai de vingt et un (21) jours à compter de la notification de ladite sentence par la Chambre[284]. Déjà, le défaut de contre-mémoire n'empêche pas le collège arbitral de poursuivre la procédure et de rendre une sentence, la Chambre pouvant décider de statuer sur pièces, si elle s'estime suffisamment édifiée[285]. L'analyse des décisions de la Chambre montre ainsi qu'une procédure d'arbitrage peut se poursuivre devant elle en l'absence de l'une des parties ou d'un

[279] Les cas de non-comparution totale ont été légion devant la Chambre lorsqu'elle faisait ses premiers pas dans la procédure d'arbitrage : voir CCA du CNOSC, Arbitrage (référé sportif), Aff. n° 005/SA/CCA/16 du 14 juillet 2016, Ligue de Football Professionnel du Cameroun (LFPC) c/ La Fédération Camerounaise de Football. Dans cette affaire, la Chambre précise « *Attendu que des deux parties, régulièrement saisies, seule la LFPC a comparu ; qu'il y a lieu de statuer par défaut à l'égard de la défenderesse et contradictoirement à l'égard de la demanderesse* ». Voir aussi CCA du CNOSC, Arbitrage n° 0033 du 24 mai 2013, ATAH Robert BAHAZAH c/ IYA Mohamed et FECAFOOT.

[280] Dans l'affaire CCA du CNOSC du 22 mai 2013 ABDOURAMAN HAMADOU BABBA c/ FECAFOOT, la FECAFOOT représentée par Me AMBOMO Marcelle Denise, Avocat au Barreau du Cameroun s'est présenté à la première audience. L'affaire a été renvoyée. À cette audience, la FECAFOOT ne s'est plus présentée.

[281] Cet adage exprime un des principes fondamentaux de la procédure civile : l'autonomie du juge dans la recherche et la détermination du droit applicable au litige.

[282] METOU (M. M. B), *Le rôle du juge dans le contentieux international, Le cas de la Cour Internationale de Justice*, op. cit, p. 117.

[283] Dans le cas contraire, cela désavantagerait l'autre partie.

[284] Toutes les sentences définitives de la Chambre, qu'elles soient issues d'une procédure normale ou d'une procédure par défaut contient ces termes : « Statuant contradictoirement à l'égard des parties ou statuant contradictoirement à l'égard de la partie demanderesse et par défaut à l'égard de la défenderesse ».

[285] Voir article 27 alinéa 1 du Règlement de procédures devant la Chambre.

représentant qui omet, après avoir été notifié en bonne et due forme[286], de se présenter ou d'obtenir un ajournement[287]. « *Il n'y a nulle atteinte au principe du contradictoire* » [288]. Celui-ci implique seulement que, devant la Chambre, l'occasion soit donnée aux parties de s'exprimer. Il ne saurait permettre que leur négligence puisse paralyser la procédure arbitrale.

B- ...des solutions différentes en fonction du défaut

276. Le défaut d'une partie n'implique pas un acquiescement aux prétentions et allégations de l'autre[289]. La Chambre ne rend donc aucune sentence sur la seule base du défaut d'une partie. Elle se rassure d'abord que les conclusions de la partie comparante sont fondées en fait et en droit. Elle prend sa décision après avoir acquis la conviction que les faits sur lesquels les conclusions reposent sont étayés par des preuves convaincantes. Dans l'affaire MABOANG KESSACK Emmanuel c/ FECAFOOT du 8 décembre 2021, la demande de M. MABOANG a été rejetée parce que « *celui-ci ne produit aucune pièce justifiant cet état* »[290]. La non-comparution d'une partie cause une réelle difficulté à la Chambre qu'elle tente de résoudre en fonction du moment auquel elle survient. Le défaut peut intervenir dès le début de l'instance (1) ou en cours d'instance (2).

1- Dès le début de l'instance

277. Lorsque le défendeur ne comparaît pas, le collège arbitral ne prend position qu'après s'être rassuré que la Chambre a respecté les règles de convocation des parties prévues aux alinéas 1[291] de l'article 24 et 8[292] de l'article 43 du Règlement de procédures de la Chambre[293]. Il s'agit pour les arbitres de se convaincre que la partie non comparante a été informée, a reçu toutes les pièces

[286] Pour constater le défaut, la Chambre ne manque pas habituellement d'informer que la partie non présente a été notifiée. Dans l'affaire MABOANG KESSACK Emmanuel c/ FECAFOOT du 8 décembre 2021, elle précise que « *la requête de saisine et le nom de l'arbitre désigné par la demanderesse ont été communiqués à la FECAFOOT par voie d'huissier le 07 décembre 2021* ».

[287] Voir CCA du CNOSC, Arbitrage, Aff. du 22 mai 2013 Me André-Merlin TOTO SOPPO et Daniel Blaise NGOS c/ FECAFOOT.

[288] MAISONNEUVE (M.), *L'Arbitrage des litiges sportifs*, op. cit, p. 113.

[289] Idem, p. 113.

[290] Voir CCA du CNOSC, Arbitrage en procédure d'extrême urgence, Aff. n° CCA/2021/028 du 08 décembre 2021, MABOANG KESSACK Emmanuel c/ FECAFOOT.

[291] Aux termes de cet alinéa, « *... à la fin des échanges, les dossiers sont transmis au collège concerné et la date d'audience est fixée, puis communiquée aux parties par le greffe de la CCA* ».

[292] Aux termes de cet alinéa, « *Après échanges des mémoires par les parties au travers du greffe de la Chambre, les dossiers de procédure sont transmis aux arbitres désignés et la date d'audience est fixée, puis communiquée aux parties par le greffe* ».

[293] Voir CCA du CNOSC, Arbitrage en procédure d'extrême urgence, Aff. n° CCA/2021/028 du 08 décembre 2021, MABOANG KESSACK Emmanuel c/ FECAFOOT ; voir CCA du CNOSC, Arbitrage en procédure d'extrême urgence, Aff. n° CCA/2021/029 du 08 décembre 2021, MABOANG KESSACK Emmanuel c/ FECAFOOT.

de procédure et qu'elle ne se manifestera plus par la suite[294]. La Chambre fait donc preuve d'une attention particulière en l'absence du défendeur. Elle a ainsi tenu à préciser, en l'absence de la FECAFOOT, dans les affaires MABOANG KESSACK Emmanuel c/ FECAFOOT du 8 décembre 2021, que « *la requête de saisine et le nom de l'arbitre désigné par la partie demanderesse ont été communiqués à la FECAFOOT par voie d'huissier le 7 décembre 2021* ». Dans ce cas, la sentence est rendue par défaut.

2- En cours d'instance

278. Il arrive qu'une partie décide de ne plus participer à la procédure engagée devant la Chambre alors qu'elle a déjà eu à communiquer certaines pièces et même à comparaître lors de la phase orale. Dans ce cas, la Chambre a déjà une vue partielle des arguments, prétentions et conclusions de ladite partie. Aussi recourt-elle largement aux pièces déposées par la partie non-comparante dans la phase précédente, mais aussi à d'autres documents qui peuvent lui être utiles. Dans l'affaire MAYAM RE-NIOF Blaise c/ Fédération Camerounaise de Volley-ball du 21 septembre 2021, la Chambre a statué bien que la défenderesse n'a communiqué que ses « observations en date du 20 août 2021 à la requête du demandeur dans laquelle elle récuse la Chambre et soulève l'exception d'incompétence *ratione materiae* de cette dernière »[295]. Dans ce cas, la sentence est réputée contradictoire.

279. Tout compte fait, il revient à la Chambre de réaliser pratiquement une sorte d'équilibre entre les parties en tenant compte des circonstances particulières dans lesquelles l'affaire se trouve, puisqu'il est obligatoire de conduire l'audience d'arbitrage « *dans le strict respect des règles du procès équitable* »[296].

§ 2- L'appréciation de l'opportunité de suspension de la procédure

280. Les règlements de procédure d'arbitrage en matière sportive « *n'abordent que rarement la question de la suspension de l'instance arbitrale* »[297]. Celui de la CCA du CNOSC échappe à cette règle. Il prévoit expressément la possibilité d'une suspension d'instance lorsqu'une mesure a été ordonnée et décidée par la formation arbitrale. Aux termes de l'article 25 v du Règlement de procédures de la Chambre, « *lorsqu'une mesure d'instruction a été ordonnée, l'examen du dossier est suspendu jusqu'à l'exécution de la mesure* ».

281. D'autres cas de suspension n'ont pas été prévus par le Règlement. S'ils se présentent, c'est en application de leur pouvoir général d'organisation de

[294] Il s'agit du devoir d'information qui incombe à la Chambre.
[295] Voir CCA du CNOSC, Arbitrage en procédure ordinaire, Aff. n° CCA/2021/009 du 21 septembre 2021, MAYAM RE-NIOF Blaise c/ Fédération Camerounaise de Volley-ball.
[296] Voir article 47 alinéa 1 du Règlement de procédures de la Chambre.
[297] Voir BUDIN (R.), « La suspension dans l'arbitrage international », Rev. arb., 1986, p. 415, cité par MAISONNEUVE (M.), *L'Arbitrage des litiges sportifs*, op. cit, p. 117.

l'instance qu'il appartient aux arbitres de la Chambre d'en suspendre le cours le cas échéant. Serait-ce le cas des droits étatiques, par exemple lorsque, parallèlement à la procédure arbitrale devant la Chambre, se déroule une procédure civile ou pénale portant sur des faits communs ? On sait que le pénal tient le civil en l'état. Mais aussi, ce que le droit ne commande pas, l'opportunité peut le commander[298]. Les arbitres jouissent ainsi d'une importante marge de manœuvre pour apprécier cette opportunité de suspension.

[298] Idem, p. 117.

Titre II :

La gestion des demandes incidentes

282. En cours d'instance, la Chambre fait régulièrement face à ces demandes incidentes. Dans la plupart des cas, ces demandes constituent pour l'auteur un moyen déguisé pour retarder provisoirement la décision de la Chambre. Parfois, elles sont aussi destinées à perturber le rôle qu'elle joue dans le règlement du litige qui l'oppose à l'autre. Dans ce cas, le tribunal arbitral peut être amené à prendre des mesures diverses, mais qui ont toutes en commun de ne pas être des sentences arbitrales. Elles portent néanmoins sur une question dont dépend le sort de l'instance. Cette question est susceptible de prolonger éperdument le procès et d'alourdir le travail de la Chambre. C'est certainement la raison pour laquelle l'article 26 i du Règlement d'arbitrage envisage que les demandes incidentes « *sont jugées en même temps (...) que les demandes principales* ». La Chambre doit alors apprécier ces diverses demandes avec une promptitude qui lui permet d'éviter la lenteur dans la procédure arbitrale.

283. L'avènement des demandes incidentes introduit « *des affaires dans une affaire* »[299], car, « *elles sont jugées (...) suivant les mêmes règles que les demandes principales* »[300]. De manière globale, le Règlement de procédures de la Chambre envisage l'intervention de trois sortes de demandes incidentes que les arbitres examinent minutieusement : celles relatives aux mesures conservatoires (Chapitre 1), aux demandes reconventionnelles (Chapitre 2) et aux exceptions préliminaires (Chapitre 3).

---

[299] METOU (M.M.B), *Le rôle du juge dans le contentieux international, le cas de la Cour internationale de justice*, op. cit, p. 124.

[300] Voir article 26 i du Règlement de procédures de la Chambre. Il s'agit des regles relatives à la phase écrite, orale, respect du principe du procès équitables, délibérations).

Chapitre I :

L'administration rapide et préventive des mesures conservatoires

284. La Chambre a souvent été saisie des demandes de prise de mesures conservatoires[301]. Celles-ci sont des mesures *« urgentes qui ont pour objet de préserver un droit »*[302], mieux « *destinées à maintenir une situation de fait ou de droit afin de sauvegarder des droits dont la reconnaissance est par ailleurs demandée au juge de fond »*[303]. Selon les dispositions de l'article 36 alinéa 1 et celles de l'article 48 alinéa 1 du Règlement de procédures de la Chambre, le collège des conciliateurs et la formation arbitrale *« peuvent, dès sa saisine ou à la demande de l'une des parties, ordonner toute mesure conservatoire...* »[304]. Ce texte enseigne que décider des mesures conservatoires reste une faculté pour la Chambre. C'est auréolé de ce pouvoir d'appréciation qu'elle instruit la demande dans cette phase, d'autant plus qu'elle peut agir d'office ou à la demande des parties ou de l'une d'entre elles. La Chambre intervient en gardant toujours à l'esprit l'enjeu de cette phase. Il s'agit de sauvegarder des droits et de prévenir un préjudice que la sentence finale ne saurait réparer. Devant la Chambre, la mesure la plus souvent demandée est sans nul doute la suspension de l'exécution d'une décision d'une institution sportive dans l'attente de la sentence au fond[305].

---

[301] Voir CCA du CNOSC, Conciliation en procédure d'extrême urgence, n° 269/CCA/PVNC/21, Aff. STADE RENARD DE MELONG FC c/ Décision n° 011/FCF/CR/2021 et DRAGON FC DE YAOUNDE s/c FECAFOOT, 21 septembre 2021.

[301] Voir CCA du CNOSC, Conciliation en procédure d'extrême urgence, n° 303/CCA/PVNC/21, Aff. MABOANG KESSACK Emmanuel c/ FECAFOOT, 06 décembre 2021.

[302] GUINCHARD (S.) et DEBARD (Th.), *Lexique des termes juridiques 2017-2018,* op. cit, p. 725.

[303] CJCE, Aff. C-261/90, 26 mars 1992, Reichert II, Rec. 1992, p. 2175, § 34, cité par J-F POUDRET et S. BESSON, *Droit comparé de l'arbitrage international*, cité par MAISONNEUVE (M.), op. cit, p. 119.

[304] L'article 25 vi prévoit aussi que « *dès sa saisine, la Chambre peut, d'office ou à la demande de l'une des parties, ordonner toute mesure conservatoire (...)* ».

[305] Voir CCA du CNOSC, Conciliation en procédure d'extrême urgence, n° 269/CCA/PVNC/21, Aff. STADE RENARD DE MELONG FC c/ Décision n° 011/FCF/CR/2021 et DRAGON FC DE YAOUNDE s/c FECAFOOT, 21 septembre 2021.

[305] Voir CCA du CNOSC, Conciliation en procédure d'extrême urgence, n° 303/CCA/PVNC/21, Aff. MABOANG KESSACK Emmanuel c/ FECAFOOT, 06 décembre 2021.

Par exemple, un candidat à une opération électorale fédérale qui conteste l'interdiction de participer à cette opération qui lui est faite demande à être autorisé, pendant la durée de la procédure arbitrale, à prendre part à une telle opération.

285. Face à cette situation, la Chambre procède au préalable à l'analyse des demandes introduites (Section 1) avant de prendre des mesures provisoires (Section 2) s'il y a lieu.

Section 1 : L'analyse des demandes aux fins des mesures conservatoires

286. Aucune disposition du Règlement de procédures de la Chambre sur les mesures conservatoires n'a suggéré un procédé d'analyse au collège arbitral qui fait face à une demande relative aux dites mesures. Celle-ci est gérée selon les circonstances de l'espèce. Mais en général, dès qu'elle a reçu une demande relative aux mesures conservatoires, la Chambre procède à l'initiation d'une phase séparée pour examiner ladite demande. Elle suspend l'instance principale, car celle-ci peut avoir une incidence sur elle. Elle vérifie dès lors si la demande remplit les conditions de forme (§1) et de fond exigées par le Règlement de procédures de la Chambre (§ 2).

§ 1- La vérification du respect des conditions de forme

287. Les mesures conservatoires issues d'une initiative de la Chambre sont rares. Elles se réalisent en général suite à la demande des parties. La Chambre doit donc veiller que cette demande émane effectivement d'une des parties à la procédure (A), qu'elle intervienne dès la saisine de la Chambre (B), qu'elle ait un lien avec l'instance principale (C), et, éventuellement, qu'elle renferme les garanties adéquates par la partie ayant formulé la demande (D).

A- Une demande écrite de l'une ou des parties à l'instance

288. Pour être régulière et considérée par la formation arbitrale, la demande en indication des mesures conservatoires doit émaner d'une des parties au procès. En effet, cette demande n'est que l'accessoire d'une requête régulièrement introduite. Dans d'autres domaines, « *l'existence d'un tel intérêt ne suscite en principe pas de difficulté. Les demandes sont introduites sur le fondement d'une clause compromissoire contenue dans un contrat liant un nombre restreint de personnes* »[306]. Il n'y a donc guère de doute que toutes ont intérêt à soumettre une demande en indication de mesures conservatoires.

---

[305] Voir CCA du CNOSC, Conciliation en procédure d'extrême urgence, n° 059/CCA/PVNC/23, Aff. Union des Mouvements Sportifs (UMS) de Loum c/ Avion Academy FC et FECAFOOT, 12 mai 2023 ; voir aussi CCA du CNOSC, Conciliation en procédure d'extrême urgence, n° 010/CCA/PVNC/23 Aff. BIDJA SIH Pierre Didier c/ Fédération Camerounaise de Cyclisme, 12 Janvier 2023 ; voir aussi CCA du CNOSC, Conciliation en procédure d'extrême urgence, n° 383/CCA/PVNC/22, 30 décembre 2022.

[306] MAISONNEUVE (M.), *L'Arbitrage des litiges*, op. cit, p. 127.

289. En matière sportive, les litiges sportifs sont susceptibles d'intéresser un nombre élevé de personnes, et, parmi elles, beaucoup sont liées par une même disposition compromissoire. Celle que l'on trouve par exemple dans les statuts et règlements de la plupart des fédérations nationales, avec de millions de sportifs licenciés auprès d'elles.

290. Seuls ceux qui ont introduit la demande initiale ont, aux yeux de la Chambre, un intérêt suffisant leur donnant intérêt à demander la prise des mesures conservatoires. Il s'agit ainsi de la vérification du caractère subsidiaire d'une telle requête, car, les articles 25 vi, 36 alinéa 1 et 48 alinéa 1 exigent qu'elle émane d'une partie à l'instance, si elle ne vient pas de la Chambre.

291. La forme de la demande en indication des mesures conservatoires n'a pas été indiquée par le Règlement. Mais, la Chambre exige qu'elle soit écrite et par référence à l'affaire principale, la demande étant subsidiaire à celle-ci[307].

292. Devant la Chambre, il s'agit très souvent de la demande de la partie requérante. Mais il peut aussi arriver qu'elle soit saisie d'une demande de prise de mesures conservatoires de la part du défendeur[308].

B- Une demande pouvant intervenir dès la saisine de la Chambre

293. Si le Règlement de procédures de la Chambre l'autorise à connaître de la demande aux fins d'ordonner des mesures conservatoires « *dès sa saisine* », il n'a pas précisé à quel moment il serait plus opportun que cette demande intervienne. La période indiquée pour le dépôt de cette demande est ouverte. On peut dire qu'à tout moment, la Chambre peut connaître d'une demande aux fins d'ordonner des mesures conservatoires.

C- Une demande ayant un lien avec l'instance

294. Une demande peut provenir de l'une des parties à la procédure de conciliation ou d'arbitrage, mais n'ayant aucun lien avec l'instance principale. C'est pourquoi l'arbitre vérifie et apprécie le caractère subsidiaire de la demande des mesures conservatoires. Ce caractère n'est pas formellement précisé dans le Règlement de procédures. Néanmoins, on comprend avec les termes « *dès sa saisine* » des articles 25 vi et 48 alinéa 1 de ce Règlement, qu'une procédure

---

307 Voir CCA du CNOSC, procédure de conciliation, Aff. n° CCA/2021/0013 du 26 août 2021 MABOANG KESSACK Emmanuel c/ FECAFOOT ; CCA du CNOSC, Procédure de Conciliation, Aff. n° CCA/2021/016 du 21 septembre 2021 Stade Renard de Melong FC c/ Décision n° 011/FCF/CR/2021 et Dragon FC de Yaoundé S/C FECAFOOT ; CCA du CNOSC, procédure de Conciliation, Aff. CCA/2023/016 du 12 Mai 2023, Union des Mouvements Sportifs (UMS) de Loum c/ Avion Academy FC et FECAFOOT ; voir CCA du CNOSC, procédure de conciliation, Aff. n° CCA/2023/003 du 12 Janvier 2023 BIDJA SIH Pierre Didier c/ Fédération Camerounaise de Football (FECAFOOT).

308 C'est pourquoi les articles 25 vi et 48 alinéa 1 utilisent les termes « *la demande de l'une des parties* ».

arbitrale doit être entamée devant la Chambre pour qu'elle connaisse d'une telle demande émanant d'une partie à l'instance ou pour qu'elle puisse indiquer ces mesures de sa propre initiative.

295. Dès lors, la Chambre vérifie que les mesures conservatoires sollicitées ont pour but la sauvegarde des droits que la demande principale tend à obtenir. Par conséquent, il doit y avoir un lien de connexité entre la demande principale et la demande des mesures conservatoires.

D- Une demande éventuellement subordonnée à la constitution des garanties adéquates

296. Sur ce point, l'alinéa 2 de l'article 48 du Règlement d'arbitrage de la Chambre permet de mesurer exactement le pouvoir dont dispose la Chambre en matière de prise de mesures conservatoires. Non seulement, c'est la formation arbitrale qui est compétente pour prononcer les mesures conservatoires, mais aussi c'est elle qui apprécie l'opportunité d'imposer à l'auteur de la demande, la présentation de certaines garanties.

§ 2- L'analyse sur le fond

297. Le Règlement de procédures de la Chambre n'a donné aucune indication au tribunal arbitral sur l'attitude à adopter face à une demande de prise de mesures conservatoires ni sur ce qu'il doit établir au fond. En général, dans la pratique, le collège arbitral vérifie d'abord sa compétence (A), avant d'établir l'urgence et le risque irréparable des droits relatifs au procès (B).

A- La vérification de sa compétence *prima facie*

298. La vérification de sa compétence par la Chambre n'est pas systématique en présence d'une demande des mesures conservatoires. Si le défendeur ne conteste pas cette compétence ou si la phase sur les exceptions préliminaires lui a permis de se déclarer compétent pour connaître le litige, la vérification est sans objet.

299. En revanche, lorsque la demande est introduite en même temps que la requête introductive d'instance, et que le défendeur à l'instance conteste sa compétence sur le litige, la Chambre doit vérifier sa compétence.

300. En effet, compte tenu de l'objet et du but de ces mesures conservatoires, la Chambre a pour obligation d'établir un lien entre son pouvoir d'ordonner ces mesures et sa compétence à connaître du litige. Elle est consciente que la prise des mesures ne sera efficace que si elle peut statuer sur les droits en litige. Évidemment, il ne lui servirait à rien d'indiquer des mesures conservatoires si par la suite, son incompétence sur le fond du litige est manifeste.

301. Pour autant, l'exercice du pouvoir d'ordonner les mesures conservatoires ne nécessite donc pas qu'elle se rassure de manière définitive

qu'elle a compétence sur le fond du litige, mais qu'elle vérifie si les dispositions indiquées par le demandeur constituent, à première vue, une base sur laquelle sa compétence pourrait être fondée.

302. Ainsi, avant de rendre une sentence avant dire droit, la Chambre prend en général soin de se prononcer sur sa compétence pour connaître de la demande à lui adressée. Elle est d'autant plus nécessaire lorsqu'il y a contestation de cette compétence. Elle doit se prononcer sur les observations de la partie qui l'allègue[309].

303. Ce que la Chambre cherche à démontrer à ce niveau, c'est la nature même du pouvoir dont elle dispose. Comme elle a eu à le montrer, aidée en cela par la partie qui demande l'indication des mesures, il s'agit d'un pouvoir qui l'autorise, quand c'est possible, à « *ordonner toute mesure conservatoire ou provisoire* »[310]. Les circonstances de l'affaire lui permettent d'indiquer des mesures conservatoires, car, le Règlement de procédures de la Chambre n'exige pas du demandeur qu'il fournisse expressément le fondement de la compétence du tribunal arbitral.

B- L'appréciation de l'urgence et du risque du préjudice irréparable

304. L'article 48 du Règlement de procédures de la Chambre ne permet pas de mesurer exactement les conditions au respect desquelles est subordonné le prononcé des mesures conservatoires. Il ne les énonce pas. Il a laissé l'entière responsabilité à la Chambre de juger de l'opportunité de prendre ces mesures, puisqu'elle ne le fait que si elle le « *peut* ». C'est la pratique qui favorise la détection des grandes lignes sur lesquelles elle se fonde pour prendre sa décision. À la lumière des sentences avant dire droit rendues, il apparaît que deux conditions sont particulièrement importantes : premièrement, la demande au fond doit présenter, *prima facie*, des chances certaines de succès, et, secondement, que le demandeur soit exposé à un risque de dommage sérieux et difficilement réparable dont le prononcé de la mesure sollicitée permettrait d'éviter la survenance. Cependant, la Chambre ne dit pas si ces deux conditions sont cumulatives ou alternatives.

1- L'urgence

305. L'appréciation de l'urgence relève du pouvoir discrétionnaire de la Chambre et dépend du cas d'espèce ainsi que des circonstances qui l'entourent. Les cas d'espèce ne pouvant être semblables, cette appréciation varie d'un contentieux à l'autre. Pour cet exercice, la Chambre s'appuie sur les diverses informations produites à la fois par le requérant et par d'autres sources

[309] Voir l'affaire CCA du CNOSC, Conciliation en extrême urgence, n° 026/CCA/PVNC/, n° CCA/2024/007 du 14 mars 2024, Union des Mouvements Sportifs (UMS) c/ Victoria United FC et FECAFOOT
[310] Idem.

officielles[311]. C'est pourquoi, bien que soucieux de l'égalité des parties, la Chambre peut, percevoir l'urgence, et prononcer les mesures conservatoires en l'absence d'audition préalable du défendeur, ou même d'office, et sans qu'elle n'ait besoin de statuer expressément sur chacun des arguments du demandeur. La Chambre a accédé à plusieurs demandes de mesures conservatoires[312]. Elle en a rejeté d'autres parce qu'elles ne remplissaient pas la condition de l'urgence qui implique un risque de préjudice irréparable[313]. Dans l'affaire BIDJA SIH Pierre Didier c/ FECACYCLISME[314], la Chambre « *dit inopportune en l'état la demande d'annulation des décisions querellées évoquées*[315]*, dit par ailleurs inopportune celle tendant à la suspension des effets y attachés* ».

2- Le risque de préjudice irréparable

306. La Chambre apprécie cette exigence de façon stricte[316]. En effet, il peut certes y avoir urgence, mais la prise de mesures conservatoires suppose la preuve

---

[311] Dans certaines affaires, la Chambre s'appuie sur les articles de presse et certaines informations pertinentes.

[312] Voir CCA du CNOSC, Conciliation en procédure d'extrême urgence, n° 269/CCA/PVNC/21, Aff. STADE RENARD DE MELONG FC c/ Décision n° 011/FCF/CR/2021 et DRAGON FC DE YAOUNDE s/c FECAFOOT, 21 septembre 2021.

Voir CCA du CNOSC, Conciliation en procédure d'extrême urgence, n° 303/CCA/PVNC/21, Aff. MABOANG KESSACK Emmanuel c/ FECAFOOT, 6 décembre 2021. Voir CCA du CNOSC, Conciliation en procédure d'extrême urgence, n° 059/CCA/PVNC/23, Aff. Union des Mouvements Sportifs (UMS) de Loum c/ Avion Academy FC et FECAFOOT, 12 mai 2023 ; voir aussi CCA du CNOSC, Conciliation en procédure d'extrême urgence, n° 010/CCA/PVNC/23 Aff. BIDJA SIH Pierre Didier c/ Fédération Camerounaise de Cyclisme, 12 Janvier 2023 ; voir aussi CCA du CNOSC, Conciliation en procédure d'extrême urgence, n° 383/CCA/PVNC/22, 30 décembre 2022.

[313] Voir CCA du CNOSC, Conciliation en procédure d'extrême urgence, n° 021/CCA/PVNC/23 du 27 janvier 2023, Aff. BIDJA SIH Pierre Didier c/ FECACYCLISME.

[314] Voir CCA du CNOSC, Conciliation en procédure d'extrême urgence, n° 021/CCA/PVNC/23 du 27 janvier 2023, Aff. BIDJA SIH Pierre Didier c/ FECACYCLISME.

[315] Les décisions querellées et évoquées sont : la décision du 6 janvier 2023 de la Commission Nationale d'Organisation des élections de la FECACYCLISME (FCC) portant publication de la liste de candidatures reçues et rejetées dans le cadre des assemblées générales électives des ligues régionales de la FCC, point IX région du Sud s'agissant du rejet de la demande du Sieur BIDJA SIH Pierre Didier au poste de Secrétaire général de la ligue régionale du Sud de la FCC ; la décision du 06 janvier 2023 de la Commission Nationale d'Organisation des élections portant chronogramme des activités pour les élections à la FCC ; la décision n° 0001 du 17 janvier 2023 de la Commission Nationale de Recours de la FCC portant report de l'AG élective au 28 janvier 2023.

[316] Voir CCA du CNOSC, Conciliation en procédure d'extrême urgence, n° 269/CCA/PVNC/21, Aff. STADE RENARD DE MELONG FC c/ Décision n° 011/FCF/CR/2021 et DRAGON FC DE YAOUNDE s/c FECAFOOT, 21 septembre 2021.

de l'existence d'un risque de préjudice irréparable pour les droits en litige. La Chambre estime que c'est ce risque de préjudice irréparable aux droits en cause qui constitue la base même, la source de l'action en indication de mesures conservatoires et le caractère préventif de son rôle dans cette phase[317].

307. L'appréciation de ces mesures dépend des preuves fournies par le demandeur des mesures conservatoires à qui il revient de présenter clairement les droits qu'il prétend sauvegarder et les risques de préjudice qui pèsent sur ces droits. Après l'analyse de la demande des mesures conservatoires, la Chambre adopte une position précise en fonction de la pertinence de la demande.

Section 2 : Les effets de l'analyse des demandes aux fins d'ordonner des mesures conservatoires

La Chambre prend une décision sous forme de sentence avant dire droit (§ 1) qui a une certaine portée (§ 2).

§ 1- La prise d'une sentence avant dire droit

308. La Chambre émet une sentence de rejet de la demande de mesures conservatoires (A), mais prend aussi une sentence indiquant les mesures (B) en considération des opportunités.

A- La sentence de rejet

309. Lorsque son incompétence sur le litige est avérée, la Chambre émet une ordonnance de rejet de la demande des mesures conservatoires sollicitées. Il ne suffit pas cependant que sa compétence soit établie pour qu'elle ordonne des mesures conservatoires. La Chambre peut donner une réponse négative, si elle estime que les conditions nécessaires à l'indication de mesures conservatoires ne sont pas remplies, ou encore lorsqu'elle a trouvé un autre motif pour écarter la demande ou choisir de son propre chef les mesures à indiquer aux parties dans le cas où elle l'estime nécessaire. Dans l'affaire BIDJA SIH Pierre Didier c/ FECACYCLISME[318], la Chambre a jugé que les conditions pour ordonner les mesures conservatoires n'étaient pas remplies.

Voir CCA du CNOSC, Conciliation en procédure d'extrême urgence, n° 303/CCA/PVNC/21, Aff. MABOANG KESSACK Emmanuel c/ FECAFOOT, 06 décembre 2021. Voir CCA du CNOSC, Conciliation en procédure d'extrême urgence, n° 059/CCA/PVNC/23, Aff. Union des Mouvements Sportifs (UMS) de Loum c/ Avion Academy FC et FECAFOOT, 12 mai 2023 ; voir aussi CCA du CNOSC, Conciliation en procédure d'extrême urgence, n° 010/CCA/PVNC/23 Aff. BIDJA SIH Pierre Didier c/ Fédération Camerounaise de Cyclisme, 12 Janvier 2023 ; voir aussi CCA du CNOSC, Conciliation en procédure d'extrême urgence, n° 383/CCA/PVNC/22, 30 décembre 2022.

[317] Idem.

[318] Voir CCA du CNOSC, Conciliation en procédure d'extrême urgence, n° 021/CCA/PVNC/23 du 27 janvier 2023, Aff. BIDJA SIH Pierre Didier c/ FECACYCLISME.

B- La sentence ordonnant la mesure conservatoire

310. En faveur du demandeur des mesures conservatoires, la Chambre prend, quand il est opportun, des mesures conservatoires. Le Règlement de procédures de la Chambre n'ayant donné aucune précision sur le contenu de ces mesures, le tribunal arbitral dispose des pouvoirs très étendus en la matière. Il est libre de moduler leur contenu en fonction des circonstances de l'espèce. Dans l'affaire MABOANG KESSACK Emmanuel c/ FECAFOOT, la Chambre indique les mesures conservatoires assorties d'un certain nombre de garanties explicites en ces termes : « *en application de l'article 36 alinéa 1, 2 et 3 des statuts et Règlement de procédures de la Chambre, ordonne la suspension immédiate des effets de la décision n° 001 du 20 août 2021 rendue par la Commission Electorale de la FECAFOOT portant publication de la liste des clubs des championnats à prendre part aux processus électoraux (Assemblée générale des ligues départementales), jusqu'à l'issue de la présente procédure en arbitrage avec la présence des arbitres supplémentaires requis ; assortit la présente décision du paiement des frais de procédure d'arbitrage d'un montant d'un million deux cent mille (1200 000) de francs CFA…* »[319]. D'autres indications de garanties sont moins élaborées. C'est le cas dans l'Affaire Union des Mouvements Sportifs de Loum (UMS) c/ Victoria United FC et FECAFOOT[320]. Dans cette affaire, la Chambre a « en application de l'article 36 al 1, 2 et 3 des Statuts et Règlements de procédures de la Chambre, ordonné la suspension immédiate des effets de la Décision n° 015/FECAFOOT :CFHD/2024 rendue le 29 février 2024 par la Commission Fédérale d'Homologation et de Discipline et celle confirmative n° 006/FCF/CR/2024 de la Commission de Recours, ordonne la suspension de la programmation des play-off Up et des play-off Down jusqu'à l'issue de la présente procédure en arbitrage ; assortit la présente décision de la saisine de la Chambre dans les 24 h en extrême urgence à compter de la date du présent procès-verbal ». Enfin, la majorité des mesures conservatoires prises par la Chambre ne sont pas forcément assorties de garanties. Tel est le cas dans l'affaire Stade Renard de Melong FC c/ Décision n° 011/FCF/CR/2021 et Dragon FC de Yaoundé s/c FECAFOOT. La Chambre « *en application de l'article 36 alinéas 1 et 3 des Statuts et Règlements de Procédures de la Chambre, ordonne la suspension immédiate de la décision n° 011/FCF/CR/2021 du 14 septembre*

---

319 Voir CCA du CNOSC, Conciliation en procédure d'extrême urgence, n° 253/CCA/2021/0013, Aff ? MABOANG KESSACK Emmanuel c/ FECAFOOT, 26 août 2021.

320 Voir l'affaire CCA du CNOSC, Conciliation en extrême urgence, n° 026/CCA/PVNC/, n° CCA/2024/007 du 14 mars 2024, Union des Mouvements Sportifs (UMS) c/ Victoria United FC et FECAFOOT.

2021, sous astreintes comminatoires de 50 000 FCFA par jour de retard, à compter de la notification de la présente décision... »[321].

311. Ainsi, la Chambre peut ordonner exactement les mesures sollicitées par le demandeur et, dans ce cas, la décision correspond à la volonté de l'acteur du mouvement sportif requérant. Elle peut aussi indiquer des mesures en changeant de formulation. Elle peut également retenir parmi les mesures demandées, une seule, ou plusieurs. Elle peut enfin prescrire des mesures totalement différentes de celles sollicitées par le requérant, car, en vertu des articles 25 vi et 48 alinéa 1 du Règlement de procédures de la Chambre, le collège arbitral « *peut, dès sa saisine (...) ordonner toute mesure conservatoire ou provisoire* ». Une autre affaire MABOANG KESSACK Emmanuel c/ FECAFOOT peut également être citée en exemple. Dans cette affaire, la Chambre « *conformément aux dispositions de l'article 36 alinéa 1 du Règlement de procédures de la Chambre, ordonne la suspension des effets de la décision n° 009/CE/FECAFOOT/2021 du 25 novembre 2021 rendue par la Commission électorale de la FECAFOOT portant publication des listes des candidatures aux postes de président et membres du comité exécutif de la FECAFOOT du 25 novembre 2021, et d'autre part, la suspension subséquente des effets de la décision n° 12/FCF/CR/2021 rendue par la Commission de recours de la FECAFOOT le 30 novembre 2021, dans leurs dispositions respectives relatives à la candidature de sieur Seidou MBOMBO NJOYA au poste de Président de la FECAFOOT* »[322]. Des affaires récentes n'ont pas démenti cette façon de faire qui caractérise la Chambre[323].

§ 2- La portée de la sentence avant dire droit

312. Si l'alinéa 3 de l'article 48 précise que la sentence rendue par la Chambre sur les mesures conservatoires n'est pas susceptible de recours (A), il ne dit pas, en revanche, si elle est obligatoire ou non (B).

A- Une sentence avant dire droit non susceptible de recours

313. Aux termes de l'alinéa 3 de l'article 48 du Règlement de procédures de la Chambre, « *en cas d'admission d'une telle demande, celle-ci fait l'objet d'une*

---

[321] Voir CCA du CNOSC, Conciliation en procédure d'extrême urgence, n° 269/CCA/PVNC/21, Aff. STADE RENARD DE MELONG FC c/ Décision n° 011/FCF/CR/2021 et DRAGON FC DE YAOUNDE s/c FECAFOOT, 21 septembre 2021.

[322] Voir CCA du CNOSC, Conciliation en procédure d'extrême urgence, n° 303/CCA/PVNC/21, Aff. MABOANG KESSACK Emmanuel c/ FECAFOOT, 06 décembre 2021.

[323] Voir CCA du CNOSC, Conciliation en procédure d'extrême urgence, n° 059/CCA/PVNC/23, Aff. Union des Mouvements Sportifs (UMS) de Loum c/ Avion Academy FC et FECAFOOT, 12 mai 2023 ; voir aussi CCA du CNOSC, Conciliation en procédure d'extrême urgence, n° 010/CCA/PVNC/23 Aff. BIDJA SIH Pierre Didier c/ Fédération Camerounaise de Cyclisme, 12 Janvier 2023 ; voir aussi CCA du CNOSC, Conciliation en procédure d'extrême urgence, n° 383/CCA/PVNC/22, 30 décembre 2022.

sentence avant dire droit, non susceptible de recours ». Rédigée ainsi, cette disposition pourrait laisser penser qu'en cas de non-admission, la sentence avant dire doit pourrait faire l'objet de recours. Que non ! Celle qui n'admet pas la demande[324] est soumise au même régime que celle qui l'admet[325].

B- Une sentence obligatoire ?

314. Le caractère impératif ou la force obligatoire de la sentence avant dire droit sur les mesures conservatoires fait l'objet de vives controverses et de divisions au sein du mouvement sportif. La nature d'une sentence ADD rendue par la Chambre peut être déduite de l'interprétation des articles 18 iv et 52 du Règlement de procédures de la Chambre. Selon le premier texte, « *la Chambre de Conciliation et d'Arbitrage (...) est compétente pour régler les litiges d'ordre sportif ou nés à l'occasion de la pratique du sport* ». Le second texte précise que la sentence, dès qu'elle est rendue à l'occasion, « *produit les effets d'un jugement et acquiert, à l'expiration des délais de recours, l'autorité de la chose jugée* ». De ces deux textes, on peut observer que l'objet et le but du Règlement de procédures de la Chambre sont de lui permettre de remplir les fonctions qui lui sont dévolues par cet instrument, en particulier de s'acquitter de sa mission fondamentale, qui est le règlement arbitral des différends d'ordre sportif au moyen des sentences obligatoires. Les articles 25 vi et 48 alinéa 2 et 3 du Règlement dans ce contexte, a pour but d'éviter que la Chambre soit empêchée d'exercer ses fonctions du fait de l'atteinte aux droits respectifs des parties à un différend soumis à la Chambre. Il ressort de l'objet et du but du Règlement de procédures de la Chambre, ainsi que des termes des articles sus-cités lus dans ce contexte, que le pouvoir d'indiquer des mesures conservatoires emporte le caractère obligatoire desdites mesures, dans la mesure où ce pouvoir est fondé sur la nécessité, lorsque la Chambre peut et que les circonstances l'exigent, de sauvegarder les droits des parties tels que définis par le Règlement, et d'éviter qu'il y soit porté préjudice. Prétendre que ces mesures conservatoires indiquées en vertu des articles 25 vi et 48 alinéa 2 et 3 du Règlement de procédures ne seraient pas obligatoires serait contraire à l'objet et au but de cette disposition.

315. La Chambre s'est prononcée sur la nature de la sentence ADD. Elle ne contredit pas les conclusions tirées des termes des articles 25 vi et 48 alinéas 2 et 3 du Règlement de procédures lus à la lumière de l'objet et du but de ce Règlement. Elle précise que les sentences avant dire droit prises au titre des

---

[324] Voir CCA du CNOSC, Arbitrage en procédure ordinaire (Liquidation des astreintes), Aff. n° CCA/2020/0003 du 21 janvier 2021, NKOU MVONDO Prosper, Ngaoundéré FC et autres c/ FECAFOOT.

[325] En général, un jugement avant dire droit n'est susceptible d'appel et pourvoi en cassation que dans les cas spécifiés par la loi. Par exemple l'arrêt d'appel se prononçant sur la compétence sans statuer au fond. Voir GUINCHARD (S.) et DEBARD (Th.), S. la Dir, Lexique des termes juridiques 2017-2018, op. cit, p. 648.

articles suscités sont obligatoires d'autant plus qu'elle les ordonne[326]. C'est donc sur la base des sentences ADD prenant des mesures conservatoires et les décisions de la Chambre sur le fond, qu'elle a pu établir le caractère impératif desdites procédures. Eu étant, ces sentences sur les mesures conservatoires ne sauraient être réduites à de simples recommandations, puisqu'il y a un lien évident entre les articles 25 vi, 48 alinéas 2 et 3, et les articles 18 iv et 52 du Règlement de procédures de la Chambre. Ces mesures créent donc des obligations juridiques que les parties sont tenues de respecter.

[326] Voir par exemple CCA du CNOSC, Arbitrage, Aff. n° 005/SA/CCA/17 du 21 décembre 2017 ONANA Vincent c/ FECAFOOT ; voir aussi CCA du CNOSC, Arbitrage, Aff. n° CCA/2019.007 du 18 juin 2019 École de Football les Brasseries du Cameroun c/ FECAFOOT. Dans cette dernière affaire, la Chambre « *Par sentence avant dire droit ; ordonne une enquête graphologique à l'effet d'attester de l'authenticité de Monsieur MBALLA Fouda Luc apposée sur l'avenant du contrat passé entre son fils mineur FOUDA Aloys et l'École des Brasseries du Cameroun* ».

Chapitre II :

L'examen profond des exceptions préliminaires

316. La Chambre est très souvent appelée à examiner les exceptions préliminaires soulevées par le défendeur[327]. Elle tient ce pouvoir de l'article 47 alinéa 2 du Règlement de procédures de la Chambre qui dispose que : « *le collège arbitral apprécie les exceptions (...) formulées par les parties* ». L'article parle d'exception tout court. Mais on voit bien qu'il s'agit de l'exception préliminaire. L'alinéa 2 de l'article 47 du Règlement confère ainsi au défendeur des pouvoirs étendus, puisque le seul dépôt d'un document intitulé exception préliminaire entraîne automatiquement la suspension de la procédure sur le fond[328]. Celui-ci est assuré que la Chambre examinera les exceptions qu'il a soulevées avant de l'inviter à répondre sur le fond.

317. Cependant, malgré la place de choix que cette procédure occupe dans le règlement des litiges d'ordre sportif, le Règlement de procédures de la Chambre ne contient pas une énumération groupée et précise quant aux différentes exceptions que les parties peuvent soulever et soutenir. Il est certes vrai qu'il est impossible de prévoir tous les problèmes que peuvent soulever les parties, mais la pratique de la Chambre montre qu'il existe un certain profil d'exceptions préliminaires qu'elle règle avant d'aller au fond de l'affaire. C'est donc la Chambre elle-même, qui, à travers l'analyse de certaines dispositions dudit Règlement[329], organise la présentation des exceptions que les parties peuvent soulever devant elle. L'appréciation des exceptions par le collège arbitral dépend de la nature de l'exception soulevée, de son objet et de sa pertinence pour le litige en question. Pour ce faire, il commence par l'organisation de la procédure

---

[327] Voir CCA du CNOSC, Arbitrage, Aff. n° 005/SA/CCA/17 du 21 décembre 2017, ONANA Vincent c/ FECAFOOT ; Voir CCA du CNOSC, Arbitrage, Aff. NKOU MVONDO et Clubs du Cameroun c/ FECAFOOT du 24 mai 2013 ; voir CCA du CNSIC, Arbitrage, Aff. n° 0040/SA/CCA du 0» décembre 2013, LITTO TEAM ACADEMY c/ BAFIA VOLLEY-BALL DAMES EVOLUTION ET FECAVOLLEY ; CCA du CNOSC, Arbitrage, Aff. n° 001/SA/CCA/17 du 16 mars 2017 Achille ESSOMBA MANY c/ La LIGUE de FOOTBALL PROFESSIONNEL du Cameroun et ONAMBELE ZIBI.

[328] METOU (M.M. B), *Le rôle du juge dans le contentieux international, le cas de la Cour Internationale de Justice*, op. cit, p. 144.

[329] Certaines dispositions du Règlement de procédures de la Chambre laissent entrevoir certains moyens que les parties peuvent utiliser pour manifester leur contestation et essayer de les faire prévaloir.

relative aux exceptions (Section 1), procède ensuite à un examen des exceptions soulevées par les parties (Section 2), et prend enfin une décision (Section 3).

Section 1 : L'organisation de la procédure relative aux exceptions

318. La Chambre s'appuie sur le pouvoir que lui confère l'article 47 alinéa 2 du Règlement pour apprécier la régularité de la présentation des diverses exceptions préliminaires (§1) et pour assurer la bonne administration de la procédure y afférente (§ 2).

§ 1- L'appréciation de la régularité de la présentation des exceptions préliminaires

319. Avec le dépôt d'une exception préliminaire devant la Chambre, les positions respectives des parties s'inversent dans cette procédure arbitrale. Le défendeur devient momentanément demandeur. Le tribunal arbitral résout d'abord les problèmes liés au moment de la présentation des exceptions préliminaires (A) avant la découverte du contenu desdites exceptions (B).

A- La résolution des problèmes relatifs au moment de la présentation desdites exceptions

320. Aucun délai relatif à la présentation des exceptions n'a été fixé par le Règlement de procédure de la Chambre. Il est donc laissé à l'appréciation du collège arbitral. Cependant, celui-ci est guidé en cela par les délais d'échanges de mémoires prévus à l'article 24 alinéa 1 dudit Règlement. En pratique, l'exception préliminaire est admise par la Chambre après le dépôt par le demandeur d'un mémoire qui expose la teneur de l'affaire. Celle-ci est relative à un exposé des faits, un exposé de droit, et les mesures réclamées ou conclusions[330]. Dès lors, le défendeur peut formuler, à tout moment, mais au plus tard dans les délais d'échange d'écritures. En général, la présentation des exceptions se fait après la réception du mémoire du demandeur par le défendeur. Cela correspond exactement à la nature de l'exception préliminaire. Celle-ci est une exception « *sur laquelle le défendeur demande une décision avant que la procédure sur le fond se poursuive* »[331].

321. Toutefois, la Chambre essaye de ne pas faire preuve de rigidité, surtout lorsque les parties à la procédure sollicitent une prorogation des délais de présentation de leur mémoire. Elle permet aussi aux parties de faire valoir leurs exceptions en même temps que leurs arguments sur le fond. Dans l'affaire BOTAFOGO de Douala c/ FOVU CLUB de Baham et FECAFOOT, « *l'affaire a été enrôlée à l'audience du 24 octobre 2017, advenue à cette date, elle a été renvoyée au 26 octobre 2017 pour production des mandats et débats ; à cette date, les parties ont présenté et soutenu leurs prétentions ; l'affaire a été mise en*

[330] Voir article 20 alinéa 3 du Règlement de procédure de la Chambre.
[331] Arrêt du 27 février 1998, CIJ, Rec. 1998, p. 26, § 47.

délibéré au 30 octobre 2017, à cette date, le délibéré a été rabattu et la défense a présenté un mémoire. L'affaire a été renvoyée au 2 novembre 2017, date à laquelle le demandeur a à son tour, présenté un mémoire en réplique »[332]. Le record de délai de prorogation a été battu dans l'affaire ONANA Vincent c/ FECAFOOT du 21 décembre 2017. Un large extrait de cette sentence mérite d'être exposé pour s'apercevoir de la souplesse de la Chambre par rapport au moment de la présentation des exceptions : « *l'affaire a été enrôlée à l'audience du 12 mai 2016 ; advenue cette date l'affaire a été renvoyée au 17 mai 2016 à la demande de l'appelant ; à cette audience, l'affaire a été renvoyée au 30 juin 2016 pour production des pièces et convocations des témoins ; à l'audience du 30 juin, l'affaire a été renvoyée au 14 juillet 2016 pour répliques de la FECAFOOT et désignation d'experts agréés ; advenue cette audience, l'affaire a été renvoyée au 27 juillet 2016 pour réplique du demandeur ; à cette date, l'affaire a été renvoyée à l'audience du 11 août 2016 pour réplique éventuelle de la FECAFOOT ; à l'audience du 11 août, l'affaire a été renvoyée au 29 septembre 2016 aux mêmes fins ; à cette audience, l'affaire a été renvoyée au 04 octobre 2016 pour répliques du demandeur ; à l'audience du 04 octobre, l'affaire a été renvoyée au 17 novembre 2016 pour délibérer sur les exceptions soulevées par la FECAFOOT ; advenue cette date, la Chambre a rendu la décision avant dire droit n° 001.SADD/CCA/16 dont le dispositif suit : « Statuant contradictoirement à l'égard des parties, après en avoir délibéré conformément aux textes, par sentence avant dire droit ; reçoit la FECAFOOT en ses exceptions; les rejette en conséquence »*[333]. De même, dans l'affaire NKOU MVONDO Prosper et Clubs du Cameroun c/ FECAFOOT du 24 mai 2013, « *l'affaire a été enrôlée à l'audience du 16 mai 2013 ; advenue cette date, le conseil de la FECAFOOT a soulevé l'exception de la représentation ; les parties et la cause ont été renvoyées au 23 mai 2013 pour production par le défendeur de son mémoire en réplique ; à cette date, le défendeur a produit son mémoire en réplique ; l'affaire a été mise en délibéré au 24 mai 2013, date à laquelle la présente sentence a été rendue »*[334]. La Chambre montre ainsi que, quel que soit le moment de la présentation des exceptions, celles-ci ont un contenu que la Chambre découvre lorsqu'elles ont été formulées au bon moment.

B- Le contenu des exceptions préliminaires soulevées

322. L'article 47 alinéa 2 du Règlement de procédures de la Chambre ne donne aucune indication quant au contenu des exceptions préliminaires formulées par les parties. Mais en référence à la demande principale, le tribunal arbitral

[332] Voir CCA du CNOSC, Arbitrage, Aff. n° 003/SA/CCA/17 du 06 novembre 2017 BOTAFOGO de Douala c/ FOVO CLUB de Baham et FECAFOOT.
[333] Voir CCA du CNOSC, Arbitrage, Aff. n° 005/SA/CCA/17 du 21 décembre 2017, ONANA Vincent c / FECAFOOT.
[334] Voir CCA du CNOSC, Arbitrage, Aff. NKOU MVONDO et Clubs du Cameroun c/ FECAFOOT du 24 mai 2013.

vérifie que ladite demande contient l'exposé des faits et de droit qui fonde l'exception[335], ainsi que la conclusion de la partie qui la présente. Il vérifie par ailleurs le lien de connexité entre les exceptions préliminaires ainsi soulevées et l'objet du litige. Il s'assure par ailleurs que l'auteur de la présentation des exceptions a fait mention des preuves pouvant éclairer sa lanterne.

§ 2- L'organisation de la procédure relative à la découverte du contenu

323. Le Règlement de procédure de la Chambre n'aborde pas la question de l'organisation de la procédure liée à la formulation des exceptions préliminaires. C'est donc en application de leur pouvoir général d'organisation de l'instance qu'il appartient aux arbitres de le faire. En pratique, le dépôt d'une exception préliminaire amène la Chambre à suspendre la procédure principale pour ouvrir une phase incidente. Pour ce faire, la Chambre engage un dialogue avec les parties sur la question (A). Par la suite, elle établit l'ordre d'examen des exceptions (B).

A- Le dialogue de la Chambre avec les parties

324. Le collège arbitral discute avec les parties sur certaines questions de procédures. Cette discussion peut l'amener à examiner des exceptions directement en phase de fond de l'affaire et à annuler une procédure incidente qui allonge la procédure arbitrale. Lorsque le collège veut procéder ainsi, il s'assure que les parties ont déposé toutes pièces de procédure relative aux exceptions dans les délais qu'il a fixés.

B- L'établissement de l'ordre d'examen des exceptions soulevées

325. Le traitement d'une seule exception ne pose aucun souci à la Chambre. Il en est de même pour les exceptions qui n'ont aucun rapport de priorité. Elles sont traitées au même moment. En revanche, la Chambre procède souvent à un distinguo entre certaines exceptions qui lui sont présentées. Il s'agit de l'exception d'incompétence et l'exception d'irrecevabilité. La Chambre estime que la première a une priorité sur la seconde[336], bien que, dans certaines sentences, on voit qu'elle traite de l'exception d'irrecevabilité avant l'exception

---

[335] Voir CCA du CNSOC, Arbitrage, Aff. n° 0040/SA/CCA de décembre 2013, LITTO TEAM ACADEMY c/ BAFIA VOLLEY-BALL DAMES EVOLUTION ET FECAVOLLEY ; CCA du CNOSC, Arbitrage, Aff. n° 001/SA/CCA/17 du 16 mars 2017 Achille ESSOMBA MANY c/ La LIGUE de FOOTBALL PROFESSIONNEL du Cameroun et ONAMBELE ZIBI ;

[336] Voir CCA du CNOSC, Arbitrage en procédure d'extrême urgence, Aff. n° CCA/2022.007 du 11 janvier 2023, BIDJA SIH Pierre Didier c/ Fédération Camerounaise de Cyclisme. Voir également, Arbitrage en Procédure d'urgence, Aff. n° CCA/2019/0025 du 05 novembre 2019, ASTRES DE DOUALA c/ PWD DE BAMENDA ; voir aussi n° 005/SA/CCA du 21 février 2014 ESSOMBA EYENGA Antoine Depadou c/ FECAFOOT ; voir aussi Arbitrage en procédure d'urgence, Aff. n° CCA/2019/0023 du 21 octobre 2019, NEWS STARS FC de Douala c/ Ligue de Football Professionnel du Cameroun (LFPC) ;

d'incompétence.[337] Selon ces décisions, ce n'est que quand elle se rassure qu'elle a compétence pour connaître de la requête qu'elle aura à se prononcer sur la question de la recevabilité de la requête. Mais en général, la priorité d'une exception varie d'une affaire à l'autre devant la Chambre, en fonction du choix des arbitres. L'ordre de présentation des exceptions par les parties n'embrouille nullement l'ordre de leur examen par la Chambre.

Section 2 : Le traitement circonstancié des exceptions soulevées

326. La procédure sur les exceptions préliminaires suit presque le même itinéraire que celle du fond. C'est une affaire dans une affaire. Cela étant, cette procédure doit suivre toutes les étapes, écrites ou orales, contradictoires ou délibératoires d'une procédure sur le fond, lors de l'analyse des exceptions d'incompétence[338] (§ 1) ou lors de l'appréciation des exceptions d'irrecevabilité (§ 2).

§ 1- L'analyse des exceptions d'incompétence

327. Les Statuts et Règlement de procédures de la Chambre énumèrent les bases de compétence à travers lesquelles il est possible de dénombrer une typologie des exceptions d'incompétence soulevées devant la Chambre. La base de l'analyse de ces exceptions lui est conférée par les articles 17 et 18 dudit Règlement. À partir de ces dispositions, la Chambre a ainsi l'occasion de se prononcer sur les demandes formulées sur les réserves à sa compétence. Elle apprécie ainsi les exceptions d'incompétence relatives à sa compétence sur les questions électorales (A) et celles relatives à l'homologation du Procès-verbal de la tenue d'une Assemblée générale (B).

A- Les exceptions relatives à sa compétence sur les questions électorales

328. La Chambre s'est vue quelques rares fois soumettre des questions électorales au sein des fédérations sportives. Très souvent, ces questions sont invoquées pour soulever *in limine litis* l'incompétence de la Chambre sur cette matière tendant à les exclure de sa compétence. À cet égard, la Chambre a joué un rôle décisif en faisant subir dans l'esprit des acteurs du mouvement sportif une mutation fondamentale. C'est l'Affaire ESSOMBA EYENGA Antoine Depadou c/ FECAFOOT du 30 octobre 2014[339], qui a longtemps constitué la seule portant sur une question de compétence de la Chambre en matière électorale. Cette affaire

---

[337] Voir CCA du CNOSC, Arbitrage, AFF. n° 004.CCA/15 du 07 mai 2015, NGONSU TCHONLAHUI, BISSO Alfred Daniel, ENGUENE Serge, TSIMI Alain, ESSONO METEH Marc Emmanuel c/ LIKALE Jean Daniel.

[338] Une exception d'incompétence est « un moyen de défense pris de l'incompétence d'attribution ou de l'incompétence territoriale d'une juridiction » ; voir GUINCHARD (S.) et DEBARD (Th.), (S. la Dir.), Lexique des termes juridiques 2017-2018, op. cit, pp. 495-496.

[339] Voir CCA du CNOSC, Arbitrage, n° 005/SA/CCA, Aff. ESSOMBA EYENGA Antoine Depadou c/ FECAFOOT, 30 octobre 2014, in Recueil Thématique des Sentences de la Chambre de Conciliation et d'Arbitrage du CNOSC, Tome II, inédit.

a introduit une révolution dans la perception classique des compétences en matière électorale dans les fédérations sportives nationales camerounaises, car les arbitres y apportaient des précisions cruciales. Après avoir fait le tour des règles juridiques régissant les activités physiques et sportives issues tant de l'ordre juridique sportif que de la réglementation étatique, pour en extraire la substance qui renseigne sur sa compétence relativement au litige, la Chambre a tenu d'emblée à être claire en relevant que « sur la violation des règles de compétence, qu'il est reproché à la Chambre de connaître de ce litige alors que l'annulation des résolutions d'une assemblée générale d'une fédération sportive et des statuts adoptés au cours de cette assemblée ne constitue pas un litige sportif (…) sur ce point que l'évidence du caractère de litige sportif du contentieux électoral au sein d'une fédération sportive n'est plus à démontrer ; qu'en outre, l'ensemble des statuts, règlements et autres textes qui organisent, définissent et délimitent les rapports entre les clubs, les joueurs, les dirigeants sportifs et mettent en place les organes de gestion d'une fédération constituent les règles sportives d'origine fédérale ; que ces règles doivent être en conformité avec les règles sportives d'origine étatique que sont les lois, décrets, arrêtés et circulaires pris par les autorités étatiques pour régir l'activité sportive ; qu'en l'espèce, les statuts de la FECAFOOT sont des règles sportives d'origine fédérale, alors que la loi n° 2011/018 du 15 juillet 2011 portant organisation et promotion des activités physiques et sportives au Cameroun est une règle sportive d'origine étatique ; que la compétence d'une juridiction sportive à connaître d'un litige relatif à une norme sportive est évidente »[340]. Pour appuyer son raisonnement, la Chambre prend pour illustration et estime que « *l'activité juridictionnelle du tribunal Arbitral du Sport (TAS) cristallisée autour de l'édification de la Lex Sportiva a pour fondement l'examen de la norme sportive, quelle qu'elle soit ; que la sentence TAS 95/141, 22 avril 1996, JDI, 2001, 283 et suivant, obs. G. Simon est édifiante à ce sujet* »[341]. Ayant posé les bases de sa compétence dans cette affaire, c'est au détour de certaines sentences et de l'inscription explicite de sa compétence sur les élections fédérales dans le Règlement de procédures que la Chambre affine sa position en la matière[342]. « *Le contentieux électoral au sein*

---

[340] Idem.

[341] Ibid.

[342] La Chambre a rendu plusieurs décisions portant sur les questions électorales : voir CCA du CNOSC, Arbitrage, Aff. du 22 février 2013 BADJECK Didier c/ AMOKO Lizouret Marcel ; CCA du CNOSC, Arbitrage, Aff. du 22 Mai 2013, Me André-Merlin Toto SOPPO et Daniel Blaise NGOS c/ FECAFOOT ; CCA du CNOSC, Arbitrage, Aff. du 10 mai 2013 MENDOUGA Bertrand Magloire c/ TCHWEM Justin et NWAHA ; CCA du CNOSC, Arbitrage, Aff. du 10 mai 2013, YOMBA Vincent c/ Qui de droit ; CCA du CNOSC, Arbitrage, 2e Aff. du 22 mai 2013 Me André-Merlin Toto SOPPO et Daniel Blaise NGOS c/ FECAFAOOT ; CCA du CNOSC, Arbitrage du 22 mai 2013, Abdouramane Hamadou BABBA c/ Ligue Régionale de Football du Nord et FECAFOOT ; CCA du CNOSC, Arbitrage, Aff. du 24 mai 2013, TCHENTYO Alex Glenn et MEMPOULIA Cyrille c/ Ligue

d'une fédération sportive nationale » figure désormais dans le champ des litiges d'ordre sportif[343] et peut servir de justification pour rejeter les fins de non-recevoir soulevées par une partie.

B- Les exceptions relatives à l'homologation du Procès-verbal de la tenue d'une Assemblée générale

329. Il arrive très souvent que les acteurs du mouvement sportif tentent de faire échec à la compétence de la Chambre en soulevant son incompétence *in limine litis* à connaître de l'homologation du Procès-verbal de la tenue d'une Assemblée générale élective au sein des fédérations. Sans se pencher sur une analyse approfondie de sa validité, la Chambre apprécie une telle exception sans difficulté. Dans l'affaire NGONSU TCHONLAHUI, BISSO Alfred Daniel, ENGUENE Serge, TSIMI Alain, ESSONO METEH Marc Emmanuel c/ LIKALE Jean Daniel[344], le requérant sollicitait de la Chambre « *l'homologation de l'Assemblée générale élective (AGE) de la FECARUGBY du 28 mars 2015* »[345] estimant que la Chambre était compétente pour ce faire. Elle a écarté cet argument pour dire que « *conformément à l'instruction ministérielle n° 001/MINSEP/SG/DNSO/DAJ relative aux modalités pratiques d'organisation des Assemblées générales électives au sein des fédérations sportives nationales, seul le ministère des Sports et de l'Education Physique a compétence pour homologuer les résolutions d'une AGE d'une fédération sportive régulièrement affiliée au Cameroun* »[346]. Cette remarque l'a conduit à faire droit au défendeur sur les exceptions soulevées. Elle a indiqué qu'elle « se déclare incompétente à connaître de l'homologation du procès-verbal de la tenue de l'AGE du 28/03/2015[347]. La compétence de la Chambre s'étend ainsi sur le contentieux électoral au sein d'une fédération nationale en générale, mais pas sur un aspect particulier à l'instar de l'homologation d'un procès-verbal de la tenue de cette élection.

§ 2- L'appréciation des exceptions d'irrecevabilité

330. Selon l'alinéa 3 de l'article 42 du Règlement de procédures de la Chambre, « *l'examen de la recevabilité de la requête est de la compétence des Arbitres qui statuent sur toutes les questions de fins de non-recevoir soulevées*

Régionale de Football du Sud et FECAFOOT ; CCA du CNOSC, Arbitrage, Aff. n° 0038/SA/CCA du 20 juin 2013 DARWE François Xavier c/ Qui de droit.

[343] Voir article 17 du Règlement de procédures de la Chambre sur la définition du litige d'ordre sportif.

[344] Voir CCA du CNOSC, n° 004/SA/CCA/15, Aff. NGONSU TCHONLAHUI, BISSO Alfred Daniel, ENGUENE Serge, TSIMI Alain, ESSONO METEH Marc Emmanuel c/ LIKALE Jean Daniel, 07 mai 2015, in Recueil Thématique des Sentences de la Chambre de Conciliation et d'Arbitrage du CNOSC, Tome I, inédit.

[345] Idem.

[346] Ibid.

[347] Ibidem.

par les parties ». Une exception à la recevabilité « *consiste à affirmer que, quand bien même la cour serait compétente et les faits exposés (...) seraient tenus pour exacts, il n'en existe pas moins des raisons pour lesquelles il n'y a pas lieu (...) de statuer sur le fonds* »[348]. Si les statuts et Règlement de la Chambre donnent avec précision les bases de compétence de la Chambre, les dispositions qui énumèrent celles relatives à la question de recevabilité auxquelles elle est souvent confrontée sont éparses et furtives. En l'absence d'une indication juridique précise, la Chambre analyse ces dispositions et forge sa propre pratique. Le Collège arbitral les apprécie en fonction des circonstances particulières de l'espèce, les questions de recevabilité ont pour objectif d'écarter les demandes qui ne vont pas en droite ligne avec les attributions de la Chambre. Elles portent très souvent sur les questions relatives à l'existence et /ou à la nature des litiges d'ordre sportif du différend (A) et sur celles relatives au non-respect de certaines procédures préalables à sa saisine (B).

A- Le traitement des exceptions relatives à l'existence et/ou à la nature de litiges d'ordre sportif du différend

331. La simple affirmation du différend sportif par le demandeur ne suffit pas pour prouver son existence. De même, le fait que l'existence d'un différend sportif est contestée ne signifie pas que ce différend n'existe pas. C'est pourquoi l'appréciation de la preuve de chaque allégation est faite par la Chambre. Elle recherche la manifestation de cette contestation à travers soit la déclaration, soit la conduite des acteurs du mouvement sportif à l'instance. En effet, cette réalité du différend d'ordre sportif est une condition *sine qua none* du fondement de la décision de la Chambre parce qu'elle ne peut engager une procédure contentieuse que si ce type de différend existe entre les parties. Sur la base des affirmations du défendeur selon lesquelles le différend sportif n'existerait pas ou n'existerait plus, la Chambre procède à la vérification de la réalité (1) tout autant que les exceptions portant sur le type d'action introduite par le requérant (2).

1- L'appréciation de la réalité du différend divisant les parties à l'instance

332. La Chambre s'attelle à vérifier l'existence d'un litige d'ordre sportif, car elle est la base de la procédure arbitrale. Elle se rassure de trois choses. D'abord de l'existence d'un différend, puis du fait que ce litige soit un litige d'ordre sportif, et enfin que ce différend fasse l'objet de discorde entre les parties au procès. La Chambre n'exige pas dans ce cas une manifestation formelle dudit différend. Elle considère qu'un acteur du mouvement sportif ne peut entreprendre une démarche aussi sérieuse que la requête contre X devant elle, et exigeant du temps et de l'argent, sans avoir auparavant tâché d'établir clairement qu'il s'agit d'une différence de vues qui ne peut être dissipée autrement.

---

[348] METOU (M.M.B), *Le rôle du juge dans le contentieux international, le cas de Cour Internationale de Justice*, op. cit, pp. 162-163.

333. La Chambre vérifie en général que les parties à la procédure arbitrale, sont celles dont les thèses sont opposées et qui s'affrontent directement et de façon précise dès l'introduction de l'instance, car, l'existence d'un litige porte en réalité sur le problème de l'existence d'un différend entre le demandeur et le défendeur, quels que soient la nature et l'objet du différend soumis à la Chambre.

2- L'appréciation des exceptions portant sur le type d'action introduite par le requérant

334. Les parties acteurs du mouvement sportif soulèvent plusieurs exceptions d'irrecevabilité par rapport aux conditions qui doivent être remplies avant l'introduction de certains types de recours devant la Chambre. Dans ce cas, la Chambre vérifie que la requête qui la saisit satisfasse aux exigences prévues par le Règlement de procédures de la Chambre.

- Dans le cadre d'une action en reconnaissance de la qualité de membre d'une fédération

335. La condition préalable que la Chambre examine à fin de recevabilité d'une action en reconnaissance de la qualité de membre est l'existence d'un lien entre la personne réclamant et l'institution mise en cause, cette dernière ayant soulevé l'exception de non-appartenance de la requérante à son institution. Le problème de la reconnaissance de la qualité de membre d'une fédération s'est posé devant la Chambre dans l'affaire AFC contre FECAFOOT du 26 juillet 2012. Dans cette affaire, la FECAFOOT, demanderesse en exception, soutenait l'irrecevabilité de la requête de la requérante l'AFC fondée entre autres[349] sur la qualité de celle-ci. Selon elle, « *cette organisation syndicale n'est pas partie au litige ; qu'elle n'est de surcroît pas membre de la FECAFOOT* »[350]. Elle se prévalait du fait que l'Association des Footballeurs s'est transformée en syndicat, alors que celui-ci ne peut agir en lieu et place de celle-là. La Chambre devait se prononcer sur la réintégration de l'AFC devenue Syndicat. Mais au préalable, elle devait résoudre la question préalable de l'irrecevabilité pour défaut de qualité en cherchant à établir un lien entre ladite institution et la FECAFOOT. Pour elle, « *attendu que l'irrecevabilité liée à la procédure concerne les arguments évoqués par les parties ; qu'en l'espèce, l'argument développé par la FECAFOOT appelle la Chambre à se prononcer sur le point de droit relatif au statut d'un syndicat au sein d'une fédération sportive nationale (..) Qu'il y a lieu de relever que le syndicat est régi au Cameroun par le Code du travail et les textes subséquents, alors que la fédération sportive est régie par la loi de 2011/018 du 15 juillet susvisée. Qu'autant que le Code du travail ne prévoit pas la présence d'un syndicat au sein d'une fédération sportive comme membre, qu'autant la loi*

[349] La FECAFOOT se fondait aussi sur la forme et l'objet de la requête.

[350] Voir CCA du CNOSC, Arbitrage, Aff. Association des Footballeurs Camerounais c/ FECAFOOT, 26 juillet 2012, in Recueil Thématiques des Sentences arbitrales de la Chambre de Conciliation et d'Arbitrage, Tome I, inédit.

qui régit les fédérations sportives ne prévoit pas de syndicats au sein des fédérations. Qu'ainsi, les fédérations ne sont constituées que de regroupements d'athlètes, d'associations de sportifs et de corps de métiers »[351].

- Dans le cadre d'une action objective

336. L'action objective soulève, devant la Chambre, la question de l'intérêt et de la qualité[352] à agir dans une procédure arbitrale. L'intérêt à agir est la « *condition de recevabilité de l'action consistant dans l'avantage que procurerait au demandeur la reconnaissance par le juge du bien-fondé de sa prétention*[353] ». La qualité à agir, quant à elle, est un « *titre légal conférant à un individu le pouvoir de solliciter du juge l'examen de sa prétention*[354] ». Les deux notions sont souvent évoquées l'une avec l'autre dans la plupart des procédures[355]. Mais, malgré cette imbrication, la Chambre procède régulièrement à une distinction entre les deux.

337. L'exigence d'un intérêt conférant qualité pour agir ou d'une qualité justifiant l'intérêt occupe une place de choix dans la liste des conditions de recevabilité de la requête devant la Chambre. Aux termes de l'alinéa 1 de l'article 19 du Règlement de procédure de la Chambre, « *toute personne physique ou morale justifiant de la capacité, de l'intérêt et la qualité à agir, peut saisir la Chambre* ». Et, selon la Chambre, « *quiconque a qualité dans une procédure, peut justifier de son intérêt* »[356].

338. Mais au fil des affaires, la Chambre a distingué ces deux notions. En rattachant chacune d'elles à des conséquences bien différentes, elle établit ainsi

---

[351] Idem.

[352] La Chambre s'est prononcée sur la question de « la qualité » pour agir dans plusieurs de ses sentences arbitrales : voir CCA du CNOSC, Arbitrage, Aff. n° CCA/2022/016 du 11 janvier 2023, Me EMAHA Bertin et consorts c/ NYAMSI Paul et consorts. Dans cette affaire, la Chambre la Chambre a déclaré « irrecevable la tierce opposition à la sentence arbitrale n° CCA/2022/012 du 15 novembre 2022 rendue par la Chambre de céans, formée par Maître EMAHA Bertin, TACHEM Michel, NAMA François, BOBO NGANGUE Francis, NDOH ATANGANA Gervais Désiré, FEUDONG Catherine, WETIE DIODDJO Nadine, Dr NGUEUMACHI Pierre, MBOLE François, ELANGUE Aaron Emmanuel, FONKWP Peter, MVENG MENYE Klara, pour défaut de qualité ». Voir aussi CCA du CNOSC, Arbitrage, Aff. n° CCA/2022/012 du 15 novembre 2022. Dans cette affaire, la Chambre « rejette l'exception du défaut de qualité des demandeurs excipée par la défenderesse ».

[353] GUINCHARD (S) et DEBARD (Th.), *Lexique des termes juridiques 2017-2018*, op. cit, p. 825.

[354] Idem, p. 920.

[355] CCA du CNOSC, Arbitrage (référé sportif), Aff. n° 005/SA/CCA/16 du 14 juillet 2016, Ligue de Football Professionnel du Cameroun (LFPC) c/ La Fédération Camerounaise de Football. Dans cette procédure la Chambre précise que « *Attendu que sur ce moyen que la demanderesse est fondée à saisir la Chambre, la LFPC ayant intérêt et qualité (…) qu'il y a lieu de dire la requête recevable* ».

[356] Voir CCA du CNOSC, Arbitrage, affaire JOHN BEGHENI NDEH c/ IYA MOHAMED et FECAFOOT, 24 mai 2013, in Recueil Thématique des sentences de la Chambre de Conciliation et d'Arbitrage du CNOSC, Tome I, inédit.

que « *pour ester en justice, il faut réunir impérativement trois (3) conditions à savoir : la qualité, la capacité et l'intérêt* »[357].

339. En clair, la Chambre juge que ces trois notions, bien que régulièrement utilisées ensemble, ne sauraient se confondre. La requête ne peut en principe être reçue par la Chambre si l'une des conditions fait défaut. C'est ainsi que, dans l'affaire NGONSU TCHONLAHUI, BISSO Alfred Daniel, ENGUENE Serge, TSIMI Alain, ESSONO METEH Marc Emmanuel c/ LIKALE Jean Daniel, elle « *dit la requête irrecevable pour défaut de qualité et de capacité des demandeurs* »[358] alors que ceux-ci y avaient intérêt. De même, dans l'affaire Association Panthère Sportive du Ndé c/ Comité de Normalisation de la FECAFOOT, du 14 septembre 2018, a reçu la requête du demandeur, en rejetant « *les fins de non-recevoir tirés du défaut de qualité de sieur FAMAWA Jules François* »[359].

340. Dans les agissements de la Chambre, on perçoit la persistance de l'adage « *pas d'intérêt pas d'action* ». La Chambre écarte par ce chemin la possibilité d'une action sans intérêt devant elle. Dans l'affaire EDING SPORT de la Lékié c/ UMS de Loum et Messieurs NAMEDJI Willy Stéphane, TCHUGNO Joseph l'action du demandeur n'a été reçue que parce qu'elle avait intérêt, en rejetant l'exception tirée « *du défaut (...) d'intérêt de Eding Sport de la lékié excipée par UMS* »[360].

341. L'intérêt justifie ainsi l'exercice d'un recours devant la Chambre. Celle-ci estime que c'est de son atteinte que le demandeur acquiert le titre juridique qui l'autorise à la saisir[361].

342. La Chambre a été plusieurs fois amenée à examiner la question de l'intérêt à agir dans les cas d'espèce soumis à son arbitrage. Elle apprécie cette exigence au cas par cas.

343. La Chambre apprécie l'intérêt à agir non pas au regard des moyens invoqués, mais par rapport aux conclusions dont elle est saisie, c'est-à-dire par rapport à l'objet du litige[362].

---

[357] Voir CCA du CNOSC, Arbitrage, Aff. n° 004/SA/CCA/15 du 7 mai 2015 NGONSU TCHONLAHUI, BISSO Alfred Daniel, ENGUENE Serge, TSIMI Alain, ESSONO METEH Marc Emmanuel c/ LIKALE Jean Daniel.
[358] Idem.
[359] Voir CCA du CNOSC, Arbitrage, Aff. n° 002/SSA/CCA/18 du 14 septembre 2018 Association Panthère Sportive du Ndé c/ Comité de Normalisation de la FECAFOOT.
[360] Voir CCA du CNOSC, Arbitrage, Aff. n° CCA/2019/0012 du 22 juillet EDING SPORT de la Lékié c/ UMS de Loum et Messieurs NAMEDJI Willy Stéphane et TCHUGNO Joseph.
[361] Idem.
[362] Voir CCA du CNOSC, Arbitrage, affaire JOHN BEGHENI NDEH c/ IYA MOHAMED et FECAFOOT, 24 mai 2013, in Recueil Thématique des sentences de la Chambre de Conciliation et d'Arbitrage du CNOSC, Tome I, inédit.

344. C'est ainsi que, dans l'affaire JOHN BEGHENI NDEH c/ IYA MOHAMED et FECAFOOT, la Chambre décide, en se basant sur l'objet du litige, « *que celui de John BEGHENI NDEH à faire disqualifier ses concurrents ne souffre d'aucun doute. ; qu'ainsi, sa requête est recevable* »[363].

345. En marge des aspects liés au litige, le non-respect de certaines procédures préalables est souvent invoqué devant la Chambre comme cause d'irrecevabilité de la requête.

B- L'analyse des exceptions relatives au non-respect de certaines procédures préalables à sa saisine

346. Parmi les exceptions d'irrecevabilité, le non-respect de certaines procédures préalables[364] à la saisine de la Chambre est récurrent. Ces formalités sont posées tant dans la loi portant organisation et promotion des activités physiques et sportives que dans les Statuts et Règlement de procédures de la Chambre. Il appartient à la Chambre d'en faire une appréciation pour juger de la recevabilité ou de l'irrecevabilité de la requête. Les conditions devant être remplies et souvent soulevées devant la Chambre comme cause d'irrecevabilité de la demande sont le non-épuisement des voies de recours internes (1) et le problème de l'obligation de conciliation (2).

1- La question du non-épuisement des voies de recours internes

347. La question de l'épuisement des voies de recours internes revêt une importance considérable dans le règlement arbitral et pour la Chambre. Celle-ci n'hésite pas à rappeler que « *le demandeur a épuisé les recours donnant la voie à la saisine de la CCA* »[365]. C'est un principe qui a été constamment réaffirmé par la Chambre, malgré le fait que les parties à la procédure l'invoquent constamment pour la dépouiller de sa compétence sur une affaire déterminée. Elle apporte une nuance dans l'appréciation de la place de ce préalable. Celle-ci impose très souvent à la Chambre à la fois un jeu de dérogation et d'atténuation en fonction des affaires.

348. Dans l'affaire GUIBAI GATAMA c/ Fédération Camerounaise de Football (FECAFOOT), en déclarant « *la requête de sieur GUIBAI GATAMA irrecevable en l'état* »[366], du fait que « *la saisine de la Chambre était prématurée et, partant, non conforme au principe de l'épuisement des voies de recours internes à la FECAFOOT* »[367], la Chambre a fait savoir que la règle est bien

---

[363] Idem.
[364] Ces procédures sont pour l'essentiel relatives au respect du principe de l'épuisement des voies de recours et l'obligation de conciliation préalable.
[365] Voir CCA du CNOSC, Arbitrage, Aff. n° du 1er Avril 2013, Dr ABENA FOE Jean Louis c/ ATEBA KOUNGOU Fabien.
[366] Voir CCA du CNOSC, Arbitrage en procédure ordinaire, n° CCA/2022/003 du 28 juin 2022, GUIBAI GATAMA c/ Fédération Camerounaise de Football (FECAFOOT)
[367] Idem.

établie en droit du sport. Avant de recourir à la juridiction sportive, il a été imposé que la fédération, où le litige est né, puisse y remédier par ses propres moyens dans le cadre de ses Statuts et Règlement. Il s'agit bien d'une exception d'irrecevabilité, car, comme l'a précisé la Chambre, « *dès lors que l'exigence de l'épuisement des voies de recours est satisfaite, cela fonde la Chambre à statuer* »[368].

349. La formulation de l'exception d'irrecevabilité devient donc sans objet si la requête du demandeur remplit la condition d'épuisement préalable des recours internes aux fédérations sportives nationales[369].

350. En principe, cette règle n'accepte aucune dérogation. Cependant, il est du pouvoir de la Chambre d'en apprécier les possibilités de mise en œuvre. De la sorte, l'omission de cette condition par le demandeur entraîne le rejet de sa requête. Cette exigence fut mise en relief dans l'affaire GUIBAI GATAMA c/ Fédération Camerounaise de Football (FECAFOOT)[370]. Ainsi, les recours ne sont pas épuisés tant que le requérant « *n'a pas observé un délai raisonnable après la saisine de la commission de recours de la FECAFOOT pour porter le litige devant la CCA* »[371].

351. Toutefois, il appartient à la partie réclamante d'apporter la preuve du non-épuisement des voies de recours internes aux fédérations sportives nationales par le demandeur. Dans l'affaire DYNAMO FC de Douala c/ FECAFOOT du 14 juin 2019, la Chambre a constaté que « *le principe de l'épuisement des voies de recours internes aux fédérations ou associations comme prévu aux articles 4, 16 (4), 25 (2) et 35 (1) du Code de procédure de la Chambre de Conciliation et d'Arbitrage n'a pas été respecté ; en conséquence, déclare l'action de la DYNAMO FC de Douala irrecevable en l'état* »[372], après que la FECAFOOT ait prouvé que son organisation juridictionnelle se compose en instance de la commission fédérale d'Homologation, et en appel de la commission de recours, et que la DYNAMO FC de Douala a directement saisi la Chambre de Conciliation et d'Arbitrage sans au préalable adresser des recours internes ni à la commission fédérale d'homologation ni à la commission de recours[373]. Et, la Chambre ne juge

---

368 Voir CCA du CNOSC, Arbitrage, Aff. n° 0040/SA/CCA du 3 décembre 2013, LITTO TEAM ACADEMY c/ BAFIA VOLLEYBALL DAMES EVOLUTION ET FECAVOLLEY.

369 Voir CCA du CNSOC, Aff. n° CCA/2022/012 du 15 novembre 2022, NYAMSI Paul et consorts c/ Fédération Camerounaise de NANBUDO ; voir CCA du CNOSC, Arbitrage en procédure ordinaire, n° CCA/2022/003 du 28 juin 2022, GUIBAI GATAMA c/ Fédération Camerounaise de Football (FECAFOOT).

370 Voir CCA du CNOSC, Arbitrage en procédure ordinaire, n° CCA/2022/003 du 28 juin 2022, GUIBAI GATAMA c/ Fédération Camerounaise de Football (FECAFOOT).

371 Idem.

372 Voir CCA du CNOSC, Arbitrage en procédure d'urgence, n° CCA/2019/0011, DYNAMO FC de Douala c/ FECAFOOT.

373 Idem.

cette exception recevable que si les recours ouverts par la loi et les Statuts et Règlement sont à la fois accessibles et efficaces[374]. Elle affirme que l'application de la règle suppose l'existence des institutions compétentes, impartiales, et pourvues de pouvoirs nécessaires pour redresser le tort causé, condition posée dans l'affaire NYAMSI Paul et consorts c/ Fédération Camerounaise de NANBUDO[375], lorsqu'elle rejette l'exception de non-épuisement des voies de recours internes excipée par la défenderesse. La Chambre déclare que « *considérant que la Commission spécialisée de l'arbitrage, présentée par comme tel par la défenderesse ne saurait tenir lieu d'organe juridictionnel ; qu'au demeurant elle est plutôt une formation de travail devant assurer le suivi et la veille en matière de respect de l'application des règles du jeu lors des compétitions ; considérant que l'absence d'un organe juridictionnel opérationnel au sein de la FECANA ne peut constituer une entrave à l'exercice d'un droit fondamental, par ailleurs garanti par la Constitution camerounaise, en son Préambule, selon les termes suivants : la loi assure à tous les hommes le droit de se faire rendre justice ; que dès lors, il y a lieu de considérer que l'argumentation du requérant repose sur un fondement constitutionnel ; qu'il y a lieu de rejeter cette exception soulevée par la défenderesse* »[376]. Cette condition a également été posée dans l'affaire FONDATION NZIKO c/ Fédération Camerounaise de Handball du 5 avril 2016[377]. Dans cette affaire, la Chambre dit que « *les règlements de la FECAHAND ne prévoient aucun recours interne contre une décision du Président de la FECAHAND, et partant, attaquer une décision du Président de la FECAHAND devant un organe interne serait*

---

[374] Il est des cas où cette règle est confrontée au déni de justice de la part des commissions des fédérations sportives nationales ou du ministère du sport. Dans une affaire, la Chambre a décidé « *qu'il y a lieu de considérer le silence du Ministère comme un refus de statuer en la matière ; que par cet acte la règle de l'épuisement des voies de recours est acquise ; que la Chambre est fondée à statuer* » : voir CCA du CNOSC, Arbitrage, Aff. n° du 10 mai 2013 YOMBA Vincent c/ Qui de droit. De même, dans l'affaire ATEBA KOUNGOU Fabien et ESSONO Thiery c/ DOGO Moustapha et BIDJA Didier n° 0040.SA/CCA du 23 juillet 2013, la Chambre accède au moyen selon lequel « *les demandeurs ont introduit leur requête en annulation des travaux du 17 mars 2013 auprès du ministère des sports et de l'Education Physique depuis le 19 mars 2013 ; que le délai dont il s'agit devrait courir à compter de la notification de la décision du ministère des sports et de l'Education physique ; qu'à ce jour, aucune suite ne leur a toujours pas été servie ; qu'il y a lieu de faire référence à la règle de l'épuisement des voies de recours ; attendu que ce moyen est fondé, d'où la recevabilité de la requête par la Chambre de Conciliation et d'Arbitrage* ». Dans l'affaire Ngaoundéré FC et autres clubs de la Ligue Régionale de Football de l'Adamaoua c/Ligue Régionale de Football de l'Adamaoua et FECAFOOT du 28 mars 2013, la Chambre « dit que la règle de l'épuisement des voies recours a été observé », parce « *qu'il est évident que ce recours (la saisine de l'organe du Président de la FECAFOOT, autorité habilitée à convoquer autant le Comité Exécutif que l'Assemblée générale) est demeuré inefficace, la FECAFOOT n'ayant nullement réagi* ».

[375] CCA du CNSOC, Aff. n° CCA/2022/012 du 15 novembre 2022, NYAMSI Paul et consorts c/ Fédération Camerounaise de NANBUDO,

[376] Idem.

[377] Voir CCA du CNOSC, Arbitrage, Aff. n° 006/SA/CCA/16 du 5 avril 2016, Fondation NZIKO c/ La Fédération Camerounaise de Handball.

manifestement inefficace. (...) qu'il y a lieu de déclarer la requête recevable »[378]. Elle s'est aussi posée dans l'affaire ESSOMBA EYENGA Antoine Depadou c/ FECAFOOT du 21 février 2014. Dans cette affaire, la chambre précise « *qu'il est demandé à la Chambre de ne pas connaître de ce litige, faute pour le demandeur d'avoir épuisé les voies de recours internes à la FECAFOOT (...) que la règle de l'épuisement des voies de recours excipé ne s'applique pas lorsque le recours envisagé est inefficace et inopérant (..) que l'argument tiré de la violation de la règle de l'épuisement des voies de recours internes à la FECAFOOT ne peut prospérer et mérite rejet* »[379].

352. Par conséquent, tant que la partie réclamante n'aura pas nettement démontré devant la Chambre que les commissions disciplinaires des fédérations sportives internes sont pourvues de certains défauts, la Chambre ne peut accéder à la thèse selon laquelle le principe de l'épuisement des recours internes n'était pas respecté[380]. Dans l'affaire BADJECK Didier c/ AMOKO Lizouret Marcel du 22 février 2013, la Chambre, en accédant à la démonstration faite par le demandeur sur la question, expose qu' « *Attendu, sur la recevabilité de la requête en arbitrage devant la Chambre de Conciliation et d'Arbitrage du CNOSC, la Chambre constate que le demandeur a introduit trois (3) requêtes en annulation de la note de service querellée en date du 05 et 07 février 2013, auprès de la Commission d'homologation et du MINSEP, qu'aucune de ces requêtes n'a été suivie de réponse de la part des autorités saisies ; que cette carence s'analyse en un recours inefficace, ouvrant droit au requérant de faire application de la règle de l'épuisement des voies de recours prévu par la loi n° 2011/018 du 15 juillet 2011 relative à l'organisation et à la promotion des activités physiques et sportives au Cameroun* »[381]. Elle décide ainsi que « *la règle de l'épuisement des voies de recours est acquise, que cette requête est recevable devant la CCA* »[382].

2- Le problème de l'obligation préalable de conciliation

353. A côté de l'épuisement des voies de recours, le préalable de conciliation est souvent soulevé comme cause d'irrecevabilité dans la procédure de règlement

---

[378] Idem.

[379] Voir CCA du CNOSC, Arbitrage, Aff. n° 005/SA/CCA du 21 février 2014, ESSOMBA EYENGA Antoine Depadou c/ FECAFOOT.

[380] Voir CCA du CNOSC, Arbitrage, Aff. n° 002/SSA/CCA/18 du 14 septembre 2018, Association Panthère Sportive C/ Comité de Normalisation de la FECAFOOT. Dans cette affaire, la Chambre a rejeté les fins de non-recevoir excipés par la FECAFOOT tirés du défaut d'épuisement des voies de recours interne, après que le requérant a démontré que le recours envisagé devant la FECAFOOT était inopérant et efficace ; et « *qu'il est de jurisprudence de la Chambre que la règle de l'épuisement des voies de recours excipé ne s'applique pas lorsque le recours envisagé est inefficace et inopérant* ».

[381] Voir CCA du CNOSC, Arbitrage Aff. du 22 février 2013 BADJECK Didier c/ AMOKO Lizouret Marcel.

[382] Voir CCA du CNOSC, Arbitrage, Aff. n° 0033 du 24 mai 2013 ATAH Robert BAHAZAH c/ IYA MOHAMMED et FECAFOOT.

des litiges d'ordre sportif devant la Chambre. Lorsqu'il est invoqué, elle l'examine d'office parce que la conciliation est une étape obligatoire. Dans ce sens, elle constate dans l'affaire NYAMSI Paul et Consorts c/ Fédération Camerounaise de NANBUDO « *qu'en soutien de leur requête, les demandeurs ont saisi la Chambre le 8 novembre 2022 en procédure d'extrême urgence de conciliation ; que le dispositif du Procès-verbal de non-conciliation, établi à cet effet, est libellé comme il suit : La Chambre statuant publiquement, contradictoirement à l'égard des demandeurs, par défaut contre la défenderesse en premier ressort, en matière de conciliation, en formation collégiale, après en avoir délibéré conformément à la loi, à l'unanimité des membres : - En la forme, reçoit les demandeurs en leur requête ; - Au fond, constate la non-conciliation des parties due notamment à la non-comparution de la défenderesse...* »[383].

354. La Chambre a été confrontée à cette situation dans plusieurs autres affaires. Dans l'affaire EDING Sport FC de la Lékié c/ UMS de Loum et messieurs NAMEDJI Willy Stéphane et TCHUGNO Joseph du 22 juillet 2019, elle a constaté « *que le chef de demande reconventionnelle formulée par UMS de Loum portant sur la réparation du préjudice financier et sportif n'a pas fait l'objet de conciliation préalable ; le déclare irrecevable* »[384]. Dans l'affaire MAYAM RE-NIOF Blaise c/ Fédération Camerounaise de Volley-ball[385], pour se rassurer de la possibilité d'examiner la requête, la Chambre devait d'abord examiner la satisfaction du préalable de conciliation par le demandeur. Elle a profité à l'occasion de cette affaire pour donner des éclairages sur l'application de ces dispositions prévues par la loi portant organisation et promotion des activités physiques et sportives et le Règlement de procédures de la Chambre. Elle précise que « *la conciliation préalable est obligatoire* »[386]. Les parties au procès ont souvent des interprétations divergentes de cette exigence. Pour trancher la question, la Chambre a pris l'habitude de viser le procès-verbal issu de la procédure de conciliation dans les motifs de sa décision. Dans l'affaire Astres FC de Douala c/ Fédération Camerounaise de Football (FECAFOOT), la Chambre a entamé la phase de motivation de sa sentence par « *Vu le procès-verbal de non-conciliation* »[387]. Toutefois, dans l'affaire BIDJA SIH Didier Pierre Didier c/ Fédération Camerounaise de Cyclisme, réagissant à l'exception d'irrecevabilité liée au non-respect de l'obligation préalable de conciliation

---

[383] CCA du CNSOC, Arbitrage en procédure d'extrême urgence, Aff. n° CCA/2022/012 du 15 novembre 2022, NYAMSI Paul et consorts c/ Fédération Camerounaise de NANBUDO,

[384] Voir CCA du CNOSC, Arbitrage, Aff. n° CCA/2019/0012 du 22 juillet 2019, EDING SPORT DE LA LEKIE c/ UMS DE LOUM et Messieurs NAMEDJI Willy Stéphane et TCHUGNO Joseph.

[385] CCA du CNOSC, Arbitrage en procédure ordinaire, Aff. n° CCA /2021/009 du 21 septembre 2021 MAYAM RE-NIOF Blaise c/ Fédération Camerounaise de Volley-ball.

[386] Idem.

[387] Voir CCA du CNOSC, Arbitrage en procédure ordinaire, Aff. n° CCA/2021/030 du 3 mars 2022, Astres FC de Douala c/ Fédération Camerounaise de Football (FECAFOOT).

excipée par la Fédération Camerounaise de Volley-ball, la chambre la rejette estimant que « *cette exception (...) tend à confondre les chefs de demande en annulation avec les moyens au soutien de la demande* »[388]. Le non-respect d'une telle exigence peut être invoqué comme soutien à une prétention fondant l'exception préliminaire ou même comme l'objet principal du litige.

Section 3 : Les effets de l'examen des exceptions préliminaires

355. L'examen de la demande incidente relative aux exceptions préliminaires soulevées par le défendeur en phase principale se termine dans tous les cas par une décision de la Chambre. Pour ce faire, le collège arbitral se réfère au Règlement de procédures de la Chambre qui l'oriente. Selon l'article 26 alinéa 1 de ce texte, « *les demandes incidentes sont introduites par mémoire. Elles sont jugées en même temps et suivant les mêmes règles que les demandes principales* ». Faisant écho à cette disposition, face à l'invocation d'une ou plusieurs exceptions préliminaires, la Chambre statue. Elle peut retenir l'exception, la rejeter ou déclarer que celle-là n'a pas dans les circonstances de l'espèce un caractère exclusivement préliminaire. Plusieurs possibilités sont ainsi envisageables. Lorsque l'exception est jugée recevable, le rôle de la Chambre dans le règlement de ce litige d'ordre sportif s'achève avec une décision d'incompétence ou d'irrecevabilité de la requête (1). En revanche, si l'exception est rejetée ou jointe au fond, l'instance va se poursuivre sur le fond (2).

§ 1- La rétention de l'exception par la Chambre

356. Dès l'instant où la Chambre accède à la demande relative à l'exception soulevée par le défendeur, l'instance prend fin. Cette demande ne peut plus prospérer devant ce tribunal arbitral. Dans l'affaire DYNAMO FC de Douala c/ FECAFOOT du 14 juin 2019, la Chambre a constaté que « *le principe de l'épuisement des voies de recours internes aux fédérations ou associations comme prévu aux articles 4, 16 (4), 25 (2) et 35 (1) du Code de procédure de la Chambre de Conciliation et d'Arbitrage n'a pas été respecté ; en conséquence déclare l'action de la DYNAMO FC de Douala irrecevable en l'état* »[389], après que la FECAFOOT ait prouvé que son organisation juridictionnelle se compose en instance de la commission fédérale d'Homologation, et en appel de la commission de recours, et que la DYNAMO FC de Douala a directement saisi la Chambre de Conciliation et d'Arbitrage sans au préalable adressé des recours internes ni à la commission fédérale d'homologation ni à la commission de recours. En conséquence, elle a déclaré « *l'action de la DYNAMO FC de Douala irrecevable en l'état* »[390]. De même, dans l'affaire ABENA FOE Jean Louis c/ La

---

[388] Voir CCA du CNOSC, Arbitrage en procédure d'extrême urgence, Aff. n° CCA/2022/007 du 11 janvier 2023, BIDJA SIH Pierre Didier c/ Fédération Camerounaise de Cyclisme.
[389] Voir CCA du CNOSC, Arbitrage en procédure d'urgence, n° CCA/2019/0011, DYNAMO FC de Douala c/ FECAFOOT.
[390] Idem.

Fédération Camerounaise de Cyclisme du 07 avril 2016, la Chambre décide que « *l'exception soulevée par le défendeur est fondée ; qu'il y a lieu de déclarer la requête du demandeur irrecevable pour violation des Statuts de la FECACYCLISME et de l'article 44 al 2 de la loi de 2011 sus-évoquée ; qu'il n'y a plus lieu à statuer sur le fond du litige* »[391].

§ 2- Le rejet des exceptions et/ou leur jonction au fond

357. L'examen d'une demande relative aux exceptions préliminaires peut conduire la Chambre soit à la rejeter[392] soit à joindre tout ou partie de cette demande incidente au fond[393]. Selon l'alinéa 3 *in fine* de l'article 42 du Règlement de procédures de la Chambre, « *les fins de non-recevoir peuvent être jointes au fond et tranchées par une seule et même décision* ». Cette jonction est parfois incontournable lorsqu'il existe des rapports trop étroits pour que la Chambre puisse statuer sur les exceptions sans se prononcer sur le fond[394]. La Chambre procède ainsi parce qu'elle pense que le développement de la procédure sur le fond lui permettra de statuer de manière intelligible sur la plupart d'exceptions préliminaires. Deux situations peuvent être à la base de la jonction des exceptions préliminaires au fond par la Chambre.

---

[391] Voir CCA du CNOSC, Arbitrage, Aff. n° 004/SA/CCA/16 du 07 avril 2016 ABENA FOE Jean Louis c/ La Fédération Camerounaise de Cyclisme.

[392] La Chambre a rejeté la demande relative à l'exception préliminaire dans plusieurs affaires : voir CCA du CNOSC, Aff. MAYAM RE-NIOF Blaise c/ Fédération Camerounaise de Volley-ball, 21 septembre 2021. Dans cette affaire, la Chambre « rejette l'exception d'incompétence soulevée par la FECAVOLLEY » ; voir aussi CCA du CNOSC, Aff. n° CCA/2023/002 du 09 janvier 2023, HAKAPOKA TCHIDJO Hermann c/ Commission Electorale Indépendante de la Fédération Camerounaise de Tennis. Dans l'affaire n° 003/ADD/CCA /CNOSC du 16 mai 2013, Arbitrage, NKOU MVONDO Prosper et Club de Football du Cameroun c/ FECAFOOT, la Chambre « *rejette l'exception de représentation devant les juridictions ; renvoie la cause et les parties au 23 mai 2013 pour débat et production par la défense de son mémoire* ». Voir aussi Aff. n° 001/ADD/CCA/CNOSC/10 du 29 avril 2010 NKOU MVONDO Prosper C/ FECAFOOT.

[393] Lorsque l'exception est soulevée in limine litis, la Chambre ne peut la joindre au fond. C'est ce qu'elle a décidé dans l'affaire Aff. n° 001/ADD/CCA/CNOSC/10 du 29 avril 2010 NKOU MVONDO Prosper C/ FECAFOOT. Elle précise que « *l'exception d'incompétence de la Chambre de Conciliation et d'Arbitrage du CNOSC est soulevée in limine litis par la FECAFOOT emporte pour la Chambre, obligation de se prononcer sur cette exception et de ne pas la joindre au fond du litige* ».

[394] Voir CCA du CNOSC, Arbitrage, Aff. n° 005/SA/CCA/15 du 7 mai 2015 LIKALE Jean Daniel c/ NGONSU TCHONLAHUI et BISSO Alfred. La Chambre décide que « *s'agissant de l'exception d'irrecevabilité soulevée par les Sieurs Jacques NGONSUI TCHONLAHUI et BISSO Alfred, qu'il y a lieu, en le joignant au fond du litige, de dire que le Sieur Jean Daniel a intérêt et qualité pour saisir la Chambre de Conciliation et d'Arbitrage (CCA) du CNOSC* ». Voir aussi CCA du CNOSC, Arbitrage, Aff. n° 002/SA/CCA/16 du 18 février 2016 BENDA Martin c/ KINGUE DIHAND Alain Christian : « *La Chambre, (...) Joignant les exceptions soulevées au fond, en la forme, reçoit la requête du demandeur* ».

358. D'une part, il peut arriver que les parties s'entendent pour demander à l'arbitre de statuer sur une exception préliminaire au fond. Il est encore question ici de la prise en compte de l'hypothèse d'une possibilité de négociations qui se poursuivent entre les parties alors que la Chambre est saisie du litige, et qui peuvent se solder par un accord des parties hors la présence des arbitres[395].

359. D'autre part, quand la Chambre constate qu'une ou certaines exceptions préliminaires sont intimement liées aux questions de fond et qu'il est délicat de les trancher dans la phase incidente ouverte à cette fin, elle les renvoie à la phase d'examen sur le fond[396]. Dans ce cas précis, la décision de jonction d'une exception préliminaire au fond relève d'une décision souveraine du collège arbitral qui n'est nullement influencé par les diverses positions des parties au litige. Il s'agit d'une faculté qui lui est octroyée par l'alinéa 3 de l'article 42 du Règlement de procédures de la Chambre. Cette décision n'appelle guère à une quelconque contestation.

360. Si cette décision est commandée par le souci d'une bonne administration de la justice, elle n'est pas non plus arbitraire. La Chambre présente avec une grande délicatesse les motifs de cette jonction[397].

361. Hormis les demandes incidentes portant sur les exceptions préliminaires, la Chambre peut avoir à gérer d'autres demandes incidentes concernant l'admissibilité des demandes reconventionnelles.

[395] Voir article 46 du Règlement de procédures de la Chambre.
[396] CCA du CNOSC, Arbitrage, Aff. n° 005/SA/CCA/15 du 07 mai 2015 LIKALE Jean Daniel c/ NGONSU TCHONLAHUI et BISSO Alfred.
[397] Idem.

Chapitre III :

L'analyse méticuleuse des demandes reconventionnelles

362. Les demandes reconventionnelles[398] sont le plus souvent présentées devant la Chambre de Conciliation et d'Arbitrage du Comité National olympique et sportif du Cameroun. Ce sont des demandes imprévues. Face à cette imprévision, la Chambre se retrouve non seulement dans l'obligation de procéder à une réorganisation de la procédure, mais aussi d'accorder une attention particulière à ces demandes. Si elles sont admises, elles transforment « *le lien d'instance originaire, car, il n'y a plus (...) ni demandeur ni défendeur, les deux parties jouant tour à tour l'un et l'autre rôle* »[399]. Sans se détacher de la demande principale, la Chambre fait un examen attentif des demandes reconventionnelles. Le Règlement de procédures de la Chambre fait mention des demandes reconventionnelles en tant que demande incidente dans plusieurs de ses dispositions[400]. Par celles-ci, le défendeur à l'instance arbitrale a la possibilité de réagir à l'attaque du demandeur sans introduction d'une autre action en justice séparée, dans le respect des conditions de forme et de fond prévues par le Règlement susmentionné. La réglementation des conditions de présentation et d'admission des demandes reconventionnelles par le Règlement de procédures oblige la Chambre à opérer une vérification sur la forme (Section 1) et sur le fond (Section 2).

Section 1 : La vérification formelle

363. La Chambre vérifie que la demande reconventionnelle soit faite suivant les exigences des articles 43 alinéa 7 et 47 alinéa 3 du Règlement de procédures de la Chambre. Celles-ci sont relatives à la présentation formelle de la demande (§ 1). Le Règlement de procédure n'a pas fait mention du délai dans lequel cette demande doit s'insérer (§ 2).

---

[398] Voir CCA du CNOSC, Arbitrage n° 001/SA/CCA/17, Affaire Achille ESSOMBA MANY C/ Ligue de Football Professionnel du Cameroun, ONAMBELE ZIBI Emile, 16 mars 2017, inédit.

[399] METOU (M.M.B), Le rôle du juge dans le contentieux international, le Cas de la Cour Internationale de Justice, op. cit, p. 200.

[400] Il s'agit des articles 43 alinéa 7 et 47 alinéa 3 du Règlement de procédures de la Chambre.

§ 1- La forme de la demande reconventionnelle

364. La Chambre veille au respect des conditions relatives à la présentation de la demande reconventionnelle comme prévu par le Règlement de procédures. Les articles 43 alinéa 7 et 47 alinéa 3 exigent que la demande formulée par le défendeur soit « *accompagnée de sa réponse à la demande principale et contenir, notamment :*

- *Un exposé sommaire de nature et des circonstances du litige à l'origine de la demande reconventionnelle ;*
- *Une indication de l'objet de la demande reconventionnelle et, notamment, les mesures réclamées (condamnation pécuniaire, exécution d'une obligation, etc.) »*. Comme toutes les autres demandes incidentes, la demande reconventionnelle doit être introduite par mémoire[401].

365. Certes, la Chambre n'exige pas que toutes les conditions soient remplies. Toutefois, malgré le libéralisme qui la caractérise, elle veille à ce que la demande formulée par le défendeur ne s'écarte pas de l'essentiel des conditions de forme prescrites par le Règlement, notamment, être accompagnée de la demande principale et être introduite par mémoire.

§ 2- Le délai de présentation de cette demande

366. Le Règlement de procédures de la Chambre ne fait pas mention des délais au bout desquels la demande reconventionnelle doit être introduite. La solution à cette situation est laissée à la pratique de la Chambre. Celle-ci apprécie, selon les cas, le moment de l'introduction de ces demandes. Aux termes de l'article 47 alinéa 2 du Règlement de procédure de la Chambre, « *le collège arbitral apprécie les (...) demandes reconventionnelles formulées par les parties* ». La vérification sur la forme est suivie de celle sur le fond.

Section 2 : La vérification sur le fond

367. Aucune disposition spécifique du Règlement d'arbitrage de la Chambre ne fait mention de ce que le collège arbitral doit vérifier sur le fond. Seule, l'analyse de plusieurs dispositions de ce texte permet de s'en rendre compte. De celles-ci, et eu égard à la pratique de la Chambre, on tire les enseignements selon lesquels le collège arbitral ne peut connaître d'une demande reconventionnelle que si, elle a un lien de connexité avec la demande principale (§ 1), et si elle relève de la compétence de la Chambre (§ 2).

---

401 Voir article 26 alinéa 1 du Règlement de procédures de la Chambre.

§ 1- La vérification du lien de connexité avec l'objet de la demande principale

368. En exigeant que la demande reconventionnelle formulée par le défendeur soit accompagnée de sa réponse à la demande principale, la Chambre cherche à établir un lien de connexité entre elle et la demande initiale. C'est ce lien qui lui permet de respecter le principe de l'immutabilité de l'instance. La Cour Internationale de Justice de La Haye (la Cour) a dégagé les éléments caractéristiques de cette connexité applicables devant la Chambre. Dans l'Affaire relative à l'application de la Convention pour la prévention et la répression du crime de génocide, la Cour déclare que « *une demande reconventionnelle présente, au regard de la demande de la partie adverse, un double caractère (...) elle en est indépendante dans la mesure où elle constitue une demande distincte, c'est-à-dire un acte juridique autonome ayant pour objet de soumettre une prétention nouvelle au juge et (...) en même temps, elle s'y rattache, dans la mesure où formulée à titre reconventionnel, elle riposte à la demande principale (...) ; le propre d'une demande reconventionnelle est ainsi d'élargir l'objet initial du litige en poursuivant des avantages autres que le rejet de la prétention du demandeur à l'action (...), à ce titre, la demande reconventionnelle se distingue d'un moyen de défense au fond* »[402].

369. C'est en référence à ces éléments que la Chambre accède régulièrement aux demandes reconventionnelles formulées par les défendeurs dans une procédure d'arbitrage engagée devant elle. Dans l'affaire Achille ESSOMBA MANY c/ La ligue de Football Professionnelle du Cameroun et ONAMBELE ZIBI, la Chambre, après avoir vérifié le lien de connexité entre la demande reconventionnelle et la demande initiale, « *reçoit le défendeur en sa demande reconventionnelle*[403] ».

§ 2- La vérification de la compétence sur l'objet de la demande reconventionnelle

370. Lorsque, par l'effet de l'introduction de la demande reconventionnelle, le défendeur devient à son tour demandeur, la compétence de la Chambre n'est pas automatique. Si cette dernière juge qu'elle n'est pas compétente pour connaître de la demande reconventionnelle, alors, elle sera déclarée irrecevable, même si, en l'espèce, elle présentait un rapport de connexité direct avec l'objet de la demande principale. C'est par exemple le cas des demandes nouvelles en arbitrage. Le Règlement de procédures de la Chambre a encadré ce point en

---

[402] Voir Ordonnance du 17 décembre 1997, CIJ, Rec. 1997, p. 256 § 27, cité par METOU (M.M.B), *Le rôle du juge dans le contentieux international, le cas de la Cour Internationale de Justice*, op. cit, p. 203.

[403] Voir CCA du CNOSC, Arbitrage n° 001/SA/CCA/17, Affaire Achille ESSOMBA MANY C/ Ligue de Football Professionnel du Cameroun, ONAMBELE ZIBI Emile, 16 mars 2017, inédit.

disposant à l'alinéa 6 de l'article 21 que « *les demandes reconventionnelles, qui ne seront pas formulées en conciliation, seront considérées comme des demandes nouvelles en arbitrage. Les demandes nouvelles en arbitrage sont jugées irrecevables* ».

371. La Chambre vérifie ainsi non seulement que la demande reconventionnelle soit en connexité directe avec l'objet de la demande de l'adversaire, mais aussi que ladite demande ait été formulée dans la phase de conciliation obligatoire[404]. Jugée en même temps et suivant les mêmes règles que la demande principale[405], si elle est reçue, le dispositif de la sentence arbitrale précise que la demande est déclarée recevable[406]. Si elle est déclarée irrecevable, le dispositif le prévoit certes, mais elle ne fera plus partie de l'instance en cours.

[404] Voir CCA du CNOSC, Arbitrage n° 001/SA/CCA/17, Affaire Achille ESSOMBA MANY C/ Ligue de Football Professionnel du Cameroun, ONAMBELE ZIBI Emile, 16 mars 2017, inédit.

[405] Voir article 26 (i) du Règlement de procédures de la Chambre.

[406] Voir CCA du CNOSC, Arbitrage n° 001/SA/CCA/17, Affaire Achille ESSOMBA MANY C/ Ligue de football professionnel du Cameroun, ONAMBELE ZIBI Emile, 16 mars 2017, inédit.

Titre III :

L'objet du litige

372. L'objet du litige désigne « *le résultat économique et social défini par les parties au procès dans leurs prétentions respectives, formulées en demande et en défense*[407] ». En cours d'instance, et plus précisément à la phase d'instruction, la Chambre cherche à le définir pour percevoir ce qui divise les parties. La matière qui divise est déterminée par les parties dans leurs requêtes et mémoires en défense tels qu'exigés par le Règlement de procédures de la Chambre. L'article 20 alinéa 3 de ce Règlement impose au requérant d'inclure dans sa demande « *un exposé sommaire de la nature et des circonstances du litige à l'origine de la demande ; l'objet de la demande et notamment les mesures réclamées (condamnation pécuniaire, exécution d'une obligation, etc.) ; la copie de la décision contestée et toutes pièces utiles pour l'examen de la requête* ». L'alinéa 3 de l'article 43 dudit règlement impose à « *la partie défenderesse ou aux autres parties* » de « *déposer son ou leur mémoire en réponse* » dans un délai de dix (10) jours à compter de la réception de la requête de la partie demanderesse. La même exigence est imposée au défendeur s'il souhaite déposer devant la Chambre une demande reconventionnelle. L'article 47 alinéa 3 du Règlement exige « un exposé sommaire de la nature et des circonstances du litige à l'origine de la demande reconventionnelle ; une indication de l'objet de la demande reconventionnelle et, notamment, les mesures réclamées (condamnation pécuniaire, exécution d'une obligation, etc.) ». Le collège arbitral ne saurait se prononcer sur d'autres mesures que celles qui lui sont soumises. Elles ressortissent des prétentions respectives des parties. Le rôle du collège arbitral est donc guidé par le principe de l'immutabilité du litige en vertu duquel « *la matière litigieuse ne devrait pas être modifiée dès l'instant que l'instance a été liée* »[408]. Limité dans son office par ce principe, l'exercice du collège arbitral revient à s'appuyer sur les divers éléments de fait et de droit, pour déterminer les plus pertinents. Il s'agit d'un travail de reformulation et de qualification juridique des faits que soulève le litige. Il établit les faits litigieux en toute discrétion, mais en veillant à ne pas déborder les limites tracées par les prétentions des parties (Chapitre 1). Il procède par la suite à l'analyse des prétentions des parties (Chapitre 2), avant d'appliquer les règles adéquates du droit du sport à ceux qu'elle aura jugé plus pertinents.

---

[407] GUINCHARD (S.) et DEBARD (Th.), *Lexique des termes juridiques 2017-2018*, op. cit, p. 766.

[408] Idem, p. 588. Il faut préciser que ce principe tombe progressivement en désuétude. Formulé pour écarter les demandes nouvelles en appel, il n'empêche pas, s'il y a connexité, la présentation des demandes additionnelles, reconventionnelles et en intervention.

Chapitre I :

L'établissement quasi souverain des faits litigieux

373. La qualification des faits litigieux est très utile pour la Chambre. L'article 50 alinéa 3 du Règlement de procédures de la Chambre exige que la sentence soit « *motivée (...) en fait* ». Pour ce faire, la Chambre épluche et passe au crible l'ensemble des documents exigés par les articles 20 et 43 du Règlement de procédures de la Chambre, et fournis par les parties au cours de la phase écrite. Elle examine aussi les notes prises lors de la phase orale par le rapporteur du collège arbitral pour classer et qualifier les faits litigieux. Elle prend la peine de bien disséquer pour ne laisser nulle place où les yeux ne passent et repassent, eu égard à l'intérêt qu'elle accorde à la qualité de la décision, susceptible d'emporter l'acceptation des justiciables. Pour aboutir à cette dernière, les moyens de preuve mis à sa disposition par les parties[409], ajoutés aux mesures d'instruction, lui permettent d'aboutir à la vérité.

374. Toutefois, dans le processus d'établissement des faits litigieux, la Chambre n'est pas tenue de se limiter aux moyens de preuve qui lui sont fournis par les parties. L'alinéa 3 de l'article 20 du Règlement de procédures de la Chambre parle de « *fait* ». Mais, elle ne limite pas l'analyse du collège arbitral aux éléments de faits fournis par les parties. C'est dire que son champ d'analyses est vaste, bien que pas arbitraire.

375. Le processus d'établissement des faits dépend de la nature du litige. Lorsqu'il s'agit de l'interprétation d'une sentence[410], question purement juridique, il n'y a pas lieu à s'appesantir sur les faits. Ceux-ci deviennent incontournables quand il s'agit d'un litige impliquant une action concrète d'un acteur du mouvement sportif. Y étant, la Chambre apprécie les faits allégués par les parties (Section 1) pour en retenir les plus appropriés ou convaincants (Section 2).

---

[409] Pour les questions de preuve, voir CCA du CNOSC, Arbitrage, Aff. n° du 1er Avril 2013 ABENA FOE Jean Louis c/ ATEBA KOUNGOU Fabien ; voir aussi CCA du CNOSC, Arbitrage en procédure d'urgence, Aff. n° CCA/2019/016 du 2- aout 2019 Volcan FC du Noun c/ RIZIERE FC.

[410] Aux termes de l'article 54 alinéa 1 du Règlement de procédures de la Chambre, « *toute partie peut, aux fins de clarification d'une sentence, saisir la Chambre d'une requête en interprétation* ».

Section 1 : L'appréciation des faits allégués par les parties

376. À cette étape, la Chambre passe en revue les allégations des parties et les preuves qu'elles présentent en appui. L'examen des faits par la Chambre commence par l'analyse des preuves (§ 1) pour s'achever par la détermination de la valeur probante de chacune d'elles (§ 2).

§ 1- L'analyse des preuves

377. Les preuves constituent le fondement essentiel sur lequel la Chambre[411], comme tout arbitre et tout juge, doit en dernier ressort s'appuyer pour rendre sa sentence[412]. Il n'y a pas de règle qui gouverne en tant que telle la réception des preuves dans le règlement des litiges d'ordre sportif devant la Chambre. Les articles 20, 43 et 47 du Règlement imposent à la Chambre la présentation régulière des faits sans pour autant lui conseiller une attitude particulière à adopter pour les évaluer. L'alinéa 1 de l'article 47 de ce texte précise simplement que « *l'audience d'arbitrage (...) est conduite dans le strict respect des règles du procès équitable* ». Y faisant suite, le collège arbitral dissèque les preuves sur la base d'un des éléments de ce principe qu'est le respect de l'égalité des armes[413]. Pour ce faire, il se rassure que chaque partie a exercé son droit à la preuve. Cela suppose qu'elle conteste les faits avancés par l'autre d'une part, tout en démontrant la véracité de ce qu'il avance en sa faveur. La Chambre veille ainsi à ce que chaque partie ait connaissance des preuves produites par l'autre, afin de les étudier et d'être en mesure d'y répondre par des preuves contraires. Dans cet élan, la Chambre admet tous les moyens de preuves pour ne retenir que celles qui sont présentées de manière régulière (A). Ce processus d'admission ne se déroule pas sans difficulté (B).

A- L'admission des preuves régulières

378. L'admission des preuves régulières par la Chambre se fait selon le régime fixé par son Règlement de procédures. Cette régularité est basée sur le principe du contradictoire[414] caractérisé par le respect des délais et les échanges d'écriture. L'exigence du contradictoire figurait déjà formellement dans la Décision n° 332/CNOSC/PSG/09 fixant les modalités de fonctionnement de la

---

[411] Voir CCA du CNOSC, Arbitrage, Aff. n° du 1er Avril 2013 ABENA FOE Jean Louis c/ ATEBA KOUNGOU Fabien ; voir aussi CCA du CNOSC, Arbitrage en procédure d'urgence, Aff. n° CCA/2019/016 du 2- aout 2019 Volcan FC du Noun c/ RIZIERE FC ;

[412] MBEYAP KUTNJEM (A.), *Introduction générale au droit camerounais du sport*, Paris, l'Harmattan, 2023, pp. 198 et s.

[413] On entend le procès équitable comme le « *droit à un procès équilibré entre toutes les parties (…) dont les principales manifestations (…) sont : le droit à un recours effectif devant un tribunal ; le droit à un tribunal indépendant et impartial ; le droit à un procès public, respectant l'égalité des armes et conduisant à un jugement rendu dans un délai raisonnable ; le droit à l'exécution effective de la décision obtenue* ».

[414] MBEYAP KUTNJEM (A.), *Introduction générale au droit camerounais du sport*, op.cit, p. 190.

Chambre de Conciliation et d'Arbitrage du CNOSC[415] et a même été reprise par le Code de procédures devant la CCA[416] qui l'a abrogé. Il a donc toujours été prévu dans les règlements de procédure de la CCA que la cause doit être entendue équitablement. La preuve est au cœur de la contradiction dans l'arbitrage des litiges d'ordre sportif. Elle pèse sur le demandeur[417], même si, dans la procédure arbitrale, chaque partie est appelée à prouver un fait allégué. Chacune des parties doit prouver toute prérogative contestée. La charge de la preuve « *peut peser alternativement sur chacune des parties, et ce au fur et à mesure qu'elles avancent certains faits* »[418].

379. Ainsi, si le demandeur est l'auteur de la requête, et que le défendeur n'a pas introduit de demande reconventionnelle, c'est à lui qu'incombe la charge de la preuve en vertu du principe « *la preuve incombe en premier lieu au demandeur* »[419]. Mais si le défendeur prétend à son tour détruire la preuve rapportée par le demandeur, il doit à son tour supporter la charge de la preuve de ses allégations [420]. Dans l'affaire ABENA FOE Jean Louis c/ ATEBA KOUNGOU Fabien, la Chambre révèle que « *le demandeur n'a fourni aucune pièce juridiquement fondée justifiant ses allégations ; que la partie demanderesse a la charge de la preuve ; que le collège ne dispose d'aucun moyen pour attester les faits du demandeur* (…) *par ces motifs, constate la non-production des pièces par le demandeur ; déclare la requête non fondée* »[421].

380. En revanche, si l'acteur du mouvement sportif défendeur a introduit une demande reconventionnelle, la charge de la preuve incombe respectivement aux deux parties. C'est donc au justiciable qui allègue un fait qu'incombe la charge de la preuve. Et, tout fait non prouvé est rejeté par la Chambre[422].

---

[415] À la suite des dispositions qui prévoyaient les échanges de mémoires entre les parties (article 4 et 6), l'article 8 de la Décision exigeait la possibilité de discussion en présentiel entre les parties avec les membres du collège arbitral. Il disposait qu'« en toute circonstance, la Chambre de Conciliation et d'Arbitrage, conduit la procédure dans le respect du principe du contradictoire, de manière équitable et impartiale, et veille à ce que chaque partie ait la possibilité d'être suffisamment entendue ». La même exigence était prévue à l'article 21 alinéa 3 de ladite décision.

[416] Selon le Code, « la CCA statue en tenant compte des principes du procès équitable notamment en faisant application des règles du contradictoire, de l'équité, de l'indépendance et de l'impartialité des conciliateurs-arbitres… ».

[417] Dans l'affaire ABENA FOE Jean Louis c/ ATEBA KOUNGOU Fabien, la Chambre précise que « la partie demanderesse a la charge de la preuve ». Voir CCA du CNOSC, Arbitrage, Aff. n° du 1er Avril 2013 ABENA FOE Jean Louis c/ ATEBA KOUNGOU Fabien.

[418] METOU (M.M.B), *Le rôle du juge dans le contentieux international, le cas de la Cour Internationale de Justice*, op. cit, p. 225.

[419] MBEYAP KUTNJEM (A.), *Introduction générale au droit camerounais du sport*, op. cit, p. 197.

[420] Idem, p. 197.

[421] Voir CCA du CNOSC, Arbitrage, Aff n° du 1er avril 2013, ABENA FOE Jean Louis c/ ATEBA KOUNGOU Fabien.

[422] Voir CCA du CNOSC, Arbitrage, Aff n° du 1er avril 2013, ABENA FOE Jean Louis c/ ATEBA KOUNGOU Fabien.

381. Il arrive que la Chambre, par une présomption légale, dispense le demandeur d'apporter la preuve. Il le fait par le biais d'une présomption légale qui joue quand la preuve risque d'être difficile à apporter. Par exemple, comment prouver la bonne foi d'un justiciable ? On dit que la bonne foi ne se présume pas. La présomption laisse place à la preuve contraire. Cela signifie que si le demandeur à l'audience est dispensé d'apporter la preuve de son droit, le défendeur, lui, a tout de même la possibilité d'apporter la preuve contraire[423].

382. Un acteur du mouvement sportif peut, devant la Chambre, fournir des allégations qui se rapportent à l'existence d'un usage ou mieux d'une pratique coutumière ou d'usage en droit du sport. Quand cette situation se présente, la Chambre s'assure que les moyens de preuve relative à l'existence de ce droit se résument en la démonstration de la construction ou de l'édification d'une pratique sportive considérable[424].

383. Certes, il appartient à la Chambre de déduire l'existence d'une pratique menée avec le sentiment de l'existence d'une obligation juridique ou un droit. Mais il appartient aux acteurs du mouvement sportif de la prouver. Ainsi, si un des justiciables fonde ses prétentions sur une pratique coutumière, il lui revient de prouver que celle-ci s'est établie à la suite de la répétition des comportements sportifs qui ont abouti à une règle de droit liant son adversaire. En effet, une bonne partie des normes qui régulent le sport se présente comme un ensemble de mesures codifiées ou non, expresses ou non[425]. Les règles les plus évidentes que les sportifs et leurs organisations ont à respecter sont souvent celles d'une pratique correcte et répétée de leurs activités et de la compétition, les règles de jeu composées de disciplines de caractère hybride, souvent coutumières et orales[426].

B- La mise en relief des difficultés rencontrées au cours de l'administration des preuves

384. Dans le processus de vérification de preuves, la Chambre est souvent confrontée à de nombreuses difficultés qu'elle relève généralement dans ses sentences afin de justifier le retraçage incomplet des faits litigieux qu'elle cherche à établir. Elle a fait face aux problèmes de preuves incomplètes, d'accès difficile à certaines preuves[427], mais surtout à celui de la procédure par défaut.

385. Dans le premier cas, les preuves qui se présentent au collège arbitral ont été partiellement recueillies, soit du fait du justiciable, soit du fait de l'autorité

[423] MBEYAP KUTNJEM (A.), *Introduction générale au droit camerounais du sport*, op. cit, p. 198.
[424] Voir CCA du CNOSC, Arbitrage, Aff. n° du 21 mars 2013 Union sportive de Douala c/ MBAI Junior Rostand.
[425] PLANTEY (A.), « Introduction générale. Discours d'ouverture », in p. 30.
[426] Idem, pp. 30-31.
[427] Voir CCA du CNOSC, Arbitrage,, Aff n° du 1er avril 2013, ABENA FOE Jean Louis c/ ATEBA KOUNGOU Fabien.

soumise à l'obligation de délivrance desdites preuves. Dans ce dernier cas, le Règlement de procédures de la Chambre prévoit à l'article 20 alinéa 5 que « *lorsque le requérant fait face à une résistance abusive de la partie soumise à l'obligation de délivrance de ladite décision, il peut saisir la Chambre d'une demande de fixation d'astreinte. Si le requérant démontre ne pas être en possession de la décision ou n'en avoir jamais reçu notification et si le refus de notifier la décision est guidé par un désir de nuire, la Chambre peut, dans ce cas, être saisie d'une procédure de fixation d'astreinte pour briser la résistance fautive de la partie soumise à l'obligation de délivrance* ». Cette situation s'apparente à un cas d'accès difficile aux preuves. En effet, au cours de certaines procédures arbitrales, les parties invoquent souvent des documents utiles détenus par leurs vis-à-vis qui n'entendent pas les faire produire dans les écritures. Dans ce cas, en référence à l'article 20 précité, la Chambre enjoint ces acteurs de produire ledit document à la demande de l'autre partie.

386. S'agissant du dernier cas, celui-ci se présente lorsqu'une partie, généralement, la défenderesse, peut ne pas se manifester. Elle ne participe pas aux échanges d'écritures ni ne comparaît[428]. Le collège arbitral constate « un défaut » qui limite la procédure[429]. Pourtant, aucun régime général relatif à cette situation n'est fixé par le Règlement de procédures. En pareil cas, l'établissement des preuves devient délicat eu égard à l'absence du contradictoire relatif aux preuves. La Chambre se contente-t-elle des seules preuves fournies par le demandeur ? Assurément non. Elle concourt activement à l'établissement de la vérité en recherchant dans l'attitude du défendeur absent quelques éléments de preuve relatifs aux litiges, et s'assure que les conclusions du demandeur sont bien fondées en droit. Dans l'affaire ABENA FOE Jean Louis c/ ATEBA KOUNGOU Fabien la Chambre précise que « *le demandeur n'a fourni aucune pièce juridiquement fondée justifiant ses allégations* »[430]. Elle suppose que la Chambre ayant pour fonction de déterminer et d'appliquer le droit du sport en fonction de chaque espèce, la charge de prouver les règles de droit du sport ne saurait être imposée à l'une ou l'autre partie, car, le droit en général, et le droit du sport en particulier, ressortit du domaine de la connaissance judiciaire du tribunal arbitral. La Chambre n'est donc pas tenue de se limiter aux éléments de preuve que lui soumettent formellement les parties, même si elle ne peut, à travers ses

---

[428] Idem.

[429] Voir CCA du CNOSC, Arbitrage, Aff. n° du 10 mai 2013, Syndicat National des Footballeurs Camerounais c/ FECAFOOT ; CCA du CNOSC, Arbitrage, Aff. n° 005/SA/CCA/16 du 14 juillet 2016, Ligue de Football Professionnel du Cameroun c/ La Fédération Camerounaise de Football ; CCA du CNOSC, Arbitrage, Aff. n° 0033 du 24 mai 2013, ATAH Robert BAHAZAH c/ IYA Mohamed et FECAFOOT, CCA du CNOSC, Arbitrage, Aff. du 22 mai 2013, Me André-Merlin TOTO SOPPO et Daniel NGOS c/ FECAFOOT

[430] Voir CCA du CNOSC, Arbitrage, Aff. n° du 1er Avril 2013 ABENA FOE Jean Louis c/ ATEBA KOUNGOU Fabien.

investigations, corriger les implications de l'absence de l'une des parties qui limitent à n'en point douter l'information qui lui aurait été d'un apport indéniable.

387. Le défaut est moins délicat lorsque la non-comparution est partielle. Il s'agit de celui qui intervient après la phase consacrée aux mesures conservatoires aux exceptions préliminaires. Dans ce cas, la Chambre se sert grandement des pièces de procédure déposées par la partie défenderesse dans les phases précédentes.

§ 2- La valeur probante des preuves

388. Dans les Statuts et Règlement de procédure de la Chambre, la preuve écrite ou littérale occupe une place de choix à côté des autres moyens de preuve. Dans l'affaire Volcan FC du Noun c/ Rizière, la Chambre remarque que « *la partie défenderesse ne produit au collège, aucune preuve formelle de l'appartenance de Sieur MOULIOM au Club FLEURON FC ; qu'en l'absence desdites preuves prévues par l'article 123 du Code disciplinaire de la FECAFOOT, l'on ne peut établir l'appartenance du Sieur MOULIOM comme Vice-président de FLEURON FC et donc, complice de l'acte du joueur incriminé ; qu'il y a lieu de constater que la Commission de Recours s'est basée sur des allégations non fondées pour suspendre MOULIOM Abdou Ramani* »[431]. L'admissibilité des preuves par le collège arbitral ne va ainsi pas de soi. En matière d'arbitrage des litiges d'ordre sportif, c'est le système de preuve légale qui s'applique[432]. La loi et le Règlement de procédures fixent les seuls moyens de preuves admissibles selon le type de litige et notamment selon qu'il s'agit de faits juridiques ou d'actes juridiques. Pour les actes juridiques, la preuve est en principe écrite[433]. Les faits juridiques, quant à eux, peuvent être prouvés par tout moyen, avec une libre appréciation de l'arbitre qui donne une force probante aux fondements invoqués par un plaideur pour justifier ou critiquer une prétention, et persuader l'esprit de vérité. La force probante d'un moyen de preuve dépend de plusieurs indices qui ressortent de la confrontation entre les allégations des parties et les preuves fournies. Ces indices sont liés à la date à laquelle la preuve a été recueillie, sa source, et son sens. Dans tous les cas, les indices de la valeur probante de la preuve écrite (A) sont différents de celle des autres moyens de preuve (B).

---

[431] Voir CCA du CNOSC, Arbitrage, Aff. n° CCA/2019/016 du 2- aout 2019 Volcan FC du Noun c/ RIZIERE FC ;

[432] MBEYAP KUTNJEM (A.), *Introduction générale au droit camerounais du sport*, op. cit, p. 205. La Chambre requiert généralement des « *pièces juridiquement fondées justifiant les allégations* » : Voir CCA du CNOSC, Arbitrage, Aff. n° du 1er Avril 2013 ABENA FOE Jean Louis c/ ATEBA KOUNGOU Fabien.

[433] Voir CCA du CNOSC, Arbitrage, Aff. n° CCA/2019/016 du 2- aout 2019 Volcan FC du Noun c/ RIZIERE FC ;

A- La valeur probante de la preuve écrite

389. Comme preuve écrite, le Règlement de procédures exige que la requête contienne « *toutes pièces utiles pour l'examen de la requête* »[434]. Ces pièces peuvent être soit des actes authentiques,[435] soit des actes non authentiques[436]. Qu'elle soit authentique ou non, la preuve écrite foisonne devant la Chambre. Considérés comme les plus cartésiens, ces écrits peuvent provenir tant des institutions nationales qu'internationales. Il s'agit souvent des textes, rapports officiels et décisions venant des organisations et juridictions sportives internationales ou des actes de droit interne des parties, des communiqués de presse, des procès-verbaux, des archives faites de photos, et d'autres matériels.

390. Lorsque les actes sont authentiques, ceux-ci emportent facilement la conviction de la Chambre. Dans le cas contraire, il n'y a de force probante qu'autant qu'il n'y a pas dénégation ou méconnaissance de l'écriture, de la signature par celui auquel on l'oppose, à moins que la partie qui s'en prévaut n'en démontre la sincérité. Cette seconde situation est légion [437]. En effet, les documents produits devant la Chambre sont rarement des actes authentiques. Ils se réduisent la plupart de temps en copies certifiées ou non dont la véracité est régulièrement contestée par les parties.

391. La Chambre attribue une valeur probante à une preuve écrite en fonction de sa nature et de sa source. Ainsi, les documents officiels sont accessibles et généralement sus de la Chambre. Celle-ci éprouve moins de difficultés à les interpréter d'autant plus qu'elle est au courant avant même que les parties ne les produisent. Sans toutefois les rejeter, elle manifeste une plus grande prudence à l'égard des articles de presse. Ceux-ci sont considérés comme des indices de preuve[438].

---

[434] Voir article 20 alinéa 2 et 3 du Règlement de procédures de la Chambre.

[435] Un acte authentique « *est un écrit établi par un officier public (notaire par exemple) sur un support papier ou électronique dont les affirmations font foi jusqu'à inscription de faux, et dont les grosses, revêtues de la formule exécutoire, sont susceptibles d'exécution forcée* » : in GUINCHARD (S) et DEBARD (Th.), *Lexique des termes juridiques 2017-2018*, op. cit, p. 20.

[436] Un acte authentique s'oppose à l'acte sous-seing privé. Ce dernier est un « *écrit généralement instrumentaire, plus rarement nécessaire à l'existence juridique, rédigé par un particulier et comportant la signature des parties (…) il n'y a pas dénégation ou méconnaissance de l'écriture ou de la signature par celui auquel on oppose, à moins que la partie qui s'en prévaut n'en démontre la sincérité* » : in GUINCHARD (S.) et DEBARD (Th.), *Lexique des termes juridiques 2017-2018*, op. cit, p. 20.

[437] Voir CCA du CNOSC, Arbitrage, Aff. n° du 1er Avril 2013 ABENA FOE Jean Louis c/ ATEBA KOUNGOU Fabien ; voir aussi CCA du CNOSC, Arbitrage en procédure d'urgence, Aff. n° CCA/2019/016 du 2- aout 2019 Volcan FC du Noun c/ RIZIERE FC ;

[438] La prudence de la Chambre à l'égard de ces indices vient du fait que de nouvelles fort répandues peuvent provenir d'une source unique d'une catégorie de presses engagée ou manipulée.

B- La valeur probante des preuves non écrites

392. Les autres moyens de preuve sont les témoignages (1). L'aveu n'est pas formellement prévu par le Règlement de procédures de la Chambre, mais il est accepté comme mode preuve (2).

1- Les témoignages

393. Aux termes de l'article 47 *in fine* du Règlement de procédures de la Chambre, « *les témoins (...) s'il y a lieu, sont entendus* ». Le mécanisme de cet exercice n'a pas été prévu par ledit texte. Mais en pratique, les déclarations des tiers relativement aux faits litigieux sont recueillies par l'arbitre par voie d'attestation ou par voie d'enquête selon qu'elles sont écrites ou orales. Leur valeur probante est laissée à l'entière appréciation de l'arbitre[439]. Par ce biais, la Chambre déduit la véracité de certains faits en acceptant ou en refusant certains arguments. Elle peut ainsi déduire la valeur probante d'une preuve documentaire à partir d'un témoignage. Sa force probante dépend aussi de l'endroit et/ou de la façon dont ils sont recueillis ou présentés devant la Chambre. Dans ce sens, le témoignage présenté directement devant elle a une plus grande valeur probatoire que ceux qui sont fournis sur support par les parties. S'agissant de ce dernier cas, la Chambre a conscience que la vérité a de fortes chances d'avoir été déformée au fur et à mesure qu'elle est transmise d'une personne à une autre.

2- L'aveu

394. L'aveu est la « *déclaration par laquelle une personne tient pour vrai un fait qui peut produire contre elle des conséquences juridiques défavorables* »[440]. Il est judiciaire lorsque la déclaration est faite en justice. Il lie l'arbitre. Au contraire, le tribunal conserve son pouvoir d'appréciation en présence d'un aveu extrajudiciaire. Dans l'affaire BOTAFOGA FC c/FOVU Club de Baham, la CCA du CNOSC a confirmé la décision d'homologation et de discipline de la LFPC n° 10/LFPC/SG/CHD/2017 suspendant pour deux ans le joueur Marcelin Christien NDONG PENDA conformément à l'article 72 du Code disciplinaire de la FECAFOOT, lequel a avoué en appel devant la Commission de recours de la FECAFOOT avoir changé son identité pour tenter une aventure à l'étranger.

Section 2 : L'appréciation de la véracité des faits allégués par les parties et la rétention des faits convaincants

L'appréciation de la véridicité des faits allégués par les parties (§ 1) précède la rétention des faits convaincants (§ 2).

[439] MBEYAP KUTNJEM (A.), *Introduction générale au droit camerounais du sport*, op. cit, p. 202.
[440] GUINCHARD (S.) et DEBARD (Th.), *Lexique des termes juridiques 2017-2018*, op. cit, p. 121.

§ 1- L'appréciation de la véridicité des faits allégués

395. Pour être fixé sur la crédibilité des faits, le collège arbitral procède à leur sélection en fonction du niveau de valeur probante de chaque moyen de preuve à l'appui d'une allégation. Entre appréciation et interprétation des documents pour l'application du droit, la Chambre peut retenir tel moyen de preuve et écarter tel autre parce qu'il est non convaincant par rapport au litige en cours, en se fiant principalement à son intime conviction[441]. Cependant, il y a des situations où le doute se présente et il faut l'écarter. Pour ce faire, en plus de la possibilité pour la Chambre de convoquer des témoins pour les entendre, le Règlement de procédures de la Chambre prévoit un certain nombre de mesures d'instruction (A). La Chambre a parfois recours aux présomptions, même si elles n'ont pas été prévues par le Règlement de procédures (B).

A- Le recours aux mesures d'instruction

396. Lorsque l'analyse des preuves fournies à la Chambre par les parties ne lui permet pas d'être fixée sur la véracité des faits, elle a recours à des mesures d'instruction prévues par le Règlement de procédures de la Chambre[442] ou non.

1- Le recours à la mesure d'instruction prévue par le Règlement de procédure

397. Dans le cas où le recours à des témoignages ne permettrait pas à la Chambre d'obtenir des renseignements nécessaires, à éclairer le collège arbitral sur certains aspects du contentieux, le recours à un spécialiste ou à l'avis d'un homme de l'art devient nécessaire[443]. Il s'agit de faire recours à un expert. Il se fait sur la base de l'article 47 in fine qui prévoit que « *les experts s'il y a lieu,*

---

[441] Voir CCA du CNOSC, Arbitrage, Aff. n° du 1er Avril 2013 ABENA FCE Jean Louis c/ ATEBA KOUNGOU Fabien ; voir aussi CCA du CNOSC, Arbitrage en procédure d'urgence, Aff. n° CCA/2019/016 du 2- aout 2019 Volcan FC du Noun c/ RIZIERE FC ;

[442] Aux termes de l'article 25 iii du Règlement de procédure de la Chambre, « *à la première audience, autrement appelée audience de cadrage, l'opportunité des mesures d'instruction sollicitées par les parties ou ordonnées d'office est discutée. Au cours de cette audience, les noms des témoins des parties à faire comparaître ou les noms des experts sont arrêtés, ainsi que la date de l'audience de plaidoiries au cours de laquelle ces personnes comparaîtront* ». Une deuxième audience dite de plaidoiries, selon l'alinéa Vii du texte susvisé, « *a lieu après la clôture des échanges ordonnée à la première, ou en cas de ré-enrôlement d'une procédure, dans laquelle une mesure d'instruction avait été ordonnée. Au cours de cette audience de plaidoiries, le Collège entend les témoins et experts dont les noms ont été communiqués à la première audience de cadrage. Le Collège entend les parties et admet ensuite les observations portant uniquement sur la ou les mesures d'instruction ordonnées* ».

[443] Voir CCA/CNOSC, ADD, Aff. ONANA Vincent c/FECAFOOT, 25 avril 2017, Recueil Thématique des sentences de la Chambre de Conciliation et d'Arbitrage, Tome I, inédit ; voir CCA/CNOSC, Arbitrage en procédure d'urgence, Aff. n° CCA/2019/007, L'École de Football des Brasseries du Cameroun (EFBC) c/FECAFOOT, 18 juin 2019, Recueil Thématique des sentences de la Chambre de Conciliation et d'Arbitrage, Tome II, inédit.

sont entendus ». Il s'agit d'experts « *dont les noms ont été communiqués à la première audience de cadrage* »[444].

398. L'expert est un technicien à qui l'arbitre de la CCA du CNOSC demande de donner son avis sur des faits nécessitant des connaissances techniques et des investigations complexes. La Chambre fait donc appel à des jugements d'experts dans des disciplines théoriques dans lesquelles le raisonneur pratique, le collège arbitral, n'a pas une expertise suffisante pour prendre une décision pratique bien fondée. Il est bien connu dans « *tous les systèmes juridiques contemporains qu'un grand nombre de jugements théoriques sont à la fois utiles pour des décisions juridiques pratiques, et échappent à la compétence du raisonneur pratique juridique*[445] ».

399. Cependant, une telle stratégie, si raisonnable qu'elle soit, ou qu'elle paraisse, soulève devant la Chambre, de nouvelles questions de justifications, dont celle de savoir ce qui justifie chez l'arbitre CCA, le choix des experts à consulter, et jusqu'à quel point il doit accorder du crédit à l'avis d'expert qu'il décide de solliciter.

400. En l'état actuel des choses, il n'est pas encore établi devant la Chambre pour l'information de l'arbitre, une liste nationale ou régionale d'experts pour une certaine durée, ni les justificatifs de leur choix, ni le degré du crédit à leur accorder. C'est pourquoi l'arbitre CCA doit fortement motiver sa décision d'expertise, c'est-à-dire, de recours à un technicien, lorsqu'il désigne une personne qui n'est pas inscrite sur une liste d'experts préalable devant la Chambre.

401. Ainsi, dans l'affaire ONANA Vincent c/ FECAFOOT du 25 avril 2017 connue de la CCA du CNOSC, par une décision avant dire droit, le président de la collégialité a ordonné aux parties de désigner chacun deux experts dans la liste des experts assermentés auprès de la Cour d'Appel du Centre[446]. De même, dans

[444] Voir article 25 (Vii) du Règlement de procédures de la Chambre.

[445] BREWER (S.), « Quelques raisonnements théoriques sur des raisonnements pratiques à propos du raisonnement théorique », in CHANGEUX (J.P.) (dir.), *Fondements naturels de l'éthique, Odile Jacob*, 2005.

[446] Voir CCA/CNOSC, ADD, Aff. ONANA Vincent c/FECAFOOT, 25 avril 2017, Recueil Thématique des sentences de la Chambre de Conciliation et d'Arbitrage, Tome I, inédit. Dans cette affaire, le requérant ? Monsieur ONANA Vincent, a produit la liste des experts. Le défendeur, la FECAFOOT a relevé qu'elle ne participera pas à la désignation des experts dans la mesure où la liste des experts dont il est question ne relève pas de la Chambre, ces experts n'avaient pas prêté serment devant elle. Malgré le refus de la FECAFOOT, la Chambre a désigné dans la cause, EBODE TSALA Thomas, BALLA AMOUGOU Thomas et EBE EVINA Jean comme experts aux fins d'expertise pour dégager les actes sportifs ou d'ordre sportif susceptibles de rémunération dans le dossier. Elle sursoit à statuer jusqu'au dépôt de leur rapport.

l'Affaire l'École de Football les Brasseries du Cameroun c/FECAFOOT[447], par sentence avant dire droit, la Chambre a ordonné une enquête graphologique à l'effet d'attester de l'authenticité de la signature de M. BALLA FOUDA Luc, apposée sur l'avenant du contrat passé entre son fils mineur FOUDA Aloys, et l'École de Brasseries du Cameroun. À cet effet, elle a commis, pour y procéder, un expert agréé auprès de la Cour d'Appel du Centre.

402. La Chambre peut également interroger et demander des éclaircissements aux conseils des parties. Aux termes de l'article 47 du Règlement de procédures de la Chambre, « *les parties, leurs conseils (...) sont entendus* ». Cette interrogation permet à la Chambre, au cours de la phase orale de la procédure, de confirmer ou d'infirmer une idée qu'elle se fait sur certaines questions.

2- Le recours à des procédés non prévus par le Règlement de procédure

403. Pour parvenir à la vérité, la Chambre peut être amenée à recourir à des mesures d'instruction qui n'ont pas été prévues par le Règlement de procédures. Ce sont des cas exceptionnels, oubliés du texte, mais dont elle peut être obligée de se servir du fait des circonstances particulières des espèces litigieuses. Parmi ces mesures, figure en bonne place l'enquête. Elle permet à la Chambre de déterminer la réalité des faits allégués, et les circonstances de leur survenance, par des preuves concrètes sur le terrain. Ainsi, la Chambre peut choisir de descendre elle-même sur les lieux[448], ce qui est rare, ou d'envoyer les experts[449].

B- Le recours aux présomptions

404. La présomption est un « *mode de raisonnement juridique en vertu duquel de l'établissement d'un fait on induit un autre fait qui n'est pas*

[447] Voir CCA/CNOSC, Arbitrage en procédure d'urgence, Aff. n° CCA/2019/007, L'École de Football des Brasseries du Cameroun (EFBC) c/FECAFOOT, 18 juin 2019, Recueil Thématique des sentences de la Chambre de Conciliation et d'Arbitrage, Tome II, inédit.

[448] Dans l'affaire RACING FC de Bafoussam c/ SANTOS de KOZA et FECAFOOT, du 28 octobre 2010, bien que « *les arbitres descendus sur les lieux se sont vus opposer le refus de la FECAFOOT de mettre à leur disposition le dossier physique d'un joueur et de l'entraîneur de Santos de Koza* », « *pour asseoir sa conviction sur l'existence d'une licence établie par la FECAFOOT au profit du joueur et de l'entraineur de Santos de Koza, un transport sur les lieux a été ordonné par la Chambre, à l'effet de prendre connaissance du dossier physique des concernés* » : voir CCA du CNOSC, Arbitrage, Aff. n° du 28 octobre 2010 Racing FC de Bafoussam c/ Santos FC de Koza et FECAFOOT.

[449] Voir CCA/CNOSC, ADD, Aff. ONANA Vincent c/ FECAFOOT, 25 avril 2017, Recueil Thématique des sentences de la Chambre de Conciliation et d'Arbitrage, Tome I, inédit. Voir aussi CCA/CNOSC, Arbitrage en procédure d'urgence, Aff. n° CCA/2019/007, L'École de Football des Brasseries du Cameroun (EFBC) c/FECAFOOT, 18 juin 2019, Recueil Thématique des sentences de la Chambre de Conciliation et d'Arbitrage, Tome II, inédit.

prouvé »[450]. Comme pour tout juge[451], les présomptions représentent les principales armes de l'arbitre de la CCA du CNOSC. Par une construction intellectuelle et personnelle, la Chambre tire les conséquences du connu à l'inconnu[452]. L'arbitre peut raisonner en se basant sur deux sortes de présomptions : la présomption établie par l'arbitre et celle légale.

§ 2- La rétention des faits convaincants

405. Comme tout juge, l'arbitre ne retient que les faits les plus convaincants. Il s'agit des faits qui servent de fondements de motivation de la sentence arbitrale. L'arbitre ne retient donc, comme pertinent, le fait qui est susceptible de justifier sa décision. Mais la Chambre ne se limite pas seulement aux faits présentés par les parties. Elle concourt elle-même à l'établissement des preuves, des faits, si bien qu'il est possible que ceux qui sont finalement retenus comme pertinents ne soient pas nécessairement ceux relatés par les parties. Parfois, le choix des faits convaincants n'est pas évident. La Chambre se réfère donc à la convergence des points de vue des membres de la collégialité (A) et à l'objet du litige (B).

A- Une rétention issue de la convergence des vues des membres de la collégialité

406. Les litiges d'ordre sportif portés devant la Chambre sont connus par un collège de trois arbitres : un président, un rapporteur et un membre. Le rapporteur est formellement chargé de prendre des notes dans un plumitif. Cela n'empêche pas les autres membres de prendre des notes individuelles en fonction de ce qu'ils perçoivent au cours de l'instance. L'exploitation de ces notes, jointe à l'analyse des moyens et preuves produits, permet au collège des arbitres, après échanges, de trouver un fil conducteur des faits litigieux, pour aboutir à une convergence des points de vue.

B- Une rétention orientée par l'objet du différend d'ordre sportif

407. Pour retenir des faits litigieux convaincants, la Chambre prend appui sur l'objet du différend et le droit applicable. En effet, au cours de l'instance, les parties font souvent allusion aux faits qui n'ont rien à voir avec le litige ou qui n'ont qu'un rapport lointain avec celui-ci. Dans un raisonnement syllogistique, l'arbitre n'accorde d'attention qu'aux faits susceptibles d'être saisis par le droit en général, et le droit du sport en particulier. Les faits pertinents sont ainsi ceux dont les moyens concordent à l'objet du litige.

---

[450] GUINCHARD (S.) et DEBARD (Th.), *Lexique des termes juridiques 2017-2018*, op. cit, p. 873.
[451] METOU (M.M.B), Le rôle du juge dans le contentieux international, le cas de la Cour Internationale de Justice, op. cit, p. 246.
[452] Voir CCA du CNOSC, Arbitrage, Aff. n° CCA/2019/016 du 26 aout 2019, Volcan FC du Noun c/ Rizière FC.

Chapitre II :

L'analyse des prétentions des parties

408. Les prétentions des plaideurs sont des « *questions de fait et de droit que les plaideurs soumettent au juge et qui sont fixées, pour le demandeur, par l'acte introductif d'instance, pour le défendeur, par les conclusions en défense*[453] »[454]. Formant l'objet du litige, elles délimitent l'étendue de la saisine de la Chambre, déclenchant l'obligation pour le tribunal arbitral de se prononcer sur tout ce qui est demandé et seulement sur ce qui est demandé.

409. C'est pourquoi, tout naturellement, la Chambre commence par analyser les conclusions des plaideurs (Section 1) avant de s'appesantir sur certaines questions cruciales nécessaires pour rendre la sentence arbitrale (Section 2).

Section 1 : L'analyse des conclusions des parties

410. Une conclusion est un « *acte de procédure par lequel le demandeur expose ses chefs de demande et les raisons de fait et de droit invoqués à leur soutien, le défenseur ses moyens de défense* »[455]. La Chambre a ainsi l'obligation de répondre à tous les chefs des conclusions. Pour ce faire, elle prend en compte les conclusions initiales et leurs évolutions (§ 1), avant de les interpréter de façon discrétionnaire (§ 2).

§ 1- L'appréciation des conclusions initiales et de leurs évolutions au cours de l'instance

411. Pour dégager le sens exact des conclusions des parties et en déterminer la portée, la Chambre prend en considération la façon dont elles sont présentées (A) et leurs évolutions au cours de l'instance (B).

A- Les considérations sur la présentation des conclusions des parties

412. Dans son activité intellectuelle consistant à donner une signification claire à la volonté que les parties ont voulu manifester dans leurs conclusions, la Chambre prend appui sur la manière dont elles sont présentées. Celles-ci lui permettent de circonscrire juridiquement le litige qu'elle est en voie de trancher. Certes, cet exercice d'interprétation relève de l'appréciation souveraine de

[453] Elles peuvent intégrer les exceptions, fins de non- recevoir, dénégation.
[454] GUINCHARD (S.) et DEBARD (Th.), *Lexique des termes juridiques 2017-2018*, op. cit, p. 877.
[455] Idem, p. 254.

l'arbitre. Cependant, les termes utilisés par les parties sont d'une importance capitale. La chambre s'inspire donc de ces directives contenues dans les conclusions.

413. Il est d'usage que les parties demandent à la Chambre « très respectueusement… de constater ; de déclarer ; de dire et juger, etc. ». Cette demande est le point culminant des faits et motifs allégués par le justiciable acteur du mouvement sportif tant dans la demande principale que dans les éventuelles demandes incidentes.

414. Ces conclusions vont servir de cadre à la sentence arbitrale et sur lesquelles elle va fonder son raisonnement. C'est pourquoi la Chambre a l'obligation de répondre à tous les chefs de conclusion, mais aussi de ne répondre qu'à ceux formulés par les parties.

415. Les conclusions des parties devant la Chambre concernent généralement deux points fondamentaux : les questions de forme et de fond[456]. Pour que la Chambre puisse éviter de répondre *infra petita* ou *ultra petita*, les plaideurs doivent formuler leurs conclusions de façon claire et précise, car, c'est en référence à elles que le collège arbitral va trouver la matière de sa décision. L'absence de clarté et de précision met la Chambre dans une position inconfortable qui peut l'amener à statuer *infra petita* ou *ultra petita*. Cet inconfort se manifeste aussi lorsque les parties font évoluer leurs conclusions.

B- La prise en compte des modifications apportées par les parties à leurs conclusions au cours de l'instance

416. Les prétentions des plaideurs peuvent être modifiées par des demandes incidentes lorsque celles-ci se rattachent aux prétentions originaires par un lien suffisant. Pourtant, en principe, la Chambre devrait se limiter à interpréter les conclusions finales comme prévu par l'article 27 alinéa 2 du Règlement de procédures de la Chambre[457]. Or, le collège arbitral ne peut s'y cramponner, puisque lesdites conclusions se poursuivent jusqu'au dernier exposé de la phase orale. En fait, la demande initiale résume les prétentions des parties au début de l'instance ; mais cette demande connaît un certain nombre de modifications à mesure qu'évolue l'instance et que les discussions évoluent devant la Chambre. C'est alors qu'elle reconstruit l'objet du litige sur la base de ces développements subséquents qu'aura subi la demande initiale. Plusieurs affaires montrent que la

[456] On y voit des formulations telles que « En la forme… Au fond ».

[457] Aux termes de l'alinéa 2 de l'article 27 du Règlement de procédures, « *À la première audience dite de cadrage, la Chambre prononce la clôture des échanges d'écritures. Dès le prononcé, aucune écriture et/ou pièce ne peut être échangée, sauf avec l'autorisation du collège pour les mesures d'instruction ordonnées* ».

Chambre tient compte des modifications que subissent les conclusions initiales durant l'instance[458].

§ 2- L'interprétation discrétionnaire des conclusions par la Chambre

417. Aucune méthode d'interprétation des conclusions des parties n'existe et n'a été jusqu'ici prévue par le Règlement de procédures de la Chambre. Tout au plus, il prévoit le régime juridique de l'« *interprétation de la sentence* »[459]. L'interprétation que la Chambre est appelée à faire des conclusions doit être distinguée de celle-ci et même de celle qu'elle peut faire du droit en général[460]. Il s'agit ici de procéder à une reformulation des demandes respectives des parties (A) avant de parvenir à leur interprétation d'ensemble (B).

A- La reformulation des demandes respectives des parties

418. La Chambre reformule les conclusions des parties pour chercher à percer le véritable cœur du litige dans un souci de transparence et de vérité. Pour ce faire, elle aménage un chemin à suivre qui n'est pas forcément celui tracé par les parties dans leurs demandes. Si elle n'est pas tenue de répondre aux conclusions des parties en ordre, elle n'est pas non plus tenue de statuer sur tous les moyens avancés par elles. Les conclusions étant celles des parties et formulées à leurs guises, la Chambre peut les bouleverser et les classer dans une disposition qui lui facilite la détection de la question juridique qu'elles soulèvent.

B- Leur interprétation d'ensemble

419. Après la reformulation des conclusions des parties, et leur classement pour une compréhension aisée, la Chambre procède à une lecture combinée et

---

[458] Dans l'Affaire Achille ESSOMBA MANY c/ Ligue de football professionnel du Cameroun, ONAMBELE ZIBI Emile du 16 mars 2017 par exemple, l'instance s'est poursuivie malgré le désistement du demandeur de certaines demandes. La Chambre a rendu la sentence dont la teneur suit : « *la Chambre, Statuant contradictoirement à l'égard des parties, et selon les textes ; (…) donne acte au requérant de ce qu'il désiste de ces précédentes demandes, notamment celle relative à l'annulation de l'Assemblée générale du 10 décembre 2010 à l'issue de laquelle M. ONAMBELE ZIBI Emile a été élu ; constate que la résolution du Conseil d'Administration extraordinaire de la Ligue de Football professionnel du Cameroun (LFPC) tenue le 16 février 2017 à Yaoundé est conforme aux dispositions des statuts de ladite ligue en ses articles 33 (composition) et 39 (décisions du Conseil d'Administration) en ce qui concerne le quorum et la validité des travaux. Déboute en conséquence le requérant de sa demande d'annulation de ladite résolution ; déclare valable la résolution et son contenu ; dit qu'il n'y a pas lieu à imputer des frais de procédure engagés par le défendeur au requérant ; dit les frais acquis ; avise les parties de ce qu'elles disposent d'un délai de 21 jours pour le pourvoir devant le TAS* ».

[459] Aux termes de l'article 54 du Règlement de procédures « *1) Toute partie peut, aux fins de clarification d'une sentence, saisir la Chambre d'une requête en interprétation. 2) La demande indique, avec précision, le ou les points de la sentence dont l'interprétation est sollicitée. 3) Pour l'examen de la demande en interprétation, la Chambre est composée des mêmes arbitres qui se sont prononcés sur le fond de l'affaire. Cependant, en cas d'empêchement d'un arbitre, le Président procède à son remplacement. 4) La demande en interprétation ne suspend pas l'exécution de la sentence* ».

[460] Pour plus d'amples éclairages sur la question d'interprétation, lire notre ouvrage sur « Introduction générale au droit camerounais du sport », op. cit, pp. 109-113

croisée de toutes les conclusions. Cette méthode lui permet de faire ressortir les (s) problème (s) juridique (s) qu'elle doit résoudre et la quintessence de ce que les parties attendent d'elle à la fin du procès. C'est ainsi que la Chambre peut par exemple ainsi relever que « *Attendu que le Conseil de l'Association des Footballeurs Camerounais devenue Syndicat National des Footballeurs Camerounais soutient des points de droit portant sur la fin de non-recevoir, la violation des droits de la défense* »[461]. Cette interprétation d'ensemble favorise une définition aisée de l'objet du litige, pour aboutir à la définition exacte du litige sur le plan juridique.

Section 2 : La fixation des questions nécessaires pour la formulation de la sentence arbitrale

420. Le point culminant de la détermination de l'objet du litige par la Chambre est l'application du droit. Mais, celle-ci ne va pas remplir cette fonction sans définir le contexte historique, social et géographique de cet objet. Pour ce faire, elle procède à la délimitation du litige dans le temps et dans l'espace (§ 1) avant celle des questions de droit que pose l'espèce (§ 2).

§ 1- La délimitation du litige dans le temps et dans l'espace

421. Les institutions du mouvement sportif sont susceptibles d'évoluer, les règles qui les gouvernent aussi. Il y a risque pour la Chambre d'appliquer des textes anachroniques en tranchant une affaire. Il faut donc qu'elle se rassure du moment et du lieu où le litige a pris naissance. Cette volonté d'assurance implique, pour le collège arbitral, une insertion du litige dans le temps (A) et dans l'espace (B).

A- L'insertion du litige dans le temps

422. En général, le litige soumis à la Chambre ne s'est pas produit le jour où la requête est déposée. Avant qu'elle ne soit saisie, il y a un laps de temps que le différend est survenu entre les acteurs du mouvement sportif. Avant de le trancher, le collège arbitral inscrit le litige dans le temps. Il s'agit pour lui de déterminer le moment l'étiolement des rapports entre les parties sur un aspect du droit. Dans le règlement des litiges d'ordre sportif, la Chambre ne se limite pas à l'établissement de l'existence d'un litige entre les parties, elle s'appuie aussi sur la date à laquelle il est né et à laquelle s'appliqueront des règles bien précises. En effet, « *les deux questions sont liées, la date d'un différend se situant au point de croisement dans le temps de ses éléments constitutifs, puisque c'est leur réunion qui marque la naissance du différend*[462] ». Si les faits litigieux se poursuivent encore dans les rapports entre les plaideurs, la Chambre adopte plusieurs attitudes

---

[461] Voir CCA du CNOSC, Arbitrage, Aff. du 10 mai 2013 Syndicat National des Footballeurs Camerounais c/ FECAFOOT.

[462] METOU (M.M.B), *Le rôle du juge dans le contentieux international, le cas de la Cour Internationael de Justice*, op. cit, p. 260.

eu égard à chaque circonstance. Dans l'affaire Caïman Football Club de Douala c/ Unisport Football Club du Haut-NKAM deux dates sont retenues par la Chambre pour établir le lien entre deux évènements : celle du 21 octobre 2012 à laquelle « *Caïman Football Club de Douala a battu Unisport Football Club du Haut- NKAM, et qu'à la fin du match, les supporters de l'Unisport du Haut-Nkam ont publiquement pris à parti leur entraineur principal, Sieur NJILI Pierre* »[463] ; et celle du 28 octobre 2012 à laquelle les supporters d'Unisport du Haut-Nkam ont porté atteinte à l'intégrité physique des joueurs et officiels de Caïman de Douala avant le début de la rencontre du match retour, pour observer que les dirigeants auraient dû prévenir des désordres qui pourraient résulter pendant ou après le match du fait de l'attitude de ses supporters[464], alors pourtant que « *le stade de Bafang est réputé **depuis des années** pour être l'un des plus insécurisés du Cameroun* »[465]. Mais généralement, la Chambre veille à retenir, dans sa sentence arbitrale, des faits qui se sont produits jusqu'à la clôture de l'instruction orale sur le fond.

423. La date ainsi fixée sert de point de repère pour exclure certains faits survenus après cette date, car, c'est à ce moment que le collège arbitral doit se situer pour déterminer les positions juridiques des parties à apprécier, et les règles de droit à appliquer.

B- L'insertion du litige dans l'espace

424. Dans un milieu où les acteurs du mouvement sportif entretiennent un certain nombre de relations potentiellement conflictuelles, la Chambre sait que le litige qu'elle est appelée à connaître ne naît pas accidentellement entre les parties concernées. Pour mieux apprécier l'objet du litige et le droit applicable, la chambre procède au cadrage du litige, en déterminant le type de rapport qui existe entre les litigants, très souvent en fonction de la situation géographique des acteurs du mouvement sportif.

425. Dans le cadre de la question de sécurité, la Chambre saisit très rapidement le problème de responsabilité de l'obligation de sécurité en déterminant le cadre de jeu, et l'équipe hôte. Dans ce cas, elle appréhende le fait qu'au cours de l'application du droit, elle devra tenir compte du lieu où l'évènement s'est produit. Dans l'affaire Caïman de Douala c/ Unisport du Haut Nkam suscitée, pour retenir la responsabilité d'Unisport du Haut-Nkam pour manquement à l'obligation de sécurité, la Chambre établit que le cadre de jeu est

---

[463] Voir CCA du CNOSC, Arbitrage, Aff. Caïman Football Club de Douala c/ Unisport Football du Haut-Nkam, 28 février 2013.
[464] Idem.
[465] Ibid.

dangereux pour les équipes visiteuses. « *Le stade de Bafang » dit-elle, « est pourtant réputé (...) l'un des plus insécurisés du Cameroun »*[466].

§ 2- La détermination des principales questions juridiques posées par l'espèce

426. À la fin des plaidoiries des parties, la Chambre prononce la clôture des débats et met l'affaire en délibéré. C'est la phase de l'instance au cours de laquelle, les pièces du dossier ayant été examinées, les plaidoiries entendues, les arbitres du collège arbitral se concertent avant de rendre leur sentence. Comme celle-ci doit être motivée en fait, mais aussi en droit selon les termes de l'article 50 alinéa 3 du Règlement de procédures de la Chambre, l'analyse de la prétention des parties étant faite, la Chambre ressort les questions juridiques qui se posent en l'espèce et auxquelles elle doit chercher les propositions normatives posées par le droit en général et le droit du sport en particulier. En matière d'arbitrage des litiges d'ordre sportif, la sentence arbitrale est l'aboutissement d'un travail collectif. Or, si chaque membre de la collégialité prend des notes, l'appréciation du contentieux n'est pas toujours la même. D'où l'importance de la recherche du consensus entre les membres (A). Celui-ci aboutit au délaissement de certaines questions périphériques (B).

A- La recherche du consensus au sein de la Chambre

427. L'article 50 du Règlement de procédures de la Chambre encadre les aspects formels de l'établissement de la sentence arbitrale. Cet établissement se fait à travers des délibérations qui restent secrètes. Aucun régime général de délibération n'est prévu par le Règlement de procédures de la Chambre. Il n'énumère pas les bases sur lesquelles la discussion d'une affaire peut se faire par cet organe collectif avant qu'il prenne une décision. C'est donc sa propre pratique qui a forgé une manière de procéder et l'absence d'une indication juridique laisse le soin au collège arbitral de les apprécier au cas par cas en fonction des circonstances du litige.

428. Mais, en général, le collège arbitral se réunit en vue d'une première délibération au cours de laquelle le président du collège indique les points saillants qui devraient faire l'objet d'examen et de discussion pour trancher le litige. Celui-ci propose une liste de questions qui se posent dans l'espèce et recueille les suggestions des autres membres du collège à cet égard. Ces questions constituent en principe le squelette provisoire de la décision à venir et chaque arbitre peut y faire des observations.

429. Pour ces observations, les notes prises par le rapporteur du Collège arbitral s'avèrent importantes. En effet, si le président du collège a pris soin de

[466] Voir CCA du CNOSC, Arbitrage, Aff. Caïman Football Club de Douala c/ Unisport Football du Haut-Nkam, 28 février 2013.

relever les faits qui lui paraissent à première vue importants, le plumitif tenu par le rapporteur présente une vue panoramique de l'évolution de l'instance. Muni chacun des notes prises, le délibéré est un moment de discussion intense au sein du collège qui doit tout faire pour aboutir à un minimum de consensus sur les diverses questions à résoudre.

430. Le délai pour les observations dépend de la façon dont le collège a choisi de délibérer. Aux termes de l'article 25 (vii) *in fine* du Règlement de procédures de la Chambre, « *après les plaidoiries, le collège prononce la clôture des débats. En tout état de cause, la décision est rendue par la collégialité en charge du dossier. L'affaire peut être vidée sur le siège, tout comme elle peut être mise en délibéré en fin d'audience, ou à une audience ultérieure de délibéré* ». Bien plus, « *une troisième audience dite de délibéré peut se tenir si la nécessité l'impose. L'affaire est mise en délibéré à une date précise au cours de laquelle elle est vidée ou le délibéré peut être prorogé pour une date qui ne saurait excéder quinze jours pour les procédures ordinaires et 24 heures pour les procédures accélérées* ».

431. Plus le temps du délibéré s'allonge, plus le temps accordé à chaque membre du collège ayant participé à l'instance pour préparer ses observations se prolonge. Le délibéré peut même être prorogé une ou plusieurs fois[467]. Dans tous les cas, quel que soit le temps mis, les retrouvailles des membres ont toujours été l'occasion de discussion intense.

432. Il arrive souvent que les membres du collège ne s'entendent pas sur un point ou sur certains points donné (s). Le Règlement de procédures de la Chambre n'a pas prévu la possibilité pour les membres du collège arbitral de présenter des opinions dissidentes ou séparées.

B- L'option d'éviter certains points

433. Dès que la Chambre est fixée sur les axes sur lesquels repose sa sentence, elle choisit délibérément de laisser certaines questions de côté. Tout en choisissant les motifs de sa décision, la Chambre écarte les moyens périphériques et sans incident sur le droit applicable.

434. Sur la base du plumitif et des vues exprimées pendant les délibérations, le collège arbitral, avec l'appui de la greffière, prépare une mouture de la sentence. Pour l'instant, en attendant un changement, la pratique de la Chambre propose en général un document en français[468]. Celui-ci est la mise en commun de la somme des propositions individuelles des membres du collège.

---

[467] Voir CCA du CNOSC, Arbitrage, Aff. Caïman Football Club de Douala c/ Unisport Football du Haut-Nkam, 28 février 2013.

[468] Il existe néanmoins des sentences arbitrales établies en langue anglaise à l'instar de celle relative à l'affaire LFPC V. FECAFOOT n° 2019/021 du 18th October 2019 dont le Président du Collège arbitral était Me AGBOR BENJAMIN ENOW d'obédience anglophone.

435. À travers la rédaction du projet de sentence arbitrale, on perçoit aisément la manière dont la Chambre fixe le droit applicable pour régler les divers points retenus.

Deuxième partie :

La détermination du droit applicable au litige

436. Dans la recherche du droit applicable au litige qui existe entre les acteurs du mouvement sportif, la Chambre passe au peigne fin tous les moyens de droit invoqués par les parties. Après cet exercice, elle les rattache à des catégories juridiques et explore leur applicabilité au cas d'espèce. L'arbitrage de la CCA du CNOSC n'étant pas une procédure ordinaire, il ne revient pas aux parties de s'entendre sur la teneur du droit applicable. Tout au plus, celle-ci peut prendre soin d'indiquer à la Chambre les règles de droit, mais pas les modalités d'application. C'est à elle de rechercher les règles applicables de ce droit. La Chambre ne saurait considérer des règles comme ressortissant du droit du sport ou du droit tout court, et applicables en tant que telles à des acteurs du mouvement sportif juste parce que ceux-ci les invoquent. Il lui est donc malaisé de s'en tenir uniquement aux sources du droit du sport telles qu'invoquées par les parties. La Chambre ne fonde pas sa décision uniquement sur les exposés des parties s'agissant du droit applicable. Elle est tenue, comme l'indique l'alinéa 3 de l'article 50[469] du Règlement de procédures de la Chambre, de prendre en considération de sa propre initiative toutes les règles de droit qui seraient pertinentes pour le règlement du litige, même si ces règles n'ont pas été soulevées par les parties. Ainsi, quand bien même celles-ci connaissent les règles applicables dans leurs relations réciproques avant la survenue du contentieux, il revient à la Chambre d'en préciser la substance applicable pour trancher le litige qui les oppose dans le cas d'espèce. En effet, les interprétations pouvant être faites par les acteurs du mouvement sportif ne sont pas toujours celles qui seront retenues par la Chambre, d'autant plus que les règles applicables varient d'un contentieux à l'autre.

437. La détermination du droit applicable est un processus qui met la Chambre devant une kyrielle de sources, et qui la soumet à un problème de construction d'une cohérence logique entre ces diverses sources, mais également entre les règles qu'elles regorgent et les faits pertinents de l'espèce. Cet exercice de construction se fait en fonction des règles et des modifications intervenues dans les différents ordres juridiques. Celles-ci entraînent chaque fois des réajustements. En effet, les règles applicables sont souvent caractérisées par des incohérences ou par des lacunes. La Chambre est ainsi amenée à adapter le droit au cas d'espèce en fonction des lacunes qu'il regorge. Ce faisant, elle procède à une analyse réfléchie de l'applicabilité des règles invoquées par les parties (Titre 1), à un renforcement subtil du droit du sport (Titre 2) et à une adoption régulière et conjoncturelle des décisions acceptables (Titre 3).

---

[469] Selon l'alinéa 3 de l'article 50 du Règlement de procédure de la Chambre, « *la sentence doit être motivée en droit et en fait* ».

Titre I :

L'applicabilité des règles juridiques invoquées par les parties

438. Les acteurs du mouvement sportif invoquent à l'appui de leurs prétentions une kyrielle d'instruments juridiques et non juridiques que la Chambre apprécie pour faire ressortir la trame. Cette appréciation est menée en fonction des types de problèmes engendrés par le contentieux. À travers cette analyse, elle prend la mesure du niveau d'opérationnalité des règles de droit positif par rapport aux problèmes juridiques réels soulevés par le cas d'espèce. Cette prise de mesure vise l'opposabilité aux parties desdites règles et leur capacité à saisir la situation litigieuse en cours. De ce point de vue, la Chambre opère un contrôle de la validité des règles invoquées par les parties (Chapitre 1), puis cherche à les appliquer convenablement au cas d'espèce (Chapitre 2).

Chapitre I :

Le contrôle de la validité des règles juridiques invoquées

439. Dans le cours de la définition du droit applicable à un cas d'espèce, la Chambre contrôle le bien-fondé de chacune des règles invoquées dans les ordres juridiques en matière de sport. Cet exercice est primordial, car l'auguste institution doit veiller à la capacité de ces règles à produire des effets de droit dans le système juridique national. Celui-ci dépend de plusieurs conditions variables en fonction des règles en cause et principalement de leur source. À cette étape importante de la procédure de règlement des litiges d'ordre sportif, la Chambre débute le contrôle de la validité d'une règle par une phase préalable qui est relative à sa validation. En effet, les catégories juridiques auxquelles le contentieux peut être associé sont au départ caractérisées par une indétermination. Le travail d'homologation des règles applicables lui exige dès lors la prise en compte non seulement de l'ensemble formé par les règles formellement édictées par les organisations sportives nationales et internationales, et l'État, mais aussi l'ensemble des émanations formelles qui s'en dégagent et des interprétations qu'on peut en donner. On ne peut ignorer les facteurs sociaux qui peuvent en infléchir la portée juridique. C'est pourquoi, pour aboutir aux décisions par lesquelles la Chambre conclut à l'application ou non d'une règle, elle dépasse le cadre des critères formels dans lesquels elle s'insère pour envisager son opérationnalité. La vérification de la validité à laquelle procède la Chambre commence par l'étude de la juridicité des règles invoquées (Section 1) pour arriver au contrôle de leur opposabilité aux parties impliquées dans le litige (Section 2).

Section 1 : L'appréciation de la juridicité des règles et principes en cause et le choix des règles pertinentes

440. La loi de 2018 portant organisation et promotion des activités physiques et sportives reconnaît aux fédérations sportives une mission de service public, et une compétence pour l'élaboration de leurs statuts et règlements, à condition de s'être conformées aux lois et règlements en vigueur[470]. L'ordre juridique qui fonde les associations sportives est donc leurs statuts. Cette habilitation législative permet aux acteurs du mouvement sportif litigants d'invoquer des

---

[470] Aux termes de l'article 7 alinéa 1 in fine de la loi du 11 juillet 2018 portant organisation et promotion des activités physiques et sportives au Cameroun, les associations sportives « *organisent leurs activités dans le respect des lois et règlements en vigueur* ».

règles que ces textes regorgent. Or, malgré la soumission de leur entrée en vigueur à un contrôle de conformité du Ministère en charge des sports, aussi bien de leur adoption que de leur modification, ces textes peuvent regorger des lacunes qui échappent au contrôleur. Bien plus, l'activité dans le monde du sport est caractérisée par des formes d'expression juridique[471] des diverses relations entre les multiples acteurs et parties prenantes, dont la juridicité est douteuse, hypothétique. Face à la kyrielle de textes et d'actes invoqués, la Chambre ne se prive pas de vérifier le caractère juridique, c'est-à-dire l'aptitude desdites règles à produire des effets de droit dans l'ordre juridique national[472]. L'appréciation desdites règles (§1) permet à la Chambre de faire des choix les plus adéquats (§ 2).

§ 1- L'examen de la juridicité des règles invoquées

441. Une bonne partie de normes qui régulent le sport se présente comme un ensemble de mesures codifiées ou non, expresses ou non[473]. Les règles les plus évidentes que les sportifs et leurs organisations ont à respecter sont souvent celles d'une pratique correcte et répétée de leur activité et de la compétition, les règles de jeu composées de discipline de caractère hybride, souvent coutumières et orales[474]. L'analyse de la juridicité des règles invoquées porte à la fois sur les textes écrits (A) et non écrits (B).

A- L'examen de la juridicité des règles écrites

442. Les textes écrits dont la Chambre vérifie la juridicité portent tant sur les règles étatiques, sur les activités sportives (1) que sur les règles issues de l'ordre juridique sportif (2).

1- Les règles étatiques sur les activités sportives

443. Les règles étatiques invoquées devant la Chambre sont d'une appréciation plus aisée que celles issues des règles de l'ordre juridique sportif. Au cours de ce processus, elle vérifie leur existence, c'est-à-dire leur naissance et leur disparition. La Chambre cherche ainsi à savoir si elles sont entrées en vigueur suivant les exigences [475]constitutionnelles. Il s'agit de s'assurer que la loi a fait l'objet d'une promulgation et d'une publication. Si elle est publiée, elle devient exécutoire à Yaoundé le jour même de leur publication. Dans les autres circonscriptions administratives, ils sont exécutoires le lendemain du jour de

---

[471] On peut citer l'acte juridique unilatéral et la convention ou le contrat.

[472] Voir CCA du CNOSC, Arbitrage en procédure d'urgence, Aff. n° CCA/2019/016 du 26 aout 2019 Volcan FC du Noun c/ Rizière FC ; voir aussi CCA du CNOSC, Arbitrage, Aff. du 1er Avril 2013, ABENA FOE Jean Louis c/ ATEBA KOUNGOU Fabien.

[473] PLANTEY (A.), « Introduction générale, Discours d'ouverture », op. cit, p. 30.

[474] Idem, pp. 30-31.

[475] L'entrée en vigueur de la loi est subordonnée à deux exigences : « *que celui qui en a compétence déclare officiellement l'existence de la loi et que son destinataire, le sujet de droit la connaisse* ». In TCHAKOUA (J.M.), *Introduction générale au droit camerounais*, op. cit, p. 74.

l'arrivée du Journal officiel concerné, le jour de l'arrivée étant constaté par le Chef de la circonscription administrative. Exceptionnellement, à l'instar de la loi n° 2018/014 du 11 juillet 2018 portant organisation et promotion des activités physiques et sportives au Cameroun, le texte peut être porté à la connaissance de la population par tous moyens, notamment par radio. Il s'agit d'une procédure d'urgence à la diligence du Président de la République, due à l'impossibilité d'assurer la parution quotidienne et régulière du Journal officiel.

444. La publication des règlements des autorités subordonnées est effectuée à leur diligence par tous les moyens de publicité adéquats, tels que : affichage, annonce publique, lecture à la radio, insertion à la presse.

445. Dans le cas particulier des traités internationaux, le principe est que leur application et leur efficacité sont subordonnées à la ratification ou approbation et à la publication.

446. De même, la Chambre vérifie aussi si la disposition n'a pas été abrogée, c'est-à-dire, si elle n'a pas été supprimée par une nouvelle disposition qui lui est substituée pour l'avenir. L'abrogation peut être implicite ou explicite. Dans le premier cas, les dispositions du texte ancien sont incompatibles avec celles du nouveau. Dans le second cas, elle résulte de l'indication par un texte que tel autre texte ne peut plus s'appliquer. En conséquence, le texte ancien sort de l'ordre juridique et ne peut plus être appliqué par l'arbitre.

447. La Chambre est consciente que les textes juridiques n'ont pas la même importance. C'est pourquoi, si une norme est invoquée, elle vérifie si le texte respecte l'ordre hiérarchique, c'est-à-dire si elle respecte une norme supérieure existante. C'est pourquoi elle saisit l'occasion du contentieux pour contribuer au contrôle du respect de la hiérarchie des textes juridiques[476].

2- Les règles issues de l'ordre juridique sportif

448. Les règles issues de l'ordre juridique sportif dont la Chambre vérifie la juridicité sont celles des statuts des fédérations sportives (a), des actes unilatéraux desdites fédérations (b), et des actes passés entre les acteurs du mouvement sportif (c).

a- La vérification de la juridicité des règles statutaires

449. Les dispositions statutaires des fédérations sportives figurent en bonne place parmi les règles invoquées devant la Chambre, à la fois pour fonder sa juridiction et pour fonder des réclamations. La plupart des différends entre les acteurs du mouvement sportif naissent de l'application ou de l'interprétation des

[476] Voir CCA du CNOSC, Arbitrage, Aff. n° 014/SA/CCA/15 du 12 novembre 2015, Étoile filante de Garoua, Bandjoun FC, LOGA c/ FECAFOOT.

statuts[477]. Lorsqu'une partie invoque ou prétend que son vis-à-vis a violé une règle statutaire, la première tâche consiste à démontrer l'existence des statuts en vigueur et présenter les preuves de violation y afférentes. Malgré l'exigence faite par la loi du respect d'un statut type, les statuts invoqués sont très différents les uns des autres et présentent de nombreuses nuances. Cela est dû à la différence d'activités pratiquées et le type d'organisation et de fonctionnement adoptés par chaque association sportive. Bien plus, au sein d'une même fédération, les statuts varient au gré du temps et en fonction des autorités fédérales en place. Des statuts successifs peuvent par exemple interférer les uns avec les autres, dans des domaines identiques ou voisins. Ils se complètent, se succèdent, et même se contredisent[478].

Possédant habituellement quelques informations à leur sujet, c'est en fin de compte, au regard des échanges entre les parties au cours de la procédure arbitrale, et des moyens de preuve produits à l'appui de leurs prétentions respectives, que la Chambre détermine l'effet juridique qui s'attache à ces règles dont la juridicité est *a priori* questionnable. Elle s'attache généralement à deux choses : la forme et le fond. S'agissant du premier cas, ce qui lui importe c'est la forme de l'adoption des statuts[479]. S'agissant du second cas, la Chambre s'intéresse aux incohérences qui peuvent s'y trouver. Ainsi, c'est elle qui constate l'existence ou la non-existence des statuts, ou leur viabilité[480].

---

[477] Sur les affaires relatives à l'interprétation des statuts voir CCA du CNOSC, Arbitrage, Aff. n° 003/SA/CCA/16 du 31 mars 2016 ; Membres du Bureau Exécutif et du Conseil d'Administration de la FECAKADA c/ Fédération Camerounaise de Karaté et Disciplines affinitaires ; CCA du CNOSC, Arbitrage, Aff. n° 010/SA/CCA/15 du 16 juillet 2015 Membres de l'Assemblée générale de la FECAFOOT et Abdouramane HAMADOU BABBA c/ Fédération Camerounais de Football ; CCA du CNOSC, Arbitrage, Aff. n° 005/SA/CCA/16 du 05 avril 2016 Ligue de Football Professionnel du Cameroun c/ La Fédération Camerounaise de Football ; CCA du CNOSC, Arbitrage en référé sportif, Aff. n° 006/SA/CCA/16 du 14 juillet 2016 Ligue de Football Professionnel du Cameroun (LFPC) c/ La Fédération Camerounaise de Football ; CCA du CNOSC, Arbitrage, Aff. n° 012/SA/CCA/15 du 1er octobre 2015 Étoile filante de Garoua (Abdouramane HAMADOU BABBA) c/ FECAFOOT ; CCA du CNOSC, Arbitrage, Aff. n° 015/SA/CCA/15 du 10 novembre 2015 Ligue Départementale du Dja et Lobo c/ FECAFOOT ;

[478] Idem.

[479] Voir CCA du CNOSC, Arbitrage, Aff. n° 007/SA/CCA/15 du 21 Mai 2015 BELLO Bourdane, BIYAG Antoine, et NGOMCHI Félix c/ ABOUEM Julien Serges et Consorts ; voir aussi CCA du CNOSC, Arbitrage, Aff. n° 011/SA/CCA/14 du 28 novembre 2014 Abdouramane HAMADOU BABBA c/ FECAFOOT.

[480] Voir CCA du CNOSC, Arbitrage, Aff. n° 001/SA/CCA/17 du 16 mars 2017 Achille ESSOMBA MANY c/ La LIGUE de FOOTBALL PROFESSIONNEL du Cameroun et ONAMBELE ZIBI.

b- La vérification de la juridicité des actes collectifs fédéraux

450. Les acteurs du mouvement sportif s'appuient aussi sur les actes unilatéraux des autorités fédérales pour soutenir leurs prétentions. Ils présentent un intérêt certain dans la détermination du droit applicable par la Chambre. Leur application ou leur éviction dépend de leur validité intrinsèque et de leur portée. Lorsqu'il s'agit par exemple d'une résolution de l'Assemblée générale ou du Conseil d'Administration dans les domaines divers tels que l'organisation du championnat, des élections, la Chambre accorde une attention particulière dans la détermination du droit applicable au regard des dispositions juridiques qui indiquent la valeur juridique obligatoire pour les acteurs du mouvement sportif des décisions prises par cet organe. Au regard du profil des pouvoirs découlant de ces dispositions, il est loisible de fixer dans chacun des cas si ceux –là ont été exercés, compte tenu de la procédure de convocation de l'Assemblée[481], des termes de la résolution à interpréter[482], des débats qui ont précédé son adoption[483],

---

[481] Dans l'affaire LIKALE Jean Daniel c/NGONSU TCHONLAHUI et BISSO Alfred n° 005 du/SA/CCA/15 du 7 mai 2015, la Chambre décide que « *la convocation de l'Assemblée générale extraordinaire du 28 mars 2015 est irrégulière ; que par conséquent cette Assemblée est nulle et de nul effet* ». Dans l'affaire CCA du CNOSC n° 003/SA/CCA/16 du 31 mars 2016 Membres du Bureau Exécutif et du Conseil d'Administration de la FECAKADA c/ Fédération Camerounaise de Karaté et Disciplines affinitaires la Chambre décide qu' « *Attendu qu'il y a lieu d'annuler les travaux ainsi que les résolutions de l'Assemblée générale ordinaire de la Fédération Camerounaise de Karaté et disciplines affinitaires, tenue à Yaoundé le 31 janvier 2016 pour convocation irrégulière* ».

[482] Dans l'affaire CCA du CNOSC n° 012/SA/CCA/15 du 1er octobre 2015, la Chambre précise qu' « *Attendu que la violation de l'article 32 alinéa 3 de la loi n° 2011/018 du 15 juillet 2011 relative à l'organisation et à la promotion des activités physiques et sportives au Cameroun et de l'article 12 alinéa 1 des statuts des ligues régionales ne peut qu'entrainer la nullité de la première résolution adoptée lors de l'Assemblée générale de la FECAFOOT du 05 août 2015, portant adoption des statuts de la FECAFOOT* ».

[483] Dans l'affaire CCA du CNOSC, n° 010/SA/CCA/15 du 16 juillet 2015 MEMBRES DE L'ASSEMBLEE GÉNÉRALE DE LA FECAFOOT ET ABDOURAMAN HAMADOU BABBA c/FEDERATION CAMEROUNAISE DE FOOTBALL, la Chambre « *constate (...) que l'AGE du 2 juin 2015 a délibéré et adopté les statuts par 63 voix contre 37 sur 97 votants, soit moins des 2/3 ; Dit que la quotité des 2/3 requise par les statuts n'est pas acquise et qu'il y a violation de l'article 31 al 4 des statuts de 2012 de la FECAFOOT* ».

les membres présents[484], des dispositions des statuts invoquées[485] et en général de tous les éléments qui pourraient faciliter la précision des conséquences juridiques de la résolution du Conseil.

[484] Par exemple, dans la sentence arbitrale n° CCA/2022/012 du 15 novembre 2022, la Chambre « *dit que l'Assemblée générale du 29 octobre 2022 n'a pas valablement délibérer en l'absence du Président de séance, Président de la fédération ; et constate que l'Assemblée générale extraordinaire de la Fédération Camerounaise de NANBUDO du 5 novembre 2022 était irrégulière* ». Dans l'affaire YOMBA Vincent c/ Qui de droit du 10 Mai 2013, la Chambre juge que le « moyen du demandeur est fondé » parce qu' « *au vu du communiqué officiel sous référence : n° 012/MINSEP/SG/DNOSC du 18 avril 2013, la participation aux travaux était ouverte aux délégués ci-contre « membres du bureau sortant ; personnes physiques ou morales pouvant justifier de leur appartenance à quelques titres que ce soit à la fédération camerounaise de baseball ; représentant de la société civile désigné par le ministère des sports et de l'éducation physique ; que toutes ces personnes n'étaient pas représentées à l'Assemblée (...) Annule la tenue et les résultats de l'Assemblée générale de la Fédération Camerounaise de Baseball et Softball du 20 avril 2013 pour convocation de ladite Assemblée par une autorité statutairement incompétente ; ordonne la reprise des travaux de ladite Assemblée sur convocation régulière* ». Voir aussi CCA du CNOSC, Arbitrage, les Aff. n° du 22 mai 2013, Me André-Merlin TOTO SOPPO et Daniel Blaise NGOS c/ FECAFOOT. Dans cette affaire, la Chambre a jugé fondé les moyens excipés par le demandeur selon lequel « *aux termes des articles 11, 20, et 66, les commissions spécialisées n'ont pas qualité d'organe de la fédération ; mais exerce un rôle purement consultatif ; que les représentants des commissions spécialisées ne sont ni membres, ni organe de la FECAFOOT, ni des ligues décentralisées ; qu'en faisant prendre part, aux délégués représentant les commissions spécialisées aux travaux, la FECAFOOT et la Commission élective ont méconnu les textes susvisés (...) Annule l'Assemblée générale élective de la ligue Départementale de Football du MOUNGO tenue le 19 avril 2013 ; ordonne la tenue d'une nouvelle Assemblée générale élective conformément à la loi, aux règlements de la FECAFOOT et l'Accord tripartite MINJES-FIFA-FECAFOOT* ». Voir aussi CCA du CNOSC, Arbitrage, Aff. n° du 22 mai 2013, ABDOURAMAN HAMADOU BABBA c/ Ligue Régionale de football du Nord et FECAFOOT. In Recueil Thématique des Sentences de la Chambre de Conciliation et d'Arbitrage, Tome III, inédit.

[485] Dans l'affaire n° CCA/2021/0006 du 10 juin 2012, FECAFOOT, Comité Exécutif Provisoire du 02/02/21 c/ Comité exécutif du 12/12/2018, la Chambre « *constate que l'Assemblée générale tenue le 02/02/2021 n'a pas été convoquée en conformité avec les dispositions de l'article 30 des statuts de la FECAFOOT* » ; également dans l'affaire n° 001/SA/CCA.17 du 16 mars 2017, Achille ESSOMBA MANY c/ La LIGUE de FOOTBALL PROFESSIONNEL du Cameroun et ONAMBELE ZIBI, la Chambre « *constate que la résolution du Conseil d'Administration extraordinaire de la Ligue de Football Professionnelle du Cameroun (LFPC) tenu le 16 février 2017 à Yaoundé est conforme aux dispositions des Statuts de ladite ligue en ses articles 33 (composition) et 39 (Décisions du Conseil d'Administration) en ce qui concerne le quorum et la validité des travaux* ». En revanche, dans l'affaire CCA du CNOSC, Arbitrage, Aff. NKOU MVONDO et Clubs du Cameroun c/ FECAFOOT du 24 mai 2013, la Chambre « *ordonne la tenue de nouvelles Assemblées électives conformément à la loi, aux statuts et règlements de la FECAFOOT et à l'accord tripartite MINJES-FIFA-FECAFOOT* ». Voir aussi CCA du CNOSC, Arbitrage, Aff. du 22 mai 2013 Me André-Merlin TOTO SOPPO et Daniel Blaise NGOS c/ FECAFOOT. Dans cette affaire la Chambre « *ordonne la tenue d'une nouvelle Assemblée générale élective conformément à la loi, aux statuts et règlements de la FECAFOOT et à l'Accord tripartite MINJES-FIFA6FECAFOOT* ». Dans l'affaire TCHENTYO Alex Glenn et MEMPOULIA Cyrille c/ Ligue Régionale de Football du Sud et FECAFOOT, la Chambre a jugé fondé le moyen selon lequel « *le 10 mai 2013, le Président de la FECAFOOT a convoqué l'Assemblée élective régionale du sud au siège de la FECAFOOT à Yaoundé ; que cette Assemblée n'a pas été précédée de convocation régulière, les demandeurs ayant découvert d'eux-mêmes le lieu de cette Assemblée élective ; que bien plus, ils ont été*

c- La vérification des actes passés entre les acteurs du mouvement sportif

451. Parmi les actes souvent invoqués devant la Chambre, plusieurs textes découlent des actes unilatéraux, des contrats et les actes collectifs dont la portée juridique reste parfois incertaine. La Chambre s'attache ainsi à évaluer la portée exacte lorsqu'elle procède à la détermination du droit applicable au litige. Pour identifier ceux des textes ayant une valeur juridique significative, elle tient compte de la nature de l'acte ou de la transaction dont est fait l'état[486]. Elle tient compte par-dessus tout des termes employés et des circonstances dans lesquelles l'acte a été pris, pour établir si les parties, en adoptant ledit acte, l'ont bien adopté, ou s'ils étaient liés réciproquement sur le plan juridique[487]. Elle procède de ce fait à une analyse soigneuse au cas par cas, en exploitant des critères formels et le contexte d'adoption dudit acte[488].

452. Dans l'affaire LITTO TEAM ACADEMY c/ BAFIA VOLLEY-BALL DAMES EVOLUTION ET FECAVOLLEY, avant de condamner la joueuse nommée NYADJO NGUEPMECHE Léonce Nadine à un an de suspension de toute compétition pour la saison 2013-2014, et à payer au Club LITTO TEAM ACADEMY, la somme de 660 000 FCFA, la Chambre précise que « deux licences ont été concurremment sollicitées pour la joueuse comptant pour deux clubs différents, dans un contexte où le caractère biennal d'une licence ne permet pas cette pratique. Et, par conséquent, la seule licence valable est la première à être établie, n'ayant pas été rejetée formellement par la Fédération Camerounaise de Volley-ball[489].

---

interdits d'accès dans la salle des travaux par ordre des forces de l'ordre ; que l'article 14 (3) suscité prévoit que la convocation doit être transmise aux membres statutaires sept jours avant la tenue de l'Assemblée ; que cette prescription statutaire n'a pas été respectée, faisant grief aux demandeurs ». Dans l'affaire CCA du CNOSC n° 007/SA/CCA/15 du 21 mai 2015 BELLO BOURDANE, BIYAG Antoine, et NGOMCHI Félix c ABOUEM Julien Serge et consort, la Chambre « *constate que l'Assemblée générale du 23 mai 2015 est convoquée sous l'emprise des projets des Statuts irrégulièrement adoptés le 20 janvier 2015 par le Bureau exécutif de la Fédération Camerounaise de Volleyball ; Dit que cette assemblée doit l'être conformément aux Statuts en vigueur, adoptés le 13 avril 2013 et à la lettre du ministre des sports en date du 10 mars 2015* ».

486 Voir CCA du CNOSC, Arbitrage, Aff. n° 0040/SA/CCA du 3 décembre 2013, LITTO TEAM ACADEMY c/ BAFIA VOLLEY-BALL DAMES EVOLUTION ET FECAVOLLEY. Dans l'affaire CCA du CNOSC, n° 010/SA/CCA/15 du 16 juillet 2015 MEMBRES DE L'ASSEMBL2E GÉNÉRALE DE LA FECAFOOT ET ABDOURAMAN HAMADOU BABBA c/FEDERATION CAMEROUNAISE DE FOOTBALL, la Chambre « *constate que la lettre convocation signée du Président du Comité de Normalisation en date du 19 mai 2015 justifie la preuve de la modification de l'ordre du jour de l'AGE du 02 juin 2015, précédemment convoquée le 30 avril 2015 ; Dit que cette lettre viole l'article 30 al 6 des statuts de 2012 de le FECAFOOT, en vigueur* ».

487 Idem.

488 Ibid.

489 Voir CCA du CNOSC, Arbitrage, Aff. n° 0040/SA/CCA du 3 décembre 2013, LITTO TEAM ACADEMY c/ BAFIA VOLLEYBALL DAMES EVOLUTION ET FECAVOLLEY.

B- L'examen de la juridicité des règles non écrites

453. Au cours du contentieux, la Chambre peut être amenée à dégager la portée des règles d'usage (1) et des principes généraux de droit (2) invoqués dans le litige.

1- L'analyse des règles d'usage

454. Si une règle d'usage est invoquée devant la Chambre, celle-ci détermine au préalable son existence. Dans cette optique, elle s'appuie sur les preuves fournies par les parties. Toutefois, celle-ci s'attache à mener une étude nécessaire de la pratique générale des acteurs du mouvement sportif afin d'en faire ressortir la manifestation de leur conviction concernant la juridicité de leur conduite.

455. La preuve de l'existence de ladite règle est recherchée dans les faits, en l'occurrence dans la pratique des acteurs du mouvement sportif des éléments corroborant l'existence de la règle. Le travail de la Chambre dans ce sens revient principalement à conférer une signification juridique originale aux divers comportements des acteurs pour détecter l'expression de leur volonté de faire de certaines pratiques une règle de droit. Elle se focalise ainsi sur la répétition du comportement des acteurs dans le temps, puisqu'une pratique constante, effectivement suivie et sans changement, peut être source de droit du sport. Dans l'affaire Union sportive de Douala c/ MBAI Junior Rostand, pour dire « *que le contrat de joueur professionnel signé le 18 août 2011 entre Union Sportive de Douala et MBAI Junior Rostand n'est pas résilié* »[490], la Chambre accède à l'idée selon laquelle « *conformément* aux usages, *les clubs sportifs ont l'habitude de payer la prime de signature au joueur professionnel en tranches et, selon les stipulations ; dans le silence du contrat, l'Union Sportive de Douala avait selon l'article 1135 du Code civil la faculté de payer la prime de signature intégralement ou en tranches* »[491].

456. La Chambre ne peut donc accepter des règles d'usage comme source de droit du sport et applicables en tant que telles à la communauté des acteurs du mouvement sportif parce que ceux-ci affirment les reconnaître. Elle doit s'assurer, même si elle n'est pas rigide sur ce point, que leur volonté de faire de leur comportement une règle de droit est confirmée par la pratique[492], c'est-à-dire que l'usage est perçu comme un comportement obligatoire par l'opinion commune.

---

[490] Voir CCA du CNOSC, Arbitrage, Aff. mars 2013 Union Sportive de Douala c/ MBAI Junior Rostand.

[491] Idem.

[492] Il s'agit d'un élément psychologique qui consiste pour les membres de la communauté à considérer la pratique comme obligatoire.

2- L'appréciation des principes généraux

457. Les principes généraux sont des règles qui ne résultent d'aucun texte écrit ayant valeur juridique, mais auxquels le TAS reconnaît la valeur de règle de droit proprement dite. Ils sont propres au sport et sont généralement découverts et dégagés par les arbitres intervenant en la matière. Toutefois, parmi les principes généraux utilisés en matière sportive, tous ne sont pas normatifs. Et par conséquent, pas de véritables sources de droit. C'est cette variété de principes qui amène la Chambre à choisir parmi eux, ceux qu'elle estime pertinents pour la solution du litige. Parmi ces principes, ceux qui prônent l'égalité des chances et le fair-play sont les plus utilisés. Dans l'affaire Conseil des sages du Canon sportif de Yaoundé c/ FECAFOOT et Présidente du Conseil d'Administration du Canon sportif de Yaoundé la Chambre dévoile que « cette attitude discriminatoire à l'endroit de l'un des organes d'une association sportive est contraire à l'esprit olympique et à l'éthique qui prônent l'égalité des chances des dirigeants sportifs et le fair-play en toutes circonstances »[493].

§ 2- Le choix des règles adéquates

458. Le contentieux sportif met la Chambre devant une kyrielle de règles. L'auguste institution choisit celles qui sont adéquates avant de s'assurer de leur opposabilité aux justiciables en présence. Les règles adéquates sont celles qui saisissent directement les faits litigieux (A) et à travers lesquelles la qualification de ces faits doit être opérée (B).

A- La prise en compte de l'influence du temps sur les règles en cause

459. L'analyse par l'arbitre de la CCA de l'applicabilité d'une règle à une situation litigieuse est rendue complexe par le caractère évolutif des règles issues de l'ordre juridique sportif[494] et même de celles issues de la réglementation étatique[495]. En effet, le temps favorise l'installation des conflits entre les règles, car, il amène fréquemment une modification des relations entre les acteurs du mouvement sportif et l'adoption de comportements divers susceptibles d'influencer sur l'application de la règle de droit. Cela se manifeste habituellement par l'adoption de nouvelles règles sans que pour autant on se rassure que les anciennes sont abrogées. De ce fait, l'arbitre CCA doit nécessairement faire un choix par rapport aux faits de la cause déjà sélectionnés comme pertinents. La Chambre veille à une concordance nécessaire dans le temps

[493] Voir CCA du CNOSC, Arbitrage, Aff. n° 001/SA/CCA du 21 février 2014 Conseil des Sages du Canon sportif de Yaoundé c/ FECAFOOT et Présidente du Conseil d'Administration du Canon sportif de Yaoundé

[494] Dans l'intervalle de dix ans, la FECAFOOT par exemple a eu à modifier ses statuts souvent querellés, plus de deux fois.

[495] Depuis l'année 1990, le Cameroun a déjà eu successivement la Charte des sports de 1996, la loi de 2011 portant organisation et promotion des activités sportives au Cameroun, abrogée par la loi de 2018 portant sur le même objet.

entre les règles choisies comme pertinentes et les faits de la cause[496]. Elle est parfois amenée à choisir entre plusieurs catégories juridiques relevant du même ordre juridique ou d'ordres juridiques différents[497].

460. Dans la prise en compte du facteur temps, la Chambre constate que de nouvelles situations se sont créées et ont généré des besoins de réglementation au sein du système juridique en cause. Souvent, ce sont les méthodes d'application des règles en cause qui ont changé du fait de l'extension et de l'enchevêtrement des préoccupations et des domaines nouveaux des relations entre les acteurs du mouvement sportif en cause. De ce fait, le droit concerné et pouvant être retenu comme applicable apparaît non pas comme inexistant, mais dépassé[498]. De cette façon, l'évolution sociale induit sa modification ou son actualisation. Pourtant, la Chambre est astreinte à appliquer le droit à un cas d'espèce, et de la sorte, ne peut éviter une intégration de la composante temporelle dans le choix qu'elle fait[499].

461. La majorité des différends soumis à la Chambre a trait à l'application du droit du sport dans le temps. En fait, ils se posent en termes de savoir si une disposition juridique adéquate pour être appliquée à l'espèce est toujours en vigueur au regard de l'évolution du temps ou du changement des circonstances[500]. Il peut aussi se présenter un conflit de droit dans le temps entre deux normes relevant d'une même source formelle ou entre deux règles relevant de deux sources formelles différentes. La situation qui se présente ici est que les mêmes acteurs du mouvement sportif s'engagent certes dans l'ordre juridique sportif, mais appartiennent aussi à l'ordre juridique étatique. Ils tiennent à conserver leur multiappartenance variée, mais pas toujours compatible. La Chambre doit arriver

---

[496] Voir CCA du CNOSC, Arbitrage, Aff. du 21 mai 2015, BELLO BOURDANE, BIYAG Antoine, et NGOMCHI Félix c/ ABOUEM Julien Serges consort.

[497] Voir CCA du CNOSC, Arbitrage, Aff. n° 014/SA/CCA/15 Étoile filante de Garoua, Bandjoun FC, Loga c/ FECAFOOT.

[498] Dans l'affaire CCA du CNOSC, Arbitrage, Aff. du 10 mai 2013 Syndicat National des Footballeurs Camerounais, la Convention signée entre la FIFA, instance faîtière mondiale du football et la FIFPRO, instance faîtière mondiale des syndicats et associations des footballeurs en date du 2 novembre 2006 à Barcelone, dans laquelle elles se reconnaissent mutuellement, s'engageant à faire respecter cette reconnaissance aux niveaux continental et national, reprise et signée à Khartoum le 23 février 2011 entre la Division Afrique de la FIFPRO et la CAF, et dont par correspondance du 20 mars 2013, la FIFPRO demande à la FIFA de faire respecter cette convention au Cameroun en instruisant la FECAFOOT de reconnaître le SYNAFOC comme membre, la Chambre ne pouvait plus appliquer ni la loi de 2011 portant organisation des activités physiques et sportives au Cameroun excluant les Syndicats comme membre des fédérations ni les statuts de la FECAFOOT parce qu'ils s'avéraient dépassés. Ce changement a fait évoluer le statut de la SYNAFOC aux yeux de la Chambre.

[499] Idem.

[500] Voir CCA du CNOSC, Arbitrage, Aff. du 10 mai 2013 Syndicat National des Footballeurs Camerounais c/ FECFAOOT.

à ajuster la volonté des acteurs du mouvement sportif de façon à articuler leur l'appartenance à l'ordre juridique sportif et à l'ordre juridique étatique[501].

B- La considération liée aux paramètres sociologiques

462. La Chambre prend en compte les réalités sociales et l'évolution des relations entre les acteurs du mouvement sportif au moment de dégager les règles appropriées pour un cas d'espèce. La considération de ces situations lui permet de prendre des décisions qui tiennent compte de la pratique sportive. Elle est ainsi amenée à actualiser ses décisions en prenant en compte les réactions de la communauté des acteurs du mouvement sportif dans son ensemble[502] à une période où la clarification de certaines règles est nécessaire eu égard à leur interprétation multiple par ces acteurs. Par cette appréhension, la Chambre veut faire du droit en général et du droit du sport en particulier, des instruments de stabilité du mouvement sportif dont l'adaptation à l'évolution de la communauté sportive demeure un exercice délicat tant du point de vue de la technique juridique que du point de vue sportif. Elle fait rejaillir les règles appropriées en cherchant un équilibre entre le besoin de sécurité juridique et l'actualisation du droit, et entre le besoin de stabilité et la volonté de changement. Ces paramètres justifient le choix d'un certain profil de règles que la Chambre considère comme adéquates au moment de l'application du droit substantiel pour trancher le litige.

Section 2 : La vérification de l'opposabilité des règles dégagées aux parties

463. La nature des règles oriente l'action de contrôle exercée par la Chambre. Ainsi, c'est en fonction de la nature écrite (§ 1) ou coutumière (§ 2) de la règle concernée qu'elle procède à la vérification de son opposabilité aux parties en cause.

§ 1- L'opposabilité des règles écrites

464. Des textes écrits sont invoqués devant la Chambre à la fois pour fonder sa juridiction et pour formuler des réclamations. La plupart des différends entre les acteurs du mouvement sportif naissent de l'application ou de l'interprétation des règles écrites encadrant les activités sportives. Dans la kyrielle des textes, l'on trouve les règles issues de la réglementation étatique, d'une part et celles issues des institutions sportives, d'autre part. Si le contrôle de l'opposabilité des premières aux parties est aisé (A), l'appréciation de la régularité de l'adoption des textes issus de l'ordre juridique sportif est quelque peu difficile (B).

---

[501] Voir CCA du CNOSC, Arbitrage, Aff. n° 009/SA/CCA/14 du 30 octobre 2014 Abdouramane HAMADOU BABBA c/ FECAFOOT,

[502] Voir CCA du CNOSC, Arbitrage, Aff. du 10 mai 2013 Syndicat National des Footballeurs Camerounais c/ FECAFOOT.

A- Le contrôle aisé de la régularité de l'adoption des textes étatiques

465. De plus en plus, les acteurs du mouvement sportif invoquent les textes issus de la réglementation étatique. Parmi ceux invoqués, figure en bonne place la loi portant organisation et promotion des activités physiques et sportives au Cameroun. Très souvent, il y a contestation de l'opposabilité de ce texte invoqué par une partie à l'instance. En effet, face à la revendication par une partie d'un droit fondé sur celui-ci, la partie adverse brandit de nombreuses causes d'inopposabilité de certaines dispositions juridiques prises en violation de la loi à son égard, et même les causes des faiblesses qui en ruinent la légitimé[503]. Dans ce cas, la Chambre doit pouvoir évaluer l'opposabilité de cette loi aux justiciables, en vérifiant à la fois la régularité du texte en cause et des manquements excipés par la partie adverse. Elle conclut à son opposabilité au regard des circonstances ayant présidé à son existence. Dans tous les cas, la Chambre procède à un contrôle de la naissance et de la disparition dudit texte[504].

466. Pour contrôler la régularité d'un texte issu de la réglementation étatique, la Chambre vérifie d'abord s'il est né, c'est-à-dire, s'il est entré en vigueur. Elle s'assure que « *celui qui en a compétence* » a officiellement déclaré « *l'existence de la loi et que son destinataire, le sujet de droit, la connaisse* ». Dans ce processus, elle examine la validité dudit texte sous le prisme de la promulgation[505] et de la publication[506].

467. La vérification de l'existence des règles issues de la réglementation publique est aisée. S'agissant de la loi sur les activités physiques et sportives, le texte porte la date de sa promulgation. D'où la qualification de loi n° 2018/014 du 11 juillet 2018. Les textes réglementaires ou d'application de la loi quant à eux n'ont pas besoin de promulgation. Ils existent officiellement à partir du moment où ils sont signés par leurs auteurs.

468. La Chambre vérifie aussi si le texte n'est pas abrogé, c'est-à-dire si celui-ci n'a pas été supprimé par un autre texte qui lui est substitué pour l'avenir. L'abrogation peut être implicite ou explicite. La première hypothèse se présente chaque fois que les dispositions d'une loi ancienne sont incompatibles avec celles de la loi nouvelle. Elle est de nature à donner plus de travail à l'arbitre CCA qui

---

503 Voir CCA du CNOSC, Arbitrage, Aff. n° 009/SA/CCA/14 du 30 octobre 2014 Abdouramane HAMADOU BABBA c/ FECAFOOT,

504 Idem.

505 S'agissant de la promulgation, c'est-à-dire la déclaration officielle d'existence de l'article premier du Code civil dispose que les lois sont exécutoires dans tout le territoire camerounais en vertu de la promulgation qui est faite par le Président de la République.

506 S'agissant de la publication, il y a un principe et quelques atténuations. En principe, la publication des lois promulguées, ainsi que les décrets et règlements émanant des autorités centrales, est assurée par leur insertion au Journal Officiel, en Anglais et en Français. Exceptionnellement, le texte peut être porté à la connaissance de la population par tous moyens notamment par radio.

doit mener des recherches approfondies pour se rendre compte de l'abrogation ou non de certaines dispositions. La seconde hypothèse est moins gênante, car, elle résulte de l'indication par un texte, que tel autre texte ne peut plus s'appliquer. En conséquence, le texte ancien sort de l'ordre juridique. C'est ce dernier mécanisme qui a été choisi par le législateur sportif camerounais. Aux termes de l'article 108 de la loi de 2018, « *sont abrogées toutes les dispositions antérieures, notamment celles de la loi de 2011/018 du 15 juillet 2011 relative à l'organisation et à la promotion des activités physiques et sportives* ». L'article 108 suscité a clairement indiqué l'ancienne loi en précisant explicitement son abrogation par la nouvelle. Elle se démarque ainsi de certaines formules d'abrogation qui posent des difficultés à l'arbitre, parce qu'elle est à mi- distance entre l'abrogation explicite et implicite, se contentant d'indiquer qu'elles abrogent toutes les dispositions antérieures. La Chambre vérifie enfin le respect du principe de la hiérarchie des normes.

B- L'appréciation difficile de la régularité de l'adoption des textes issus de l'ordre juridique sportif

469. C'est en fonction de la nature codifiée (1) ou contractuelle (2) de la règle en cause que la Chambre procède à la vérification de son opposabilité aux parties.

1- L'opposabilité des règles codifiées

470. Pour réguler le mouvement sportif, un véritable système juridique s'est mis en place. Il s'agit d'un ensemble coordonné de statuts, de chartes et de règlements divers qui s'imposent aux différentes composantes de ce mouvement. C'est le droit que sécrètent par elles-mêmes les institutions sportives pour définir et assurer son propre mode de fonctionnement, et pour présider, conformément à son ambition originelle, à l'organisation unitaire, nationale et internationale des compétitions. Parce qu'elles doivent respecter les contraintes imposées tant par leur droit et d'autres institutions sportives en fonction de la hiérarchie, que par le droit des institutions étatiques, la Chambre veille à ce que les textes qu'elles sécrètent respectent les canons de l'adoption, et décide de son opposabilité au regard de leur importance, de leur objet et de leur but, mais aussi des circonstances ayant présidé à son adoption[507]. Les problèmes soulevés par l'opposabilité des statuts, chartes et conventions présentent plusieurs visages,

[507] Dans l'affaire BELLO Bourdane, BIYAG Antoine, et NGOMCHI Félix c/ ABOUEM Julien Serge et Consorts du 21 mai 2015, la Chambre décide qu'aucune rigueur « *n'a été observée par Monsieur Serge ABOUEM, Président de la JKCVB, garant du respect des textes fondamentaux de ladite fédération, qui a pris sur lui de relire et adopter de manière unilatérale lesdits statuts ; que par ailleurs, le ministère des Sports et de l'Education Physique, tutelle des fédérations sportives a reconnu le caractère irrégulier de Faction entreprise par le Président de la fédération ; que par conséquent, toutes les actions entreprises sur la base de ces statuts ne sauraient prospérer* ».

notamment sur le non-respect des lois et règlements en vigueur et des dispositions relatives à l'adoption et à la modification des statuts et règlements.

471. S'agissant du premier cas, aux termes de l'article 7 alinéa 1 *in fine* de la loi du 11 juillet 2018 portant organisation et promotion des activités physiques et sportives, les associations sportives « *organisent leurs activités dans le respect des lois et règlements en vigueur* ». Leur contrôle se fait avant leur entrée en vigueur. En effet, « *pour leur entrée en vigueur, les textes mentionnés à l'alinéa 1 ci-dessus sont soumis à un contrôle de conformité du ministère en charge des sports, aussi bien lors de leur adoption que de leur modification* ». Seulement, ce contrôle est réduit au modèle de statut type dont la forme est déterminée par voie réglementaire. Il ne touche pas au fond[508]. Même si elles doivent respecter les contraintes imposées tant par le droit d'autres institutions sportives que par les institutions étatiques, les associations sportives sont libres de déterminer le contenu de leurs statuts. C'est pourquoi, pour opposer les statuts à un acteur du mouvement sportif, la Chambre contrôle la régularité de leur adoption ou de leur modification[509]. Elle vérifie que les membres de l'association en cause ont effectivement participé à l'adoption ou à la modification des textes en cause. Elle veille à ce que les textes fondamentaux prévoyant une procédure spécifique soient respectés. La Chambre examine cette effectivité sous le prisme des arguments des parties et des preuves qu'elles présentent à cet égard. Les problèmes de la régularité de l'adoption des statuts se sont posés devant elle de diverses façons.

2- L'opposabilité des règles contractuelles

472. Les contrats sont habituellement invoqués devant la Chambre à la fois comme élément de preuve, comme soutien à une prétention et comme objet principal du litige[510]. Comme le contrat retrace la volonté des parties en vue de produire des effets de droit, c'est-à-dire, destinée à créer, modifier, transmettre ou éteindre des obligations, la Chambre s'assure que cette volonté y soit explicitement exprimée.

473. La plupart de temps, il y a refus de l'opposabilité d'un acte contractuel invoqué par une partie devant la Chambre, car, face à la revendication par une partie d'un droit fondé sur un acte juridique quelconque, la partie adverse excipe de nombreuses causes d'inopposabilité dudit contrat à son égard, et même des causes de suspension de son application ou des faiblesses qui en ruinent la validité. Dans ce cas, la Chambre vérifie la régularité à la fois de l'acte en cause

---

[508] Dans l'affaire suscitée, la Chambre décide que les projets des Statuts sont irrégulièrement adoptés le 20 janvier par le Bureau exécutif de la Fédération Camerounaise de Volley-ball parce que seul le Président a pris sur lui de relire et adopter de manière unilatérale lesdits statuts.

[509] Idem.

[510] Voir CCA du CNOSC, Arbitrage, Aff. n° 0040/SA/CCA du 03 décembre 2013, LITTO TEAM ACADEMY c/ BAFIA VOLLEY-BALL DAMES EVOLUTION et FECAVOLLEY.

et des vices brandis par l'adverse[511]. Elle peut décider de son opposabilité au regard de son importance, de son objet et de son but, mais aussi des circonstances ayant présidé à sa signature. Les problèmes soulevés par l'opposabilité du contrat invoqué se posent en termes d'expression du consentement à être lié (le vice d'erreur, le vice de la contrainte) …

§ 2- L'opposabilité des autres règles aux parties

Il s'agit ici de l'opposabilité des règles d'usage (A) et des autres actes (B).

A- L'opposabilité des règles d'usage

474. Le droit des organisations sportives est un droit issu de la pratique, de l'usage, de la répétition, de la tradition, et qui ne concerne pas seulement les règles du jeu, les règles techniques. Pour opposer ce profil de règles aux parties à l'instance, la Chambre en détecte d'abord la nature. Comme les règles du droit du sport sont en général issues de la répétition, elle n'a pas besoin qu'elle soit prouvée, que tous les acteurs du mouvement sportif, et même ceux concernés par le litige, aient contribué à cette répétition[512]. Elle les leur oppose si ladite règle est avérée. Elle estime que les règles d'usage doivent s'appliquer dans des conditions égales à tous les acteurs du mouvement sportif.

475. Toutefois, l'opposabilité des règles d'usage à une partie est fonction des preuves rapportées à cet égard afin de prouver l'existence de la règle, de la manifestation ou non par cet acteur du mouvement sportif de l'objection persistante[513]. La question dépend de la seule appréciation de l'arbitre CCA.

B- L'opposabilité des autres actes

476. Si la Chambre s'est vue soumettre les questions de réserves, elle a aussi dû faire face aux problématiques relatives au régime juridique de l'opposabilité des licences sportives établies par les fédérations sportives nationales[514]. Pour déterminer leur opposabilité, la Chambre prête une attention particulière aux circonstances dans lesquelles elles ont été émises ainsi qu'au moment de leur établissement. C'est ainsi que dans l'affaire Litto Team Academy c/ Bafia Volley-ball Dames Evolution et FECAVOLLEY du 3 décembre 2013, elle a accédé à l'idée selon laquelle « *une joueuse ne saurait appartenir à deux clubs à la fois au cours d'une même saison ; que la seule licence valable est la première, car n'ayant pas été formellement rejetée par la Fédération Camerounaise de*

---

[511] Idem.

[512] Voir CCA du CNOSC, Arbitrage, Aff. n° du 21 mars 2013 Union Sportive de Douala c/ MBAI Junior Rostand.

[513] Idem.

[514] Voir CCA du CNOSC, Arbitrage, Aff. n° du 28 octobre 2010 Racing FC de Bafoussam c/ Santos FC de Koza et FECAFOOT ; CCA du CNOSC, Arbitrage, Aff. n° CCA/2019/007 du 18 juin 2019 EFBC c/ FECAFOOT.

Volley-ball »[515]. Les circonstances de l'émission de la seconde licence sportive invoquée dans cette affaire n'ont pas permis à la Chambre d'attribuer une valeur juridique quelconque à cet acte posé par la FECAVOLLEY, l'auguste juridiction ayant estimé que « *la législation en matière sportive précise que le rejet d'une demande de licence doit être motivé et notifié au demandeur (...) le Club Litto Team Academy n'a jamais été notifié d'un tel rejet ; qu'il échet que la seule licence valable est celle demandée par le Club Litto Team Academy* »[516]. Et par référence à cette affaire, la Chambre croit devoir faire preuve d'une plus grande prudence face à une situation de double licence sportive dont chaque dirigeant de club estime être le seul employeur du titulaire des licences. À ce sujet, pour savoir si le Joueur Aloys FOUDA appartient à L'École de Football des Brasseries du Cameroun (EFBC) ou à un club tiers, elle a par sentence avant dire droit ordonné « *une enquête graphologique à l'effet d'attester de l'authenticité de la signature de Monsieur BALLA FOUDA Luc, apposée sur l'avenant du contrat passé entre son fils mineur FOUDA Aloys et l'École des Brasseries du Cameroun* »[517] afin de déterminer la valeur juridique dudit acte. Elle s'est servie de cette expertise non seulement pour constater que « *la signature apposée au bas de l'avenant qui était attribuée à Monsieur BALLA FOUDA est bien celle de ce dernier* »[518], mais aussi pour annuler « *avec toutes les conséquences de droit la décision n° 56/FCF/CNRL/2017 rendue en date du 22 septembre 2017 par la Chambre de Résolution des Litiges de la FECAFOOT et subséquemment celle du Secrétaire général Adjoint n° 358/FCF/DC/2017, annulant en faveur d'un club tiers la licence du joueur Aloys pour le compte de la saison sportive 2016/2017* »[519]. À travers ces décisions, la Chambre fait allégeance aux dispositions pertinentes et Règlements généraux des fédérations sportives nationales qui exigent que « *pour prendre part aux activités officielles organisées (...) tout joueur ou tout dirigeant ou arbitre doit être titulaire d'une licence régulièrement établie au titre de la saison en cours* »[520]. Et pour cela, le demandeur de la licence est astreint au paiement des frais d'établissement de licence et en « rapporter la preuve » en temps opportun[521].

---

[515] Voir CCA du CNOSC, Arbitrage, Aff. n° 0040/SA/CCA du 03 décembre 2013 Litto Team Academy c/ Bafia Volley-ball Dames Evolution et FECAVOLLEY.
[516] Idem.
[517] Voir CCA du CNOSC, Arbitrage, Aff. n° CCA/2019/007 du 18 juin 2019 EFBC c/ FECAFOOT.
[518] Idem.
[519] Ibidem.
[520] Voir CCA du CNOSC, Arbitrage, Aff. n° RACING FC de Bafoussam c/ SANTOS FC de Koza et FECAFOOT.
[521] Voir CCA du CNOSC, Arbitrage, Aff. n° CCA/2023/005 du 18 janvier 2023 BIDJA SIH Pierre Didier c/ Fédération Camerounaise de Cyclisme.

Chapitre II :

L'application des règles juridiques invoquées

477. Après le contrôle de la validité des règles, l'arbitre vérifie si les règles retenues sont capables de s'appliquer au cas d'espèce. Cette application des règles est fonction de la nature du litige et du domaine dans lequel il se situe. Elle dépend aussi de l'option de qualification choisie par l'arbitre de la CCA. Celui-ci a à son actif une multitude de choix dont il se sert pour orienter l'application du droit de façon harmonieuse. Les principes de justice et d'équité prescrits par le Règlement de procédure de la Chambre[522] le guident dans ses choix en lui suggérant la qualité que devrait comporter la solution retenue. Cette prescription laisse à la discrétion de l'arbitre de la CCA une large marge de manœuvre dans les décisions. Il lui revient de procéder à un mixage de ses arguments pour parvenir à la solution choisie. Dans cet élan, le droit est interprété pour être appliqué aux faits, et les faits sont appréciés et disséqués en vue de leur rapprochement aux textes. De là, la Chambre met en œuvre le processus de qualification des faits litigieux (Section 1) avant de se lancer dans l'interprétation du droit applicable (Section 2).

Section 1 : La qualification des faits litigieux

478. La qualification est « *l'opération intellectuelle consistant à rattacher une situation de fait ou de droit à une catégorie juridique déjà existante*[523] ». Elle permet à la Chambre de déterminer le régime applicable à une situation donnée. L'arbitre de la CCA du CNOSC a l'obligation et le devoir de vérifier l'exactitude de la qualification présentée par les parties, à moins que, celles-ci, en vertu d'un accord exprès, et uniquement pour les droits dont elles ont la libre disposition, l'aient lié par la qualification, et les points de droit auxquels elles entendent limiter le débat. À supposer que le demandeur ne qualifie pas les faits et les actes qu'il allègue, il revient aux arbitres de le faire. Cette qualification peut bien ne poser aucune complexité quand la loi énumère de façon précise et limitative les conditions d'application. Celles-ci apparaissent clairement sans complication dans les faits. Dans le cas contraire, c'est-à-dire lorsque la catégorie juridique est

[522] Aux termes de l'article 47 alinéa 1 du Règlement de procédures de la Chambre, « *elle* (l'audience d'arbitrage) *est conduite dans le strict respect des règles du procès équitable* ».
[523] GUINCHARD (S.) et DEBARD (Th.), Lexiques des termes juridiques 2017-2018, op ; cit, p. 919.

un peu large, ou que le fait ne présente précisément les mêmes critères d'aucune catégorie préconstituée, la marge d'appréciation laissée à la Chambre est grande. Dans le processus de qualification, la Chambre aménage les faits de la cause. Cet aménagement est toujours suivi d'une qualification qui affirme la liaison avec l'hypothèse juridique ou faits juridiques contenus dans la majeure. Au cours de ce rapprochement entre les faits de la cause et les notions juridiques sous lesquelles on pourrait les ranger si la relation n'est pas manifeste, la Chambre est appelée à interpréter le fait, à lui attribuer un contenu relativement aux notions juridiques ou à interpréter le droit lui-même. Elle souhaite aboutir à un résultat. Et en fonction de celui recherché, elle triture le fait et le droit. La Chambre recherche, dans la proposition de droit qu'elle analyse, l'expression des droits et des obligations ainsi que les rapports qui les lient. Entre l'allégation verbale qui se réduit à la règle et le comportement reproché à l'une des parties, elle doit consacrer un contenu qui lui permet de trouver la solution au litige. À travers ce modèle ou ce raisonnement logique, la Chambre démêle une situation délicate, en supprimant tous les éléments superflus pour ne garder que ceux qui sont pourvus de sens. Ainsi, le processus de qualification des faits débute par leur imputation à l'une des parties au procès[524], avant leur confrontation avec le droit. Dans cette confrontation, la Chambre a un pouvoir de choix de la qualification (§ 1) qui l'amène régulièrement à la détection des lacunes dans le droit applicable avant leur évaluation (§ 2).

§ 1- Le choix de la qualification

479. La qualification des faits litigieux par la Chambre revient à rattacher une situation de fait ou de droit à une catégorie juridique déjà existante. À cet effet, la Chambre trace minutieusement les méandres de cette catégorie. Ce traçage engendre, à une étape, une interprétation utile de la règle dans laquelle se trouve la catégorie concernée. C'est pourquoi, dans ce cheminement, la Chambre est conduite à se faire une opinion pour affirmer que tels agissements déjà réalisés ou simplement en projet est un acte licite ou illicite, que telle situation a occasionné tel droit ou telle obligation sans prendre en considération des qualifications données par les justiciables acteurs du mouvement sportif. Toutefois, ce jugement dépend de la conduite querellée et de la réalité même de l'attitude qui suscite le différend. Y étant, la variété de choix de qualification que

[524] Pour qualifier un fait reproché à l'acteur du mouvement sportif en cause, la Chambre s'attache d'abord à le lui imputer. Elle recherche si les faits établis et retenus comme pertinents au litige en cause ont été commis par celui- là. Dans ce sens, la Chambre évalue le lien de causalité entre le préjudice créé et la faute reprochée. Elle attribue aussi à l'acteur en cause les faits posés par une personne ou une entité qui était habileté par lui à exercer certains en son lieu et place et dans son intérêt. Cet exercice est très délicat pour la Chambre. Il s'agit de déterminer les critères juridiques permettant de rattacher des faits à un acteur. Parfois les éléments d'information dont la Chambre dispose ne permettent pas d'établir, avec le degré de certitude nécessaire, l'existence d'un tel lien entre une faute et un préjudice. C'est donc à la suite d'enquêtes plus approfondies qu'elle lui impute les faits en cause.

détient la Chambre en fonction des affaires (A) n'empêche pas que celle-ci se heurte à la difficile qualification de certains faits (B).

A- Une diversité de choix de la qualification

480. Une multitude d'options de qualification résulte des prémisses établies par la Chambre en ce qui concerne l'application d'une règle de droit[525]. Pour prendre une décision, elle a la charge de préciser le fondement du fait en cause. Toutefois, les faits admis et imputés à l'acteur du mouvement sportif en cause ne sont adoptés à terme dans le processus d'établissement de la responsabilité de ce dernier comme fondés que si l'acteur incriminé n'oppose pas à son tour des preuves excluant le caractère fondé de la requête. Dans l'affaire Caïman Football Club de Douala c/ Unisport Football Club du Haut-Nkam, la Chambre a retenu la responsabilité civile d'Unisport Football Club du Haut-Nkam pour manquement à l'obligation de sécurisation des joueurs, supporters et dirigeants de Caïman Football Club de Douala avant, pendant et après le match, parce qu'elle n'a pas pu fournir les preuves de sa non-culpabilité[526]. À ce sujet, le Règlement de procédures de la Chambre propose au défendeur, un tableau énumératif des éléments de preuve pouvant être exhibés devant la Chambre pour rejeter non fondés les prétentions et les arguments du demandeur[527]. Mais la Chambre a aussi la possibilité d'apprécier de son propre chef s'il y a des contingences s'opposant à la qualification qu'elle projette. Auréolée de tout temps d'un pouvoir d'appréciation discrétionnaire tant sur les faits en cause que sur les évènements visant à écarter le caractère non fondé de la demande, la Chambre est en possession de plusieurs choix s'agissant de la norme à laquelle les faits en cause sont rangés pour être qualifiés. Dans l'affaire Caïman Football Club de Douala c/ Unisport du Haut- Nkam suscitée, elle a examiné un autre point. Avant de tirer les conclusions découlant de la constatation des manquements visibles d'Unisport Football Club du Haut-NKAM aux obligations de sécurité dont il est tenu envers l'équipe visiteuse, elle a cherché à savoir s'il existe des faits justificatifs ou des causes d'exonération. À cet égard, la Chambre a choisi de son propre gré de

---

[525] Aux termes de l'alinéa 2 de l'article 53 du Règlement de procédures de la Chambre, « *la partie qui succombe doit à l'autre partie tous les frais exposés au Greffe pour la procédure* ». On apprend ainsi de cette disposition qu'une requête peut être fondée ou non fondé e, donnant lieu à un perdant et à un gagnant.

[526] Voir CCA du CNOSC, Arbitrage, Aff. du 28 février 2013, Caîman Football Club de Douala c/ Unisport Football Club du Haut-Nkam.

[527] Aux termes de l'alinéa 3 de l'article 43 du Règlement de procédures de la Chambre, « *la requête, le nom de l'arbitre désigné par la partie demanderesse ainsi que celui du président du Collège sont communiqués à la partie défenderesse ou aux autres parties. Ils disposent d'un délai de quatre (04) jours pour … déposer son ou leur mémoire en réponse* » sur « *l'exposé sommaire de la nature et des circonstances du litige à l'origine de la demande, l'objet de la demande, et notamment les mesures réclamées (condamnation pécuniaire, exécution d'une obligation, etc.), la décision contestée, la copie du procès-verbal de non-conciliation ou de conciliation partielle et toutes pièces utiles pour l'examen de la requête* », prévus à l'alinéa 3 de l'article 20 du Règlement de procédures de la Chambre.

confronter les comportements respectifs des parties au litige pour mieux les situer dans la perspective de la qualification. Analysant les comportements incriminés, elle a jugé que les arguments avancés par le défendeur ne constituaient pas une base lui permettant de se former une opinion judiciaire sur la véracité de ces allégations, et que, même dans la mesure où ces comportements pourraient être considérés comme établis, il resterait à déterminer s'ils ne pourraient pas constituer une justification du comportement de Unisport, et, par conséquent, un moyen de défense opposable aux demandes de Caïman Football Club de Douala dans cette affaire[528]. D'après la Chambre, les règles statutaires constituent un régime suffisant à lui-même qui, d'un côté, retrace les obligations du Club accréditaire en matière de sécurité des personnes et des biens à accorder au club visiteur et, d'autre part, prévoit le comportement que pourraient adopter les acteurs du club visiteur, et précise les moyens dont dispose le Club receveur pour éviter les abus venant d'eux ou des officiels du match. Constatant que les actes à travers lesquels Unisport Football club du Haut-NKAM justifiait son comportement ou l'acte posé par ses supporters n'entraient dans aucune des dispositions du droit du sport en cause, elle a conclu à l'inexistence en l'espèce des évènements qui soient de nature à effacer le caractère intrinsèquement illicite du comportement adopté par Unisport Football Club du Haut-NKAM, c'est-à-dire, les manquements à l'obligation de sécurité lors de la rencontre qui l'opposait à Caïman Football Club de Douala. La Chambre a pu aisément exclure les justifications d'Unisport du Haut-NKAM pour qualifier son comportement d'illicite eu égard aux Statuts de la FECAFOOT et de la législation sportive.

481. Certes, la notion de sécurité n'est pas suffisamment claire et précise dans les textes. Il s'agit d'un droit dont les contours devraient être précisés. Dans l'affaire suscitée, la Chambre devait, avant de qualifier les agissements d'Unisport comme manquements au regard du principe de protection de l'intégrité physique des personnes et des biens, préciser les contours de la notion de sécurité en droit du sport, avant de pouvoir qualifier les actes d'Unisport, ce qu'elle a fait dans une visée d'élucidation des relations entre les acteurs du mouvement sportif.

482. La Chambre est ainsi poussée à préciser la teneur et la portée des règles en cause, ce qui l'amène à renforcer le droit. La pluralité de qualifications que fait la Chambre est fonction du contexte du différend aussi bien que du cadre géographique qui préside aux relations entre les acteurs du mouvement sportif en cause. Elle s'attache à faire une qualification juridique en évaluant les faits par rapport aux catégories juridiques existantes. Dans cette optique, elle invoque tantôt

---

528 CCA du CNOSC, Arbitrage, Affaire Caïman de Douala c/ Unisport Football du Haut-NKAM, 28 février 2013, inédit.

le principe[529], tantôt l'exception d'une règle[530] pour opérer une qualification adéquate.

483. L'option prise d'une qualification d'un fait par la Chambre n'est pas uniforme, car elle dépend non seulement des circonstances du litige, mais aussi de la politique judiciaire en cours au sein de la Chambre au moment où lui est soumis le litige. Elle a le pouvoir de qualifier les faits de l'espèce, afin de préciser la règle du droit applicable. Par ailleurs, elle a de même le pouvoir d'interpréter ou d'écarter le fondement juridique que les parties auraient donné à leur demande. L'exercice de qualification induit une définition abstraite de la notion considérée. Dans le cas d'espèce, la Chambre doit obligatoirement procéder à l'application de la règle de droit abstraite. Pour cela, elle met le droit en contexte selon l'objectif global visé dans les règles applicables. La Chambre ôte le droit de l'austérité qui semble le caractériser, pour la fondre dans les circonstances particulières de l'espèce en le modelant pour prendre la réalité en compte. Elle procède de là, dans chaque espèce à une « réorganisation » du droit du sport. À l'austérité du droit suit la mollesse, la souplesse devant permettre l'application concrète de la règle prévue. Cependant, il y a des situations où la Chambre a des difficultés à qualifier certains faits litigieux.

B- La difficile qualification de certains faits litigieux

484. La qualification d'un fait de licite ou d'illicite par la Chambre dépend de la nature de l'obligation violée. Pourtant, le niveau de précision de l'obligation en droit du sport peut être large et regorger plusieurs sens. Ces limites lui posent un certain nombre de difficultés. À dire vrai, la pratique des activités physiques et sportives par les acteurs du mouvement sportif exige toujours le respect des règles périphériques et des règles de jeu dont la marge d'appréciation dépend d'eux-mêmes et dont la qualification des faits consécutifs au respect ou non desdites règles est complexe lorsqu'ils sont soumis à l'arbitre des litiges d'ordre sportif.

---

529 Dans l'affaire DYNAMO FC de Douala c/ FECAFOOT du 14 juin 2019, la Chambre s'est appuyée sur le principe de l'épuisement des voies de recours interne pour déclarer l'action de Dynamo FC irrecevable et le renvoyer à mieux se pouvoir : voir CCA du CNCSC, Arbitrage, Aff. n° CCA/2019/0011 du 14 juin 2019, DYNAMO FC de Douala c/ FECAFOOT. Il en est de même dans l'affaire CCA du CNOSC, Arbitrage, Aff. n° 2019/021 of 18th October 2019 LFPC c/ FECAFOOT.

530 Dans l'Affaire Ngaoundéré FC et autres clubs de la Ligue Régionale de Football de l'Adamaoua c/ Ligue Régionale de Football de l'Adamaoua et FECAFOOT du 28 mars 2013, la Chambre s'est appuyée sur l'exception au principe de l'épuisement des voies de recours internes pour juger recevable le recours des demandeurs : Voir CCA du CNOSC, Arbitrage, Aff. du 28 mars 2013 Ngaoundéré FC et autres clubs de la Ligue Régionale de Football de l'Adamaoua c/ Ligue Régionale de Football de l'Adamaoua et FECAFOOT ; il en est de même dans CCA du CNOSC, Arbitrage, Aff. n° 006/SA/CCA/16 du 05 avril 2016 Fondation NZIKO c/ La Fédération Camerounaise de Handball. Dans ces affaires, la Chambre juge les voies de recours internes inefficaces pour recevoir la requête des demandeurs.

485. Il est fréquemment observé un décalage entre les règles applicables au litige et les faits de la cause. En effet, certaines règles du droit du sport brillent souvent par leur désuétude. Par voie de conséquence, elles cadrent mal avec un mouvement sportif en perpétuelle transformation et dont les relations entre acteurs dans plusieurs secteurs suscitent de nombreux contentieux[531]. La substance de certaines dispositions législatives, statutaires et réglementaires est difficile à circonscrire. Cette situation rend laborieuse et pénible, leur application au cas d'espèce. Or, la distinction que doit opérer la Chambre entre les diverses obligations contenues dans les lois et les autres textes est utile pour une fixation claire, et afin d'en tirer les conséquences nécessaires pour un rapprochement aux faits de la cause.

486. Ainsi, c'est le manque de précision du contenu de certaines règles par rapport aux obligations auxquelles les acteurs sont assujettis qui se présente comme une barrière à la juste qualification des faits par la Chambre. En marge de l'imprécision, il existe le problème de l'inadaptation. Elle s'ajoute à celui du contenu de la règle en cause dans le temps, les circonstances du litige ne convenant plus aux règles qui sont supposées les régir.

§ 2- La détection des lacunes dans le droit applicable et les conséquences des lacunes

487. Quand une règle de droit est convoquée par un justiciable pour soutenir sa prétention, la Chambre procède d'abord à son appréciation en rapport avec l'affaire concernée. Dans ce sens, elle s'attelle à ressortir l'obligation que portent les suggestions normatives que le texte invoqué regorge pour y rapprocher le comportement des parties pour voir si l'une d'elles a violé les obligations qui lui incombent ou si elle est titulaire des droits qu'elle revendique. En fait, pour la Chambre, les droits n'existent que s'ils sont clairement conférés à celui qui les revendique par un texte, un instrument ou une règle de droit. Or, ce pour lequel les acteurs du mouvement sportif sont obligés en droit du sport dépend de chaque norme spécifique d'autant plus que les obligations dépendent de la matière sur laquelle elles portent et non sur leurs modalités. Y étant, les obligations dans le droit du sport ne se présentent pas sous un aspect aisément identifiable par la Chambre lorsqu'elle cherche à les appliquer à un cas d'espèce. Pourtant, si le rôle de la loi et de certains textes est de fixer les maximes générales du droit, d'établir des principes, et non de procéder au détail des situations qui peuvent se présenter

[531] On assiste régulièrement devant la Chambre à des oppositions relatives aux statuts en vigueur dans les institutions sportives. Voir CCA du CNOSC, Arbitrage, Aff. n° 007/SA/CCA/15 du 21 mai 2015 BELLO Bourdane, BIYAG Antoine et NGOMCHI Félix c/ ABOUEM Julien Serge et Consorts ; CCA du CNOSC, Arbitrage, Aff. n° 014/SA/CCA/15 du 12 novembre 2015, Étoile filante de Garoua, Bandjoun FC, Loga c/ FECAFOOT ; CCA du CNOSC, Arbitrage n° 010.SA/CCA/15 du 16 juillet 2015, Membres de l'Assemblée générale de la FECAFOOT et Abdouramane Hamadou BABBA c/ Fédération Camerounaise de Football.

dans chaque matière, celle de l'arbitre CCA revient à pouvoir entrer dans les méandres qui lui sont soumis dans toutes ces grandes catégories fixées par le législateur. Ces méandres du droit du sport arrivent devant la Chambre sous des formes variées, souvent dans des domaines non encore suffisamment réglementés. Elle est ainsi amenée à constater la présence des lacunes dans le droit applicable (A) auquel elle s'attache à trouver des solutions (B).

A- La détection des lacunes

488. La question des lacunes du droit applicable se présente à des niveaux variables et variés devant la Chambre. La majeure partie des règles applicables dans une affaire se caractérise par leur imprécision. Elle s'attache de ce fait à diminuer le degré d'incertitude de ce droit du sport qui est parfois contradictoire. Mais, souvent, la lacune est consécutive à l'inexistence d'une règle efficacement applicable au cas d'espèce. Dans l'affaire Caïman Football Club de Douala c/ Unisport du Haut-Nkam, Caïman demande que la responsabilité d'Unisport du Haut-Nkam soit engagée pour des actes de violence sur ses joueurs et ses dirigeants et qu'une juste réparation lui soit accordée. Or, si les dispositions du Règlement de la Coupe du Cameroun, des règlements généraux et du Code disciplinaire de la FECAFOOT ont prévu un régime de responsabilité en matière de sécurité des clubs qui organisent les matchs, elles n'ont pas mis en place un régime adéquat de réparation[532]. Il peut s'agir des zones d'incertitudes et de non-droit.

489. Il existe donc plusieurs sortes de lacunes en droit du sport, et, face à chacune d'elles, la Chambre en mesure le degré et la portée dans la décision qu'elle compte rendre pour trancher le litige. Certes, la Chambre ne saurait légiférer, elle n'est aucunement appelée à le faire. Elle devrait seulement remplir sa fonction judiciaire idéale en s'assurant de l'existence ou non de principes et règles juridiques applicables dans un cas d'espèce, en disant le droit, en précisant la portée et même en constante évolution[533].

B- Les positions de la Chambre devant les lacunes

490. Une diversité de réponses se présente à la Chambre quand elle fait face aux lacunes incluses dans le droit applicable. Elle peut dans un premier temps décider que les règles ne sont pas claires et refuser de dire le droit. Cette posture présente plusieurs risquent : d'abord, elle risque de se placer dans une situation délicate vis-à-vis des justiciables qui attendent d'elle de trancher le litige. Mais, surtout, si elle déclare que les règles ne sont pas claires, elle risque d'être

---

[532] Voir CCA du CNOSC, n°, Aff. Caïman Football Club de Douala c/ Unisport du Haut-Nkam, 28 février 2013, In Recueil des Sentences de la Chambre de Conciliation et d'Arbitrage, inédit.

[533] Pour une évolution dans la règle applicable voir CCA du CNOSC, Arbitrage, Aff. n° du 10 mai 2013 SYNAFOC c/ FECAFOOT.

poursuivie pour déni de justice[534]. C'est pourquoi, pour éviter cette éventualité, la Chambre s'attache aussi à explorer dans le fondement du droit positif une règle permettant de surpasser cet obstacle ou mieux de combler cette lacune à travers une clarification du droit. Elle exécute ainsi une tâche qui s'accorde avec un ordre juridique sportif en évolution dans l'objectif d'accompagner ce changement en maintenant la stabilité et la cohérence du monde sportif. La décision qu'elle va prendre dépend du degré de lacune à combler, des circonstances du litige et du climat social régnant dans le mouvement sportif sur les questions fondamentales du litige en cause[535]. Elle le résout de plusieurs façons[536]. C'est ainsi que dans l'affaire Caïman Football Club de Douala c/ Unisport Football Club du Haut-Nkam[537], la Chambre a considéré que, tant les dispositions du Règlement de la Coupe du Cameroun, les règlements généraux que le Code disciplinaire n'offraient pas un régime adéquat de responsabilité. Parce qu'elle doit impérativement trouver une solution juridique adéquate et nécessaire à la demande de réparation de Caïman Football Club de Douala, elle a convoqué les 1382, 1383 et 1149 du Code civil, régime de responsabilité de droit commun[538]. La Chambre a dit explicitement que « *la responsabilité civile d'Unisport Football Club du Haut-NKam est établie ; que seule une condamnation pécuniaire est de nature à compenser le préjudice du requérant ; que dans cet ordre d'idées, aux termes de l'article 45 de la loi n° 2011/018 du 15 juillet 2011 relative à l'organisation et à la promotion des Activités Physiques et Sportives au Cameroun chaque fédération sportive civile détermine librement ses statuts et règles de fonctionnement en tenant compte des lois et règlements en vigueur...; qu'au nombre desdits lois et règlements en vigueur peuvent être citées les dispositions des articles 1382, 1838 et 1149 du Code civil...* »[539]. La Chambre procède de cette façon dans plusieurs de ses sentences arbitrales[540].

---

[534] Aux termes de l'article 4 du Code civil, « *le juge qui refusera de juger, sous prétexte du silence, de l'obscurité ou de l'insuffisance de la loi, pourra être poursuivi comme coupable de déni de justice* ».

[535] Si la règle explorée est une règle écrite, aussi bien vague et imprécise, comme fondement de son raisonnement, la Chambre devra utilement la repréciser à travers l'opération d'interprétation avant de l'appliquer à l'espèce. Si elle opte pour une règle coutumière, elle devra d'abord en déterminer l'existence et la portée en ce qui concerne le litige en question.

[536] Si c'est un problème d'antinomie (voir p. 83 et suivant sur l'articulation entre les règles du droit du sport).

[537] Voir CCA du CNOSC, n°, Aff. Caiman Football Club de Douala c/ Unisport du Haut-Nkam, 28 février 2013, In Recueil des Sentences de la Chambre de conciliation et d'Arbitrage, in Recueil des Sentences de la Chambre de Conciliation et d'Arbitrage, Tome I, inédit.

[538] Idem.

[539] Ibid.

[540] Voir par exemple CCA du CNOSC, n° 003/SA/CCA/17, Aff. BOTAFOGO de Douala c/ FOVU Club de Baham et FECAFOOT, 06 novembre 2017, in Recueil des Sentences de la Chambre de Conciliation et d'Arbitrage du CNOSC, Tome I, inédit.

Section 2 : L'interprétation des règles de droit en cause et le recours à l'équité

491. L'interprétation du droit se distingue de son application, bien que les deux exercices soient intimement liés, car « il n'y a pas d'application sans interprétation ». Du résultat de l'interprétation dépendra la possibilité d'appliquer la règle de droit au cas d'espèce par la Chambre. La nécessité de cet exercice de décodage se présente suite à la polémique qui s'installe entre les acteurs du mouvement sportif parties au litige au sujet de l'application du droit du sport. Hormis la possibilité pour le juge étatique d'interpréter les règles issues de l'ordre juridique sportif, trois autres voies peuvent être relevées : celle de l'interprétation par les organes des fédérations sportives, celle de la Chambre de Conciliation et d'Arbitrage, et celle du Tribunal Arbitral du Sport. S'agissant des fédérations, Pierre de Coubertin prétendait que « *La première, la plus nécessaire des tâches qui incombent à une fédération sportive, c'est de s'organiser judiciairement. Elle doit être à la fois un conseil d'État, une cour d'appel et un tribunal des conflits. À elles de maintenir les règlements, de les interpréter, de juger en dernière instance*[541] ». Le droit d'interpréter authentiquement une règle juridique sportive appartient à celle-là qui a le pouvoir de la modifier ou de la supprimer, c'est-à-dire à la fédération sportive. Les différends qui les divisent naissent la plupart des temps de l'interprétation contradictoire des règles qui lient les membres de cette institution sportive dans leurs relations réciproques. Face à cette situation, et quand l'affaire déborde le cadre des fédérations, et parvient devant la Chambre, celle-ci joue un rôle primordial dans le maintien de l'unité et de la cohésion du droit des fédérations lorsqu'il lui arrive de trancher un litige au cours desquelles ces questions se posent. Dans ce sens, la Chambre satisfait à un besoin de disposer d'un minimum de certitude juridique, de points de référence, d'indications impartiales qui soient susceptibles d'orienter la conduite des acteurs du mouvement sportif national. En décodant une règle de droit, l'arbitre de la CCA du CNOSC lui apporte un élément nouveau utile à son application. Il y a dans le travail d'interprétation de la Chambre, une modification, une adaptation ou une rectification de la règle en cause.

492. De là, sans vouloir à tout prix chercher à passer outre l'auto-interprétation faite par les acteurs du mouvement sportif sur les règles de droit du sport, l'interprétation fournie par l'arbitre de la CCA du CNOSC dans une affaire donnée participe à réduire la marge d'imprécision de ce droit. Cet exercice d'interprétation des règles en cause par la Chambre (§ 1), et de détermination de la teneur des règles non écrites (§ 2), n'empêche pas celle-ci de faire recours à l'équité (§ 3) comme prévu par le Règlement de procédures de la Chambre, pour une application concrète du droit.

---

[541] DE COUBERTIN (P.), « Le rôle des fédérations », Revue olympique, mars 1907, p. 231, cité par MAISONNEUVE (M.), *L'Arbitrage des litiges sportifs*, op. cit, p. 12.

§ 1- L'interprétation des règles en cause

493. La Chambre se sert de son pouvoir d'interprétation sur la plupart des règles soumises à son appréciation. Cette interprétation joue un rôle essentiel dans l'ensemble du droit du sport, car, elle détermine en grande partie son application. L'interprétation faite par la Chambre est inévitable dans la mesure où il faut faire application à des situations concrètes des textes rédigés en termes généraux[542]. Pour ce faire, elle choisit un procédé d'interprétation (A) et use de l'opportunité dans le choix des méthodes d'interprétation (B).

A- L'adoption d'une approche stratégique des procédés d'interprétation

494. La Chambre dispose de nombreux procédés interprétatifs[543] et de méthodes d'interprétation. Quelle que soit celle utilisée, l'interprétation qu'elle fait dépend des circonstances particulières de l'espèce et de l'objet du litige en cause. Toutes les fois, la Chambre opte pour les moyens techniques qui lui concourent à l'entière efficacité des textes au regard de l'affaire en cause. De là, prenant les textes comme base de départ (1), elle procède à la recherche de la volonté réelle des rédacteurs du texte (2).

1- Le texte à interpréter comme base de départ

495. L'interprétation judiciaire de la Chambre ne se fait pas *ex-nihilo*. Elle est basée sur le texte en cause. Cet exercice est fonction du niveau de précision dudit texte. Chaque ambiguïté rédactionnelle crée une brèche qui lui donne l'occasion d'éclaircir le droit du sport à partir du texte à travers l'interprétation comme moyen de fixation du droit applicable. L'ampleur du travail de la Chambre dépend de la marge de manœuvre laissée par les textes. À partir de ceux-ci, elle cherche la solution suivant deux approches : la première, évolutive, prend en compte l'évolution de la communauté sportive tout autant que son système normatif. La Chambre intègre ainsi les dimensions économiques, sociales, politiques et judiciaires. La seconde, téléologique, est retenue eu égard à l'objet

---

542 MBEYAP KUTNJEM (A.), *Introduction générale au droit camerounais du sport*, op. cit, p. 110.

543 La Chambre utilise tour à tour l'interprétation restrictive et l'interprétation extensive. La Chambre procède à une interprétation extensive lorsqu'elle va plus loin que la lecture stricte chère en Droit pénal et selon lequel les lois d'incrimination et de pénalité doivent être appliquées sans extension ni restriction. Elle prend en compte les facteurs temporels et circonstanciels dans la lecture des textes ou des actes juridiques dans une approche évolutive pourvu qu'elle ne soit pas en contradiction avec la lettre et l'esprit du texte ou de l'acte. Cette sorte d'interprétation permet d'intégrer l'influence des changements extérieurs du contexte juridique sur la signification d'une règle qui ne doit pas être considérée comme un instrument figé et donc susceptible d'être réévalué en vue de son adaptation aux évolutions du droit du sport. Mais, le plus souvent, elle se sert de l'interprétation restrictive pour être plus proche de la volonté des parties. Tout compte fait, le choix de l'une ou de l'autre interprétation dépend en grande partie de l'objet et de la nature du litige. Si le différend porte sur un champ nouveau ou exposé à l'évolution, l'arbitre de la CCA du CNOSC fait une interprétation extensive.

et au but du texte. Cette dernière méthode permet à la Chambre d'étendre le sens et la portée des règles juridiques sur la base de l'esprit du texte.

2- La recherche de la volonté réelle des rédacteurs du texte

496. Fréquemment, la Chambre explore l'intention des auteurs d'un texte ou de l'acte juridique pour procéder à leur interprétation. Elle procède parfois à plusieurs combinaisons. Elle peut interpréter une disposition en se fondant sur une autre se trouvant dans le même texte ou le même acte, ou effectuer une certaine articulation des textes ou des actes juridiques de même essence ou d'essence différente, pour faire ressortir le sens le plus adéquat possible favorisant la résolution du litige en cause. La Chambre s'arc-boute à la recherche de l'intention des parties convaincue qu'elle peut la ressortir du texte ou de l'acte juridique. Elle ne peut s'autoriser à se soustraire de l'étreinte de la volonté des acteurs du mouvement sportif justiciables. Même si cela n'est pas visible *a priori*, sa juridiction doit beaucoup à cette volonté. Sa prise en considération est l'un des gages de l'effectivité de ses décisions.

B- L'usage de l'opportunité dans le choix des méthodes d'interprétation

497. Dans l'exercice d'interprétation, la Chambre adopte des attitudes qui entrent dans la logique et le bon sens : le refus d'interpréter les textes clairs (1), l'attachement à leur sens ordinaire (2) et la prise en compte de la doctrine (3).

1- Le refus d'interpréter les textes clairs

498. La Chambre avertit souvent « *les parties qu'elles peuvent (...) solliciter la clarification de la sentence par une procédure d'interprétation, si elles estiment que la sentence n'a pas le mérite d'être claire* »[544]. Ce faisant, elle refuse d'interpréter les décisions claires et sans équivoques. Dans l'affaire John Begheni Ndeh c/ Iya Mohammed et FECAFOOT du 6 juin 2013, la Chambre précise en présence d'une demande d'interprétation que « *les motivations des arbitres dans la sentence susvisée sont claires et non équivoques, en ce qu'elles sont en phase avec les points d'interprétation ; que par conséquent, cette requête est sans objet* »[545]. De même, elle refuse d'interpréter les règles claires. En effet, en présence d'un texte dont la clarté ne fait l'ombre d'un doute, elle est tenue de l'appliquer tel qu'il est, sans qu'elle ait à se demander si d'autres dispositions auraient pu lui être ajoutées. Cette attitude est suggérée par l'attachement constant au respect de la souveraineté des fédérations sportives nationales. On le sait, un texte qui est clair n'est pas de nature à engendrer des controverses entre les parties.

---

[544] Voir CCA du CNOSC, Arbitrage en procédure d'extrême urgence, Aff. n° CCA/2019/007 du 18 juin 2019, EFBC c/ FECAFOOT.
[545] Voir CCA du CNOSC, Arbitrage, Aff. JOHN BEGHENI NDEH c/ IYA MOHAMMED et FECAFOOT du 06 juin 2013.

2- L'attachement au sens ordinaire des textes

499. La Chambre privilégie la méthode exégétique à d'autres moyens d'interprétations, afin de donner des éclairages, en se servant d'un ensemble de techniques lexicales et grammaticales, sur la lettre du texte ou du contrat. Dans ce sens, elle prend appui sur une diversité de mécanisme d'analyses qui facilite la précision de la signification des termes employés. Elle a dans l'esprit l'idée selon laquelle « *le premier devoir d'un tribunal appelé à interpréter et à appliquer les dispositions (...) est de s'efforcer de donner effet, selon leur sens naturel et ordinaire, à ces dispositions prises dans leur contexte*[546]. Ainsi, lorsque la Chambre attribue un sens naturel aux dispositions en cause, si elles ont une signification dans leur contexte, leur appréciation prend fin. Au contraire, si, quand la Chambre leur attribue leur sens naturel, celles-ci sont équivoques, c'est en ce moment qu'elle cherche par d'autres méthodes d'interprétation ce que les acteurs du mouvement sportif parties au procès avaient fondamentalement dans l'esprit quand elles ont élaboré le texte[547]. Il s'agit pour elle d'une question de sécurité juridique.

3- La prise en compte de la doctrine

500. En commentant des textes et des décisions de justice, la doctrine met en évidence des lignes directrices que suivent parfois les tribunaux, propose des interprétations, fait apparaître des lacunes et des imperfections du droit[548]. Pour asseoir la crédibilité de ses sentences, les arbitres de la CCA du CNOSC ne sont pas réticents à prendre appui sur certaines opinions émises par les auteurs dans lesquelles ils proposent des solutions aux problèmes juridiques qui se posent dans la société. Dans l'affaire Abdouramane HAMADOU BABBA c/ FECAFOOT du 30 octobre 2014 la Chambre a pris en compte les observations de G. Simon à propos de la sentence TAS 95/141, 22 avril 1996, JDL 2001, 283 et suivant[549]. De même, dans la même affaire, elle a instruit à la partie défenderesse qui déniait la compétence de la Chambre en matière électorale de consulter à « *cet égard W. Sternheimer et H. Le LAY, les auteurs de ''Arbitrages ordinaires pouvant être soumis au Tribunal Arbitral du Sport*' 'dans le Bulletin du TAS 2012/1 aux pages 52-67 »[550]. La Chambre a conscience que la doctrine en droit du sport constitue une assemblée composite et bigarrée et que les positions de certains auteurs sont

---

[546] Compétence de l'Assemblée générale pour l'admission d'un État aux Nations-Unies, CIJ. Rec. 1950, p. 8, cité par METOU BRUSIL (M.M), le rôle du juge dans le contentieux international, le cas de la Cour Internationale de Justice, op. cit, p. 331.

[547] C'est le cas du principe d'interprétation téléologique selon lequel l'interprétation des règles sportives doit se faire d'une manière « qui cherche à déceler l'intention de l'auteur de la règle non à le frustrer », CAS, aff. 2000/A/312, A. Leipoid c/FILA, sentence du 13 mars 1997, Rec, TAS. I., spéc. p. 259, § 22.

[548] MBEYAP KUTNJEM (A.), Introduction générale au droit du sport, op. cit, p. 83.

[549] Voir CCA du CNOSC, Arbitrage, Aff. n° 009/SA/CCA/14 du 30 octobre 2014 Abdouramane Hamadou BABBA c/ FECAFOOT.

[550] Idem.

gouvernées par une certaine idéologie. C'est pourquoi la Chambre évite méticuleusement bon nombre d'auteurs, et ne se sert que de l'œuvre de production des auteurs « les plus qualifiés » pour éclairer les justiciables, et tous les autres utilisateurs de ses sentences. La Chambre a acquis son prestige et son autorité grâce à cette technique qu'elle adopte pour contribuer au développement de l'ordre juridique sportif.

§ 2- La détermination du contenu des règles non écrites

Pour appliquer les principes généraux (A) et les règles d'usage en matière sportive (B), la Chambre apprécie au préalable la valeur de leur contenu respectif.

A- Le contenu des principes généraux de droit

501. Les principes généraux du droit sont des règles qui ne résultent d'aucun texte écrit ayant valeur juridique, mais auxquelles le Tribunal Arbitral du Sport (TAS) reconnaît la valeur de règle de droit proprement dit. Elles sont propres au sport et sont généralement découvertes et dégagées par les arbitres intervenant en cette matière[551]. À travers ces principes, les arbitres CCA du CNOSC peuvent établir une combinaison normative essentiellement vivante. L'apport de la Chambre dans le développement des principes généraux dans le sillage du droit du sport est indéniable dans le choix de la règle applicable au cours de la procédure arbitrale. Elle agit en prenant soin de privilégier les principes « normatifs »[552], c'est-à-dire, de véritables sources de droit. Parmi les principes généraux utilisés par les arbitres de la CCA du CNOSC, sont des principes normatifs, ceux qui sont conçus comme des règles de droit supérieures aux règles édictées par les institutions sportives et applicables à toutes les disciplines sportives. C'est surtout vrai pour les principes généraux issus du fond commun des droits étatiques : le principe de l'égalité, le principe de la légalité des délits et des peines, le principe du respect des droits de la défense, le principe de la loi la plus douce, le principe *non bis in idem*. D'autres principes sont au contraire

---

551 MAISONNEUVE (M.), L'Arbitrage des litiges sportifs, op. cit, p. 377.

552 On sait qu'un principe général de droit remplit une fonction normative lorsqu'il énonce une règle de conduite obligatoire. Parmi les principes généraux de droit utilisés en matière sportive, tous ne sont pas normatifs, Lire BERGE (J.L), Théorie générale du droit, 4e éd. Dalloz, 2003, n° 74.

interprétatifs[553], justificatifs[554], synthétiques[555], ou bien modérateurs[556]. Les premiers, seuls, c'est-à-dire normatifs, sont des règles de droit, et participent de ce fait de la « supra-légalité sportive ».

502. Comme la majorité des lois sur l'arbitrage, le Règlement de procédures de la Chambre prévoit qu'est choisi à titre de droit applicable au fond du litige, non pas « *un droit* » entendu comme un système juridique complet, mais simplement des « règles de droit ». Ainsi, aux termes de l'article 50 alinéa 3 de ce texte, « *la sentence doit être motivée en droit et en fait* ». Or, c'est exactement ce que sont les principes généraux de droit dans leur version normative. Ils permettent à la Chambre « *d'assurer une bonne justice, notamment respectueuse des droits de la défense dans le contexte des procédures disciplinaires* »[557].

B- La teneur des règles d'usage en présence

503. Les usages sont les principales sources non formelles dans l'ordre juridique sportif. En réalité, une bonne partie des normes qui régulent le sport se présente comme un ensemble de mesures codifiées ou non, expresses ou non. Les règles les plus évidentes que les sportifs et leurs organisations ont à respecter sont souvent celles d'une pratique correcte et répétée de leur activité et de la compétition, les règles de jeu composées de disciplines de caractère hybride, souvent coutumières et orales. Ces règles ainsi que la responsabilité de leur application au cas par cas sont propres à chaque sport dont elles dirigent l'exercice sous l'autorité des clubs, des fédérations nationales et internationales et sous le contrôle d'arbitres expérimentés. L'appréciation des arbitres de la CCA du CNOSC est fonction des paramètres qui matérialisent la pratique, et l'usage général qui fait progressivement apparaître des principes juridiques qui se superposent à la jurisprudence de multiples organes disciplinaires sectoriels.

---

[553] *Ceux-ci permettent seulement d'interpréter certaines règles. C'est le cas du principe d'interprétation stricte de la loi pénale que les arbitres du TAS appliquent par analogie en matière disciplinaire. C'est aussi le cas du principe d'interprétation téléologique selon lequel l'interprétation des règles sportives doit se faire d'une manière « qui cherche à déceler l'intention de l'auteur de la règle non à le frustrer », CAS, Aff. 2000/A/312, A. Leipoid c/FILA, sentence du 13 mars 1997, Rec, TAS. I., spéc. p. 259, § 22.*

[554] *Les principes justificatifs sont moins des principes imposant aux institutions sportives de prendre des mesures déterminées que des objectifs légitimes susceptibles de justifier des mesures a priori attentatoires à certains droits ou libertés. Par exemple le principe de sincérité des compétitions sportives ou celui de leur bon déroulement est utilisé à cette fin.*

[555] *Les principes synthétiques sont ceux qui permettent juste de rendre compte d'un régime de responsabilité disciplinaire prévu par la quasi-totalité des règlements anti-dopage des institutions sportives. Ils n'imposent pas aux institutions sportives de mettre en place un tel système de responsabilité et encore moins de décider d'en faire application alors que les règlements sportifs sont muets à son sujet. Pour plus d'éclairages, voir MAISONNEUVE (M.), L'Arbitrage des litiges sportifs, op. cit, p. 380.*

[556] *On peut citer par exemple le principe du fair-play, dans la mesure où elle permet d'écarter l'application du droit lorsque cela aboutirait à une solution contraire à l'esprit sportif. LOQUIN (E.), obs. sous CAS OG, Aff. 98/004-005 ; JDL, 2001, p. 268.*

[557] *BALMOND (L.), « Le Tribunal Arbitral du Sport et l'ordre juridique transnational du sport », op. cit, p. 69.*

Dans le domaine contractuel, la Chambre a reconnu une imbrication du processus contractuel et des règles d'usage grâce à la mise en relief du contrat de joueur professionnel MBAI Junior Rostand dont la prime de signature au bénéfice de l'Union sportive de Douala était fixée à 3000 000 F CFA et les modalités de paiement de cette prime qui ne sont pas exprimées et relèvent des usages.[558]

504. Ainsi, la Chambre vérifie si le comportement en cause a été suivi de manière habituelle. Elle vérifie aussi, mais pas obligatoirement si les acteurs du mouvement sportif considèrent le comportement comme obligatoire, c'est-à-dire, que la pratique est perçue comme un comportement obligatoire par l'opinion commune. L'usage est ainsi considéré comme une règle de droit. Elle vérifie enfin si le comportement bénéficie d'une certaine notoriété[559].

§ 3- Le recours à l'équité

505. L'équité est « *la réalisation suprême de la justice, allant parfois au-delà de ce que prévoit la loi* »[560]. L'emploi de l'équité ou mieux les « préceptes équitables » est suggéré par le règlement de procédures de la Chambre. L'alinéa 1 de l'article 47 de ce texte prévoit qu'« *elle (l'audience d'arbitrage) est conduite dans le strict respect des règles du procès équitable* ». Cette disposition contribue à donner aux arbitres de la CCA du CNOSC les moyens d'une application judicieuse, équilibrée et juste du Droit du sport. Ainsi, la Chambre ne statue pas avec équité dans le sens où elle statue en amiable composition, ou lorsqu'il s'agit de droits dont les parties ont la libre disposition, mais, plutôt dans le sens où l'équité intervient comme une composante à travers laquelle l'arbitre rend « une bonne sentence ». Elle « *intervient à titre d'inspiration et de guide pour aider l'adéquation d'une règle abstraite à une situation concrète* »[561]. Ce faisant, lorsque l'opportunité de l'équité se présente (A), la Chambre procède à son utilisation (B).

A- L'opportunité de l'équité

506. La Chambre est principalement tenue par son règlement d'asseoir sa sentence sur la base du droit[562]. Cependant, suite à la suggestion faite par l'alinéa 1 de l'article 47 de statuer selon les règles du procès équitable à la Chambre, celle-ci est consciente qu'il est de l'essence de l'accomplissement de sa fonction judiciaire d'appliquer le droit de façon équitable. Les différentes manifestations

---

558 Voir CCA du CNOSC, Arbitrage, n°, Aff. UNION SPORTIVE de Douala c/ MBAI Junior Rostand, 21 mars 2013, Recueil Thématique des sentences de la CCA, inédit

559 Idem.

560 GUINCHARD (S.) et DEBARD (Th.), Lexique des termes juridiques 2017-2018, op. cit, p. 478.

561 METOU (M.M B), Le rôle du juge dans le contentieux international, le cas de la Cour Internationale de Justice, op. cit, p. 338.

562 Aux termes de l'alinéa 3 de l'article 50 du Règlement de procédures de la Chambre « la sentence est motivée en droit et en fait ».

dans la jurisprudence de la Chambre sont : le respect de l'égalité des armes, le droit à l'exécution effective de la décision obtenue et l'indépendance et l'impartialité des arbitres. En marge de ces principes du procès équitable, l'équité qui permet aux arbitres d'aboutir à un règlement approprié est rattachée au droit et par conséquent à l'accomplissement de la fonction arbitrale. En réalité, « *la notion d'équité est un principe général directement applicable en tant que droit* »[563]. Il s'agit d'une équité qui constitue une méthode d'interprétation du droit[564]. De par cet outil qui sert à la réalisation suprême de la justice, la Chambre peut choisir parmi plusieurs interprétations éventuelles, celle qui correspond le plus aux objectifs de justice dans le litige en cause.

B- L'utilisation de l'équité

507. Les circonstances de l'espèce orientent la Chambre dans l'emploi de l'équité. Celle-ci est utilisée soit pour corriger le droit applicable soit pour suppléer la règle de droit. Par-là, elle adapte celle-ci aux données de chaque cas. En réalité, plus la règle de droit est abstraite, plus l'arbitre CCA du CNOSC s'emploie à l'équité substantielle pour aboutir à une décision équitable. La Chambre sent la nécessité de mouler la règle de droit dans les circonstances particulières de l'espèce pour pouvoir l'appliquer. Par conséquent, si l'utilisation de l'équité et des principes équitables est prévue par le Règlement de procédures de la Chambre, sa substance, l'ultime matérialisation de leurs substantifiques moelles, relève des arbitres de la CCA du CNOSC. Il n'est pas de la volonté de la Chambre d'utiliser l'équité comme une figure de la justice abstraite, mais d'appliquer une règle de droit qui induit l'application des préceptes équitables ; et qu'elle doit appliquer les principes équitables comme une composante du droit du sport. En se servant de l'équité, la Chambre arrive à rendre une décision adéquate au différend, non pas en suivant essentiellement une procédure qui l'oblige à suivre un cheminement exclusivement juridique, mais en étant conciliateur des contrariétés en litige. L'équité rend de ce fait plus facile l'atteinte des décisions transactionnelles dans l'affaire en cause.

---

563 CIJ. Rec. 1984, p. 278, § 59, cité par METOU (M.M.B), Le rôle du juge dans le contentieux international, Le cas de la Cour Internationale de Justice, op. cit, p. 340.
564 Idem, p. 340.

Titre II :

Un renforcement subtil du droit du sport

508. Le sport est une activité qui prend des contours organisationnels mêlant plusieurs personnes. Le droit en tant que science sociale ne saurait rester indifférent au développement du sport. Fidèle à sa mission d'organisateur des relations, il s'intéresse, de plus en plus, au sport, d'où un droit du sport[565]. Faisant partie de nouvelles branches du droit apparues au fur et à mesure que l'activité humaine se développe, il est encore en friche[566]. Au cours du processus de détermination du droit applicable au litige, la Chambre est amenée à le renforcer. Elle saisit l'occasion offerte par les justiciables pour clarifier, préciser et développer des points de droit obscurs, voire d'adapter aux évolutions de la communauté sportive des règles dépassées ou inadaptées. Ainsi, si on ne peut pas dire qu'elle crée le droit, elle la renforce. En réalité, la Chambre s'attache à moduler le droit applicable au litige en cours. Le droit qu'elle « créé » ou qu'elle renforce, se trouve éparpillé dans divers domaines du droit du sport, si bien qu'il est difficile d'en avoir une vue panoramique. La Chambre sait que ses Statuts et Règlement ne lui attribuent pas le pouvoir de création du droit. C'est pour cela que la création du droit par celle-ci est imperceptible à première vue, parce qu'elle s'en abstient, masque sa politique légiférante avec délicatesse, en usant d'une extrême habileté technique pour permettre aux justiciables d'accepter ses décisions. Dans toutes les sentences rendues par la Chambre, celle-ci rend vivant le droit du sport, en le faisant passer de son caractère abstrait à la praticabilité de ce droit. Pour ce faire, elle combine les règles ou les disloque pour trouver l'instrument adéquat à appliquer au cas d'espèce. L'attitude ainsi adoptée par la Chambre aboutit à la consolidation ingénieuse de la cohérence de l'ordre juridique sportif (Chapitre 1), à l'affermissement perspicace du régime des rapports entre les acteurs du mouvement sportif (Chapitre 2), et à la participation active et modérée à l'édification du régime des associations en droit du sport (Chapitre 3).

---

[565] NEMEDEU (R.), « Préface », in MBEYAP KUTNJEM (A.), Introduction générale au droit du sport, op. cit, p. 13.

[566] MBEYAP KUTNJEM (A.), Introduction générale au droit camerounais du sport, idem, p. 26.

Chapitre I :

La consolidation habile de la cohérence des ordres juridiques en matière de sport

509. Dans un mouvement sportif caractérisé par une multitude de normes venant de plusieurs ordres juridiques[567], la Chambre est amenée à contribuer à la sauvegarde de la cohérence des ordres en cause lorsqu'elle est appelée à trancher les litiges qui s'établissent entre les acteurs dudit mouvement. À chaque litige, la Chambre s'attache à énoncer les principes essentiels qui peuvent favoriser l'articulation entre les règles issues de l'ordre juridique sportif et celles de la réglementation étatique des activités sportives, d'une part, et celle entre les règles issues de l'ordre sportif lui-même. Eu étant, elle fait preuve d'une dextérité qui l'amène à mettre en œuvre toutes les techniques juridiques existantes pour faire ressortir et garantir la cohérence des ordres juridiques. La Chambre a conscience qu'elle n'a pas seulement un rôle déclaratoire des droits des acteurs du mouvement sportif ou de réparation des préjudices, mais qu'elle est au milieu de deux ordres juridiques appelés à cohabiter. Y faisant suite, elle s'invite au débat sur l'articulation entre les règles du Droit du sport, se positionnant souvent comme le vecteur d'une hiérarchie nécessaire à la cohérence et à l'articulation des ordres juridiques. Cependant, il faut relever que ce n'est pas seulement la cohérence entre les diverses sources formelles et informelles du droit du sport que la Chambre établit, c'est aussi l'unité du droit du sport applicable qu'elle cherche. Tout en prenant soin de maintenir l'autonomie de chaque source, elle procède par la formalisation d'un système d'harmonisation du droit objectif du sport (Section 1), la précision du régime et des interférences entre les sources du droit du sport (Section 2), et le dévoilement du processus de formation des règles d'usage et leur rapport avec les règles contractuelles (Section 3).

Section 1 : La formalisation d'un système d'harmonisation des rapports entre les règles du droit objectif du sport

510. C'est à travers l'instauration d'une hiérarchie minimale entre les règles applicables à un litige donné que la Chambre apporte une solution aux problèmes posés par les rapports entre les différentes normes qui coexistent en Droit du sport. Elle le fait avec une combinaison de réseaux ou d'enchaînements

---

[567] *Le mouvement sportif est encadré par les règles issues de l'ordre juridique sportif et celles issues de la réglementation publique des activités sportives. Pour plus d'amples éclairages, voir MBEYAP KUTNJEM (A.), Introduction générale au droit camerounais du sport, ibid, p. 83 et suiv.*

normatifs, en subordonnant certaines règles à d'autres, sans pour autant y introduire nécessairement des rapports de nullité. Dans ce sens, la Chambre tend à ériger certaines règles comme fondamentales pour la communauté sportive et à reléguer au second rang celles dotées d'un caractère relatif. Ainsi, au cours de la détermination du droit applicable à un litige, elle formalise un système de détection du droit objectif par le biais des sources juridiques formelles (§ 1), mais aussi à travers les principes généraux de droit (§ 2).

§ 1- Par le biais des règles écrites

511. L'existence de deux ordres juridiques encadrant les activités sportives au Cameroun donne à l'arbitre de la CCA du CNOSC une propension qui lui permet de favoriser la coexistence de ces deux ordres. Le souci de développer les règles issues de l'ordre juridique sportif sans heurter les susceptibilités de l'État explique l'extrême prudence qui caractérise la Chambre dans la détermination du droit applicable à un litige. La Chambre contribue à la précision des normes applicables en droit (A) tout en introduisant une certaine verticalité prudente dans les rapports internormatifs (B).

A- La précision des normes applicables en matière de litiges d'ordre sportif

512. En observant la vie sportive, un constat a été fait par la Chambre : le sport au Cameroun ne peut pas vivre à l'écart de la société étatique. C'est d'elle, en effet, qu'il tire ses moyens d'existence et de développement ; et de son côté, la puissance publique est naturellement amenée à le connaître, voire le reconnaître. Dans ce sens, le droit national consent à faire au sport une place particulière quant à la règle applicable. Cette place se traduira soit par une complète mise à l'écart de la règle nationale, soit par un infléchissement de la règle nationale. La mise à l'écart de la règle nationale est la mesure la plus vivace : la règle sportive prendra le pas sur le droit commun, mais toujours sous l'autorité formelle du droit national qui laisse place au droit des activités sportives. Cela se produit dans deux séries d'hypothèses. La première est celle des règles sportives qui sont normalement indifférentes à l'autorité publique. Ainsi en est-il de la plupart des règles techniques et déontologiques étant précisé que le droit national restant potentiellement applicable a toujours, dès lors que le problème traité n'est pas indifférent à l'organisation sociale, vocation à s'imposer. Dans ce dernier cas, la Chambre va appliquer le droit commun.

513. Il en est également ainsi pour une autre raison, à savoir, la force de la nécessité de la règle sportive. Lorsque celle-ci est porteuse de ce qu'on appelle *l'opinio necessitatis*, c'est-à-dire le sentiment qu'on ne peut faire autrement sous peine de remettre en cause l'activité sportive elle-même, le droit national qui se doit d'encourager la pratique du sport s'effacera. Il en est ainsi pour la permission de la loi qui justifie la pratique de la boxe.

514. S'agissant de l'infléchissement de la règle nationale, celle-ci ne laissera pas la place à la règle sportive. C'est toujours le droit de l'État qui s'appliquera, mais celui-ci prendra en compte les préoccupations des sportifs parce que l'activité sportive est un élément important de l'activité sociale qu'il faut encourager et contrôler à la fois. Le pouvoir public est à la fois gendarme et protecteur du sport. Il édicte parfois des règles spécifiques au sport prenant en compte les impératifs du sport. Ainsi en est-il des règles relatives aux structures des clubs professionnels (SOS, SA, notamment). Ainsi en est-il encore des règles relatives à l'institution des juridictions particulières pour traiter des recours contre les sanctions disciplinaires infligées aux sportifs. La loi de 2018 portant organisation des activités physiques et sportives au Cameroun prévoit par exemple que la juridiction sportive de recours sur le plan interne est la CCA du CNOSC qui juge en dernier ressort, et sur le plan international le TAS. Il en est de nombreux exemples. La dynamique de reconnaissance de la spécificité du sport comme activité sociale et la prise en compte du champ géographique de son exercice donnent au droit du sport une propension qui favorise l'émergence des règles venant des ordres juridiques différents au sein du mouvement sportif. Devant la Chambre, les règles techniques et déontologiques spécifiques au sport, les règles d'organisation et d'ordre public issues de la réglementation étatique, trouvent matière à s'appliquer[568]. Mais le Règlement de procédures de la Chambre s'est contenté de consacrer la notion de « droit » comme élément de motivation de la sentence[569]. La Chambre est ainsi intervenue promptement dans la formation des règles applicables de façon à en cerner tous les contours. Le souci de développer le droit du sport et l'ordre juridique sportif sans heurter les susceptibilités d'un ordre ou de l'autre explique l'extrême minutie avec laquelle la Chambre procède à l'articulation entre les règles issues de la réglementation étatique et les règles issues de l'ordre juridique sportif. Pour cela, elle fait explicitement référence aux règles juridiques venant des deux ordres de manière opportune. À l'aide d'indices, et non par une consécration expresse, la Chambre contribue à la précision des normes applicables en matière des règlements des litiges d'ordre sportif tout en introduisant une verticalité mesurée dans les rapports internormatifs.

B- L'émergence d'une verticalité mesurée dans les rapports internormatifs

515. L'épreuve du droit n'est pas simple pour l'arbitre. Et ce qui fait la complexité des choses, pour la Chambre, c'est qu'il ne s'agit pas seulement d'appliquer des règles isolées, celles du sport, et celle de l'État du Cameroun, mais également de tenir compte de ce que le mouvement sportif est construit en

---

568 Voir CCA du CNOSC, Arbitrage, Aff. du 22 mai 2013 Me André-Merlin TOTO SOPPO et Daniel NGOS c/ FECAFOOT.

569 Aux termes de l'alinéa 3 de l'article 49 du Règlement de procédures de la Chambre, « *la sentence doit être motivée en droit et en fait* ».

système fondé sur une éthique dont les institutions sportives sont garantes sous l'égide du CIO. L'arbitre doit aussi tenir compte du fait que l'administration ne peut se désintéresser de l'aventure sportive, qui met parfois en cause son crédit et son prestige. Elle se sent dans la nécessité impérieuse de multiplier les prescriptions pénales, civiles, commerciales pour définir les voies et moyens de l'ordre public. Eu égard à cette dernière situation, la Chambre navigue entre l'instauration d'une verticalité mesurée dans les rapports internormatifs d'une part, et une certaine articulation régulière, d'autre part. Lorsqu'il s'agit des questions intéressant l'ordre public, l'aspect articulation des normes ou spécificité de l'activité sportive semble céder devant le privilège des règles issues de la réglementation étatique qui verticalisent les rapports internormatifs dans le mouvement sportif. Dans la procédure d'arbitrage, le non-respect d'une règle d'ordre public est une cause de nullité de l'acte posé. En effet, le caractère non dérogatoire est l'approche qui permet à la Chambre de mettre en exergue les règles d'ordre public par rapport aux autres règles. Ce qui est vrai c'est que l'ordre sportif ne peut faire sans l'appui de l'ordre juridique de l'État camerounais ; il est amené à composer avec la force des choses, dès lors qu'on s'écarte du terrain proprement dit de la confrontation sportive. Dans ce cadre, la loi est naturellement la norme dominante, souveraineté oblige. Dans l'affaire Association des Footballeurs Camerounais C/ FECAFOOT, la Chambre a déclaré « *la procédure irrecevable en l' état* »[570], parce que « *la requête tend à solliciter ainsi que le SYNAFOC soit intégré au sein de la FECAFOOT en lieu et place de l'AFC, que cependant, cette mesure serait contraire à la loi en ce que chaque fédération organise elle-même ses règles de fonctionnement dont l'application est exigée de ses membres ; que le syndicat ne faisait pas partie des différentes catégories de membres de la fédération* »[571].

516. Toutefois, si les règles d'ordre public semblent introduire une hiérarchie en droit du sport, résorbant ainsi l'idée d'une certaine horizontalité des règles, elles ne cachent pas l'extrême réserve affichée par la Chambre sur certaines règles consacrées par la loi, mais lesquelles vont à l'encontre des principes olympiques. Il en est ainsi de certaines dispositions relatives à la procédure de règlement des litiges d'ordre sportif, notamment l'article 95 de la loi du 11 juillet 2018 portant organisation et promotion des activités physiques et sportives au Cameroun. Aux termes de cette disposition, « *en cas d'épuisement des voies de recours internes à la structure sportive concernée, le litige peut être porté en dernier ressort au plan national, selon le cas : soit devant la Chambre de Conciliation et d'Arbitrage du Comité National olympique et sportif du Cameroun, soit devant les juridictions administratives ou de droit commun, eu égard à la nature du litige, conformément à la législation en vigueur* ». La

570 Voir CCA du CNOSC, Arbitrage en procédure ordinaire, Aff. Association des Footballeurs camerounais c/FECAFOOT, 26 juillet 2012.
571 Idem.

Chambre n'a jamais accédé à cette disposition, car, selon elle, la disposition la plus adéquate est celle de l'article 44 alinéa 2 de la loi du 15 juillet 2011 aux termes duquel « *en cas d'épuisement des voies de recours internes à la fédération, l'une des parties peut, en dernier ressort au plan national, saisir la Chambre de Conciliation et d'Arbitrage instituée auprès du Comité National Olympique et Sportif du Cameroun* ». Pour elle, la solution rationnelle consiste à exclure le juge étatique du fond du litige. C'est pour cela qu'il est extrêmement rare que la Chambre fasse explicitement référence à l'article 95 suscité. Cela est encore plus vrai à l'égard du mécanisme de « compromis » instauré par la loi susvisée. La Chambre ne s'est pas abstenue de rappeler aux justiciables le caractère superfétatoire de cette prévision faite par le législateur camerounais. Dans l'affaire MAYAM RE-NIOF Blaise c/ FECAFOOT, face à l'exception d'incompétence soulevée par la FECAVOLLEY et selon laquelle « *l'article 96 alinéa 2 de la loi (...) du 11 juillet 2018 portant organisation et promotion des activités physiques et sportives au Cameroun dispose : « En cas de non-conciliation totale ou partielle et en cas d'absence d'un accord sur la compétence (compromis) de la Chambre (...) en matière d'arbitrage, le procès-verbal de non-conciliation total ou partiel est réputé constituer une décision en dernier ressort sur le plan national* »[572], elle a précisé que « *la conciliation préalable est obligatoire et, en cas de non-conciliation, l'arbitrage est impératif sans qu'il soit besoin d'une autre forme de clause d'arbitrage ou de juridiction* »[573].

517. Cependant, la juxtaposition des normes, ou mieux leur articulation sont l'approche qui permet encore mieux à la Chambre de motiver ses décisions. Cette articulation par le juge s'effectue de deux façons : d'une part lorsqu'en amont, il s'est déjà dessiné une articulation entre la règle sportive et la règle étatique, et d'autre part, quand bien même il n'y a pas de réelle articulation de ces règles. Dans le premier cas, la règle étatique encadre la règle sportive, la conforte en même temps qu'elle la contraint. La règle sportive se trouve prise dans le système étatique. La loi sur les activités sportives est, à quelques exceptions près, adaptée à la spécificité sportive. Mais, l'arbitre n'oublie pas qu'en même temps, elle est naturellement prise dans le système sportif, puisqu'elle doit être l'émanation de la représentation universelle qu'impose, pour chaque sport, la fédération internationale. Dans ce cas, la Chambre s'est toujours voulue plus explicite en visant dans les motifs de ses décisions tant la règle étatique que la règle sportive. Il en est de même quand celle-ci a intégré la règle étatique. Il arrive que la

---

572 Voir, CCA du CNOSC, Arbitrage en procédure ordinaire, Aff. n° CCA/2021/009 du 21 septembre 2021, MAYAM RE-NIOF Blaise c/ Fédération Camerounaise de Volleyball.

573 Idem. Voir aussi CCA du CNOSC, Arbitrage en procédure ordinaire, Aff. n° CCA/2020/0003 du 21 janvier 2021i NKOU MVONDO Prosper, Ngaoundéré FC et autres c/ FECAFOOT, voir également CCA du CNOSC, Arbitrage en procédure ordinaire, Aff. n° CCA/2021/008 du 21 septembre 2021 TIMBA MAJORE Louis c/ Fédération Camerounaise de Volleyball.

réglementation sportive reprenne des dispositions légales, parfois en élargissant ou en rétrécissant le champ par rapport aux prévisions de la loi.

518. Le second cas est relatif à l'hypothèse d'une affaire qui comporte plusieurs domaines : un domaine qui n'intéresse pas l'autorité sportive, c'est tout le domaine de la vie sociale ; un domaine où l'autorité étatique n'a rien à voir ; et enfin un domaine qui appartient à la fois à l'ordre sportif et à l'ordre étatique. Face à cette situation, la Chambre procède à une combinaison nécessaire des dispositifs juridiques pour motiver des décisions en tenant compte du profil du litige en jeu[574].

§ 2- A travers les principes généraux de droit

519 ; Les principes généraux de droit sont disséminés dans divers domaines du droit du sport, qu'ils soient de l'ordre juridique sportif ou issus de la réglementation publique. La Chambre a su les révéler (A) sans omettre de valoriser les principes de l'olympisme (B).

A- La révélation des principes généraux de droit

520. La Chambre les a révélés de plusieurs façons. Elle a procédé à la consécration des principes généraux de l'ordre juridique sportif international (1), à l'énumération des principes d'administration de la justice (2) et la détection des principes communs aux deux ordres juridiques (3).

1- La consécration des principes généraux de l'ordre juridique sportif international

521. La référence aux principes généraux de l'ordre juridique sportif international permet à la Chambre de mettre en exergue un corps de règles communes aux diverses nations sportives du monde. Il s'agit des principes énoncés par le TAS qui ont pour effet d'accroître le fonds commun d'un droit international appelé « *lex sportiva* », répondant aux notions de justice et d'ordre, et par là de renfoncer l'unité et la stabilité des rapports juridiques que postule la cohésion de la communauté sportive. Il y a ainsi dans le raisonnement de la Chambre un dépassement de la logique juridique fondé sur un droit entendu comme un système juridique complet, pour parvenir à appliquer simplement des règles de droit. Ainsi, aux termes de l'article 50 alinéa 3 du Règlement de procédures de la Chambre, « *la sentence doit être motivée en droit et en fait* ». Or, c'est précisément ce que sont les principes généraux de droit. Parmi eux, figurent en bonne place, les principes « *d'équité et de fair-play* »[575], le principe

---

[574] Voir CCA du CNOSC, Arbitrage, Aff. du 28 février 2013, CAÏMAN FOOTBALL Club de Douala C : Unisport du HAUT-NKAM.

[575] TAS. Aff. 2004/A/776, Fédération catalane de patinage c/FIRS, sentence du 15 juillet 2005, publ. Internet ; obs. E. loquin in JDJ 2005, p. 1322. Voir également TAS JO, Aff. 98/004 et 005, Comité national Tchèque et al. C/IIHF, sentence du 18 février 1998, Rec. TAS, II, p. 445 et s., spéc. p. 452, § 29.

du « *mérite sportif* »[576], le principe de non-ingérence des arbitres dans l'application des règles de jeu[577], le principe d'indépendance et d'autonomie des fédérations internationales vis-à-vis du CIO dans l'administration de leur sport[578], le principe d'universalité de la lutte contre le dopage[579]. D'autres principes généraux du Droit du sport sont plus spécialisés. Il en est ainsi du principe selon lequel « *tout club impliqué dans un transfert international doit renseigner sur les obligations souscrites par le joueur qu'il entend engager, vis-à-vis du club auquel ce joueur était lié* »[580], du principe selon lequel « *une personne peut avoir deux ou plusieurs nationalités légales, mais chaque athlète ne peut avoir qu'une nationalité sportive* »[581].

522. Toutefois, parmi les principes généraux utilisés par la Chambre, tous ne sont pas normatifs[582], et par conséquent pas de véritables sources de droit. D'autres sont interprétatifs[583], justificatifs[584], synthétiques[585], ou modérateurs[586]. Les premiers seuls sont des règles de droit, et participent de ce fait de la « *supralégalité sportive* ». À ce sujet la Chambre a déclaré que « *cette attitude discriminatoire*[587] *à l'endroit de l'un des organes d'une association sportive est*

---

[576] TAS, Aff. 2007/O/1361, Fédération Espagnole de Football c/ Ligue Nationale de Football Professionnel, sentence du 13 novembre 2007.

[577] TAS JO. Aff. 96/006. Mendy c/AIBA, sentence du 5 février 2002, Rec. TAS, I, p. 409.

[578] CAS OG, Aff. 02/001, S. Prasis c/CIO et al/ ; sentence du 27 août 2004, public. Internet, § 27.

[579] TAS, Aff. 94/128, UIC et CONI, avis du 5 juillet 1995, Rec. TAS, I, p. 477.

[580] *TAS, Aff. 2003/0/530, AJ Auxerre c/M. Sissoko et al. Sentence du 27 août 2004, public. Internet, § 48.*

[581] *CAS, Aff. 98/215, International Baseball Association, avis du 4 janvier 199, Rec. TAS. II, p. 703, § 27.*

[582] *On sait qu'un principe général de droit remplit une fonction normative lorsqu'il énonce une règle de conduite obligatoire. « les principes généraux de droit », prétend J.J. Berge, « sont des règles de droit objectif, non de droit naturel ou idéal, exprimées ou non dans les textes, mais appliquées par la jurisprudence et dotées d'un caractère suffisant de généralité », in Théorie générale du droit, 4e éd. Dalloz, 2003, n° 74.*

[583] *Ceux-ci permettent seulement d'interpréter certaines règles. C'est le cas du principe d'interprétation stricte de la loi pénale que les arbitres du TAS appliquent par analogie en matière disciplinaire. C'est aussi le cas du principe de l'interprétation téléologique selon lequel l'interprétation des règles sportives doit se faire d'une manière « qui cherche à déceler l'intention de l'auteur de la règle, non à le frustrer », CAS, Aff. 2000/A/312, A. Leipod c/FILA, sentence du 13 mars 1997, Rec, TAS. I, spéc. p. 259, § 22.*

[584] *Les principes justificatifs sont ceux qui imposent aux institutions sportives de prendre des mesures a priori attentatoires à certains droits ou libertés. Par exemple le principe de sincérité des compétitions sportives ou celui de leur bon déroulement est utilisé à cette fin.*

[585] *Les principes synthétiques sont ceux qui permettent juste de rendre compte d'un régime de responsabilité disciplinaire prévu par la quasi-totalité des règlements antidopage des institutions sportives.*

[586] *Il s'agit par exemple du principe du fair-play, en ce sens qu'il permet d'écarter l'application du droit lorsque cela aboutirait à une solution contraire à l'esprit sportif ; LOQUIN (E.), obs. sous CAS OG, Aff. 98/004-005, JDI, 2001, p. 268.*

[587] Il s'agit de l'ingérence de la FECAFOOT dans le fonctionnement normal d'une association.

contraire à l'esprit olympique et à l'éthique sportive qui prônent l'égalité des chances des dirigeants sportifs et le fair-play en toutes circonstances »[588].

2- L'énumération des principes d'administration de la justice

523. La Chambre a développé un certain nombre de principes sur lesquels est basée l'administration de la justice, s'agissant principalement des questions de procédure et de compétence. Au commencement, la Chambre s'est inspirée essentiellement des principes qui commandent l'instance contentieuse pour élaborer son Règlement de procédures, en mettant un point d'ancrage sur le respect des principes d'égalité des parties à un litige. Aux termes de l'article 18 point Vi, « *la Chambre de Conciliation et d'Arbitrage statue conformément au principe du procès équitable. Elle statue en faisant application notamment des règles du contradictoire, d'équité, d'indépendance, du délai raisonnable, d'impartialité des conciliateurs et/ou arbitres et des règles de compétence* ». La Chambre a ainsi plusieurs fois revalorisé le principe de l'impartialité de l'organe de règlement des litiges selon lequel nul ne peut être juge et partie. Elle veille aussi au principe selon lequel la charge de la preuve incombe au demandeur. Le principe « de la compétence de sa compétence » n'est pas du reste. Elle l'a établie dès l'affaire ONANA Vincent c/ FECAFOOT[589] en référence à l'alinéa 3 de l'article 47 du Règlement de procédures de la Chambre selon lequel, en cas de contestation sur le point de savoir si la Chambre est compétente, « *l'examen de la recevabilité de la requête est de la compétence des Arbitres qui statuent sur toutes les fins de non-recevoir soulevées par les parties* ». Dans cette affaire, la FECAFOOT, défenderesse, expose « *qu'il s'agit d'un litige financier ; que l'action menée par le requérant est un acte de recouvrement encadré par le droit commun ; qu'aux termes de l'article 18 alinéa 1 de la loi n° 2006/015 du 29 décembre 2006, portant organisation judiciaire telle que modifiée par la loi n° 2011/027 du 14 décembre 2011, le Tribunal de Grande Instance est compétente...b) en matière civile, commerciale et sociale, des demandes de paiement des sommes d'argent supérieures à dix millions (...) ; qu'ayant lui-même qualifié le litige de financier, le requérant a saisi la CCA à tort en lieu et place du Tribunal de Grande Instance du Mfoundi matériellement et territorialement compétent ; que par conséquent, la CCA devrait se déclarer incompétente à connaître de ce litige et renvoyer le requérant à mieux se pourvoir* ». Auréolée de ses pouvoirs juridictionnels, la Chambre, dans une sentence avant dire droit, s'est prononcée en premier lieu elle-même sur l'étendue de ses attributions. Elle déclare que ses attributions l'autorisent à connaître de

[588] Voir CCA du CNOSC, Arbitrage, Aff. n° 001/SA/CCA du 21 février 2014 Conseil des sages du Canon sportif de Yaoundé c/ FECAFOOT et Présidente du Conseil d'administration du Canon sportif de Yaoundé.

[589] CCA du CNOSC, Arbitrage, Aff. ONANA Vincent c/ FECAFOOT, n° 001/SADD/CCA/16 du 17 novembre 2016, Recueil Thématique des sentences de la Chambre de Conciliation et d'Arbitrage, Tome 1, inédit.

telle affaire, et que, par conséquent, les arguments de la FECAFOOT sont inopérants ; qu'il y a lieu de dire le recours recevable et inviter la FECAFOOT à conclure au fond[590].

3- La détection des principes communs aux divers systèmes

524. La Chambre saisit très souvent l'occasion des litiges pour mettre en exergue des principes appartenant au fond commun des ordres juridiques en matière sportive, mais aussi dans certaines branches du droit matériel. Certaines règles sont puisées dans le droit étatique, en l'occurrence le principe d'interprétation visant le sens ordinaire des termes figurant dans un texte juridique. Les principes généraux issus du fond commun des droits étatiques utilisés par la Chambre sont : le principe d'égalité, le principe d'équité procédurale, le principe du respect des droits de la défense. La Chambre a également posé le principe selon lequel « *nul ne peut se prévaloir de sa propre turpitude* »[591]. Dans l'exécution des décisions de justice en général et de la Chambre en particulier, le principe reste celui de la bonne foi, la mauvaise foi étant sanctionnée[592]. Dans l'affaire Caïman de Douala c/ Unisport du Haut-Nkam, la Chambre a revalorisé ce principe en précisant que « *attendu que sur les astreintes, le principe est que les décisions s'exécutent de bonne foi ; qu'il n'y a pas lieu d'assortir ladite décision d'astreintes* »[593]. De même, dans l'affaire Syndicat National des Footballeurs Camerounais c/ FECAFOOT du 10 mai 2013, la Chambre précise qu'« *il y a lieu de dire que la clause compromissoire emporte exécution de bonne foi des décisions de la Chambre* »[594]. Dans le domaine de la responsabilité pour les fautes en matière sportive, la Chambre a formulé les principes de base, comme celui de la réparation intégrale, mais pas exagérée du

[590] CCA du CNOSC, Arbitrage, Aff. ONANA Vincent c/ FECAFOOT, n° 001/SADD/CCA/16 du 17 novembre 2016, Recueil Thématique des sentences de la Chambre de Conciliation et d'Arbitrage, Tome 1, inédit.

[591] Voir CCA du CNOSC, Arbitrage, Aff. n° 003/SA/CCA/17 du 6 novembre 2017 BOTAFOGO de Douala c/ FOVU Club de Baham et FECAFOOT. Dans cette affaire, la Chambre motive que « Attendu que Fovu *Club de Baham ne peut se prévaloir de sa propre turpitude* ». Voir aussi Aff. 006/SA/CCA du 2& février 2014, ORYX FC de Douala c/ FECAFOOT. Dans cette affaire, la Chambre a estimé que « *ne l'ayant pas fait, la FECAFOOT ne saurait se prévaloir de sa propre turpide* ».

[592] Voir CCA du CNOSC, Arbitrage, Aff. n° 0040/SA/CCA du 03 décembre 2013, LITTO TEAM ACADEMY c/ BAFIA VOLLEY-BALL DAMES EVOLUTION ET FECAVOLLEY. Dans cette affaire, la Chambre relève que « *cette inexécution du contrat par la joueuse NYADJO NGUEPMEGNE Léonce Nadine dénote de la mauvaise foi de cette dernière et constitue par conséquent une faute ; que l'article 1382 du Code civil énonce : « tout fait quelconque de l'homme, qui cause à autrui un dommage, oblige celui par la faute duquel il est arrivé à le réparer* ».

[593] CCA du CNOSC, Arbitrage, Affaire Caïman de Douala c/ Unisport Football Club du Haut Nkam, 28 février 2013, inédit.

[594] Voir CCA du CNOSC, Arbitrage, Aff. Syndicat National des Footballeurs Camerounais c/ FECAFOOT du 10 mai 2013.

préjudice[595], à condition qu'il y ait un lien entre le fait générateur de la responsabilité et le préjudice subi. Dans ce domaine, elle a transposé en droit du sport toute une kyrielle de principes logiques pour montrer que c'est un principe de droit du sport que la violation d'une obligation entraîne l'obligation de réparer dans une forme adéquate. « *Attendu que la responsabilité civile d'Unisport Football Club du Haut -NKAM est établie, que seule une condamnation pécuniaire est de nature à compenser le préjudice du requérant (...) qu'au nombre desdites lois et règlements en vigueur peuvent être citées les dispositions des articles 1382, 1383 et 1149 du Code civil ; qu'en effet, aux termes de l'article 1382 du Code civil, « tout fait quelconque de l'homme qui cause à autrui un dommage oblige celui par la faute duquel il est arrivé à le réparer, que l'article 1383 du même code prévoit alors que ''on est responsable non seulement pour le dommage que l'on cause par son propre fait, mais encore de celui qui est causé par le fait des personnes dont on doit répondre'' ; qu'en ce qui concerne la réparation, l'article 1149 du code civil prévoit que : ''les dommages et intérêts dus au créancier sont, en général, de la perte qu'il fait et du gain dont il a été privé''...* »[596]. On voit bien que, selon la Chambre, la réparation est le complément indispensable d'un manquement au respect d'une obligation en droit du sport, sans que cela ne soit nécessairement inscrit dans les instruments spécifiques en matière de sport. Elle a enfin débouté le Club les Astres Football Club de Douala de sa demande reconventionnelle « *en raison du principe de l'exception d'inexécution* »[597].

B- La valorisation des principes de l'olympisme

525. La référence faite à la Charte olympique par la Chambre est particulièrement marquante, s'agissant des principes et buts fondamentaux qui sont logés au préambule de cet instrument. Elle s'est appuyée sur ces principes pour asseoir les rapports institutionnels dans le mouvement sportif. Dans l'affaire BADJECK Didier c/ AMOKO Lizouret Marcel[598], la Chambre a revalorisé le principe de l'éthique sportive prévu par la Charte olympique et par le Préambule

---

[595] CCA du CNOSC, Arbitrage, Affaire Caïman de Douala c/ Unisport Football Club du Haut Nkam, 28 février 2013, inédit.

[596] CCA du CNOSC, Arbitrage, Affaire Caïman de Douala c/ Unisport Football Club du Haut- NKAM, 28 février 2013, inédit. Dans cette affaire, la Chambre a condamné Unisport du Haut- NKAM à payer à Caïman de Douala la somme de 17 700. 000 francs CFA ventilée comme suit : Frais de procédure : 1700000 (Un million sept cent mille) francs CFA ; Préjudice lié à la privation de la participation à la finale de la coupe du Cameroun : 15 000 000 (quinze millions) de francs CFA ; Dommages intérêts : 1000 000 (un million) de francs CFA pour violence contre le dirigeant.

[597] Voir CCA du CNOSC, Arbitrage, Aff. n° 002/CCA/SA/18 du 23 septembre 2018 l'Association Sportive Les Astres Football Club de Douala c/ TOWA Richard

[598] *CCA du CNOSC, Arbitrage, Affaire BADJECK Didier c/ AMOKO Lizouret Marcel, 22 février 2013, Recueil des sentences de la Chambre de Conciliation et d'Arbitrage, Tomme III, inédit.*

des Statuts du Comité National olympique et sportif du Cameroun (CNOSC)[599] en lui attribuant le rang d'un principe dont le non-respect peut entraîner la nullité d'un acte. En effet, elle a déclaré qu'« *il s'en suit qu'en le faisant (AMOKO Lizouret Marcel), il s'est rendu coupable de forfaiture juridique et administrative préjudiciable aux droits des sportifs et à l'éthique de l'olympisme dans le mouvement camerounais, que cet acte est nul par essence* »[600]. De même, dans l'affaire Conseil des sages du Canon sportif de Yaoundé c/ FECAFOOT et présidente du Conseil d'administration du Canon sportif de Yaoundé, du 21 février 2014, la Chambre déclare que « *cette attitude discriminatoire à l'endroit de l'un des organes d'une association sportive est contraire à l'esprit olympique et à l'éthique sportive qui prônent l'égalité des chances des dirigeants sportifs et le fair-play en toutes circonstances* » [601]. Le principe de la garantie de l'indépendance et de l'impartialité dans la résolution des litiges d'ordre sportif a été reconnu par le Règlement de procédures de la Chambre et dans sa jurisprudence[602]. Il s'agit là des principes essentiels promus par le Comité olympique que la Chambre a su mettre en exergue.

Section 2 : La précision du régime des sources contractuelles et des actes unilatéraux dans les associations sportives

526. Les diverses sources contractuelles et les actes unilatéraux invoqués devant la Chambre au cours de la procédure d'arbitrage impliquent des tas d'engagements multiples entre lesquels elle doit faire ressortir des connexions avant de tirer la matière du droit applicable au litige. La Chambre a conscience qu'il est nécessaire d'établir un régime des rapports entre les sources formelles ainsi que celles des actes unilatéraux. Dans ce sens, elle a procédé à la fixation des paramètres de l'engagement contractuel (§ 1) et à l'établissement du régime juridique des actes unilatéraux des exécutifs fédéraux (§ 2).

§ 1- La fixation des paramètres de l'engagement contractuel

527. Il n'est nul besoin d'être juriste ou acteur du mouvement sportif pour percevoir que le contrat constitue l'un des rouages essentiels de la vie dans la communauté sportive. Sauf à pratiquer l'autarcie, la vie des sportifs est tissée des

---

[599] *On peut lire dans le préambule du CNOSC que, « Nous, Comité National olympique et sportif du Cameroun (CNOSC), Organisation de droit camerounais appartenant au Mouvement olympique et Sportif International, (...) Déclarons (...) nous engager à (...) soutenir et encourager la promotion de la paix et de l'éthique sportive... » ; voir Préambule des Statuts du CNOSC, 20 juin 2019, p. 7.*

[600] *CCA du CNOSC, Arbitrage, Affaire BADJECK Didier c/ AMOKO Lizouret Marcel, 22 février 2013, Recueil des sentences de la Chambre de Conciliation et d'Arbitrage, Tomme III, inédit.*

[601] Voir CCA du CNOSC, Arbitrage, Aff. n° 001/SA/CCA du 21 février 2014 Conseil des Sages du Canon sportif de Yaoundé c/ FECAFOOT et Présidente du Conseil d'administration du Canon sportif de Yaoundé.

[602] Voir CCA du CNOSC, Arbitrage, Aff. n° 007.SA/CCA/15 du 21 mai 2015 BELLO Bourdanne, BIYAG Antoine, et NGOMCHI Félix c/ ABOUEM Julien Serge et consort ; CCA du CNOSC, Arbitrage, Aff. du 26 juillet 2012, MAYEBI c/ FECAFOOT.

contrats. Pour exercer une activité sportive professionnelle, acheter des équipements, chaque acteur du mouvement sportif conclut à intervalles plus ou moins rapprochés des contrats variés : contrat de jeu, contrat médical… pour ne citer que quelques-uns des contrats les plus usuels. Ils sont régulièrement invoqués. Qu'ils soient invoqués indirectement dans le contentieux comme appui à une prétention ou qu'ils constituent l'objet du litige, les contrats se trouvent souvent au cœur des litiges entre les acteurs du mouvement sportif. La Chambre œuvre grandement dans le renforcement du respect du contrat dont les contours n'ont pas été vraiment précisés en droit du sport. Sa contribution part de la précision faite sur la validité de l'engagement contractuel (A) à la clarification des rapports intercontractuels que concluent les acteurs du mouvement sportif (B).

A- La précision faite sur la validité de l'engagement contractuel

528. La Chambre contribue à un affinement de l'engagement conventionnel quand l'occasion lui est donnée dans les contentieux liés aux litiges d'ordre sportif. En matière sportive, elle a contribué à rendre les contours de cet engagement plus concrets et plus pratiques. À examiner de plus près les conditions auxquelles la Chambre subordonne la validité du contrat en matière sportive, on constate que le consentement, qui est à la fois volonté de chacune des parties et accord de volonté, joue un rôle moteur dans la formation du contrat sportif. Aussi bien, les arbitres de la Chambre se sont-ils, de ce point de vue, principalement préoccupés des qualités que doit revêtir le consentement pour que le contrat puisse valablement se former. Si le contrat sportif n'est pas libre et éclairé, s'il est entaché d'un vice, erreur, dol, violence, le contrat est nul, ce qui est un hommage rendu à la volonté. Poursuivant dans cette voie, elle a constaté dans l'affaire Littio Team c/ Volley-Ball Dames Evolution et FECAVOLLEY, à la suite de l'aveu fait par la joueuse NYADO Nadine d'avoir passé un contrat sportif avec le Club Littio Team, que celle-ci avait consenti librement, et que le contrat avait conduit à des résultats justes, donc valides[603].

529. Mais ce serait aller beaucoup loin que de croire que les arbitres de la CCA du CNOSC ont considéré que, par le consentement seul, il était le produit du libre accord des volontés, le contrat sportif était nécessairement juste pour ceux qui y étaient parties, et utiles au mouvement sportif. Au consentement, ils ont en effet cherché d'autres exigences, en l'occurrence l'objet, la cause, mais surtout le contenu, qui donnent au contrat sportif son ossature et aux agents de l'ordre juridique le moyen de vérifier que les intérêts particuliers y sont équitablement conciliés et l'intérêt général sauvegardé. À cet égard, dans l'affaire suscitée, la Chambre a jugé le moyen excipé par le club demandeur Littio Team

---

[603] Voir CCA du CNOSC, Arbitrage, Aff. Littio Team Academy c/ Bafia Volley- Ball Dames Évolutions et FECAVOLLEY, n° 0040/SA/CCA du 3 décembre 2013, in Recueil Thématique des Sentences arbitrales de la CCA, Tome I, inédit.

fondé, après que la joueuse contractante et querellée ait reconnu que ses intérêts ont été respectés lors de son engagement en faveur du Club Littio Team. Elle a reconnu « *avoir bénéficié de plusieurs prestations notamment : F CFA 30 000 de prime de signature ; 350 000 pour dix mois de loyer ; 140 000 pour deux mois de caution ; 185 000 pour équipement du studio, 100 000 pour deux mois de salaire ; que les obligations contractuelles de Littio Team ont été respectées...* »[604]. La Chambre tente ainsi de faire régner un minimum d'équité entre les parties. Pour elle, la volonté contractuelle ne saurait s'abstraire de la justice. La rencontre des volontés n'est donc pas efficace en tant que telle et à elle seule. La prise en compte du contenu du contrat sportif est tout aussi essentielle à sa validité.

530. C'est donc finalement en considération du comportement des acteurs du mouvement sportif que la Chambre déduit clairement la validité du consentement de l'acteur en matière sportive, en particulier lorsque celui-ci fait l'objet d'une contestation entre les parties à un litige. La qualification d'un comportement de l'acteur du mouvement varie en fonction de l'acte formel contesté, et du sens même du comportement en cause, amenant ainsi la Chambre à préciser de façon remarquable le principe de la validité du contrat sportif. Dans l'affaire Littio Team c/ Bafia Volley- Ball Evolution Dame et FECAVOLLEY, la Chambre parle de libre acceptation du contrat par la joueuse NYADO NGUEMEGNE Léonce Nadine dont l'inexécution dénote de la mauvaise foi de cette dernière et constitue une faute.[605] Le comportement auquel elle attribue une signification est celui qui est directement imputable à l'acteur du mouvement sportif, c'est-à-dire de son fait ou même de celui des personnes susceptibles d'être considérées comme ayant agi en collaboration avec lui.

B- La clarification des rapports intercontractuels

531. La préservation de l'unité du mouvement sportif par la Chambre dans le processus de règlement des litiges d'ordre sportif se fait à travers la mise en relief des rapports que peuvent entretenir les divers contrats liant les parties dans le cadre de l'arbitrage. En effet, afin de répondre à une certaine vision de l'intérêt de la communauté sportive, la Chambre tente de canaliser l'activité contractuelle dans le sens qui lui paraît le plus utile à la collectivité. Pour rendre opérationnels les divers engagements contractuels, la Chambre est obligée d'élaborer des liens qu'ils peuvent entretenir. Il ne s'agit pas ici de protéger une catégorie de personnes, mais d'imposer une certaine conception de l'utilité sociale. Ainsi, marquant nettement que la volonté contractuelle ne saurait méconnaître l'utilité

---

[604] Voir CCA du CNOSC, Arbitrage, Aff. Littio Team Academy c/ Bafia Volley Ball Dames Évolutions et FECAVOLLEY, n° 0040/SA/CCA du 3 décembre 2013, in Recueil thématique des Sentences arbitrales de la CCA, Tome I, inédit.

[605] Voir CCA du CNOSC, Arbitrage, Aff. Littio Team Academy c/ Bafia Volley- Ball Dames Évolutions et FECAVOLLEY, n° 0040/SA/CCA du 3 décembre 2013, in Recueil Thématique des Sentences arbitrales de la CCA, Tome I, inédit.

et la moralité olympique, la Chambre interdit la « *pratique du double engagement contractuel pour un joueur dans la même saison* ». On parle alors d'ordre public sportif de direction pour l'avènement d'un « *monde contractuel meilleur* » dans la communauté sportive. En vertu de cet ordre, le joueur qui s'engage à mettre ses services au profit d'un club, ne peut plus s'engager pour un autre club au cours de la même année sportive. Dans l'affaire Littio team c/ Bafia Volley-Ball Evolution Dames, la Chambre a considéré que « *deux licences ont été concurremment sollicitées par la joueuse comptant pour deux clubs différents ; que le caractère biennal d'une licence ne permet pas cette pratique ; que bien plus, une joueuse ne saurait appartenir à deux clubs à la fois au cours d'une même saison ; que la seule licence valable est la première, car n'ayant pas été formellement rejetée par Fédération Camerounaise de Volley-ball* (…) ; *que de ce fait la joueuse NYADO NGUEPMEGNE Léonce Nadine reste une recrue de ce club* (Littio Team »[606]. La Chambre est consciente que cet évènement ne peut que saper à la base, l'architecture juridique mise en place par les institutions faîtières de sport au fil des années, et dont la sauvegarde est capitale pour la sécurité et le bien-être d'une communauté sportive aussi complexe que celle d'aujourd'hui, qui a plus que jamais besoin du respect constant des règles présidant au développement ordonné des relations entre les membres.

532. Obligatoire pour les parties, le contrat l'est aussi pour l'arbitre. Il s'impose à lui et il doit le respecter et le faire respecter. La Chambre se montre ainsi serviteur du contrat. En cas de défaillance de l'athlète, de l'agent sportif, ou d'un acteur du mouvement sportif quelconque, il peut le contraindre à exécuter ses obligations, et surtout sanctionner l'inexécution fautive de l'obligation contractuelle source du dommage. À cet égard, reconnaissant la double situation contractuelle de Mme NYADO, et l'inexécution du premier contrat, la Chambre « *condamne la joueuse (...) à un an de suspension de toute compétition pour la saison 2013-2014 et à payer au Club Littio Team Academy, la somme de 600 000 F CFA* ».

§ 2- L'établissement du régime juridique des actes unilatéraux dans les fédérations sportives nationales

533. Lacunaire, la réglementation des actes juridiques unilatéraux des fédérations n'a pas permis d'élaborer une théorie générale propre en la matière. Pour résoudre ces questions non tranchées par les textes, la Chambre transpose à l'acte juridique unilatéral des fédérations le régime juridique du contrat et l'adapte. Cela se perçoit aussi bien lorsqu'elle procède à la précision des conditions des actes unilatéraux (A) que lorsqu'elle définit leur portée (B).

---

[606] Voir CCA du CNOSC, Arbitrage, Aff. Littio Team Academy c/ Bafia Volley -Ball Dames Évolutions et FECAVOLLEY, n° 0040/SA/CCA du 3 décembre 2013, in Recueil Thématique des Sentences arbitrales de la CCA, Tome I, inédit.

A- La précision des conditions des actes unilatéraux des fédérations

534. Les actes unilatéraux des acteurs du mouvement sportif, multiples et variés en droit du sport, prennent place à différents niveaux dans le règlement des litiges d'ordre sportif. La valeur dans l'ordre juridique national dépend de l'intérêt que leur accorde davantage la Chambre dans la procédure d'arbitrage. Ses décisions permettent de distinguer les actes unilatéraux, tels que les licences, les communiqués des autres actes, tels que les réserves. Nombreuses et variées[607], celles-ci sont très souvent invoquées par les clubs lors des rencontres sportives pour modifier l'effet à leur égard des résultats de ces rencontres. La Chambre s'est vue régulièrement soumettre des questions de réserve comme objet principal[608] ou accessoire ou support à une prétention[609] du litige entre les parties à l'instance, lui donnant ainsi l'occasion de préciser des conditions de leur application. À cet égard, malgré les polémiques qui les entourent, la Chambre a joué un rôle déterminant en recadrant les acteurs du mouvement sportif dans leur manière de se servir des réserves de qualification. En effet, c'est l'affaire BAMBOUTOS FC de MBOUDA c/ LION BLESSE DE FOTOUNI et FECAFOOT[610] qui a véritablement permis à la Chambre de faire des précisions sur les conditions d'acceptation des réserves. Cette affaire a opéré à une innovation dans la perception classique des réserves de qualification, car, l'arbitre de la CCA du CNOSC y a posé les bases de la limitation de la liberté des clubs. Partant du principe de la charge de la preuve, elle a déduit qu'il est avéré qu'une fédération sportive nationale ne peut, dans ses rapports avec les clubs, être liée par une réserve dont l'auteur n'apporte pas la preuve de sa formulation, et qu'en

---

[607] *Certaines réserves portent sur la qualification des joueurs, d'autres portent sur les fraudes (identité, non-présentation des licences), d'autres encore portent sur les réserves techniques. Voir CCA du CNOSC, arbitrage, n° CC/2021/025, Aff. EDING Sport FC de la Lékié c/ FECAFOOT, 10 décembre 2021. Voir aussi CCA du CNOSC, Arbitrage, n° CCA/2023/021, Aff. STADE FC de Bertoua c/ FECAFOOT, 01 juin 2023.*

[608] Voir CCA du CNOSC, Arbitrage, Aff. n° 004/SA/CCA/17, BAMBOUTOS FC de MBOUDA c/ LION BLESSE DE FOTOUNI et FECAFOOT, 03 novembre 2017, Recueil Thématique des sentences de la CCA, Tome II, Inédit ; CCA du CNOSC, Arbitrage, Aff. n° 003/SA/CCA/17, BOTAFOGO de Douala C/ FOVU Club de BAHAM et FECAFOOT, 6 novembre 2017, Recueil Thématique des sentences de la CCA, Tome I, inédit

[609] Voir CCA du CNOSC, Arbitrage, Aff. n°, FOVU CLUB de BAHAM c/ FECAFOOT et RENAISSANCE FC de NGOUMOU, 8 novembre 2010, Recueil Thématique des sentences de la CCA, Tome I, inédit ; CCA du CNOSC, Arbitrage, Aff. n° CCA/2019, 016, VOLCAN du NOUN c/ RIZIERE FC, 26 aout 2019, Recueil Thématique des sentences de la CCA, Tome II, inédit ; CCA du CNOSC, Arbitrage, Aff. n° CCA/2019/0025, ASTRES DE DOUAL c/ PWD de BAMENDA, 5 novembre 2019, Recueil Thématique des sentences de la CCA, Tome II, inédit ; CCA du CNOSC, Arbitrage, Aff. n° /SA-R/CCA/15, SOCIÉTÉ ANONYME SPORTIVE et PROFESSIONNELLE CANON de Yaoundé c/ FOVU CLUB de BAHAM, 17 Septembre 2015, Recueil Thématique des sentences de la CCA, inédit ;

[610] CCA du CNOSC, Arbitrage, Aff. n° 004/SA/CCA/17, BAMBOUTOS FC de MBOUDA c/ LION BLESSE DE FOTOUNI et FECAFOOT, 03 novembre 2017, Recueil Thématique des sentences de la CCA, Tome II, Inédit.

conséquence n'est ni opposable au club adverse ni à la fédération. Selon la Chambre « *attendu qu'il y a lieu de rejeter la demande de BAMBOUTOS FC de MBOUDA comme non fondée d'autant plus qu'il n'apporte pas la preuve de la formulation des réserves avant le match* »[611]. Ayant posé les bases dans cette affaire, c'est dans les méandres de certaines sentences que la Chambre parfait ses analyses sur le régime des réserves de qualification en mettant en exergue les conditions de formulation et de validité.

535. Pour l'arbitre de la CCA du CNOSC, en matière de formulation des réserves de qualification, il se pose deux questions : celle relative à la forme, d'une part, et celle liée au délai, d'autre part. S'agissant de la première question, la réserve se fait sous forme écrite et non de façon orale. Concernant la seconde question, la réserve doit se faire en début de rencontre et non à la mi-temps. La forme et le délai d'une réserve sont ainsi autant d'éléments qui doivent être pris en considération pour apprécier le respect des conditions de formulation d'une réserve de qualification. Dans l'affaire suscitée, la Chambre a considéré pour dire la demande de BAMBOUTOS FC de MBOUDA non fondée, que « *la formulation orale de la réserve de qualification avant le match, et sa matérialisation à la mi-temps est synonyme d'absence de réserves, et qu'il y a lieu de rejeter la demande* »[612]. La Chambre ne conçoit pas que de telles réserves n'aient pas pu se faire avant le match pour produire les résultats escomptés[613]. La forme et le délai des réserves impliquent ainsi des limites tant à la liberté d'apporter ces réserves qu'à celle d'objecter. Il en ressort que c'est le respect de la forme et du délai qui doivent fournir le critère de l'attitude de l'acteur du mouvement sportif qui formule une réserve de qualification et de l'autre acteur qui entend faire une objection. À travers le respect de ces conditions, la Chambre peut qualifier une réserve de légale ou d'illégale[614]. En effet, lorsque les réserves d'un acteur du mouvement sportif font l'objet d'un litige, il se pose indubitablement devant elle le contrôle de conformité aux règles substantielles du droit du sport. Si celui-ci permet aux acteurs du mouvement sportif de

---

[611] CCA du CNOSC, Arbitrage, Aff. n° 004/SA/CCA/17, BAMBOUTOS FC de MBOUDA c/ LION BLESSE DE FOTOUNI et FECAFOOT, 3 novembre 2017, Recueil Thématique des sentences de la CCA, Tome II, Inédit.
[612] Idem.
[613] Il est vrai que, dans cette affaire, les arbitres n'ont cru devoir tenir des plaintes de BAMBOUTOS FC de MBOUDA qui a pointé l'incurie de l'arbitre du match. Selon ce club, « *il y a eu un problème de formulation avant le match (oral) et celui de sa matérialisation (écrite) à la mi-temps ; que les réserves ont été formulées avant le match, mais n'ont pu être matérialisées qu'à la mi-temps du fait de l'incurie de l'arbitre ; que BAMBOUTOS a été surpris qu'une autre pièce selon laquelle les réserves ont été formulées à la mi-temps lui soit présentée devant la Commission de recours de la FECAFOOT* » ; voir CCA du CNOSC, Arbitrage, Aff. n° 004/SA/CCA/17, BAMBOUTOS FC de MBOUDA c/ LION BLESSE DE FOTOUNI et FECAFOOT, 03 novembre 2017, Recueil Thématique des sentences de la CCA, Tome II, Inédit.
[614] BOTAFOGO de Douala C/ FOVU Club de BAHAM et FECAFOOT, 6 novembre 2017, Recueil Thématique des sentences de la CCA, Tome I, inédit.

formuler des réserves dans le but de modifier les résultats d'un match, celles-ci doivent être conformes au Droit du sport pour être reçues par la Chambre qui en tire les conséquences.

B- La définition de la portée juridique des actes unilatéraux dans les fédérations sportives nationales

536. Pour déterminer la portée juridique des réserves de qualification, la Chambre adjuge une importance particulière aux circonstances dans lesquelles elles ont été émises. C'est ainsi que, dans l'affaire BAMBOUTOS FC de MBOUDA c/ LION BLESSE de FOTOUNI et FECAFOOT, pour rejeter la demande de BAMBOUTOS FC, elle a déclaré que ce club était au courant du moment où il est indiqué de formuler des réserves, et qu'il ne peut se prévaloir de sa propre turpide[615]. La sanction des réserves mal formulées ou formulées hors délai est le rejet de la demande, la Chambre ayant considéré qu'elles n'entrent pas dans le cadre légal. Cette affaire aurait pu permettre à la Chambre de se prononcer sur tout le régime des réserves de qualification. Or, elle est restée lapidaire sur la question. Par contre, pour accéder aux réserves, dans l'affaire BOTAFOGO de Douala C/ FOVU Club de BAHAM et FECAFOOT, elle a procédé à une analyse au fond du comportement du club qui subit les réserves, en l'occurrence FOVU CLUB de BAHAM, allant du moment où elle a pris connaissance des informations apportées par les réserves formulées par BOTAFOGO FC de Douala, son attitude et de la responsabilité que le club peut encourir. À ce sujet, la Chambre a déclaré que l'auteur des réserves « *gagne le match par pénalité pour avoir formulé des réserves conformément à l'article 123 des Règlements Généraux de la FECAFOOT* » et « *constate que la responsabilité objective de FOVU CLUB de BAHAM est engagée pour dissimulation et fraude sur l'identité du joueur objet des réserves* »[616]. Elle a alors analysé le comportement pour constater non seulement que le joueur querellé Christien PENDA MARCELIN NDONGO a avoué lors de son audition devant la Commission de Recours de la FECAFOOT[617] qu'il a changé son identité pour tenter une aventure à l'étranger, dont les membres de FOVU Club de Baham étaient au courant, mais aussi, qu'informés par les réserves de BOTAFOGO FC de Douala de la double identité du joueur, ceux-ci « *ont quand même pris le risque profit de l'aligner* » ; or, « *il aurait été prudent pour FOVU CLUB de Baham de ne pas faire jouer le joueur querellé pour procéder aux investigations par la suite ; que FOVU Club de Baham ne peut se prévaloir de so propre turpide ; que ces attitudes adoptées (...) sont une négligence et une légèreté*

[615] BAMBOUTOS FC de MBOUDA c/ LION BLESSE de FOTOUNI et FECAFOOT, op. cit

[616] BOTAFOGO de Douala C/ FOVU Club de BAHAM et FECAFOOT, 6 novembre 2017, Recueil Thématique des sentences de la CCA, Tome I, inédit.

[617] Voir décision n° 011FCF/CR/2017 du 28 septembre 2017.

blâmable[618] ». Ainsi, même si FOVU Club de Baham n'est pas complice de la fraude du joueur querellé, il encourt une responsabilité objective sur le fait d'avoir pris le risque (profit) de faire jouer un joueur querellé évoluant sous son autorité après la formulation des réserves par BOTAFOGO FC de Douala.

Section 3 : Le dévoilement du processus de formation des usages et leur rapport avec les sources contractuelles

537. L'action de la Chambre est capitale en matière de constitution des usages en droit du sport, particulièrement au niveau de sa précision et de son cadrage. Dans ce domaine, elle a un rôle plus normatif qu'interprétatif, car elle se positionne entre identification et légitimation. L'intervention des arbitres de la Chambre fait ainsi corps avec le développement des usages en droit du sport. À travers l'étaiement des éléments caractéristiques des usages, la Chambre a développé les usages comme une source de droit indépendante (§ 1), sans refuser de reconnaître les interférences inévitables entre les usages et le contrat en droit du sport (§ 2).

§ 1- L'étaiement des éléments caractéristiques des usages

538. En faisant des usages en droit du sport l'un de ses domaines d'expertise, la Chambre contribue à les rendre plus pratiques. Elle a donné une définition concrète qui intègre les spécificités du sport, et permet de les recentrer parmi les sources non formelles. La Chambre considère les usages comme des clauses de style devenues sous-entendues (A) sans qu'on ait forcément besoin de l'élément psychologique (B).

A- Les usages comme clauses de style devenues sous-entendues

539. Pour la Chambre, les usages en matière de sport sont des règles que les acteurs du mouvement sportif suivent habituellement dans leurs actes juridiques et auxquels ils sont censés s'être tacitement référés parce que ces règles dérivent de clauses de style devenues sous-entendues. Ces clauses en question doivent alors présenter un triple caractère de constance, de généralité et de fixité pour être qualifiées d'usage. Si ces derniers caractères sont un fait que les acteurs du mouvement sportif invoquent[619], leur légitimité, leur bien-fondé est apprécié par les arbitres à la lumière de certaines considérations de durée. Celle-ci peut être très longue, parfois aussi juste un temps bref. À la fin, ce qui a de l'importance aux yeux de la Chambre, quelle que soit la durée c'est la constance dans la pratique caractérisée par une certaine continuité avec une fréquence et un caractère habituel, si bien qu'elle a cours même si les parties n'ont fait aucune précision. C'est dans ce sens que dans l'affaire UNION SPORTIVE de Douala c/

---

[618] BOTAFOGO de Douala C/ FOVU Club de BAHAM et FECAFOOT, 6 novembre 2017, Recueil Thématique des sentences de la CCA, Tome I, inédit.

[619] Voir CCA du CNOSC, Arbitrage, n°, Aff. UNION SPORTIVE de Douala c/ MBAI Junior Rostand, 21 mars 2013, *Recueil Thématique des sentences de la CCA, inédit.*

MBAI Junior Rostand, la Chambre a réchauffé un contrat de joueur professionnel qui s'étalait sur trois ans, rompu unilatéralement à la première année par ce dernier pour non-paiement intégral de la prime de signature[620]. Selon elle, si « *ce qui n'est pas exprimé est la modalité de paiement de cette prime de signature : paiement intégral ou en tranches (...) conformément aux usages, les clubs sportifs ont l'habitude de payer la prime de signature au joueur en tranches et selon les stipulations* »[621]. Consciente que c'est à elle que revenait la concession de la pertinence à la pratique des clubs du paiement en tranches, elle a pris en compte à la fois la non-expression des modalités de paiement du joueur professionnel MBAI junior Rostand comme renvoyée dans « les clauses de style devenues sous-entendues » et le fait que le contrat soit encore en cours d'exécution. On peut néanmoins reprocher à la Chambre le fait de n'avoir pas pris en compte la situation du joueur professionnel qui n'a pas perçu son salaire pendant une durée aussi longue.

B- La non nécessité de la présence de l'élément psychologique

540. Les exigences de constance président à la définition des usages en droit du sport dont la prise en compte ne suppose pas une pratique parfaite, mais tout de même une répétition dans les actes et les comportements. Les usages n'ont ainsi pas besoin de l'élément psychologique pour être classés au rang des sources en droit du sport. L'absence de cet élément les différencie des coutumes. Au regard de cette différence et de la pratique des relations sportives, la Chambre a assoupli l'élément psychologique comme élément nécessaire à la formation des usages. En décidant que « *conformément aux usages, les clubs sportifs ont l'habitude de payer la prime de signature au joueur professionnel en tranches* » [622] , et que « *l'appelante n'a pas violé le contrat du joueur professionnel* »[623], elle n'a pas exigé que cette habitude soit partagée et acceptée par tous les acteurs du mouvement sportif en général, et par le défenseur à l'action en particulier comme étant du droit. La Chambre n'a même pas besoin d'exemples concrets pour appuyer ses propositions normatives tendant à une révélation des règles d'usage liant les acteurs du mouvement sportif au litige.

§ 2- La précision des interférences entre les règles d'usage et le contrat en droit du sport

541. La Chambre ne pouvait ignorer en matière de sources du droit du sport, l'importance d'autres sources de droit. D'ailleurs, elle n'a pas négligé la diversité des habitudes et des mœurs en matière contractuelle, lorsqu'elle renvoie aux usages pour compléter ou interpréter le contrat. Ces usages sont dits

---

[620] Idem.
[621] Ibidem.
[622] CCA du CNOSC, Arbitrage, n°, Aff. UNION SPORTIVE de Douala c/ MBAI Junior Rostand, 21 mars 2013, Recueil Thématique des sentences de la CCA, inédit.
[623] Idem.

« conventionnels », en ce qu'ils constituent dans les pratiques que les acteurs du mouvement sportif suivent dans les conventions qu'ils passent. Il s'agit des clauses qui étaient toujours insérées dans les contrats sportifs, et qui ont finalement été sous-entendues, les parties étant censées s'y être référées implicitement, du seul fait qu'aucune loi ne les a écartées.

542. Dans le domaine contractuel, la Chambre a reconnu une imbrication du processus contractuel et des règles d'usage grâce à la mise en relief du contrat de joueur professionnel MBAI Junior Rostand dont la prime de signature au bénéfice de l'Union sportive de Douala était fixée à 3000 000 F CFA et les modalités de paiement de cette prime qui ne sont pas exprimées et relèvent des usages.[624] Elle pense que « *dans le silence du contrat, l'Union sportive de Douala avait, selon l'article 1135 du code civil la faculté de payer la prime de signature intégralement ou en tranches*[625] ». Selon l'article 1135 du Code civil camerounais, « *les conventions obligent non seulement à ce qui est exprimé, mais encore à toutes les autres que l'équité, l'usage ou la loi donnent à l'obligation d'après sa nature* ».

[624] Voir CCA du CNOSC, Arbitrage, n°, Aff. UNION SPORTIVE de Douala c/ MBAI Junior Rostand, 21 mars 2013, Recueil Thématique des sentences de la CCA, inédit.
[625] Idem.

Chapitre II :

Le renforcement subtil du régime des rapports entre les acteurs du mouvement sportif

543. Organisations faîtières des activités physiques et sportives, et, jusqu'à présent, principales justiciables de la CCA du CNOSC, les associations sportives, notamment les fédérations sportives nationales, occupent une place privilégiée dans les décisions de la Chambre. En ce sens, la préservation de la place des fédérations sportives dans l'organisation des activités sportives domine les décisions de cette juridiction. C'est en effet cette place qui lui permet de mesurer l'étendue des obligations réciproques des fédérations et des acteurs étatiques dans le mouvement sportif, et de tirer les conséquences logiques qui découlent de l'interdépendance créée par les diverses relations qu'ils entretiennent dans le mouvement sportif. Ainsi, malgré la diversité des fédérations sportives, la Chambre a pu contribuer à la mise en œuvre d'un régime de coordination de leur place, tiré à la fois de la loi, des statuts et Règlements des institutions sportives lorsqu'elle cherche à déterminer le droit applicable à un litige. Dans ce sens, elle s'attache à bien positionner les diverses violations découlant de l'empiétement de la mission des fédérations sportives. Après avoir précisé la catégorisation des acteurs du mouvement sportif camerounais (Section 1), la Chambre met un accent particulier à la préservation de la place des fédérations sportives contre les éventuels empiétements des autorités publiques (Section 2).

Section 1 : La précision relative à la catégorisation des membres du mouvement sportif

544. Pour des besoins pratiques, la loi de 2018 portant organisation et promotion des activités physiques et sportives au Cameroun, a réservé l'organisation de la pratique des activités physiques et sportives dans un but social, éducatif ou culturel à certains groupements constitués. Si ladite loi a commandé que les litiges d'ordre sportif opposant ces groupements soient résolus en premier ressort suivant les règles propres à chaque structure sportive[626], elle a aussi suggéré aux parties qu'en cas de nécessité, mais surtout d'épuisement des voies de recours internes à la structure sportive concernée, le litige peut être porté en dernier ressort au plan national, selon le cas, soit devant les juridictions administratives ou de droit commun, soit devant la Chambre de Conciliation et

[626] Voir l'article 94 de la loi du 11 juillet 2018 portant organisation et promotion des activités physiques et sportives au Cameroun.

d'Arbitrage du CNOSC[627]. Devant cette dernière, le sort de la plupart des litiges dépend très souvent de la détermination de la nature de ces groupements. C'est pour cela que la Chambre a largement contribué à la catégorisation de ces derniers, en distinguant clairement, d'un côté, les personnes morales de droit privé (§ 1) et, de l'autre, les personnes morales de droit public (§ 2).

§ 1- Les personnes morales de droit privé

545. La catégorie des personnes morales de droit privé reconnu par la Chambre regroupe les fédérations nationales sportives (A) et le Comité National olympique et sportif du Cameroun (CNOSC) (B).

A- La reconnaissance des fédérations sportives nationales

546. Au rang des personnes morales reconnues par la Chambre figurent en bonne place les fédérations sportives nationales. La Chambre les identifie comme un regroupement à l'échelle nationale (…) de plusieurs associations sportives, sociétés sportives et licenciés d'une ou plusieurs associations sportives[628]. Elle considère qu'elles sont des associations privées[629], moulées dans un système original qui permet de les placer sous tutelle, tout en reconnaissant leur participation à l'exécution d'une mission de service public[630]. Elles sont constituées des ligues sportives qui elles-mêmes regroupent en leur sein les clubs sportifs et, le cas échéant, les ligues régulièrement constituées, et qui leur sont affiliées, conformément à ses statuts[631].

B- La reconnaissance du CNOSC

547. Le CNOSC est le second grand groupement reconnu par la Chambre comme personne morale de droit privé. La Chambre reconnaît qu'il est l'une des principales parties du Mouvement olympique. Elle remarque qu'il est un organisme relayant l'idée olympique dans les limites territoriales du Cameroun dans lequel il est établi. Par ses décisions, la Chambre fustige régulièrement l'atteinte par les fédérations sportives nationales « *aux règles, à l'éthique sportive*

---

[627] Voir l'article 95 de la loi du 11 juillet 2018 portant organisation et promotion des activités physiques et sportives au Cameroun.
[628] Voir CCA du CNOSC, Arbitrage, n° CCA/2019/0004, Aff. Clubs de Football Membres de la FECAFOOT c/ FECAFOOT, 11 avril 2019, Recueil Thématique des sentences de la Chambre de Conciliation et d'Arbitrage du CNOSC, Tome III, inédit.
[629] Voir CCA du CNOSC, Arbitrage n°, Aff. MENDOUGA Bertrand Magloire c/ TCHWEM Justin et NWAHA Boniface, 10 mai 2013, Recueil Thématique des sentences de la Chambre de Conciliation et d'Arbitrage du CNOSC, Tome III, inédit.
[630] Idem.
[631] Voir CCA du CNOSC, Arbitrage, n° 014/SA/CCA/15, Aff. Étoile filante de Garoua, Bandjoun FC, LOGA c/ FECAFOOT, 12 novembre 2015, Recueil Thématique des Sentences de la Chambre de Conciliation et d'Arbitrage du CNOSC, Tome III, inédit.

et aux principes de l'olympisme »[632] si chers au CNOSC. La chambre précise que celui-ci fait partie « *des CNO qui assurent le respect de la Charte olympique dans leurs pays ; que cette disposition donne au Comité National olympique et sportif du Cameroun en tant que gardien de l'éthique sportive dans le pays, en conformité avec l'alinéa 1 de l'article 18 de la Charte des Activités physiques et Sportives au Cameroun, de connaître des litiges sportifs, y compris ceux résolus par les règles propres à chaque fédération* »[633].

§ 2- Les personnes morales de droit public

548. Dans la catégorie des personnes morales de droit public reconnue par la Chambre, il faudrait citer en premier lieu l'État. C'est la personne morale de droit public qui apparaît en première ligne[634]. L'État camerounais est une « *entité juridique formée de la réunion de trois éléments constitutifs : la population, le territoire et l'autorité publique à laquelle est reconnue la qualité de sujet de droit* »[635]. Dans le mouvement sportif camerounais, il est représenté par le ministère en charge des sports[636]. La Chambre a profité des litiges au cours desquels les questions de son statut étaient en cause pour opérer une subtile distinction entre ses fonctions sur le plan national (A) et celles sur le plan international (B) en matière sportive.

A- Les fonctions de l'État sur le plan national

549. Selon la Chambre, sur le plan national, l'État assure le rôle de coordination des activités sportives. Son intervention se situe principalement au niveau de la définition des règles applicables aux différentes activités. Cette fonction est placée sous l'autorité directe du ministre de tutelle des différentes fédérations sportives nationales qu'est le ministre en charge des sports. Dans l'affaire MENDOUGA Bertrand Magloire c/ TCHWEM Justin et NWAHA

---

[632] Voir CCA du CNOSC, Arbitrage, Aff. Union sportive de Douala c/MBAI Junior Rostand, 2& mars 2013, in Recueil des Sentences de la Chambre de Conciliation et d'Arbitrage du CNOSC, Tome II, inédit.

[633] Voir CCA du CNOSC, Arbitrage ADD, Aff. NKOU MVONDO Prosper c/ FECAFOOT, 29 avril 2010, in Recueil Thématique des Sentences de la Chambre de Conciliation et d'Arbitrage du CNOSC, Tome I, inédit.

[634] Voir CCA du CNOSC, Arbitrage, Aff. MENDOUGA Bertrand Magloire c/ TCHWEM Justin et NWAHA Boniface, 10 mai 2013, Recueil Thématique des sentences de la Chambre de Conciliation et d'Arbitrage du CNOSC, Tomme III, inédit.

[635] TCHAKOUA (J.M.), Introduction générale au droit camerounais, op. cit, p. 109.

[636] Voir CCA du CNOSC, Arbitrage, Aff. MENDOUGA Bertrand Magloire c/ TCHWEM Justin et NWAHA Boniface, 10 mai 2013, Recueil Thématique des sentences de la Chambre de Conciliation et d'Arbitrage du CNOSC, Tomme III, inédit, Arbitrage, n° Aff. ATEBA KOUNGOU Fabien et Essono Thierry c/ DOGO Moustapha et BIDJA Didier, 23 Juillet 2013, Recueil Thématique des sentences de la Chambre de Conciliation et d'Arbitrage du CNOSC, inédit, Voir aussi CCA du CNOSC, n°, YOMBA Vincent c/ Qui de droit, 10 mai 2013, Recueil Thématique des sentences de la Chambre de Conciliation et d'Arbitrage, inédit.

Boniface[637], la Chambre considère que le ministère des sports et de l'éducation physique est l'organe de tutelle des fédérations qui a un droit de regard et de contrôle sur les activités des desdites fédérations. Au regard de cette précision, l'État camerounais chapeaute ainsi les fédérations sportives nationales dans le cadre de leur mission de service public.

B- Les fonctions de l'État sur le plan international

550. Sur ce plan, la Chambre reconnaît que l'État joue un rôle de soutien[638], de collaboration avec les institutions sportives nationales et de mise en œuvre. Dans ces deux derniers cas, il met en œuvre la politique sportive nationale et internationale du Gouvernement, en liaison avec le ministère en charge des relations extérieures, et après consultation du CNOSC, du CNPC et des fédérations civiles nationales. C'est en reconnaissance de ce rôle que, dans plusieurs affaires, elle a accepté d'annuler les travaux des Assemblées générales des fédérations sportives tenues en violation des instructions du ministre en charge des sports issues de l'Accord tripartite du 5 novembre 2004 conclu entre le ministère de la Jeunesse et des Sports, la FIFA et la FECAFOOT[639].

Section 2 : L'aménagement du principe de non-ingérence des autorités publiques dans les fédérations sportives

551. Reconnaissant que la pacification des relations entre les acteurs du mouvement sportif passe par l'encadrement des rôles et des compétences de chacun, la Chambre a de fil en aiguille précisé le régime correspondant, en faisant passer subtilement du cadre de la souveraineté absolue de l'État à la relativisation de cet attribut, et partant ses institutions, en particulier lorsqu'il entre dans les relations avec les instances faîtières de sport auxquelles il reconnaît la participation à l'exécution d'une mission de service public[640]. La Chambre a tenu à préciser dans ce sens qu'entre acteurs du mouvement sportif « *le respect du champ de compétence de chacun est l'une des bases essentielles de leurs*

---

[637] Voir CCA du CNOSC, Arbitrage, Aff. MENDOUGA Bertrand Magloire c/ TCHWEM Justin et NWAHA Boniface, 10 mai 2013, Recueil Thématique des sentences de la Chambre de Conciliation et d'Arbitrage du CNOSC, Tome III, inédit,

[638] Dans le cadre du soutien, l'État peut accorder un soutien en logistique et en ressources humaines aux instances sportives internationales et/ou continentales dont les sièges sont implantés sur le territoire national.

[639] Aux termes de cet accord, « les fédérations de football jouissent de l'autonomie et non de l'indépendance par rapport aux instances gouvernementales de tutelle. Celles-ci peuvent évidemment définir le cadre légal et institutionnel qui permette le développement optimal du sport dans leurs pays ».

[640] L'article 46 de la loi du 11 juillet 2018 portant organisation et promotion des activités physiques et sportives au Cameroun dispose que « les fédérations sportives participent à l'exécution d'une mission de service public ».

rapports », et que, « *toute forme d'ingérence est catégoriquement refusée* »[641] par les textes. Or, dans ce mouvement sportif, les compétences reconnues à l'État, et ayant une incidence sur l'exercice des compétences des fédérations sportives nationales se sont considérablement accrues sous l'effet de la loi de 2018 portant organisation et promotion des activités physiques et sportives, et la Chambre s'est vue obligée d'en préciser les contours actuels dans les contentieux où des droits autonomes des fédérations étaient en cause. Le champ d'application des compétences de l'État est marqué par un rétrécissement graduel de son domaine face aux impératifs de la sauvegarde non seulement des intérêts des fédérations sportives nationales avec lesquelles ils entretiennent des relations de tutelle et de contrôle, mais aussi de la préservation des intérêts de la communauté sportive. Comme le laisse voir la Chambre elle-même dans ses sentences, le principe de l'autonomie des fédérations est adossé à celui de la prohibition de la non-ingérence. Pour ce faire, la Chambre a aménagé un principe de non-ingérence en catégorisant le type d'ingérences prohibées (§ 1) et en fixant les conditions d'interventions nécessaires (§ 2).

§ 1- La catégorisation d'ingérence prohibée

552. La Chambre a commencé à poser les bases du principe de non-ingérence dans l'affaire MENDOUGA Bertrand Magloire c/TCHWEM Justin et NWAHA Boniface[642]. Elle a continué à en préciser les contours et le contenu avec les affaires YOMBA Vincent c/ Qui de droit[643] et ATEBA KOUNGOU Fabien et ESSONO Thierry c/ DOGO Moustapha et BIDJA Didier[644]. Dans ces affaires, la Chambre a consacré le principe de non-ingérence. L'ingérence interdite doit porter sur les matières à propos desquelles le principe de l'autonomie des fédérations nationales sportives permet à chacune d'entre elles de prendre les décisions librement. Il en est ainsi de la gestion de ses licenciés, de la formulation des relations extérieures, des questions qui ne relèvent ni de la tutelle ni du contrôle du ministre, bref des affaires qui concernent le fonctionnement interne d'une association de droit privé[645]. Il y a ingérence lorsqu'

---

[641] Voir CCA du CNOSC, Arbitrage, n° Aff. ATEBA KOUNGOU Fabien et Essono Thierry c/ DOGO Moustapha et BIDJA Didier, 23 Juillet 2013, Recueil Thématique des sentences de la Chambre de Conciliation et d'Arbitrage du CNOSC, inédit.

[642] Voir CCA du CNOSC, Arbitrage, n° Aff. MENDOUGA Bertrand Magloire c/TCHWEM Justin et NWAHA Boniface, 10 mai 2013, recueil Thématique des sentences de la Chambre de Conciliation et d'Arbitrage du CNOSC, inédit.

[643] Voir CCA du CNOSC, Arbitrage, n°, Aff. MENDOUGA Bertrand Magloire c/ TCHWEM Justin et NWAHA Boniface, 10 mai 2013, Recueil Thématique des sentences de la Chambre de Conciliation et d'Arbitrage, inédit.

[644] Voir CCA du CNOSC, Arbitrage, n° Aff. ATEBA KOUNGOU Fabien et Essono Thierry c/ DOGO Moustapha et BIDJA Didier, 23 Juillet 2013, Recueil Thématique des sentences de la Chambre de Conciliation et d'Arbitrage du CNOSC, inédit.

[645] Voir CCA du CNOSC, Arbitrage, n°, Aff. MENDOUGA Bertrand Magloire c/ TCHWEM Justin et NWAHA Boniface, 10 mai 2013, Recueil Thématique des sentences de la Chambre de Conciliation et d'Arbitrage, inédit.

à propos de choix, qui doivent demeurer libres, l'État utilise les moyens de contrainte. La Chambre identifie ainsi certaines formes d'ingérence, lesquelles peuvent être directes ou indirectes. Elles peuvent être simples (A) ou graves (B) susceptibles de porter atteinte à l'autonomie des fédérations nationales sportives.

A- Une ingérence simple

553. Dans l'affaire ATEBA KOUNGOU Fabien et ESSONO Thierry c/ DOGO Moustapha et BIDJA Didier la Chambre a constaté que le ministre des Sports et de l'Education physique a, « *à travers un acte administratif en date du 12 mars 2013 (...) suspendu certains membres du bureau de la Fédération Camerounaise de cyclisme, notamment sieurs NJELLE François et NKOULOU Mathurin, respectivement Président et Secrétaire général sortants de ladite fédération ; que par ailleurs, ce même acte a mis hors de course leurs différentes candidatures aux postes électifs au sein de la Fédération de Cyclisme* ». Or, « *la loi du 15 juillet suscitée ne lui reconnaît pas cette prérogative (...) qui relève de la Commission de validation de candidature* ».

554. D'après la Chambre, il semble établi, tout d'abord, que le ministre des Sports, par la suspension des licenciés de cette fédération, voulait exercer une pression sur celle-ci dans des domaines où il n'a pas compétence, et ensuite que l'objectif était de mettre certains candidats hors course. Elle considère qu'en droit du sport, si une autorité publique met hors course certains candidats pour en favoriser d'autres, dont l'action tend à modifier les résultats d'une élection, cela équivaut à s'ingérer dans les affaires intérieures. Pourtant, « *toute forme d'ingérence est catégoriquement refusée par les statuts de l'Union Cycliste Internationale, notamment en son article 6* »[646]. La Chambre considère l'acte posé par le ministre des sports comme une violation du principe de non-ingérence, et, en conséquence, « annule les résultats de l'Assemblée générale élective de la Fédération Camerounaise de Cyclisme du 17 mars 2013 ». Il en est de même lorsque les « *Commissaires du gouvernement désignés pour le contrôle des travaux de l'Assemblée générale élective admettent des candidatures indépendantes en violation des statuts de la fédération* »[647]. La Chambre a eu ainsi à rappeler « *que les fédérations sportives sont des associations privées, que sur ce seul moyen aucune ingérence en matière d'élection n'est permise ; que cependant, l'organe de tutelle qu'est le ministère des Sports et de l'Education physique n'a qu'un droit de regard et de contrôle sur les activités des fédérations ; qu'en s'ingérant directement dans les activités électives de la fédération camerounaise de boxe, le ministre a violé les statuts de ladite*

[646] Voir CCA du CNOSC, Arbitrage, n° Aff. ATEBA KOUNGOU Fabien et Essono Thierry c/ DOGO Moustapha et BIDJA Didier, 23 Juillet 2013, Recueil Thématique des sentences de la Chambre de Conciliation et d'Arbitrage du CNOSC, inédit.

[647] Voir CCA du CNOSC, Arbitrage, n°, Aff. MENDOUGA Bertrand Magloire c/ TCHWEM Justin et NWAHA Boniface, 10 mai 2013, Recueil Thématique des sentences de la Chambre de Conciliation et d'Arbitrage, inédit.

fédération et a passé outre l'éthique sportive »[648]. Cet argument peut donc servir de justification à la Chambre pour annuler « *les résultats de l'Assemblée générale élective de la Fédération camerounaise de boxe en date du 13 mars 2013 »*, et ordonner « *la reprise desdites élections »*[649].

B- Une ingérence grave

555. Contrairement à la prohibition de l'ingérence tout simplement, « l'ingérence grave » ne figure pas expressément dans la plupart des statuts des fédérations sportives nationales. La Chambre a posé les bases de ce principe et a précisé les contours dans l'Affaire YOMBA Vincent c/ Qui de droit.[650] Dans cette affaire, elle a constaté que, malgré que le « *Ministre des Sports et de l'Education Physique a homologué les résultats »* de l'Assemblée générale élective du 20 avril 2013 de la Fédération camerounaise de baseball et softball ayant permis l'élection des membres suspendus de toutes les activités de la fédération et non éligibles, aux postes de Président et de Secrétaire général. Par cet acte d'homologation des travaux d'une Assemblée générale aux « *multiples irrégularités* », dont le dessein est de favoriser des candidats irréguliers et mal élus, l'objectif politique du ministre des sports est de choisir ses collaborateurs. Par conséquent, « *l'action du ministre dans le processus électoral au sein de la fédération camerounaise de base-ball et softball doit être considérée comme* une ingérence grave *dans le fonctionnement d'une association, personne morale de droit privé* [651]».

§ 2- Les exceptions au principe de non-ingérence en matière sportive

556. Devant les allégations de l'atteinte au principe de non-ingérence basée sur la nécessité de veiller à la sécurité et à la stabilité du mouvement sportif national, la Chambre en a précisé les conditions. Elle considère qu'il s'agit là d'une forme d'exception dans le but de préserver l'ordre public (A) et de fixer le cadre légal et réglementaire (B). Toutefois, elle veille à ce que cette intervention se fasse dans le cadre des compétences définies (C).

A- Une intervention dans le but de préserver l'ordre public

557. Tout en prohibant l'ingérence de l'État dans les affaires des fédérations nationales sportives, la Chambre a conditionné son intervention pour lutter contre

---

[648] Idem.
[649] Ibidem.
[650] Voir CCA du CNOSC, n°, YOMBA Vincent c/ Qui de droit, 10 mai 2013, Recueil Thématique des sentences de la Chambre de Conciliation et d'Arbitrage, inédit.
[651] Idem.

« *les menaces et troubles à l'ordre public* »[652]. Malgré l'obscurité[653] des termes utilisés, la Chambre a eu l'occasion d'annuler, sous le fondement de ce concept, plusieurs assemblées générales tenues par les fédérations. Dans l'affaire Me André-Merlin TOTO SOPPO et Daniel Blaise NGOS c/ FECAFOOT, la Chambre a identifié la suspension des travaux de l'Assemblée générale élective de la Ligue Départementale de Football du MOUNGO comme une forme d'intervention nécessaire. C'est par référence à ce type d'intervention qu'elle a pensé que ces travaux « *se sont déroulés à l'encontre du message-fax n° 015AMF/C16/SP du 19 avril 2013 de Monsieur le Préfet du Département du Moungo, portant suspension pour menaces et troubles de l'ordre public* »[654], et que ces « travaux *(...) n'auraient pas dû se tenir en l'absence d'une déclaration préalable de manifestation publique*[655] ». L'argument de la préservation de l'ordre public peut donc servir de justificatif à quelque « *intervention de l'autorité administrative pour mettre fin aux travaux* ». Dans une autre affaire opposant toujours Me André-Merlin TOTTO SOPPO et Daniel Blaise NGOS à la FECAFOOT relative à l'annulation de l'Assemblée générale élective de la Ligue Régionale de Football du Littoral tenue le 6 mai 2013 au siège de la FECAFOOT à Yaoundé, la Chambre a précisé en ce sens que « *la FECAFOOT n'ayant pas respecté ce préalable, l'autorité administrative a dû intervenir en mettant fin auxdits travaux* »[656]. Même s'il n'est pas défini par la Chambre, le concept d'ordre public atteste, par son omniprésence l'importance que l'auguste institution lui accorde. Pour la Chambre, « le maintien de l'ordre public dans le mouvement sportif est la loi suprême ». L'intervention de l'État dans ce but ne peut être considérée comme une intervention illicite ou à tout autre point de vue contraire au droit du sport. C'est en raison de sa nature et de sa finalité que ce type d'intervention échappe à la règle générale qui protège l'autonomie des fédérations sportives. Cette nature et cette finalité ont même conduit la Chambre à déclarer dans une affaire qu'« *une correspondance hypothétique d'une fédération internationale ne devrait pas s'imposer à une loi nationale, surtout*

---

652 Voir CCA du CNOSC, Arbitrage, n° André-Merlin TOTO SOPPO et Daniel NGOS c/ FECAFOOT, 22 mai 2013, Recueil Thématique des Sentences de la Chambre de Conciliation et d'Arbitrage du CNOSC, inédit.

653 On reproche au concept d'ordre public son obscurité ; c'est une notion vague, complexe, changeante et quelque peu mystérieuse : voir ANDRIANTSIMBAZOVINA (Joel) et Alii, (S. la Dir.), Dictionnaire des droits de l'homme, PUF, 2008, p. 717. « Vaste conception d'ensemble de la vie en commun sur le plan politique et juridique, son contenu varie évidemment du tout selon les régimes politiques » : voir GUINCHARD (S.) et DEBARD (Th.), (S. la Dir), Lexique des termes juridiques, 25e éd.2017-2018, op. cit, p. 795.

654 Voir CCA du CNOSC, Arbitrage, n° André-Merlin TOTO SOPPO et Daniel NGOS c/ FECAFOOT, 22 mai 2013, Recueil Thématique des Sentences de la Chambre de Conciliation et d'Arbitrage du CNOSC, inédit.

655 Idem.

656 Voir CCA du CNOSC, Arbitrage, n° André-Merlin TOTO SOPPO et Daniel NGOS c/ FECAFOOT, 22 mai 2013, Recueil Thématique des Sentences de la Chambre de Conciliation et d'Arbitrage du CNOSC, inédit.

lorsque celle-ci est prise dans le domaine de l'État, pour régler l'activité sportive en son sein »[657]. Le service public du sport est aujourd'hui organisé par la loi et fortement surveillé par l'administration. Celle-ci ne peut se désintéresser de l'aventure sportive, qui met parfois en cause son crédit et son prestige. Elle se sent dans la nécessité impérieuse de multiplier les prescriptions pénales, civiles et commerciales pour définir les moyens de l'ordre public. Il reste à la chambre de soumettre son admissibilité à des conditions supplémentaires liées à la protection des droits de l'homme, parce qu'elle peut, à terme, véhiculer une idéologie sécuritaire hostile aux droits des acteurs du mouvement sportif. Parce que sa raison d'être est de sauvegarder la stabilité et les valeurs de la communauté sportive, l'ordre public est un formidable instrument de limitation des libertés et des droits fondamentaux. Il ne doit pas se confondre à la « raison d'État », concept prétendant permettre aux gouvernements de s'affranchir souverainement du respect du droit ; car, contrairement à elle, il n'est pas une notion métajuridique, mais un simple instrument juridique[658].

B- Une intervention fixant le cadre légal et institutionnel

558. La nécessité de l'intervention de l'État s'étend à l'objectif de définition du cadre légal et institutionnel qui permette le développement optimal du sport. En reconnaissant que « *dans le cadre de l'Accord tripartite du 5 novembre 2004, les fédérations de football jouissent de l'autonomie et non de l'indépendance par rapport aux instances gouvernementales de tutelle. Celles-ci peuvent évidemment définir le cadre légal et institutionnel qui permette le développement optimal du sport dans leur pays* », la Chambre établit qu' « à l'analyse de ces conclusions, le ministre des sports est l'autorité de tutelle de la FECAFOOT, à ce titre, il a le droit de donner des instructions administratives au Président de la FECAFOOT (…) qu'en organisant les travaux de l'Assemblée générale élective de la Ligue Départementale de Football du MOUNGO tenue le 19 avril 2013, à l'encontre du formalisme exigé du Président de la FECAFOOT par le ministre des sports, la Commission élective a méconnu les dispositions textuelles et les conclusions de l'Accord de 2004 »[659]. Elle considère en ce sens que les fonctions de tutelle dévolues au ministre des sports sont telles qu'il a un pouvoir d'adresser des directives aux présidents des fédérations qu'ils sont obligés de suivre. C'est fort de cela qu'elle a estimé en se fondant sur les prévisions des statuts de la FIFA, que « *suite à la sentence rendue le 28 mars 2013 par la Chambre de Conciliation*

---

657 Voir CCA/CNOSC, Arbitrage, n° 009/SA/CCA/14, Affaire ABDOURAMAN AMADOU BABBA c/ FECAFOOT, 30 octobre 2014, Recueil Thématique des Sentences de la Chambre de Conciliation et d'Arbitrage, Tome II, inédit.

658 ANDRIANTSIMBAZOVINA (J.) et Alii, (S. la Dir.), Dictionnaire des droits de l'homme, op. cit, p. 719.

659 Voir CCA du CNOSC, Arbitrage, n° André-Merlin TOTO SOPPO et Daniel NGOS c/ FECAFOOT, 22 mai 2013, Recueil Thématique des Sentences de la Chambre de Conciliation et d'Arbitrage du CNOSC, inédit.

et d'Arbitrage du CNOSC, l'obligation faite par le ministre des Sports et de l'Education Physique à la FECAFOOT d'harmoniser ses textes avant le début du processus électoral n'est pas un acte d'ingérence d'un tiers dans les affaires de la FECAFOOT »[660].

C- Une intervention par une autorité publique compétente

559. Les éléments constitutifs de l'intervention dans les affaires sportives ne supposent pas seulement des actions correspondant à une intervention au sens matériel du terme, mais également qu'elles soient posées par une autorité publique compétente, c'est-à-dire, qu'elle ait l'aptitude légale à accomplir un acte[661]. D'après la Chambre, « *surabondamment sur la régularité de la note de service n° 0053/MINSEP/DRSEP-CE/SS daté du 6 février 2013, (...) il y a lieu de constater que cet acte est pris alors que la désignation de son auteur est intervenue un jour après l'acte ; que sieur GADO DOUA, n'avait, en date du 6 février 2013, aucune qualité ni compétence pour prendre ladite note de service* »[662]. La Chambre considère qu'en droit du sport, si une autorité publique prend un acte dans les affaires sportives des fédérations, alors qu'il n'a pas compétence, elle « *s'est rendue coupable de forfaiture juridique et administrative préjudiciable aux droits des sportifs et à l'éthique de l'olympisme dans le mouvement camerounais* »[663]. Par conséquent, « *cet acte est nul par essence* »[664].

---

660 Idem.

661 GUINCHARD (S.) et DEBARD (Th.), (S. la Dir.), Lexique des termes juridiques, 25e éd. 2017-2018, op. cit, p. 241.

662 Voir CCA du CNOSC, Arbitrage, n°, Aff. BADJECK Didier c/ AMOKO Lizouret Marcel, 22 février 2013, Recueil Thématique des Sentences de la Chambre de Conciliation et d'Arbitrage, inédit.

663 Idem.

664 Ibidem.

Chapitre III :

La participation active et modérée à l'édification du régime des associations en droit du sport

560. Les litiges qui se présentent à la Chambre amènent parfois des problématiques plongées dans des matières dont les règles applicables s'avèrent encore imprécises. Il se présente donc pour elle la nécessité d'en préciser les modalités pratiques et de consolider ces domaines par une réglementation prétorienne appropriée. Cela est vrai tant en matière de développement du droit des associations sportives nationales (Section 1) qu'en matière de précision des règles relatives à la protection contre la violence et de certains droits du sportif (Section 2).

Section 1 : Le développement du droit des associations

561. À travers les procédures arbitrales, la Chambre a considérablement développé le droit des associations sportives nationales. Elle a saisi l'occasion des contentieux pour faire de ses sentences un ensemble de réglementations complémentaires dans les domaines des organisations sportives nationales. La Chambre a principalement contribué au développement du droit des fédérations sportives nationales. Toutefois, la jurisprudence sur les associations sportives nationales n'est pas encore bien enrichie du fait de la prise en compte des particularités de chaque espèce. Malgré cela, la Chambre a procédé, dans certaines affaires, à une meilleure définition des associations sportives nationales (§ 1) ainsi qu'à la précision des règles de son fonctionnement interne (§ 2).

§ 1- La définition des associations en droit du sport

562. Au cours de la procédure arbitrale, des questions relatives aux associations sportives nationales peuvent se poser. Dans ce cas, la Chambre est obligée de s'impliquer dans la réglementation générale de leurs activités pour mieux les situer dans le champ litigieux et bien déterminer le droit applicable au litige. Elle a ainsi contribué à appréhender les associations sportives à travers la notion de personnalité juridique. Cette appréhension a permis de mieux concevoir les rapports que peuvent entretenir ces organisations entre elles. Dans quelques sentences, la Chambre a profité des prétentions de certaines parties pour développer de façon remarquable le droit des associations sportives. Elle a posé les jalons du régime juridique des associations sportives et l'a affiné au fil des litiges. C'est donc la Chambre qui a donné des précisions sur la personnalité

juridique des associations sportives (A) tout en dégageant leurs spécificités par rapport aux autres organisations en activité dans le mouvement sportif (B).

A- Les précisions sur la définition de la personnalité juridique des fédérations sportives nationales

563. La plupart des litiges soumis à la Chambre concernent la tenue des travaux des assemblées générales des fédérations nationales sportives, et le respect des conditions posées par la législation. Pour se prononcer, la Chambre est amenée à s'appesantir sur la nature de ces institutions sportives. C'est pour cela qu'elle a largement contribué au développement des règles qui les régissent en la matière, à la fois en ce qui concerne leur personnalité juridique, et les implications de celle-ci. Dans l'affaire Me TOTTO SOPPO André Merlin et NGOS Daniel Blaise c/ FECAFOOT [665]relative à l'allégation de violation des articles 2 et 3 de la loi n° 90/055 du 19 décembre 1990 portant régime des réunions et des manifestations publiques par la Ligue Départementale de Football du Moungo lors de l'organisation des travaux de l'Assemblée générale élective tenue le 19 avril 2013, la Chambre doit déterminer si ladite ligue est soumise à ce régime. Pour ce faire, elle rappelle un certain nombre de principes avant d'en tirer une conclusion. Elle a précisé qu'« *aux termes de l'article 3 de la loi de 1990 (...) les réunions publiques, quel qu'en soit l'objet sont libres (...) toutefois, elles doivent faire l'objet d'une déclaration préalable ; qu'il résulte de l'analyse de cette disposition que les travaux querellés n'auraient pas dû se tenir en l'absence d'une déclaration préalable de manifestation publique par la FECAFOOT* »[666]. Elle conclut qu'« *en organisant cette assemblée dans la clandestinité, elle a méconnu les dispositions susvisées* »[667].

564. On sait que le régime des libertés publiques peut revêtir trois formes distinctes, allant du plus restrictif au plus libéral, à savoir : le régime d'autorisation préalable où la liberté ne peut être pratiquée que sur autorisation des pouvoirs publics ; le régime de la déclaration préalable dans lequel les pouvoirs publics doivent être informés de l'exercice de leur liberté ; le régime répressif, qui, comme son nom ne l'indique pas, est plus libéral puisque la liberté s'exerce sans formalités préalables dans le seul respect de la loi pénale qui réprime les infractions aux limites qu'elle pose à l'exercice de la liberté[668]. Le second régime est celui applicable aux associations. En soumettant la FECAFOOT à l'exigence de déclaration préalable, la Chambre classe les fédérations sportives nationales au rang des associations soumises tant au régime

[665] Voir CCA du CNOSC, Arbitrage, n° André-Merlin TOTO SOPPO et Daniel NGOS c/ FECAFOOT, 22 mai 2013, Recueil Thématique des Sentences de la Chambre de Conciliation et d'Arbitrage du CNOSC, Tome III, inédit.
[666] Idem.
[667] Ibidem.
[668] ANDRIANTSIMBAZOVINA (J.) et Alii, Dictionnaire des droits de l'homme, op. cit, pp. 76-77.

de la loi n° 90-53 du 19 décembre 1990 portant sur la liberté d'association qu'à celui de la loi n° 90/055 du 19 décembre 1990 portant régime des réunions et des manifestations publiques. Si, dans l'affaire suscitée, la Chambre est passée par un chemin détourné, elle a été plus directe dans l'affaire YOMBA Vincent de Paul c/ FECAFOOT[669]. Dans cette affaire, la Chambre a considéré que « *l'action du ministère dans le processus électoral au sein de la fédération camerounaise de baseball et softball doit être considérée comme une ingérence grave dans le fonctionnement d'une association, personne morale de droit privé* »[670].

565. Toutefois, en Droit du sport, cet automatisme de l'acquisition de la personnalité morale ne confère qu'une capacité restreinte dite « petite personnalité ». Pour obtenir une capacité juridique totale, en tant que sujet de droit de plein exercice, ces associations exerçant une mission de service public doivent obtenir un agrément aux termes de l'article 8 alinéa 2 de la loi du 11 juillet 2018 portant organisation et promotion des activités physiques et sportives au Cameroun. Selon cette disposition, l'accession à la capacité juridique totale, « *à l'exception des ligues et des structures créées par la présente loi, est subordonnée à l'agrément préalable du ministre chargé des sports dans les conditions fixées par voie réglementaire* ». C'est pour cela que la Chambre soumet régulièrement les fédérations sportives nationales au respect de la loi régissant les activités physiques et sportives au Cameroun. Elle considère que ces institutions sportives ont d'une part une personnalité juridique originaire découlant de la loi de 1990 portant régime des réunions et des manifestations publiques, et d'autre part, une personnalité juridique dérivée issue de la loi portant organisation et promotion des activités physiques et sportives.

B- La consécration du syndicat comme acteur du mouvement sportif

566. Malgré le rôle important que jouent les syndicats sportifs au sein du mouvement sportif camerounais, la loi de 2018 portant organisation et promotion des activités physiques et sportives ne les a pas inclus dans la liste des acteurs du mouvement sportif camerounais. Or, ils sont omniprésents sur la scène sportive, et la place qu'ils occupent au sein des fédérations sportives nationales est une question qui divise la communauté sportive. Celle-ci s'est posée à de degrés variables et divers devant la Chambre. Elle se devait alors de réduire raisonnablement la marge d'incertitude sur les statuts des syndicats sportifs qui apparaissent parfois contradictoires. Le caractère imprécis de la loi de 2018 sur les syndicats sportifs a permis à la Chambre de contribuer largement au développement des règles applicables à ceux-ci. Consciente que la meilleure coordination des activités des fédérations sportives nationales passe par

---

[669] Voir CCA du CNOSC, Arbitrage, Aff. YOMBA Vincent de Paul c/ FECFOOT, 10, mais 2013, Recueil Thématique des Sentences de la Chambre de Conciliation et d'Arbitrage, Tome III, inédit.

[670] Idem.

l'encadrement des statuts des groupements au sein de ces instances faîtières, elle a tour à tour précisé le régime y afférent, en faisant passer les syndicats sportifs du stade de non-membre du mouvement sportif camerounais (1) à membre de ce mouvement (2).

1- La dénégation préalable du statut de membre du mouvement sportif aux syndicats sportifs

567. En se prononçant sur le statut d'un syndicat au sein d'une fédération sportive nationale, la Chambre estime « qu'il y a lieu de relever que le syndicat est régi au Cameroun par le Code du travail et les textes subséquents alors que la fédération sportive est régie par la loi n° 2011/018 du 15 juillet susvisée (il s'agit de la loi organisant les activités physiques et sportives au Cameroun avant 2018), qu'autant le Code du travail ne prévoit pas la présence d'un syndicat au sein d'une fédération sportive comme membre, qu'autant la loi qui régit les fédérations sportives ne prévoit pas de syndicats au sein des fédérations ; qu'ainsi les fédérations ne sont constituées que de groupements d'athlètes, d'associations des sportifs et de corps de métiers ; attendu surabondamment, que la requête tend à solliciter ainsi que le SYNAFOC soit intégré au sein de la FECAFOOT en lieu et place de l'AFC, que cependant cette mesure serait contraire à la loi en ce que chaque fédération organise elle-même ses règles de fonctionnement, dont l'application est exigée de ses membres, que le syndicat ne faisant pas partie des différentes catégories de membres de la fédération, son rôle ne consisterait qu'à représenter les associations sans pour autant prendre part aux différentes instances des fédérations sportives ès qualité de membre ; qu'il y a lieu de déclarer la demande de l'AFC devenue SYNAFOC irrecevable »[671].

2- L'admission des syndicats sportifs comme « membre de droit » induite par la défense des membres de la fédération

568. Fruit de l'évolution de la jurisprudence de la Chambre, les syndicats sportifs occupent désormais une place de choix en tant que membre des fédérations, et partant en tant qu'acteurs à part entière du mouvement sportif camerounais. Dans l'affaire Syndicat National des Footballeurs Camerounais c/ FECAFOOT du 10 mai 2013[672], soit près d'un an après avoir connu une affaire similaire, la Chambre a été amenée à redéfinir les éléments constitutifs du statut des syndicats sportifs. Pour déterminer ces éléments, elle devait d'abord préciser le contenu d'une Convention signée entre la FIFA, instance faîtière internationale du football et la FIFPRO, instance faîtière internationale des syndicats et

---

[671] Voir CCA du CNOSC, Arbitrage, Aff. Association des Footballeurs Camerounais C/ FECAFOOT, 26 juillet 2012, Recueil Thématique de la Chambre de Conciliation et d'Arbitrage du CNOSC, Tome I, inédit.
[672] Voir CCA du CNOSC, Arbitrage, n°, Aff. Syndicat National des Footballeurs Camerounais c/ FECAFOOT, 10 mai 2013, in Recueil des Sentences de la Chambre de Conciliation et d'Arbitrage du CNOSC, Tome I, inédit.

associations des footballeurs le 02 décembre à Barcelone, convention reprise et signée à Khartoum le 23 février 2011 entre la Division Afrique de la FIFPRO et la CAF. La Chambre a ainsi expressément dit que dans la convention du 02 novembre 2006, la FIFA et la FIFPRO « *se reconnaissent mutuellement s'engageant à faire respecter cette reconnaissance aux niveaux continental et national*[673] » ; et que « *par une correspondance du 20 mars 2013, la FIFPRO demande à la FIFA de faire respecter cette convention au Cameroun en instruisant la FECAFOOT de revenir sur la décision querellée* »[674]. Cet élément relatif à la reconnaissance mutuelle a joué un rôle capital dans la reconsidération du statut juridique des syndicats au sein des fédérations par la Chambre. D'après elle, « *la requête de cette réglementation (Convention entre la FIFA et la FIFPRO) est fondée ; et au sens de la convention susindiquée, les différentes catégories de membres de la fédération sont considérées comme des travailleurs vus sous l'angle du Code du travail ; que dans ce sens, seuls les syndicats peuvent valablement représenter leurs intérêts* »[675]. Puisqu'il en est ainsi, « *il y a lieu pour la Chambre d'en reconnaître leur qualité de membre de droit de la FECAFOOT* »[676]. La définition du statut du SYNAFOC résulte aussi de la correspondance que la Chambre fait du rôle de la défense des intérêts au niveau international et national. C'est par référence à cette correspondance qu'elle a estimé logique que « *la FIFPRO est au sein de la FIFA ce que devrait être le SYNAFOC au sein de la FECAFOOT ; que l'argument visant l'intégration du Syndicat National des Footballeurs Camerounais au sein de la FECAFOOT est fondé* »[677]. Cet argument peut donc servir de justification à la Chambre pour « *prononcer la nullité de la première résolution de l'Assemblée générale en sa session du 16 mai 2013* »[678].

§ 2- La précision des règles de fonctionnement interne des fédérations sportives nationales et ses rapports avec les acteurs membres

569. Organisation faîtière des activités sportives sur le plan national, les fédérations sportives nationales sont confrontées à plusieurs problèmes juridiques que la Chambre résout, au fur et à mesure que les questions relatives à son fonctionnement interne et ses rapports avec leurs membres se posent. C'est en interprétant la loi de 2018 portant organisation et promotion des activités physiques et sportives et les statuts des fédérations que la Chambre est parvenue à un recadrage prudent des compétences de ces organisations (A) et à une

---

[673] Idem.
[674] Ibid.
[675] Ibidem.
[676] Voir CCA du CNOSC, Arbitrage, n°, Aff. Syndicat National des Footballeurs Camerounais c/ FECAFOOT, 10 mai 2013, in Recueil des Sentences de la Chambre de Conciliation et d'Arbitrage du CNOSC, Tome I, inédit.
[677] Idem.
[678] Ibid.

limitation de ses pouvoirs (B). Dans le cadre de la participation au développement du droit des associations, la Chambre n'hésite pas parfois à aller jusqu'à la participation à une meilleure élaboration des règles de fonctionnement de ces institutions (C).

A- Le recadrage prudent des compétences des fédérations sportives nationales

570. L'obscurité de certaines dispositions statutaires entraîne une incertitude dans la ventilation des compétences entre les fédérations sportives nationales et les membres de ces fédérations. Dans cette situation, les premières ont tendance à vouloir étendre leurs compétences pour empiéter sur celles de ses membres pour autant que les statuts ne lui imposent pas de restriction. La Chambre s'est vue ainsi à plusieurs reprises soumettre les questions liées à l'extension de la FECAFOOT de ses compétences comme objet principal du litige entre les parties à l'instance[679]. Très souvent, l'empiétement des compétences des membres des fédérations sportives est invoqué pour demander l'annulation de certains actes. À cet égard, la Chambre a joué un rôle décisif. En effet, c'est l'Affaire Conseil des sages du Canon sportif de Yaoundé c/ FECAFOOT et Présidente du Conseil d'Administration du Canon sportif de Yaoundé[680] qui a longtemps constitué la seule affaire portant sur une question de l'étendue des compétences des fédérations sportives nationales. Cette affaire introduisait une révolution dans la perception classique de la répartition des compétences entre les fédérations sportives et leurs membres. Les arbitres de la CCA y posaient les bases de limitations à la liberté des institutions nations faîtières du sport en relevant « l'*ingérence de la FECAFOOT dans le fonctionnement normal d'une association* »[681]. Partant du principe de non-ingérence, elle déduit que cet acte est commis « à *l'endroit de l'un des organes d'une association sportive est contraire à l'esprit olympique et à l'éthique sportive qui prônent l'égalité des chances des dirigeants sportifs et le fair-play en toutes circonstances* »[682]. La Chambre est

---

679 Voir CCA du CNOSC, Arbitrage, n° 002/SSA/CCA/18, Aff. Association Panthère Sportive du NDE c/Comité de Normalisation, 14 septembre 2018, in Recueil Thématique des Sentences de la Chambre de Conciliation et d'Arbitrage du CNOSC, Tome I, inédit ; voir aussi CCA du CNOSC, n° 001/SA/CCA, Aff. Conseil des Sages du Canon sportif de Yaoundé c/ FECAFOOT et Présidente du Conseil d'Administration du Canon sportif de Yaoundé, 21 février 2014, in Recueil Thématique des Sentences de la Chambre de Conciliation et d'Arbitrage du CNOSC, Tome III, inédit.

680 Voir aussi CCA du CNOSC, n° 001/SA/CCA, Aff. Conseil des Sages du Canon sportif de Yaoundé c/ FECAFOOT et Présidente du Conseil d'Administration du Canon sportif de Yaoundé, 21 février 2014, in Recueil Thématique des Sentences de la Chambre de Conciliation et d'Arbitrage du CNOSC, Tome III, inédit.

681 Idem.

682 Il est important de rappeler que dans cette affaire, il est reproché au Comité de Normalisation d'avoir pris faits et cause pour la Présidente du Conseil d'Administration du Canon en défaveur du Conseil de sages du même Club, en saisissant le Sous-Préfet de Yaoundé IV pour interdire l'organisation d'une Assemblée générale extraordinaire par le Conseil, voir

ainsi parvenue par une hardiesse inédite, à l'époque, à mettre fin au monopole fédéral. Mais elle l'a fait en ménageant subtilement la FECFAOOT, de façon à ne pas l'offenser, car, en tout état de cause, la vie et les activités du mouvement sportif dépendent étroitement d'eux et de leurs bonnes relations réciproques. Pour ce faire, elle a simplement constaté dans le dispositif de sa sentence arbitrale que « *la Présidente du Conseil d'Administration du Canon sportif de Yaoundé et le Président du Comité de Normalisation de la FECAFOOT font une lecture biaisée des Statuts et Règlement intérieur du Canon sportif de Yaoundé et des Règlements Généraux de la FECAFOOT* »[683]. Elle a ainsi procédé à une précision sur la compétence au moyen d'une interprétation des différents textes. Ayant posé les bases de l'ingérence de la FECAFOOT dans les affaires intérieures de ses membres en 2014, c'est au détour de certaines sentences que la Chambre affine des analyses sur le régime de compétence en convoquant l'idée de mandat. Dans l'affaire Association Panthère sportive du NDE c/ Comité de Normalisation de la FECAFOOT, la Chambre devait répondre après l'annulation des décisions de l'Assemblée générale de l'association Panthère Sportive du NDE, Club membre de la FECAFOOT, si « *la fédération a le droit le plus étendu de juridiction sur les joueurs et les clubs membres de la FECAFOOT* »[684]. Il s'agissait donc, pour elle, de trancher une question fondamentale pour la préservation de la paix dans le fonctionnement interne d'une fédération sportive nationale. Elle a clairement laissé entendre que « *le Comité de Normalisation a été mis en place par la FIFA avec une feuille d'information et que la résolution prise en date du 2 mars 2018 ne rentre pas dans son mandat* »[685]. De ce fait, en prenant cet acte, la FECAFOOT a outrepassé ses compétences. C'est par référence à ce dépassement, que les arbitres se prononcent en faveur de l'annulation de la résolution du Comité de Normalisation de la FECAFOOT du 2 mars 2018[686].

B- La limitation des pouvoirs des fédérations sportives nationales

571. Très souvent, l'exercice par les dirigeants des fédérations des pouvoirs qu'ils détiennent entraîne des litiges et nécessite l'intervention de la Chambre. En fait, les Statuts et Règlements desdites institutions ne fixent pas toujours clairement les conditions d'exercice desdits pouvoirs. La Chambre a contribué à leur encadrement, dans de nombreux cas où leur exercice semblait excessif. Sa contribution a été remarquable à travers l'application du pouvoir de sanction.

---

aussi CCA du CNOSC, n° 001/SA/CCA, Aff. Conseil des Sages du Canon sportif de Yaoundé c/ FECAFOOT et Présidente du Conseil d'Administration du Canon sportif de Yaoundé, 21 février 2014, in Recueil Thématique des Sentences de la Chambre de Conciliation et d'Arbitrage du CNOSC, Tome III, inédit.

[683] Idem.

[684] Voir CCA du CNOSC, Arbitrage, n° 002/SSA/CCA/18, Aff. Association Panthère Sportive du NDE c/Comité de Normalisation, 14 septembre 2018, in Recueil Thématique des Sentences de la Chambre de Conciliation et d'Arbitrage du CNOSC, Tome I, inédit

[685] Idem.

[686] Ibid.

Dans l'affaire Ligues Régionales et Départementales de football du Cameroun c/ FECAFOOT[687], les conseils de la FECAFOOT soutenaient que la Décision du Président du Comité de Normalisation du 3 mars 2015 suspendant les exécutifs des ligues régionales et départementales relevait de son pouvoir, car fondée sur l'article 98 des statuts de la FECAFOOT selon lequel « l*e Comité exécutif de la FECAFOOT rend une décision définitive sur tous les cas non prévus dans les présents Statuts ou en cas de force majeure ; que parce qu'il s'agit d'une période de processus anormal, lequel figure parmi les cas non prévus dans les présents statuts ou un cas de force majeur, l'article 29 du Code électoral n'a vocation à s'appliquer qu' en période de processus normal ; qu'il y a lieu de dire que c'est à tort que les demandeurs sollicitent l'invalidation de cette décision* »[688]. La Chambre s'est opposée à cette vision tendant à élargir les pouvoirs du Président du Comité de Normalisation et à affaiblir ceux des ligues régionales et départementales de football du Cameroun en annulant la Décision du Président du Comité de Normalisation du 3 mars 2015 suspendant les exécutifs des ligues régionales et départementales de la FECAFOOT et les décisions du Président du Comité de Normalisation de la FECAFOOT du 17 mars 2015 portant nomination des membres des Comités régionaux et départementaux de normalisation. Pour elle en effet, le pouvoir de suspension exercé par le Président du Comité de Normalisation de la FECAFOOT n'est pas prévu par les Statuts de la FECAFOOT et que l'article 15. 1 des Statuts de la FECAFOOT ne prévoit que la suspension du membre, mais subordonne celle-ci aux « violations graves et réitérées de ses obligations prévues à l'article 14 desdits Statuts »[689]. Elle a ainsi décidé que les décisions querellées ne sont pas justifiées et manquent de base légale[690].

572. C'est toujours l'idée d'absence de base légale qui a conduit la Chambre dans l'affaire Fondation NZIKO c/ FECAFOOT à annuler la décision n° 005/FCHB/BDN/2016 portant sanction disciplinaire des dirigeants des clubs de la FECAHAND par le Président de cette Fédération[691]. D'après la chambre, aucun texte de la fédération ne confère un tel pouvoir de sanction à ce dernier[692]. Comme il ne tient ce pouvoir d'aucun texte, il est aisé pour la Chambre de

[687] Voir CCA du CNOSC, n° 006/SA/CCA/15, Aff. Ligues Régionales et Départementales de Football du Cameroun c/ FECAFOOT, 15 mai 2015, in Recueil des Sentences de la Chambre de Conciliation et d'Arbitrage du CNOSC, Tome I, inédit.
[688] Idem.
[689] Ibid.
[690] Ibidem.
[691] Voir CCA du CNOSC, n° 006/SA/CCA/16, Affaire Fondation NZIKO c/ FECAFOOT, 5 avril 2016, in Recueil des sentences de la Chambre de Conciliation et d'Arbitrage du CNOSC, inédit.
[692] Ibid.

constater que « *le Président de la FECAHAND a outrepassé ses compétences* »[693].

573. La Chambre a donc établi que l'attribution par les statuts et Règlement des fédérations sportives nationales des pouvoirs étendus en matière de gestion et d'administration, ne doit pas être interprétée comme conduisant une limitation corrélative des pouvoirs des membres desdites fédérations. Elle a alors pu éviter tout excès de pouvoir qui aurait abouti à une subordination organique incompatible avec l'esprit des textes régissant ces associations sportives.

C- La participation à une meilleure élaboration des règles de fonctionnement des associations sportives

574. Il arrive généralement que l'élaboration et l'application des textes des associations sportives soulèvent des conflits et appellent l'intervention de la Chambre. Le contentieux de la légitimité et de la légalité de l'adoption de ces textes[694] est parmi les plus récurrents devant la CCA du CNOSC. D'autres contentieux, tels que ceux liés à la présence des lacunes dans les textes, ne sont pas en reste[695]. La Chambre a contribué à une meilleure élaboration des statuts et règlements des associations sportives. Cette contribution s'est faite à travers l'imposition aux associations de la réécriture des textes qui les régissent (1), l'annulation pure et simple de ces textes illégaux (2) ou de l'annulation des actes pris en violation desdits textes en vigueur (3).

1- L'imposition de la réécriture des textes régissant les associations sportives

575. Le problème de l'élaboration et de l'application des textes des fédérations sportives nationales n'est pas actuel devant la Chambre. Celle-ci l'a reconnu dans l'affaire NKOU NVONDO Prosper et Clubs du Cameroun c/

693 Ibidem.

694 Voir CCA du CNOSC, n° 012/SACCA/14, Aff. Ngaoundéré FC et autres clubs du Cameroun c/ FECAFOOT, 30 décembre 2014, in Recueil des Sentences de la Chambre de Conciliation et d'Arbitrage du CNOSC, inédit. Voir aussi CCA du CNOSC, n° 014/SA/CCA/15, Aff. Étoile filante de Garoua, Bandjoun FC, LOGA c/ FECAFOOT, 12 novembre 2015, in Recueil des Sentences de la Chambre de Conciliation et d'Arbitrage du CNOSC, Tome III inédit. Voir encore CCA du CNOSC, Arbitrage, n° 010/SA/CCA/15, Aff. Membres de l'Assemblée générale de la FECAFOOT et Abdouramane HAMADOU BABBA c/ FECAFOOT, 16 juillet 2015, in Recueil des Sentences de la Chambre de Conciliation et d'Arbitrage du CNOSC, Tome III, inédit.

695 Voir CCA du CNOSC, Arbitrage, n°, Aff. NKOU NVONDO Prosper C/ FECAFOOT, 24 mai 2013, in Recueil de la Chambre de Conciliation et d'Arbitrage du CNOSC, Tome I, inédit., voir aussi CCA du CNOSC, Arbitrage, Aff. Ngaoundéré FC et autres clubs de la Ligue Régionale de Football de l'Adamaoua c/ Ligue Régionale de Football de l'Adamaoua et FECAFOOT, 28 mars 2013, in Recueil Thématique des Sentences de la Chambre de Conciliation et d'Arbitrage du CNOSC, inédit.

FECAFOOT du 24 mai 2013[696] en ces termes : « *attendu que le problème d'harmonisation des textes de la FECAFOOT n'est pas actuel ; qu'à l'issue de la tripartite MINJES-FIFA-FECAFOOT, la FECAFOOT se devait de procéder à l'harmonisation de ses textes depuis 2004 ; que cette harmonisation n'a été effective qu'au niveau fédéral ; que la FECAFOOT disposait d'un temps suffisant pour harmoniser les textes des ligues décentralisées avant la tenue des élections de l'olympiade 2013-2016* »[697]. Elle met ainsi en exergue l'entêtement de la FECAFOOT à fonctionner avec des textes incohérents. Cet argument a été suffisant pour la Chambre de s'engager dans un vaste toilettage des règles de fonctionnement des fédérations sportives nationales. Par une sentence du 28 mars 2013, la Chambre a clairement motivé les moyens tirés du non-respect de la Convention de 2004 et la contradiction de l'article 4 du statut spécial des ligues décentralisées avec les statuts de la FECAFOOT.[698] Elle a ordonné par conséquent « *à la FECAFOOT d'harmoniser ses textes, notamment sur les statuts, en ce qui concerne les règles de quorum des organes décentralisés* »[699]. Consciente que certaines formules intermédiaires sont parfois difficiles à être interprétées, la Chambre utilise des formules plus directes. Dans ce sillage, dans l'affaire NKOU MVONDO Prosper c/ FECAFOOT du 9 septembre 2010[700], après avoir constaté « *que les dispositions des articles 13 alinéa 1 (a) et 21 alinéa 1 des statuts de la FECAFOOT sont équivoques et difficiles d'application* », elle a ordonné « *la réécriture par l'Assemblée générale de la FECAFOOT des dispositions équivoques, notamment les articles 13 alinéa 1 (a) et 21 alinéa 1 des statuts* ». La Chambre met ainsi dans l'esprit des associations que l'harmonisation de leurs textes passe nécessairement par la réécriture des dispositions qui y figurent.

576. La Chambre accorde une importance particulière à cette question de contrariété des dispositions pour déterminer la portée juridique des actes individuels ou collectifs pris sur la base de ces textes. C'est ainsi que dans l'affaire Abdouramane Hamadou BABBA c/ Ligue Régionale de Football du

---

[696] Voir CCA du CNOSC, Arbitrage, n°, Aff. NKOU NVONDO Prosper C/ FECAFOOT, 24 mai 2013, in Recueil de la Chambre de Conciliation et d'Arbitrage du CNOSC, Tome I, inédit.,

[697] Idem.

[698] Voir aussi CCA du CNOSC, Arbitrage, Aff. Ngaoundéré FC et autres clubs de la Ligue Régionale de Football de l'Adamaoua c/ Ligue Régionale de Football de l'Adamaoua et FECAFOOT, 28 mars 2013, in Recueil Thématique des Sentences de la Chambre de Conciliation et d'Arbitrage du CNOSC, inédit.

[699] Idem.

[700] Voir CCA du CNOSC, Arbitrage, n°, Aff. NKOU MVONDO c/ FECAFOOT, 09 septembre 2010, in Recueil Thématique des Sentences de la Chambre de Conciliation et d'Arbitrage du CNOSC, inédit.

Nord et FECAFOOT du 22 mai 2013[701], elle a annulé « *l'Assemblée générale de la Ligue Régionale de Football du Nord tenue le 11 mai 2013 à Garoua* » et a ordonné « *la tenue d'une nouvelle Assemblée générale élective conformément à la loi, aux statuts et règlements de la FECAFOOT et à l'accord tripartite MINJES-FIFA-FECAFOOT* », suite au « *caractère contraire de l'article 4 du statut spécial des ligues décentralisées de la FECAFOOT avec les textes et règlements de la FECAFOOT d'une part, et la non-conformité de ce même article avec l'accord tripartite MINSEP-FIFA-FECAFOOT, d'autre part* »[702]. Il en est de même quand la Chambre annule les décisions prises sur la base de nouveaux statuts contraires aux anciens, et dont les modifications n'ont pas été entérinées par l'Assemblée générale. Dans l'affaire BELLO Bourdane, BIYAG Antoine, et NGOMCHI Félix C/ ABOUEM Julien Serge et consort[703], elle dit que « *l'Assemblée générale doit l'être conformément aux statuts en vigueur, adoptés le 13 avril 2013* », et non à ceux des dispositions « *des projets de statuts en vigueur adoptés le 20 janvier par le Bureau exécutif de la Fédération Camerounaise de Volley-ball* »[704] et dont les dispositions lui sont contraires.

2- L'annulation pure et simple des textes illégaux

577. Dans le souci de dégager les entraves au respect de la hiérarchie des normes et des mesures d'adoption des textes, la Chambre a pris sur elle de remettre en cause certains textes des fédérations sportives nationales. Ce faisant, sur la base de l'absence de légitimité de ceux qui ont élaboré les statuts ou de l'illégalité de ces statuts, elle a prononcé l'annulation des textes querellés. Dans l'affaire Étoile filante de Garoua (Abdouramane Hamadou BABBA) c/ FECAFOOT du 01 Octobre 2015[705], la Chambre, dans le dispositif de sa sentence « *constate que l'article 23 al. 2b des statuts de la FECAFOOT adoptés le 5 août 2015 et qui donne qualité aux corps de métier dans les ligues régionales de former le quorum électoral à l' Assemblée générale nationale constitue un doublon avec les dispositions des alinéas h, i, j et K du même article ; que cet article viole non seulement les dispositions de l'article 32 de la loi n° 2011/018 du 15 juillet 2011 relative à l'organisation et à la promotion des activités physiques et sportives au Cameroun, mais également l'article 12 des statuts des ligues régionales de la FECAFOOT* ». Partant de cette violation, elle « *prononce*

---

701 Abdouramane Hamadou BABBA c/ Ligue Régionale de Football du Nord et FECAFOOT, 22 mai 2013, in Recueil Thématique des Sentences de la Chambre de Conciliation et d'Arbitrage, Tome III, inédit.

702 Idem.

703 Voir CCA du CNOSC, Arbitrage, n° 007/SA/CCA/15, Aff. BELLO Bourdane, BIYAG Antoine, et NGOMCHI Félix C/ ABOUEM Julien Serge et consort, 21 mai 2015, in Recueil Thématique des Sentences de la Chambre de Conciliation et d'Arbitrage du CNOSC, inédit.

704 Idem.

705 Voir CCA du CNOSC, Arbitrage, n° 012/SA/CCA/15, Abdouraman Hamadou BABBA c/ FECAFOOT, 1er octobre 2015, In Recueil Thématique des Sentences de la Chambre de Conciliation et d'Arbitrage du CNOSC, Tome III, inédit.

en conséquence l'annulation de la première résolution adoptée lors de la session extraordinaire de l'Assemblée générale du 5 août 2015 portant adoption des statuts avec ses conséquences de droit »[706]. Il est vrai que, dans cette affaire, le Conseil de la partie défenderesse a crié à l'acharnement, pensant que la Chambre aurait pu ordonner simplement la réécriture des statuts.

3- L'annulation des actes fédéraux pris en violation des textes en vigueur

578. La violation des statuts et règlements fédéraux est habituellement invoquée devant la Chambre à la fois comme élément de preuve comme soutien à une prétention de l'annulation d'un acte et comme objet principal du litige. Parce que les statuts et règlements expriment la volonté des membres de ladite association sportive en vue de réaliser un but ou un objet déterminé, la Chambre veille à ce que cette volonté y soit clairement exprimée, et cela dans le respect du consensualisme qui domine le droit associatif, d'autant plus qu'elle considère que les membres d'une association ne peuvent être liés sans leur consentement. Très souvent, il y a opposabilité d'une allégation de violation d'un acte invoqué par une partie à l'instance, car, face à la revendication par une partie d'un droit fondé sur un acte juridique quelconque, la partie adverse brandit de nombreuses causes d'inopposabilité de cet acte à son égard, voire de causes de suspension de son application, d'annulation ou de faiblesses qui en ruinent la validité. Dans ce cas, la Chambre vérifie la régularité de l'acte en cause et des vices brandis par la partie adverse et décide de son annulation ou de son maintien au regard des circonstances ayant présidé à son adoption. Elle vérifie si l'acte a été pris conformément aux textes en vigueur sous le prisme des arguments des parties et des preuves qu'elles apportent. Dans l'affaire Me André-Merlin TOTO SOPPO et Daniel Blaise NGOS c/ FECAFOOT du 22 mai 2013[707], la Chambre annule « l'Assemblée générale élective de la Ligue Départementale de Football du MOUNGO tenue le 19 avril 2013 » et ordonne « la tenue d'une nouvelle Assemblée Générale élective conformément à la loi, aux règlements de la FECAFOOT et à l'Accord tripartite MINJES-FIFA-FECAFOOT », convaincue qu'elle s'est tenue en « violation des dispositions de la loi n° 2011/018 du 15 juillet 2011 relative à l'organisation et à la promotion des Activités physiques et sportives au Cameroun, ensemble, les dispositions de l'Accord du 5 novembre 2004, et les articles 11, 20, 66 et 98 des statuts spéciaux de la FECAFOOT ensemble les articles 4 et 37 du statut spécial des ligues décentralisées »[708]. Se

[706] Idem.
[707] Voir CCA du CNOSC, Arbitrage, n°, Aff. Me André-Merlin TOTO SOPPO et Blaise NGOS c/ FECAFOOT, 22 mai 2013, in Recueil Thématique des Sentences de la Chambre de Conciliation et d'Arbitrage, Tom III, inédit.
[708] Idem.

référant à la violation des textes, la Chambre a annulé plusieurs Assemblées générales irrégulières[709].

Section 2 : La précision des règles relatives à la protection contre la violation des droits fondamentaux des acteurs du mouvement sportif

579. Davantage, les litiges présentés à la Chambre ont une articulation avec les domaines de la protection contre la violence en matière sportive et de certains droits des sportifs. Lorsqu'elle détermine le droit applicable à des litiges suscitant de telles questions, la Chambre apporte une contribution déterminante à tous points de vue tant en ce qui concerne l'élucidation des règles et principes du droit à la sécurité en matière sportive (§ 1) qu'en ce qui concerne le régime de la protection des droits fondamentaux des acteurs du mouvement sportif face à la toute-puissance de l'instance faîtière (§ 2).

§ 1- La clarification des règles relatives au droit à la sécurité en matière sportive

580. En la matière, la Chambre a pu contribuer à la mise en œuvre d'un régime de protection de la sécurité des acteurs et des biens du mouvement sportif, tiré à la fois des usages, du droit des fédérations, et du droit commun. La résolution des litiges portant sur cette question a conduit la Chambre à procéder au rappel de la pleine responsabilité des clubs (A) et à la mise en œuvre d'une logique de prévention de l'insécurité (B).

A- Le rappel de la pleine responsabilité des clubs

581. L'application des obligations découlant de la sécurisation des acteurs du mouvement sportif et de leurs biens génère inévitablement des rapports conflictuels et pousse de plus en plus à l'invocation devant la Chambre de la responsabilité des clubs pour violation ou manquement à leurs obligations. Cette question de responsabilité a été largement discutée dans l'affaire Caïman de Douala c/ Unisport Football Club du Haut-Nkam[710] qui a donné l'opportunité à

---

[709] Voir CCA du CNOSC, Arbitrage, Aff. du 22 février 2013 BADJECK Didier c/ AMOKO Lizouret Marcel ; CCA du CNOSC, Arbitrage, Aff. du 22 Mai 2013, Me André-Merlin Toto SOPPO et Daniel Blaise NGOS c/ FECAFOOT ; CCA du CNOSC, Arbitrage, Aff. du 10 mai 2013 MENDOUGA Bertrand Magloire c/ TCHWEM Justin et NWAHA ; CCA du CNOSC, Arbitrage, Aff. du 10 mai 2013, YOMBA Vincent c/ Qui de droit ; CCA du CNOSC, Arbitrage, 2e Aff. du 22 mai 2013 Me André-Merlin Toto SOPPO et Daniel Blaise NGOS c/ FECAFAOOT ; CCA du CNOSC, Arbitrage du 22 mai 2013, Abdouramane Hamadou BABBA c/ Ligue Régionale de Football du Nord et FECAFOOT ; CCA du CNOSC, Arbitrage, Aff. du 24 mai 2013, TCHENTYO Alex Glenn et MEMPOULIA Cyrille c/ Ligue Régionale de Football du Sud et FECAFOOT ; CCA du CNOSC, Arbitrage, Aff. n° 0038/SA/CCA du 20 juin 2013 DARWE François Xavier c/ Qui de droit.

[710] Voir CCA du CNOSC, Arbitrage, Affaire Caïman de Douala c/Unisport Football Club du haut-Nam, 28 février 2013, in Recueil des Sentences de la Chambre de Conciliation et d'Arbitrage du CNOSC, Tome I, inédit.

la Chambre de se prononcer sur la question relative à la responsabilité en matière de sécurité. À dire vrai, c'était la première fois que la CCA du CNOSC se voyait saisir d'une requête touchant la question où Caïman Football Club lui demandait de déclarer Unisport du Haut-Nkam responsable des actes de violence perpétrés sur les dirigeants et les joueurs de ce club par ses supporters. C'est d'abord au regard du droit fédéral de la responsabilité des Clubs en matière de sécurité que la Chambre a apprécié la responsabilité d'Unisport du Haut NKAM. Elle a ainsi interprété les articles 10 du Règlement de la Coupe du Cameroun de 2012, des articles 21 alinéa 1et 2 et 1149 alinéa 4 des règlements Généraux, et l'article 63 du Code disciplinaire de la FECAFOOT[711]. La combinaison de toutes ces dispositions renseigne que « tout club engagé à la Coupe du Cameroun » ou les « associations ou clubs qui organisent les matchs », sont responsables vis-à-vis de la FECAFOOT des actions de ses licenciés et de ses spectateurs. La Chambre a relevé « *qu'aucune de ces obligations n'a été respectée par Unisport Football Club du Haut-Nkam* »[712]. Si la violation des obligations de sécurité entraîne la mise en œuvre de la responsabilité des Clubs en droit du sport, le régime de réparation n'en est pas bien établi. L'intervention de la Chambre a permis de préciser la forme de responsabilité et de réparation en fonction de la norme violée. C'est sur la base du droit commun qu'elle a déterminé le degré de responsabilité et le quantum de réparation. Un large extrait de la motivation de la Chambre mérite d'être présenté pour s'en apercevoir. Elle décide « que la responsabilité civile de Unisport du Haut-Nkam est établie, que seule une condamnation pécuniaire est de nature à compenser le préjudice du requérant ; que dans cet ordre d'idées, aux termes de l'article 45 de la loi n° 2011/018 du 15 juillet 2011 relative à l'organisation des Activités physiques et sportives au Cameroun « chaque fédération sportive civile détermine librement ses statuts et règles de fonctionnement en tenant compte des lois et règlements en vigueur… » ; qu'au nombre des lois et Règlements en vigueur peuvent être citées les dispositions des articles 1382, 1383 et 1149 du Code civil ; qu'en effet, aux termes de l'article 1382 du Code Civil, « tout fait quelconque de l'homme qui cause à autrui un dommage oblige celui par la faute duquel il est arrivé à le réparer ; que l'article 1383 du même Code prévoit alors que « on est responsable non seulement pour

[711] Aux termes de l'article 63 du Code disciplinaire de la FECAFOOT, « les associations ou clubs qui organisent des matchs doivent a- Evaluer le risque que présentent les différentes rencontres et signaler aux organes de la FECAFOOT celles qui sont particulièrement dangereuses ; b- Respecter et mettre en œuvre les règles de sécurité existantes et prendre toutes les autres mesures de sécurité exigées par les circonstances, que ce soit avant, pendant ou après le match, ainsi que lors de la survenance d'incidents ; c- assurer la sécurité des officiels de match, joueurs et dirigeants de l'équipe visiteuse ; d- informer les Autorités locales et collaborer activement et efficacement avec elles ; e- Assurer la discipline dans les stades et leurs abords immédiats et le bon déroulement des rencontres ».

[712] Voir CCA du CNOSC, Arbitrage, Affaire Caïman de Douala c/Unisport Football Club du haut-Nam, 28 février 2013, in Recueil des Sentences de la Chambre de Conciliation et d'Arbitrage du CNOSC, Tome I, inédit.

le dommage que l'on a causé par son propre fait, mais encore de celui qui est causé par le fait des personnes dont on doit répondre ; qu'en ce qui concerne la réparation, l'article 119 du Code civil prévoit que les dommages et intérêts dus au créancier sont en général de la perte qu'il a faite et du gain dont il a été privé… ; que Caïman a subi un préjudice énorme »[713]. Pour la Chambre la violation de ces normes considérées comme capitales heurte les règles du fair-play et de l'éthique sportive et pousse à un régime de responsabilité, d'où la nécessité d'une réparation à la hauteur du préjudice. À travers une certaine combinaison, elle est ainsi parvenue à établir les rapports entre les articles 10 du Règlement de la Coupe du Cameroun de 2012, des articles 21 alinéa 1et 2 et 114 alinéa 4 des Règlements Généraux, de l'article 63 du Code disciplinaire de la FECAFOOT et des dispositions pertinentes du Code civil sur la responsabilité pour dire Unisport du Haut-Nkam responsable des actes de violence et recevoir le requérant, Caïman Football Club de Douala en sa demande de réparation[714].

B- La mise en œuvre de la logique de prévention de l'insécurité

582. Selon la Chambre, « *aucune obligation de sécurité n'a été respectée par Unisport du Haut-NKAM alors que le stade de Bafang est pourtant réputé depuis des années pour être l'un des plus insécurisés du Cameroun* »[715]. C'est dire que Unisport du Haut-NkAM en tant qu'équipe hôte, avait l'obligation de prendre des mesures pour prévenir les actes de violence. La logique de prévention qui sous-tend le raisonnement de la Chambre impose de prendre en considération l'éventualité des actes de telle nature dans le cadre de la préservation de l'un des objectifs cruciaux du droit du sport qu'est la sécurité. À cet égard, elle fait du devoir de prévention, une véritable obligation qui pèse sur les clubs à cause du caractère irréversible des dommages causés sur les biens et les personnes dans le mouvement sportif. En condamnant Unisport du Haut-NKAM au paiement des dommages-intérêts, la Chambre met un point d'ancrage sur la nécessité d'en prévenir la survenance. Elle illustre l'importance des mesures de précautions à adopter par les clubs sportifs dans la mise en œuvre de leurs obligations fédérales, de façon à ne pas porter atteinte à l'intégrité des biens et des personnes. Les obligations énoncées aux articles 10 du Règlement de la Coupe du Cameroun 2012, des articles 21 alinéa 1et 2 et 114 alinéa 4 des Règlements Généraux, de

---

[713] Idem.

[714] Dans cette affaire, la Chambre « dit la demande en indemnisation formulée par Caïman de Douala recevable et partiellement fondée ; condamne Unisport du Haut-Nkam à payer à Caïman Club de Douala la somme de 17 700 000 Francs ventilée comme suit : Frais de procédure 1700 000 (Un million sept cent mille ; préjudice lié à la privation de la participation à la fraude de la coupe du Cameroun 15 000 000 F CFA ; 1000 000 (Un million) F CFA de dommages-intérêts pour violence sur dirigeant », voir CCA du CNOSC, Arbitrage, Affaire Caïman de Douala c/Unisport Football Club du Haut-NKAM, 28 février 2013, in Recueil des Sentences de la Chambre de Conciliation et d'Arbitrage du CNOSC, Tome I, inédit.

[715] Idem.

l'article 63 du Code disciplinaire de la FECAFOOT, par définition d'ordre général, doivent être analysées comme des obligations spécifiques de faire[716].

§ 2- La protection des droits fondamentaux des acteurs du mouvement sportif face à la toute-puissance de l'instance faîtière

583. La Chambre s'est vue plusieurs fois soumettre des questions de l'autorité des fédérations sportives nationales et la préservation des droits fondamentaux des acteurs du mouvement sportif camerounais. Et, à une époque où toute aspiration tend à se traduire en ces droits, il n'est pas surprenant d'opérer un rapprochement entre les décisions de la Chambre et droits fondamentaux. En effet, très souvent, la violation de ces droits est invoquée par les parties dans le but d'obtenir réparation. À cet égard, la Chambre a joué un rôle décisif en faisant subir à l'autorité fédérale une cure d'amaigrissement pour protéger les droits fondamentaux. Grâce à une méthode d'interprétation particulièrement constructive, elle a en effet déjà réussi plusieurs fois à rattacher aux règles de procédures des droits fondamentaux qu'elle ne consacre pas nommément dans ces textes ou que ses rédacteurs auraient même pu songer y inclure pour protéger ces catégories de droits. C'est à travers l'indication des mesures conservatoires (A) et le rééquilibrage entre la protection des droits fondamentaux des acteurs du mouvement sportif et l'autorité des fédérations sportives nationales (B) que la Chambre est parvenue à cette fin.

A- À travers l'indication des mesures conservatoires

584. L'article 48 du Règlement de procédures de la Chambre lui attribue le pouvoir d'indiquer les mesures conservatoires si elle considère que les circonstances l'exigent et surtout s'il y a un danger imminent pouvant causer un préjudice irréparable[717]. En matière sportive, le caractère irréparable du préjudice découle très souvent d'une situation de la victime d'une injustice placée dans l'impossibilité pratique de faire valoir ses droits, des risques de perte de participation à une compétition dont la programmation est imminente ou des dommages graves sur le sort d'un club ou d'un athlète. Dans plusieurs affaires, la Chambre a indiqué les mesures conservatoires à cet effet[718]. C'est donc le souci

---

[716] Ibid.

[717] Aux termes de l'article 48 du Règlement de procédures de la Chambre, « 1- *La formation arbitrale peut, dès sa saisine ou à la demande de l'une des parties, ordonner toute mesure conservatoire ou provisoire. 2- Elle peut, cependant, la subordonner à la constitution de garanties adéquates par la partie ayant formulé la demande. 3- En cas d'admission d'une telle demande, celle-ci fait l'objet d'une sentence avant dire droit, non susceptible de recours* ».

[718] Voir CCA du CNOSC, Conciliation en procédure d'extrême urgence, n° 269/CCA/PVNC/21, Aff. STADE RENARD DE MELONG FC c/ Décision n° 011/FCF/CR/2021 et DRAGON FC DE YAOUNDE s/c FECAFOOT, 21 septembre 2021.

Voir CCA du CNOSC, Conciliation en procédure d'extrême urgence, n° 303/CCA/PVNC/21, Aff. MABOANG KESSACK Emmanuel c/ FECAFOOT, 06

de protection d'un droit fondamental potentiel qui amène la Chambre à les indiquer, car elle ne se satisfait pas de rester indifférente dans un différend impliquant des violations graves des droits fondamentaux d'un acteur du mouvement sportif.

B- À travers le rééquilibrage entre la protection des droits fondamentaux des sportifs et la toute-puissance de l'instance faîtière

585. Devant l'allégation de la Fondation NZIKO de violation de ses droits fondamentaux dans l'affaire qui l'opposait à la Fédération Camerounaise de Handball (FECAHAND), la Chambre a observé que « *la Fondation NZIKO n'a pas eu la possibilité d'être entendue sur les faits qui lui sont reprochés* »[719]. Pour elle, l'autorité du Président de la FECAHAND ne lui confère pas le droit de sanctionner sur le plan disciplinaire les dirigeants des clubs membres de cette fédération en violant « *le principe du contradictoire* »[720], élément substantiel du droit du procès, et composante essentielle du principe de l'égalité des armes et du concept du procès équitable. En annulant « *avec toutes les conséquences de droit la décision n° 005/FCHB/BDN/ 2016 du 08 janvier 2016 portant sanction disciplinaire des dirigeants des clubs de la FECAHAND prises par le Président de ladite Fédération : M. YOUMSI Paulin ; M. MANGA Hilarion, Mme KOUAM épse YOUMSI, M. BUGHE NZIKO Paul* »[721], elle procède ainsi à une sorte de rééquilibrage de deux principes qui ne font pas toujours bon ménage, celui de l'autorité fédérale et celui du respect des droits fondamentaux des acteurs du mouvement sportif. En effet, la violation de ces droits constitue une atteinte à une norme dont le caractère fondamental peut servir à justifier l'existence d'un régime particulier de garantie. Ces droits fondamentaux constituent à la fois la limitation et la finalité de la puissance des institutions sportives faîtières du sport. Deux conséquences en découlent : la première concerne la spécialisation de la hiérarchie des normes. Comme les droits fondamentaux sont consacrés au niveau constitutionnel ou conventionnel, tous les actes juridiques internes aux fédérations doivent les respecter. La compétence du Président de la Fédération se trouve ainsi conditionnée. Il doit prendre des décisions sans en dénaturer la

---

décembre 2021. Voir CCA du CNOSC, Conciliation en procédure d'extrême urgence, n° 059/CCA/PVNC/23, Aff. Union des Mouvements Sportifs (UMS) de Loum c/ Avion Academy FC et FECAFOOT, 12 mai 2023 ; voir aussi CCA du CNOSC, Conciliation en procédure d'extrême urgence, n° 010/CCA/PVNC/23 Aff. BIDJA SIH Pierre Didier c/ Fédération Camerounaise de Cyclisme, 12 Janvier 2023 ; voir aussi CCA du CNOSC, Conciliation en procédure d'extrême urgence, n° 383/CCA/PVNC/22, 30 décembre 2022.

[719] Voir CCA du CNOSC, n° 006/SA/CCA/16, Aff. Fondation NZIKO c/ la Fédération Camerounaise de Handball, 05 avril 2016, in Recueil Thématique des Sentences de la Chambre de Conciliation et d'Arbitrage, inédit.

[720] Idem. Voir également CCA du CNOSC, Arbitrage n°001/SA/CCA/16, Aff. Ligue de Football Professionnel c/ AS BELABO, 7 Janvier 2016, in Recueil des Sentences de la Chambre de Conciliation et d'Arbitrage, Tome II, inédit.

[721] Ibid.

substance. La seconde conséquence est la promotion de l'arbitre des litiges d'ordre sportif. Garant de la réalisation de l'État de droit, ou plutôt d'un mouvement sportif de droit, l'arbitre devient en même temps le gardien des droits fondamentaux. L'exercice de sa compétence permet à celui-ci de neutraliser les actes internes des fédérations sportives nationales lorsque ceux-ci méconnaissent ces droits. Les diverses décisions prises par la Chambre dans le sens de leur protection montrent le succès et le règne de cette notion. La préservation de l'unité et de la vie des droits fondamentaux s'est opérée également à travers la mise en exergue de la notion de droit de la défense dont le principe du contradictoire en fait partie. Elle a précisé dans l'affaire MAYEBI David c/ FECAFOOT[722] qu'« *il est établi que le droit de la défense de ses intérêts (du Requérant MAYEBI David) a été violé ; que ce moyen présenté par les conseils du demandeur est fondé* »[723]. C'est par référence à ces catégories de principes que la Chambre a accueilli un certain nombre de principes qui se rattachent à la notion très générale et générique des garanties fondamentales d'une bonne justice notamment le droit à un procès équitable. Dans l'affaire suscitée, elle souligne qu'« *en prenant une sanction contre MAYEBI pour des faits qui n'ont pas fait l'objet d'instruction préalable, la FECAFOOT a violé ses propres règlements et, partant, les règles du procès équitable* »[724]. La Chambre se réfère à d'autres principes non moins importants à l'instar du principe du double degré de juridiction. Dans l'affaire Ligue de Football Professionnel c/ AS BELABO, elle a annulé la décision n° 009/FCF/CR/2015 du 10 décembre 2015 en faisant valoir entre autres qu'elle « *constate que le principe du contradictoire n'a pas été respecté*[725] ».

[722] Voir CCA du CNOSC, Arbitrage n°, Aff. MAYEBI c/ FECAFOOT, 26 juillet 2012, in Recueil des Sentences de la Chambre de Conciliation et d'Arbitrage du CNOSC, Tome III, inédit.
[723] Idem.
[724] Ibid.
[725] CCA du CNOSC, Arbitrage n°001/SA/CCA/16, Aff. Ligue de Football Professionnel c/ AS BELABO, 7 Janvier 2016, in Recueil des Sentences de la Chambre de Conciliation et d'Arbitrage, Tome II, inédit.

Titre III :

Une adoption régulière et conjoncturelle des décisions harmonieuses et acceptables

586. Devant la Chambre, le sort de l'instance est en principe réglé dans son entier par une seule décision[726] intervenant en toute fin de procédure. Eu égard au caractère imposé de « *la clause compromissoire*[727] » aux fédérations nationales sportives par la loi n° 2018/014 du 11 juillet 2018 portant organisation et promotion des activités physiques et sportives au Cameroun[728], cette décision peut rester lettre morte. C'est pourquoi il est important pour la Chambre de rendre des sentences susceptibles d'être exécutées par les parties qui peuvent lui faire confiance. Cette nécessité amène l'auguste institution à non seulement veiller à l'application du droit, mais aussi à l'acceptabilité de ses décisions. La Chambre sait que sa mission n'est pas seulement « *de dire le droit et rendre justice* »[729], mais qu'elle doit rendre des décisions impartiales et acceptables[730]. Y étant, elle s'appuie sur les possibilités que lui offre le Règlement de procédures de la Chambre. En effet, l'article 46[731] de ce texte lui permet de modeler ses pouvoirs pour viser les valeurs[732] du Comité International olympique dans ses missions juridictionnelles de règlement des litiges d'ordre sportif. Ce modelage du pouvoir judiciaire va en droite ligne avec le pouvoir implicite qu'elle tire de l'article 3 du Règlement de procédure de la Chambre. En effet, si ses activités sont régies par les Statuts et Règlement de procédures de la Chambre, elle « *est chargée de régler les litiges d'ordre ou à caractère sportif par voie de conciliation, d'arbitrage et*

---

[726] L'article 48 du Règlement de procédures de la Chambre a néanmoins prévu la possibilité d'une sentence avant dire droit en cas d'admission d'une demande relative à l'ordonnance d'une mesure conservatoire.

[727] La clause compromissoire peut être définie comme une disposition « *insérée dans un contrat, le plus souvent commercial, par laquelle les parties s'engagent à recourir à l'arbitrage pour les différends qui surgiraient entre elles relativement à ce contrat* », in GUINCHARD (S.), et DEBARD (Th.), Lexique des termes juridiques, 2017-2018, op. cit, p. 201.

[728] Aux termes de l'alinéa 2 de l'article 94 de la loi n° 2018/014 du 11 juillet 2018 portant organisation et promotion des activités physiques et sportives au Cameroun, « *les fédérations sportives sont tenues d'inscrire, dans leurs statuts, une clause compromissoire ou la possibilité de recours à un compromis d'arbitrage devant la Chambre de Conciliation et d'Arbitrage siégeant en matière d'arbitrage en cas de conflits d'ordre sportif* ». De même, aux termes de l'alinéa 3 de l'article 18 du Règlement de procédures de la Chambre, « *Les fédérations et associations sportives nationales sont tenues de se conformer aux dispositions de l'article 94 (2) de la loi n° 2018/014 du 11 juillet 2018, en cas de conflit d'ordre sportif* ».

[729] Aux termes de l'article 3 in fine du Règlement de procédures de la Chambre, la Chambre a des « *missions juridictionnelles de dire le droit et rendre justice* ».

[730] En effet, c'est dans cet objectif que les acteurs du mouvement sportif lui adressent leurs recours. Pour plus d'amples éclairages sur l'importance de l'arbitrage en matière sportive, lire MBEYAP KUTNJEM (A), Introduction générale au droit camerounais du sport, op. cit.

[731] L'article 46 du Règlement de procédures de la Chambre traite de l'accord des parties même en cours d'instance.

[732] Les trois valeurs de l'olympisme sont l'excellence, l'amitié et le respect. Elles constituent la base sur laquelle le Mouvement olympique fonde ses activités de promotion du sport, de la culture et de l'éducation en vue d'un monde meilleur.

de consultation, conformément (...) aux Statuts du CNOSC... ». Elle est, même d'ailleurs, l'organe arbitral unique du Comité qui dispose ces compétences. Ce pouvoir implicite découle du fondement même de la Chambre, tribunal arbitral établi par le CNOSC sur recommandation du CIO, sur la base de laquelle la Chambre est pleinement habilitée à prendre toute décision éventuellement nécessaire aux objectifs de l'organisation sportive internationale.

587. Mais la Chambre a conscience que ses pouvoirs implicites doivent être exercés de façon raisonnable, c'est-à-dire sans sortir des limites tolérables par les parties, acteurs du mouvement sportif. Dans tous les cas, elle utilise cette compétence implicite pour, d'une part, protéger sa nature judiciaire, et d'autre part, pour œuvrer à l'accomplissement des objectifs du CIO. Elle s'appuie sur la motivation de ses sentences qui lui servent de terrain pour s'exprimer sur d'autres sujets liés à l'affaire qui lui est soumise, en veillant que son raisonnement soit compréhensible et cohérent. La Chambre cherche ainsi à établir des décisions harmonieuses (Chapitre 1) et acceptables (Chapitre 2).

Chapitre I :

La recherche régulière des décisions harmonieuses

588. En tant que tribunal arbitral chargé de régler les litiges d'ordre sportif, la Chambre sait que le mouvement sportif national attend qu'elle rende des décisions conformément au droit et à la justice, mais aussi qu'elle intègre, dans ces décisions, les intérêts des membres de la communauté sportive nationale dans son ensemble. Elle a conscience qu'elle rend des sentences arbitrales qui auront des conséquences sur les relations qu'entretiennent les acteurs du mouvement sportif en désaccord, mais aussi entre ceux-ci et les autres membres dudit mouvement. À cet effet, elle fait un effort de produire des sentences qui ne lèsent aucune des parties à l'instance du fait d'une application sans égard de la règle de droit qui demeure dure à tous points de vue et dont l'utilisation malveillante est susceptible de lui ôter la confiance des justiciables. Elle cherche autant que faire se peu de rendre des décisions humainement correctes. La Chambre travaille en ayant conscience que le Mouvement sportif a pour but de contribuer à bâtir un monde pacifique et meilleur en éduquant les êtres humains par le moyen du sport pratiqué sans discrimination et dans l'esprit olympique qui exige la compréhension mutuelle, l'esprit d'amitié, la solidarité et le fair-play. C'est pourquoi elle cherche à ce que ses sentences n'amplifient pas la situation de désaccord qui s'est déjà établi entre les parties lorsqu'elles la saisissent, mais au contraire qu'elles leur permettent de régler définitivement le différend qui les oppose. La Chambre a inséré dans ses textes la possibilité d'user des mesures transactionnelles à n'importe quel stade de la procédure, et avant la sentence finale ; ce qui la conduit à recevoir positivement les cas de désistement (Section 1). Lorsqu'elle est obligée de rendre une sentence, elle se refuse de prendre des décisions accablantes (Section 2).

Section 1 : L'encouragement des parties à la négociation et à l'accueil favorable du désistement

589. Aux termes de l'alinéa 1 de l'article 96 in fine de la loi n° 2018/014 du 11 juillet 2018 portant organisation et promotion des activités physiques et sportives, « *les litiges portés devant la Chambre de Conciliation et d'Arbitrage font l'objet d'une conciliation (...) obligatoire* ». Il découle de cette disposition qu'aucune affaire ne peut être reçue en arbitrage sans tentative de conciliation préalable. On peut croire que cette tentative s'arrête aux portes de l'arbitrage. Il n'en est rien. Même au stade de cette procédure, la Chambre s'appuie sur les dispositions pertinentes du Règlement pour encourager les parties à négocier (§1)

et accueillir favorablement les demandes de désistement qui lui sont soumises (§2).

§ 1- L'encouragement à négocier

590. La Chambre encourage les parties à trouver par leurs propres moyens des solutions à leur litige. Dans ce sens, en conservant sa nature judiciaire, et par référence à son Règlement de procédure, elle estime qu'il est de son devoir d'encourager les plaideurs à négocier selon les termes de l'article 46 dudit texte intitulé « *Accord des parties hors la présence des arbitres* ». Elle rappelle toujours que même étant déjà en arbitrage, tout accord entre les parties en vue de parvenir à un règlement amiable serait la bienvenue. Dans l'affaire Astres FC de Douala c/ Fédération Camerounaise de football, « *les deux parties étaient présentes à l'audience. Après présentation des faits par le requérant, l'affaire a été renvoyée (...) à la demande de la FECAFOOT pour transaction éventuelle* »[733]. Le collège arbitral devient un facilitateur de la transaction entre les parties, surtout si elles montrent qu'elles en sont disposées. La Chambre tente ainsi de donner effet à l'adage selon lequel « *un mauvais arrangement vaut mieux qu'un bon procès* », en prenant en compte les accords intervenus entre les parties parallèlement au déroulement de l'instance arbitrale (B).

A- L'application de l'adage « un mauvais arrangement vaut mieux qu'un bon procès »

591. Conscient du fait que le seul règlement judiciaire des litiges d'ordre sportif peut ne pas suffire à apaiser les parties, elle choisit souvent dans certaines affaires de son talent de persuasion pour inciter les parties à négocier pour parvenir à un accord. Dans l'affaire Astres de Douala c/ Fédération Camerounaise de Football (FECAFOOT) suscitée[734], elle a convaincu et encouragé les parties à négocier.

592. L'attitude de la Chambre ici est motivée par la contingence des relations sportives. Pour éviter que l'affaire ne prenne une autre tournure après le rendu de la décision, elle cherche des informations sur le litige pour en faire la base de la solution et éviter de statuer juridiquement sur le fond lorsqu'elle rend la sentence.

593. Dans cette affaire, une décision de la Chambre risquait de mettre à mal le « *protocole d'accord transactionnel signé par les parties à l'issue de la sentence n° CCA/2019/025 du 5 novembre 2019* »[735] rendue par l'auguste

---

[733] Voir CCA du CNOSC, Arbitrage en procédure ordinaire, Aff. n° CCA/2021/030 du 3 mars 2022, Astres FC de Douala c/ Fédération Camerounaise de Football (FECAFOOT).

[734] Voir CCA du CNOSC, Arbitrage en procédure ordinaire, Aff. n° CCA/2021/030 du 3 mars 2022, Astres FC de Douala c/ Fédération Camerounaise de Football (FECAFOOT).

[735] En effet, après ladite sentence, la FECAFOOT a engagé des pourparlers qui ont abouti le 31 décembre 2019 à la signature d'un accord transactionnel portant sur la sentence du 5 novembre 2019. Par ce protocole, les parties se faisaient des concessions réciproques pour une exécution simplifiée de la décision en cause. Il s'agissait pour la requérante de respecter ses

institution. Elle risquait d'alourdir le sort de la FECAFOOT jusqu'ici insolvable d'une somme de 89 000 000 FCFA (quatre-vingt-neuf millions de FCFA). S'appuyant ainsi sur l'article 46 du Règlement de procédures de la Chambre, elle s'est saisie des déclarations de la FECAFOOT disposée à une nouvelle transaction pour convaincre la demanderesse à accepter la main tendue. La Chambre a ainsi renvoyé l'affaire au 24 février 2022 pour transaction[736].

B- La prise en compte des accords intervenus entre les parties au cours de l'instance

594. La Chambre a toujours estimé que l'établissement entre les parties d'un processus de négociations parallèles au cours de l'instance n'est pas une entrave à l'exercice de sa mission juridictionnelle. Cependant, la convenance d'un accord entre les parties sur le litige qui lui est soumis amène cette institution à interrompre l'instance arbitrale. La sentence est ainsi rendue en fonction du niveau d'accord, selon qu'il s'agit d'un cas d'accord partiel ou d'un cas d'accord mettant fin de manière définitive au litige.

595. Aux termes de l'entame de l'article 46 du Règlement de procédures de la Chambre, « *s'il s'agit d'un accord partiel, la Chambre rend une sentence qui intègre l'accord intervenu entre les parties* ».

596. Aux termes de l'article 46 *in fine* du Règlement de procédures de la Chambre « *si les parties conviennent d'un accord mettant fin de manière définitive au litige, alors que la Chambre est saisie du litige dans les termes du présent règlement, ladite Chambre peut, à la demande de ces parties, rendre une sentence dite d'homologation* ».

§ 2- L'accueil favorable des désistements

597. Le désistement n'est pas classé par le Règlement de procédures de la Chambre parmi les demandes incidentes. Cependant, cette procédure mérite que l'on s'y attarde au même titre que les autres demandes faites en cours de l'audience. En effet, quel que soit le moment où elle intervient, et l'acte de

---

engagements aux termes du protocole, à poursuivre la saison sportive 2019-2020 en Championnat Professionnel Elite Two comme souhaité par la FECAFOOT ; et qu'en contrepartie, cette dernière s'engageait non seulement à lui allouer une indemnité compensatrice chiffrée à 89 000 000 (Quatre-vingt-neuf millions) de F CFA, mais également à réintégrer en Championnat Elite One saison 2020-2021, indifféremment des résultats obtenus aux termes de la saison sportive 2019-2020. C'est la substance des engagements non respectés par la FECAFOOT et dont l'inexécution fondait la présente demande.

[736] Voir CCA du CNOSC, Arbitrage en procédure ordinaire, Aff. n° CCA/2021/030 du 3 mars 2022, Astres FC de Douala c/ Fédération Camerounaise de Football (FECAFOOT). Dans cette affaire, malheureusement, la transaction n'a pas abouti et la Chambre a condamné la FECAFOOT à payer à Astres FC de Douala la somme de 106 000 500 (Cent six millions cinq cent mille) de FCFA et au paiement des dépens.

procédure concerné[737], elle trouble quelque peu le cours de l'instance. La Chambre ne peut se prononcer de façon absolument discrétionnaire sur la demande qui lui est adressée. Il lui appartient de décider en vertu de l'article 26 (ii) et (iii) du Règlement de procédures. Il s'agit pour la Chambre de procéder à l'appréciation des demandes de désistement (A) avant de prendre une décision (B).

A- L'appréciation des demandes de désistement

598. Le désistement est une faculté laissée à la libre appréciation du demandeur[738]. Mais il appartient au collège constitué pour connaître de ce litige de procéder à la vérification de la régularité de la présentation de la demande de désistement (1) et à celle du fond de la demande de désistement (2).

1- La vérification de la régularité de la présentation de la demande de désistement

599. L'alinéa ii de l'article 26 du Règlement de procédures de la Chambre pose un certain nombre d'exigences au demandeur qui entend se désister. Selon cette disposition, « *le désistement (...) est fait soit par acte signé par le demandeur, son avocat ou son mandataire et déposé au greffe, soit par déclaration à l'audience* ». Cette exigence amène la Chambre à faire une appréciation au cas par cas. Si la déclaration est faite à l'audience, elle rend facile la tâche d'appréciation. Elle peut se prononcer sans avoir à entrer dans les documents. Si le désistement est fait par acte signé, et déposé au greffe, le collège arbitral vérifie la régularité de la signature de l'acte, pour s'assurer qu'il est l'œuvre du demandeur.

600. Le Règlement de procédures de la Chambre n'a fixé aucun délai par rapport au moment auquel devrait intervenir la demande de désistement. La pratique de la Chambre enseigne que ladite demande doit être présentée le plus tôt possible, mieux avant la clôture des débats et la mise en délibéré. Dans l'Affaire Conseil des sages du Canon sportif de Yaoundé c/ Présidente du Conseil d'Administration du Canon sportif de Yaoundé et FECAFOOT, la Chambre précise que « *...mais attendu que, **in limine litis**, le Conseil du demandeur a produit au dossier la lettre de désistement...* »[739]. Elle sous-entend ainsi que la

[737] La renonciation du demandeur peut concerner toutes les demandes. Celles-ci peuvent être renouvelées. Elle peut aussi concerner un ou plusieurs actes de procédure. Dans ce cas, l'instance se poursuit abstraction faite de l'acte retiré.

[738] Voir CCA du CNOSC, Arbitrage, Affaire Conseil des Sages du Canon sportif de Yaoundé c/ Présidente du Conseil d'Administration du Canon sportif de Yaoundé et FECAFOOT, 27 décembre 2012, inédit. Voir aussi CCA du CNOSC, Arbitrage n° 001/SA/CCA/17, Affaire Achille ESSOMBA MANY C/ Ligue de football professionnel du Cameroun, ONAMBELE ZIBI Emile, 16 mars 2017, inédit.

[739] Voir CCA du CNOSC, Arbitrage, Affaire Conseil des Sages du Canon sportif de Yaoundé c/ Présidente du Conseil d'Administration du Canon sportif de Yaoundé et FECAFOOT, 27 décembre 2012, inédit.

demande n'a pas été déposée hors délai, et ne comporte aucun vice de forme qui la rende irrecevable.

2- La vérification au fond de la demande de désistement

601. L'article 26 du Règlement de procédures de la Chambre n'a pas posé d'exigence par rapport au contenu de la demande de désistement. En pratique, le collège arbitral vérifie le type de la demande dont le sort de l'instance dépend. Il cherche à savoir si le désistement en question est un désistement d'instance ou un désistement d'action. Dans le premier cas, le désistement n'emporte pas renonciation à l'action, mais seulement extinction de l'instance. Le demandeur peut, en toute matière, se désister de sa demande en vue de mettre fin à l'instance arbitrale. Cette procédure lui permet de réintroduire ultérieurement une autre instance, car l'action subsiste[740].

602. Le désistement d'action permet au demandeur de renoncer définitivement aux demandes. Il emporte extinction de l'action : aucune reprise d'action n'est plus possible. Ce dernier type de désistement produit les mêmes conséquences juridiques qu'un jugement définitif. Il produit les effets attachés à l'autorité de la chose jugée.

603. La Chambre a eu l'occasion de connaître de ces deux types de désistement. Dans ces sentences, elle indique si la partie « *désiste de ses précédentes demandes* » pour en reformuler une nouvelle[741], ou si elle « *a produit au dossier une lettre de désistement* » d'action[742].

604. Une fois cette requête examinée avec minutie, la Chambre prend une décision en précisant les conséquences sur l'instance principale en fonction du type de demande.

B- La décision sur la demande à fin de désistement

605. Le désistement est généralement la conséquence d'une transaction ou d'une entente entre les parties mettant fin à l'objet du litige. En cas d'accord entre elles sur un ou plusieurs points, ces dernières prennent des conclusions aux fins de « *désistement d'instance ou d'action* ». La Chambre attache une grande importance à l'accord des parties en présence des arbitres et même hors leur

[740] Voir GUINCHARG (S.) et DEBARD (Th.), *Lexique des termes juridiques 2017-2018,* op.cit, p. 389.

[741] CCA du CNOSC, Arbitrage n° 001/SA/CCA/17, Affaire Achille ESSOMBA MANY C/ Ligue de football professionnel du Cameroun, ONAMBELE ZIBI Emile, 16 mars 2017, inédit.

[742] Voir CCA du CNOSC, Arbitrage, Affaire Conseil des Sages du Canon sportif de Yaoundé c/ Présidente du Conseil d'Administration du Canon sportif de Yaoundé et FECAFOOT, 27 décembre 2012, inédit.

présence[743]. Ce faisant, la Chambre procède dans ce cas à l'attribution d'un acte de désistement (1), non sans rappeler la non-exclusion de l'obligation de paiement des frais de procédures (2).

1- L'attribution d'un acte de désistement

606. Aux termes de l'alinéa iii de l'article 26 du Règlement de procédure de la Chambre, « *la Chambre donne acte de désistement* » au demandeur. La décision du collège arbitral dans cette phase marque une étape procédurale importante. En effet, elle peut mettre fin à une procédure[744], ou laisser continuer sur d'autres demandes[745].

607. S'il appartient au collège arbitral de décider du sort de la demande de désistement, il ne le fait pas de façon arbitraire. Aux termes de l'alinéa ii in fine, « *le désistement (...) est soumis à l'acceptation de la partie adverse* ». L'instance arbitrale étant liée, l'efficacité du désistement reste subordonnée à l'accord de la partie défenderesse. Il est ainsi difficile que la Chambre décide de son propre chef d'admettre un désistement sans l'avis de cette dernière. Lorsqu'elle n'émet pas d'objection au désistement, la procédure ne donne pas lieu au débat. À cet égard, la Chambre, avant de donner « *acte au demandeur de son désistement* » précise

---

[743] Voir article 46 suscité du Règlement de procédures devant la Chambre sur l'accord des parties hors la présence des arbitres. Voir aussi Voir CCA du CNOSC, Arbitrage en procédure ordinaire, Aff. n° CCA/2021/030 du 3 mars 2022, Astres FC de Douala c/ Fédération Camerounaise de Football (FECAFOOT).

[744] Dans l'Affaire Conseil des Sages du Canon sportif de Yaoundé c/ Présidente du Conseil d'Administration du Canon sportif de Yaoundé et FECAFOOT du 27 décembre 2012, la Chambre a donné acte de désistement au demandeur et a mis fin à la procédure. Elle décide en ces termes « *La Chambre, après en avoir délibéré conformément à la loi, statuant contradictoirement en matière d'arbitrage à l'égard des parties ; déclare la procédure recevable en l'état ; donne acte au demandeur de son désistement ; dit les frais acquis ; avise les parties de ce qu'elles disposent d'un délai de vingt jours (20) à compter de la notification de la présente sentence pour se pourvoir devant le Tribunal Arbitral du Sport* ».

[745] Dans l'Affaire Achille ESSOMBA MANY c/ Ligue de football professionnel du Cameroun, ONAMBELE ZIBI Emile du 16 mars 2017, l'instance s'est poursuivie malgré le désistement du demandeur de certaines demandes. La Chambre a rendu la sentence dont la teneur suit : « *la Chambre, Statuant contradictoirement à l'égard des parties, et selon les textes ; (...) donne acte au requérant de ce qu'il désiste de ces précédentes demandes, notamment celle relative à l'annulation de l'Assemblée générale du 10 décembre 2010 à l'issue de laquelle M. ONAMBELE ZIBI Emile a été élu ; constate que la résolution du Conseil d'Administration extraordinaire de la Ligue de Football Professionnelle du Cameroun (LFPC) tenue le 16 février 2017 à Yaoundé est conforme aux dispositions des statuts de ladite ligue en ses articles 33 (composition) et 39 (décisions du Conseil d'Administration) en ce qui concerne le quorum et la validité des travaux. Déboute en conséquence le requérant de sa demande d'annulation de ladite résolution ; déclare valable la résolution et son contenu ; dit qu'il n'y a pas lieu à imputer des frais de procédure engagés par le défendeur au requérant ; dit les frais acquis ; avise les parties de qu'elles disposent d'un délai de 21 jours pour le pourvoir devant le TAS* ».

que « *les parties n'ont formulé aucune observation par rapport* » à la lettre de désistement[746].

2- La non-exclusion de l'obligation de paiement des frais de procédures

608. Aux termes de l'alinéa iii *in fine* de l'article 26 du Règlement de procédures de la Chambre, « *le désistement n'exclut pas l'obligation de payer les frais* ». Ici encore, le texte ne laisse à l'arbitre aucune faculté. Le demandeur qui désiste de ses actes, surtout dans une procédure de désistement d'action, ne peut prétendre à un quelconque remboursement. C'est pourquoi, dans une sentence relative à une telle procédure, avant de rappeler aux parties la possibilité pour elles de saisir le TAS dans un délai de 21 jours à compter du jour où la décision a été rendue, elle tient à préciser que « *les frais avancés sont acquis* ». Dans l'affaire DJIKO FC c/ AVION ACADEMY FC, UMS de LOUM et FECAFOOT, la Chambre a eu à rappeler au demandeur qui exigeait le remboursement des frais de procédure engagés, qu'il « *devra se plier à la rigueur dudit régime juridique qui précise en son article 21, alinéa 11 ... les frais avancés restent acquis à la Chambre* »[747].

609. Cette disposition revêt une importance considérable dans le règlement arbitral. Elle permet à la Chambre de se rendre compte de la règle suivant laquelle ne doivent être portées devant elle que des affaires sérieuses qui ne seront pas suivies des désistements fantaisistes.

610. Si le désistement est d'instance, et que la demande est renouvelée, la Chambre poursuit l'instruction pour sortir l'objet du litige, pour ouvrir la phase du délibéré comme prévue par l'article 27 alinéa 4 du Règlement de procédures de la Chambre, s'il estime être en possession d'un nombre suffisant d'éléments.

Section 2 : Le refus d'opter pour des décisions accablantes

611. Lorsque les parties n'ont pas désisté, le collège arbitral rend une sentence arbitrale « *dans un délai de quinze (15) jours à compter de la clôture des débats* »[748], selon les prescriptions de l'alinéa 1 de l'article 49 du Règlement de procédures de la Chambre. Cependant, il est rare que la Chambre rende une décision qui accable le perdant à l'issue de la procédure arbitrale entre les acteurs du mouvement sportif. Dans son travail, elle tient compte des spécificités de l'activité sportive. En effet, la plupart des litiges qu'on lui soumet touchent à la

[746] Voir CCA du CNOSC, Arbitrage, Affaire Conseil des Sages du Canon sportif de Yaoundé c/ Présidente du Conseil d'Administration du Canon sportif de Yaoundé et FECAFOOT, 27 décembre 2012, inédit.

[747] Voir CCA du CNOSC, Tierce opposition en procédure ordinaire d'arbitrage, Aff. n° CCA/2023/019 du 4 juillet 2023, DJIKO FC c/ AVION ACADEMY FC, UMS de Loum et FECAFOOT.

[748] Il faut noter toutefois que, selon l'alinéa 2 de l'article 49 du Règlement de procédures de la Chambre, celle-ci « *peut décider de proroger de délai. En aucun cas, la sentence ne peut être rendue plus d'un mois après la clôture des débats* ».

carrière de ces acteurs. Or, cette carrière est généralement très courte. La Chambre use donc d'ingéniosité qui permet de sanctionner le fautif, sans toutefois compromettre sa carrière. Il en est ainsi parce que, dans le processus de recherche de solutions aux litiges qui lui sont soumis, la Chambre tient compte de la nécessaire compatibilité qui doit exister entre ses décisions et les valeurs du Comité International olympique (§ 2) et de multiples conséquences sociologiques des décisions qu'elle rend (§ 1).

§ 1- La prise en compte des implications sociologiques

612. L'existence d'un différend entre les acteurs du mouvement sportif sème un climat de malaise dans les relations qui s'enchevêtrent dans la communauté sportive. Dans ce cas, la question du règlement des litiges d'ordre sportif est pour le collège arbitral un souci majeur, car il a pour objectif la restauration d'un bon climat qui doit régner parmi ses acteurs. Sans refuser d'appliquer le droit et de rendre justice, la Chambre profite de l'occasion qui lui est offerte pour apporter une contribution judiciaire aux crises qui se sont installées dans le mouvement sportif. Ces aspects conduisent la Chambre à faire recours aux sanctions modérées compatibles à la carrière des acteurs (A) pour sauvegarder, au-delà des intérêts des parties en litige, ceux de la communauté sportive (B).

A- Le recours aux sanctions modérées compatibles à la carrière des sportifs

613. L'exercice d'un sport ne confère pas d'immunité pénale à ceux qui les pratiquent. Certains agissements antisportifs, comme le dopage, sont également constitutifs d'infractions pénales et peuvent entraîner, parallèlement aux actions disciplinaires, des procédures devant les tribunaux judiciaires. Ces procédures peuvent aboutir à des condamnations pénales avec de lourdes peines, interrompant ainsi la carrière des sportifs. En matière sportive, et devant la Chambre, ces comportements indésirables des sportifs sont généralement passibles des sanctions qui tiennent compte de la carrière des acteurs du mouvement sportif. Ainsi, conscient de l'enjeu lié à la carrière des acteurs, la Chambre attribue généralement des peines moins lourdes (1) et refuse parfois de mettre les dépens sur le dos du perdant (2).

1- La condamnation à des peines moins lourdes

614. Dans la pratique, la plupart des sentences arbitrales rendues par la Chambre sont condamnatoires, mais comportent des peines qui ne frustrent pas les parties. Il peut s'agir de l'annulation des résultats individuels avec toutes les conséquences qui en résultent, tels que le déclassement ou la disqualification, le retrait des gratifications, des points, gains et prix qui s'y attachent relativement à la manifestation ou à la compétition à l'occasion de laquelle l'infraction a été constatée. À travers ce type de jugement, la Chambre sanctionne le fautif, mais évite de mettre en danger sa carrière. En évitant des peines assez lourdes, elle

trouve dans le droit un moyen de suggérer aux parties les conséquences d'une constatation dont le résultat serait le même si elle avait prononcé des peines plus lourdes. Il s'agit pour elle d'un moyen subtil de donner effet à ses décisions en l'assortissant d'un aspect pédagogique. Il en est ainsi quant à la demande de réparation du préjudice subi par un requérant, elle estime que la « *demande fondée dans son principe est (..) Exagérée dans son quantum* »[749], puis, retient un préjudice moral évalué à la baisse « *au regard des éléments du dossier et des circonstances de la cause* »[750]. Elle estime que « *si le préjudice financier est acquis, il y a lieu de ramener forfaitairement à une somme raisonnable et de rejeter le surplus* »[751]. Il en est également quand, malgré la gravité de l'acte posé par le fautif, la Chambre opte pour des peines d'au plus un an. Dans l'affaire LITTO TEAM ACADEMY c/ BAFIA VOLLEYBALL DAMES EVOLUTION et FECAVOLLEY Dame NYADJO NGUEPMECHE a été condamnée à un an de suspension de toutes les compétitions alors qu'elle a été reconnue coupable de double signature[752]. Il en est de même lorsque la Chambre « *déboute les requérants de leur demande de déchéance du Président de la Fédération Camerounaise de Volley-ball et consorts* »[753].

2- Le refus de mettre les dépens sur le dos du perdant

615. Il existe de nombreux contentieux au cours desquels l'une des parties demande à la Chambre de mettre impérativement les dépens sur le dos de son adversaire. Il est rare[754] qu'elle accède à cette demande. Une telle solution a le mérite de ne pas donner au défendeur en instance le sentiment qu'il sort de la

---

[749] Voir CCA du CNOSC, Arbitrage en procédure ordinaire, Aff. n° CCA/2021/009 du 21 septembre 2021, MAYAM RE-NIOF Blaise c/ Fédération Camerounaise de Volley-Ball. Voir également CCA du CNOSC, Arbitrage en procédure ordinaire, Aff. n° CCA/2021/008 du 21 septembre 2021 TIMBA MAJORE Louis c/ Fédération Camerounaise de Volley-ball.

[750] Idem.

[751] Voir CCA du CNOSC, Arbitrage en procédure ordinaire, Aff. n° CCA/2021/030 du 3 mars 2022, Astres FC de Douala c/ Fédération Camerounaise de Football (FECAFOOT).

[752] Voir CCA du CNOSC, Arbitrage, Aff. n° 0040/SA/CCA du 3 décembre 2013, LITTO TEAM ACADEMY c/ BAFIA VOLLE-YBALL DAMES EVOLUTION ET FECAVOLLEY ; voir aussi CCA du CNOSC, Arbitrage, n° 005.SA/CCA/17 du 21 décembre 2017 ONANA Vincent c/ FECAFOOT. Dans cette affaire, la Chambre a jugé que « *la somme de deux cent cinquante-quatre millions sept cent trente mille quatre cent vingt-cinq francs (254 730 425 F CFA) sollicitée par le demandeur est exagérée ; qu'il y a lieu de la ramener au moment de cent vingt-quatre millions de francs CFA (124 000 000 FCFA) au principal ; attendu, que le préjudice subi par le demandeur court depuis 1998, soit vingt ans ; qu'il y a lieu de condamner la défenderesse au paiement de dommages-intérêts évalués à la somme de soixante-seize millions de francs CFA (76 000 000 FCFA)* ».

[753] Voir CCA du CNOSC, Arbitrage, Aff. n° 007/SA/CCA/15 du 21 mai 2015 BELLO BOURDANNE, BIYAG Antoine, et NGOMCHI Félix c/ ABOUEM Julien Serge et consort.

[754] La Chambre a souvent décidé de mettre les dépens ou le remboursement des frais sur le dos des perdants. Voir par exemple l'affaire FOVU Club de Baham c/ FECAFOOT et RENAISSANCE FC de Ngoumou du 8 novembre 2010. Dans cette affaire, elle « *condamne la FECAFOOT et Renaissance FC au remboursement des frais* ».

procédure arbitrale complètement perdant, mais aussi de faire ressortir le souci pour la Chambre de ne pas frustrer les parties à un litige. Dans l'affaire Eugène EKEKE Academy c/ FECAFOOT du 21 février 2014, la Chambre décide « *que s'agissant par ailleurs, de la demande de remboursement des frais occasionnés par la présente procédure par le demandeur*[755]*, il y a lieu de rejeter comme étant non justifiée* »[756].

B- La sauvegarde des intérêts de la communauté sportive

616. Devant la Chambre, certains litiges, bien qu'impliquant seulement deux parties, sont parfois susceptibles d'affecter les intérêts de l'institution faîtière dont elles sont membres. En effet, le litige pour lequel la Chambre cherche une solution ne met pas en cause uniquement les droits subjectifs des deux parties, mais également des intérêts plus vastes de toute une communauté sportive. Il lui importe donc d'être au courant des enjeux suscités par le litige dont il est saisi et de rechercher une articulation cohérente des intérêts respectifs à la fois des parties en instance et de la communauté sportive. Par exemple, si un club est lourdement sanctionné, cela risque de mettre en péril la carrière de plusieurs sportifs. Conscient de ce fait, la Chambre use de son pouvoir pour modérer ses sanctions dans le respect des textes. Elle a ainsi annulé « *la décision n° 010/D/FCF/SG/2013 rendue le 3 décembre 2013 en ce qu'elle a sanctionné de forfait général le Club Oryx FC de Douala prononcé la relégation du Club de 02 divisions inférieures et la suspension du Président dudit Club pour une période de 05 ans* »[757].

617. Très souvent, la Chambre refuse de fixer des mesures conservatoires pour éviter d'empêcher la tenue d'une manifestation sportive internationale. L'attitude prudente de la Chambre conduit régulièrement à ne pas épuiser la substance d'un différend pour mettre en danger les activités d'une institution sportive. En effet, l'orientation restrictive de la Chambre dans certains contentieux est guidée par l'enjeu du litige dès lors que celui-ci est susceptible d'affecter les intérêts vitaux de cette institution.

618. Les décisions de la Chambre sont ainsi des instruments de développement, d'épanouissement et de pacification des institutions sportives nationales. C'est pourquoi elle ne peut se retenir de rechercher au-delà de ces

---

[755] Il faut préciser que dans cette affaire, le demandeur n'avait que partiellement eu gain de cause.

[756] Voir CCA du CNOSC, Arbitrage, Aff. n° 004/SA/CCA du 21 février 2014, Eugène EKEKE Academy c/ FECAFOOT.

[757] Voir CCA du CNOSC, Arbitrage, Aff. n° 006/SA/CCA du 21 février 2014, ORYX FC de Douala c/ FECAFOOT. Voir aussi Aff. n° 002/SA/CCA du 21 février 2014, AUTHENTIQUE FC c/ FECAFOOT. Voir également Jeunesse FC de Bonamoussadi c/ FECAFOOT du 21 février 2014. Voir encore Aff. n° 005/SA/CCA du 21 février 2014 BANDJOUN FC c/ FECAFOOT.

intérêts, une harmonisation entre ses décisions et les valeurs prônées par le Comité International olympique.

§ 2- Le besoin de compatibilité entre ses décisions et les objectifs du mouvement olympique

619. Dans la recherche des solutions au litige qui divise les parties, la Chambre parvient à user de ses pouvoirs, en tant que tribunal arbitral issu des recommandations du CIO, pour tenir compte des valeurs de cette organisation internationale. Le souci de contribuer à bâtir un monde pacifique et meilleur en éduquant les acteurs du mouvement sportif par le moyen du droit du sport, demeure au cœur du processus d'adoption d'une décision de la Chambre, corollaire naturel de la vision institutionnalisée qu'elle se fait de son rôle (A). Il est donc important de s'attarder sur l'implication de la nature institutionnelle de la Chambre, mais aussi sur le souci de contribuer à bâtir un monde pacifique et meilleur (B).

A- Un corollaire de la vision institutionnalisée de son rôle

620. L'importance du rôle confié aux tribunaux arbitraux en général par la Charte du Comité International olympique et à la Chambre en particulier par la Charte du Comité National olympique et sportif du Cameroun, a conduit cette dernière à se considérer comme la garante de l'ordre juridique sportif national et international et de l'implémentation de l'ambition projet de la paix par le droit du sport. Le lien institutionnel que la Chambre a envers le CIO lui exige la nécessité de contribuer à la réalisation des valeurs de cette organisation, en contribuant, de par sa fonction judiciaire, à bâtir un monde pacifique en général, et le monde sportif en particulier. Il s'agit pour la Chambre, dans la plupart de ses décisions, de faire prévaloir la logique permanente de la construction d'une communauté sportive nationale et internationale solide et pacifique. En d'autres termes, veiller à la réalisation effective des finalités incluses dans la Charte olympique. Elle parvient à le faire grâce aux motivations de ses décisions. C'est pour cela qu'elle a estimé important de rappeler que toutes les parties qui se présentent devant elle doivent agir selon leurs obligations en vertu de la Charte olympique et des autres règles du droit du sport. Dans l'affaire Abdouramane Hamadou BABBA c/ FECAFOOT du 30 octobre 2014, la Chambre accède à l'idée selon laquelle « *le monopole de la représentation des parties par les Avocats devant les organes juridictionnels, ne s'accommode pas des règles olympiques ; qu'il y a lieu d'évacuer ce grief formulé par la FECAFOOT* »[758]. Elle juge par ailleurs fondé le moyen selon lequel « *cette disposition, qui, par ailleurs, ne concerne pas la Chambre de Conciliation et d'Arbitrage, dénature les termes de l'article 44 alinéa 2 de la loi susmentionnée ; que cette dénaturation de la loi dans les statuts*

[758] Voir CCA du CNOS, Arbitrage, Aff. n° 009/SA/CCA/14 du 30 octobre 2014 Abdouramane Hamadou BABBA c/ FECAFOOT

s'analyse en une fraude, constitutive de manœuvres dolosives qui ne s'accommode pas de l'éthique olympique »[759]. La contribution à la réalisation de l'objectif de paix induit la nécessité de trouver une solution à un litige pouvant mettre en péril cette valeur. C'est pour cela qu'elle a rendu valides « *les résultats des élections du 31 janvier 2013 qui ont déclaré Dr MATIP élu comme président de la Ligue Régionale de Volley-ball du centre* », en estimant que « *le sieur GADO DOUA, n'avait, en date du 6 février 2013, aucune qualité ni compétence pour prendre ladite note de service*[760] *; qu'il s'en suit qu'en le faisant, il s'est rendu coupable de forfaiture juridique et administrative préjudiciable aux droits des sportifs et à l'éthique de l'olympisme dans le mouvement camerounais ; que cet acte est nul par essence* »[761]. C'est toujours pour la même cause qu'elle a renseigné que « *la violation par la FECAFOOT de ses propres règlements, des règlements de la FIFA (...) constitue une atteinte aux règles, à l'éthique sportive et aux principes de l'olympisme* »[762].

B- Un souci de participation au maintien de la paix et de la sécurité dans le mouvement sportif

621. Le souci de maintien de contribuer à bâtir la paix et la sécurité dans le mouvement sportif ne fait pas partie de la fonction du tribunal arbitral, mais elle inspire la démarche de l'arbitre des litiges d'ordre sportif qui a conscience de l'influence de sa décision sur l'issue des différends. C'est ce souci qui a conduit la Chambre à convaincre les parties à négocier dans l'affaire Astres de Douala c/ Fédération Camerounaise de Football (FECAFOOT) en renvoyant l'affaire pour une transaction entre elles[763].

622. C'est dire qu'au cours de l'adoption de ses décisions, les fonctions de la Chambre se comprennent par référence aux impératifs de contribuer à bâtir la paix et la sécurité. La réalisation de cet objectif domine son raisonnement.

---

[759] Idem.

[760] La note de service est celle qui a invalidé les élections du 31 janvier 2013 organisées à la FECAVOLLEY.

[761] Voir CCA du CNOSC, Arbitrage, Aff. du 22 février 2013 BADJECK Didier c/ AMOKO Lizouret Marcel. Voir aussi CCA du CNOSC, Arbitrage, Aff. du 10 mai 2013 MENDOUGA Bertrand Magloire c/ TCHEM Justin et NWAHA Boniface.

[762] Voir CCA du CNOSC, Arbitrage, Aff. du 28 octobre 2010, RACING de Bafoussam c/ SANTOS de Koza et FECAFOOT.

[763] Voir CCA du CNOSC, Arbitrage en procédure ordinaire, Aff. n° CCA/2021/030 du 3 mars 2022, Astres FC de Douala c/ Fédération Camerounaise de Football (FECAFOOT).

Chapitre II :

L'élaboration des décisions satisfaisantes

623. L'article 50 alinéa 3 du Règlement de procédures de la Chambre dispose que « *la sentence doit être motivée en droit* ». Cette disposition est un guide pour le collège arbitral appelé à connaître d'une affaire. L'obligation de motiver les sentences arbitrales est importante, car elle permet à l'arbitre de prouver aux acteurs du mouvement sportif que leurs requêtes ont été examinées avec minutie. Cependant, si la Chambre a l'obligation de motiver ses sentences, elle est libre d'en choisir les motifs, sans forcément prendre en considération le chemin tracé par les plaideurs. Certaines motivations choisies par la Chambre ont souvent été critiquées par les justiciables. Dans l'affaire FECANA c/ NYAMSI Paul et consorts, « *en sollicitant la révision de la sentence n° CCA/2022/012 rendue en date du 15 novembre 2022* »[764], la FECANA estime « *qu'au-delà de ces violations évidentes (le droit à un procès équitable, le non-respect du cadre temporel prescrit par le Règlement de procédures de la Chambre pour l'extrême urgence), les motivations de cette sentence de la CCA capitulent tant dans les faits que dans le droit* »[765]. Pourtant, en général, dans le processus d'élaboration de la sentence arbitrale, elle argumente avec finesse et ingéniosité pour mettre à la disposition des justiciables un texte satisfaisant. Plusieurs décisions montrent qu'elle a opté pour une largesse dans ses motivations, en tournant le dos à la politique de sobriété mise en œuvre par certains tribunaux. Les motivations sont ainsi pour la Chambre le lieu pour elle de justifier l'ajustement apporté au droit applicable dans la recherche des règles pertinentes qui correspondent à l'objet du litige. L'édification du droit développé par le collège arbitral est faite dans ce fragment de sa sentence qui se présente comme le moule de l'impulsion du droit par la Chambre si l'occasion lui est offerte. C'est toujours dans cette rubrique qu'elle utilise tous les moyens possibles pour convaincre les acteurs du mouvement sportif impliqués dans l'affaire du bien-fondé de sa décision. Certes, parfois, la composition collégiale dispose d'une liberté dans le choix de la stratégie de motivation, mais, en général, pour espérer persuader aisément ses clients, la Chambre fait recours à une stratégie de motivation syllogistique. Elle tente ainsi de mettre en place un profil de motivation de la sentence arbitrale qui permet d'éliminer le doute et l'incertitude qui pesaient sur le droit existant avant

---

[764] Voir CCA du CNOSC, Arbitrage en procédure ordinaire (Révision), Aff. n° CCA/202/017 du 11 janvier 2023, FECANA c/ NYAMSI Paul et consorts.
[765] Idem.

sa saisine (Section 1) en s'appuyant sur les délibérations qui précèdent l'adoption finale de la sentence arbitrale (Section 2). Celle-ci, aux termes de l'alinéa 1 de l'article 56 du Règlement de procédures de la Chambre, ne peut faire l'objet de recours que devant le Tribunal Arbitral du Sport (TAS) siégeant à Lausanne (Suisse)[766]. Cette prévision n'empêche pas que les décisions de la Chambre fassent souvent l'objet de la tierce opposition (Section 3).

Section 1 : L'adoption d'un profil de motivation des sentences persuasives

624. Dans la motivation se trouvent les raisons du choix opéré par la Chambre en matière d'organisation de l'instance et de l'instruction du procès, autant que la détermination de l'objet du litige et du droit applicable. Elle y déploie toutes les techniques de persuasion pour parvenir à ménager les susceptibilités des justiciables acteurs du mouvement sportif. Cet objectif de persuasion tente d'être réalisé à travers le choix de ses motifs et son mode de raisonnement (§ 1) et de sa volonté d'établir des solutions de droit concordantes (§ 2).

§ 1- Le choix des motifs et du mode de raisonnement

625. Dans la rubrique de sa sentence qui constitue la motivation, la Chambre donne les raisons du choix des motifs (A) autant que son mode de raisonnement (B).

A- Le choix des motifs

626. Dans les motifs, la Chambre explique de façon détaillée les circonstances de fait et les motifs de droit qu'elle retient à l'appui de sa sentence. De même, elle y apprécie les prétentions et arguments des plaideurs, en passant outre les moyens qui ne sont pas indispensables pour le dispositif. Même si cela n'a pas été expressément formulé dans le Règlement de procédures de la Chambre, celle-ci se donne la liberté de choisir elle-même les motifs de sa décision. Le choix qu'elle réalise ainsi est crucial parce qu'il lui permet de justifier la solution de l'espèce.

B- Le mode de raisonnement

627. La Chambre dévoile un raisonnement propre dans la motivation de sa décision. L'analyse de ses sentences montre qu'elle penche plus pour une rédaction des décisions dans un style narratif qui laisse entrevoir une discussion des données de l'espèce au dispositif qui comporte la solution du litige. Mais, parfois, le souci de rechercher une solution pertinente l'amène à choisir entre la

---

[766] Aux termes de l'alinéa 1 de l'article 56 du Règlement de procédures de la Chambre, « *les sentences rendues par la Chambre ne peuvent faire l'objet de recours que devant le Tribunal Arbitral du Sport (TAS) siégeant à Lausanne (Suisse)* ».

kyrielle de méthodes classiques : l'analogie[767], la déduction[768], le syllogisme, l'induction[769], la présomption. Tout compte fait, il s'agit pour la Chambre de formuler un raisonnement cohérent et logique qui justifie le dispositif. Elle se sert des arguments convaincants de nature à rendre sa décision légitime.

628. Le balancement entre les méthodes est surtout justifié par la liberté que peut se donner le collège arbitral. On perçoit ainsi que la Chambre peut adopter un raisonnement spécifique en fonction des circonstances de chaque espèce et du déroulement de l'instance. Cependant, ces raisonnements spécifiques ne s'éloignent pas du style personnel de la Chambre. C'est un style narratif qui a pour objectif de surprendre la conviction des acteurs du mouvement sportif, parties au litige, et de garantir la crédibilité de ses décisions. C'est cet enjeu qui explique généralement la longueur de ses motivations.

629. Dans le choix de ses motivations, la Chambre utilise des formules figées : « Attendu que, considérant que ». En utilisant l'expression « Mais attendu que », la Chambre clôt la discussion. À travers ces modes de raisonnement, la Chambre tente de produire des solutions de droit concordantes.

§ 2- Les solutions de droit concordantes

630. Dans un sens, on appréhende un « *ensemble de décisions de justice rendues pendant une certaine période dans un domaine du droit ou dans l'ensemble du droit* » [770]comme étant une jurisprudence. Dans un autre sens, elle est aussi considérée comme un « *ensemble de décisions concordantes rendues par les juridictions sur une même question de droit* »[771]. Quelle que soit la définition adoptée, il se présente quelques difficultés pour la notion de jurisprudence arbitrale, notamment au niveau de la cohérence des sentences rendues. En effet, en général, pour Monsieur KASSI[772], les arbitres n'ont pas l'obligation juridique de suivre les solutions auxquelles de précédentes sentences sont parvenues et les éléments qui expliquent la cohérence des jurisprudences étatiques semblent faire défaut. Les tribunaux arbitraux, prétend-t-il, « *ne sont*

---

[767] C'est à travers l'analogie que la Chambre participe activement à la construction du droit du sport. Elle permet à la Chambre de faire une généralisation et une systématisation favorisant le développement du droit international. Elle est un instrument de découverte de nouvelles règles et généralisation de règles existantes. La Chambre se sert de l'analogie pour transposer en droit du sport certaines règles de droit non issues de l'ordre juridique sportif, et notamment les principes généraux de droit.

[768] La Chambre fait usage de la déduction lorsqu'elle statue en présence d'une regle de droit de laquelle elle doit déduire la solution du litige. Elle va ainsi du général au particulier.

[769] Elle choisit le raisonnement inductif lorsqu'elle doit convoquer une règle non écrite. Elle tente ainsi d'élaborer une règle pour une hypothèse non prévue en partant d'un texte voisin ou opposé.

[770] GUINCHARD (S.) et DEBARD (Th.), Lexique des termes juridiques 2017-2018, op. cit, p. 656.

[771] Idem, p. 656.

[772] KASSIS (A.), Théorie générale des usages du commerce, LGDJ, 1984, n° 794.

pas des juridictions permanentes »[773], mais des juridictions éphémères qui disparaissent aussitôt leur mission accomplie, ce qui est peu propice à la perpétuation des solutions ; les tribunaux arbitraux ne sont pas, en principe, organisés de manière hiérarchique, tant et si bien que, à supposer même qu'existe une jurisprudence arbitrale, un tribunal qui ne la respecterait pas ne risque normalement aucune censure d'une juridiction arbitrale supérieure. L'idée de jurisprudence arbitrale, continue cet auteur, *« doit être bannie du droit du commerce international »*[774]. Contestable en matière commerciale, une telle position n'est pas non plus défendable en matière sportive. Il y existe un véritable phénomène jurisprudentiel source du Droit du sport. Plusieurs raisons peuvent être avancées à l'effet d'en convaincre : les motivations des sentences arbitrales sportives[775], la publicité de ces sentences[776], la jouissance d'un quasi-monopole de droit et de fait[777], mais surtout l'existence de solutions de droit concordantes. Les arbitres de la CCA du CNOSC ne font pas mystère de leur volonté de cohérence. Certes, dans le Règlement de procédure de la Chambre, il n'y a pas de règle de précédent obligatoire ; cependant, toutes les formations arbitrales essayent, si les éléments le permettent, d'arriver à la même conclusion sur une question de droit qu'une précédente formation de la Chambre. Par ce biais, la Chambre renforce son harmonie, une sentence s'en remettant toujours à une autre (A), en se gardant de faire des revirements jurisprudentiels spectaculaires (B).

---

[773] Idem.
[774] Ibidem, p. 511.
[775] On sait que, si la fonction juridictionnelle s'exprime dans le dispositif, ce sont les motifs qui révèlent l'exercice d'une fonction jurisprudentielle. Un jugement non motivé n'est pas susceptible de mettre en œuvre un raisonnement basé sur le syllogisme et, par conséquent de fonder une règle jurisprudentielle. Celle-ci ne sera observée avec certitude qu'à la lecture des motifs, ce qui suppose qu'elle soit motivée. Tel est bien le cas des sentences arbitrales rendues en matière sportive en général, et sous l'égide de la CCA du CNOSC en particulier. Le règlement de procédure de la Chambre impose le principe de la motivation des sentences. Il en fait même un principe absolu. L'article 50 alinéa 3 prévoit à cet effet que « la sentence doit être motivée en droit et en fait ». Il n'y a donc pas de possibilité de dérogation par les arbitres.
[776] En matière sportive en général, et concernant la CCA du CNOSC en particulier, si les audiences ne sont pas en principe publiques[776], la pratique est celle de la publication des sentences arbitrales, et non, comme en matière commerciale, celui de leur confidentialité. Le Règlement de procédure de la Chambre n'a pas prévu que les sentences arbitrales rendues sous son égide soient publiées de quelque manière que ce soit. Il n'a non plus posé le principe de leur non-publication. L'article 51 de ce texte prévoit simplement que « *la sentence est signifiée aux parties par le greffe dès que le collège arbitral signe la minute* ». Mais, en pratique, on observe une publication régulière des sentences arbitrales par la Chambre de conciliation et d'arbitrage.
[777] En deuxième lieu, les institutions d'arbitrage intervenant en matière sportive jouissent, chacun à leur niveau, d'un quasi-monopole de droit ou de fait. Au Cameroun, la loi de 2018 prévoit, pour le règlement des litiges d'ordre sportif, un seul et même centre chargé de les administrer : la CCA du CNOSC n'a ainsi de concurrent que les juridictions étatiques qui ne font pas en principe de l'arbitrage ;

A- Le souci de continuité dans les décisions

631. Pour donner aux acteurs du mouvement sportif un minimum de sécurité juridique et judiciaire, la Chambre travaille sous le prisme d'un principe de cohérence qui la conduit à se référer, quand cela s'avère nécessaire[778], à ses précédentes sentences, à s'écarter le moins possible de son raisonnement antérieur. C'est l'éternelle quête de cette harmonie de ses sentences qui fait son autorité et lui confère une notoriété plus forte, face aux critiques de certains acteurs lors de son avènement. C'est pourquoi, tant que cela n'est pas nécessaire, la Chambre évite des revirements jurisprudentiels spectaculaires.

B- L'évitement des revirements jurisprudentiels spectaculaires

632. Lorsqu'elle motive ses sentences, la Chambre évite judicieusement les revirements jurisprudentiels intempestifs. Il est vrai que « *les revirements jurisprudentiels ne causent pas de sérieux problèmes en cas de reconsidération des droits spécifiques dans un cas d'espèce, mais ils peuvent susciter des difficultés en cas de droits objectifs, c'est-à-dire par exemple dans le cadre de l'interprétation d'un texte, car, en cas d'interprétation différente, la perturbation risque d'être maximale* »[779]. Dans l'affaire Syndicat National des Footballeurs Camerounais c/ FECAFOOT du 10 mai 2013, la Chambre n'a procédé au revirement de jurisprudence que suite à une reconsidération des droits spécifiques du demandeur. Là où elle avait estimé en 2012 en indiquant le statut d'un syndicat au sein d'une fédération sportive nationale dans l'affaire Association des Footballeurs Camerounais c/ FECAFOOT[780] que « *le Code du travail ne prévoit pas la présence d'un syndicat au sein d'une fédération sportive comme membre* »[781], elle a décidé dans l'affaire du 10 mai suscitée, que « *la requête tenant compte de cette réglementation nouvelle*[782] *est fondée. Qu'au sens de la convention susindiquée*[783], *les différentes catégories de membres de la fédération sont désormais considérées comme travailleurs vu sous l'angle du Code du travail ; que, dans ce sens, seuls les syndicats peuvent valablement représenter*

---

[778] L'idée des précédents ne doit pas faire penser que la Chambre ne prend pas en compte les évolutions nécessaires attendues d'elle.

[779] METOU (M.M.B), Le rôle du juge dans le contentieux international, le Cas de la Cour Internationale de Justice, op. cit, p. 496.

[780] Voir CCA du CNOSC, Arbitrage, Aff. Association des Footballeurs Camerounais c/ FECAFOOT du 26 juillet 2012.

[781] Idem.

[782] La recommandation nouvelle désigne la Convention signée entre la FIFA et la FIFPRO.

[783] Il s'agit de la convention signée entre la FIFA, instance faitière du football mondial et la FIFPRO, instance faitière mondiale des syndicats et associations des footballeurs en date du 2 novembre 2006 à Barcelone. Dans cette convention, elles se reconnaissent mutuellement, s'engageant à faire respecter cette reconnaissance au niveau continental et national. Cette convention a été reprise et signée à Khartoum le 23 février 2011 entre la Division Afrique de la FFPRO et la CAF. Et par une demande à la FIFA de faire respecter cette convention au Cameroun en instruisant la FECAFOOT de revenir sur la décision querellée.

leurs intérêts ; qu'il y a lieu d'en reconnaître leur qualité de membre de droit de la FECAFOOT »[784].

Section 2 : Les délibérations sur le projet de sentence arbitrale et l'absence d'opinions individuelles ou dissidentes

633. L'élaboration de la sentence arbitrale devant la Chambre est un processus. En effet, à la suite de l'élaboration du projet de sentence arbitrale, de longues discussions s'ouvrent pour adopter la sentence finale. Il s'agit en quelque sorte des dernières délibérations sur le projet de sentence arbitrale (§ 1) dont le secret ne donne pas lieu aux opinions individuelles ou dissidentes (§ 2).

§ 1- Les délibérations sur le projet de sentence arbitrale

634. Le processus d'élaboration finale de la sentence arbitrale se déroule en deux étapes : il y a une phase d'élaboration intellectuelle (A), et une phase d'élaboration matérielle (B).

A- La phase d'élaboration intellectuelle

635. Dès que le projet de sentence est élaboré avec le concours du Greffe, il est mis à la disposition des membres de la collégialité pour des observations de fond. À la suite de ces observations, l'échange d'opinions entre les arbitres conduit la formation arbitrale à arrêter une décision finale. En cas de mésentente persistante, aucun mécanisme de départage des membres de la collégialité, comme le vote, et ce sur quoi porte le vote n'a été prévu par le Règlement de procédures de la Chambre. Cependant, la pratique montre que la sentence est rendue par la majorité des arbitres, et si les arbitres parviennent à des décisions différentes, par le Président de la formation collégiale.

B- La phase d'élaboration matérielle

636. Une fois la décision arrêtée par les arbitres de la Chambre, ceux-ci leur donnent une forme. Il n'y a pas de mystère sur celle-ci. Le Règlement de procédures de la Chambre exige un écrit. Les sentences doivent être au moins paraphées et signées des arbitres et de tous les arbitres, conformément à l'article 50 alinéa 3 de ce texte. Cette imposition a lieu en prévision d'éventuel exequatur devant le juge étatique, dont la loi de 2018 portant organisation et promotion des activités physiques et sportives impose cette procédure pour l'application effective de la sentence. Il n'est même pas prévu d'indiquer dans la sentence le cas de refus d'un arbitre de signer, à plus forte raison, les opinions individuelles ou dissidentes.

---

[784] Voir CCA du CNOSC, Arbitrage, Aff. Syndicat National des Footballeurs Camerounais c/ FECAFOOT du 10 mai 2013.

§ 2- L'absence d'opinions individuelles ou dissidentes

637. La non-prévision de la possibilité pour les arbitres de donner des opinions individuelles ou dissidentes à la fin du délibéré n'est pas mauvaise en soi. Elle préserve le secret des délibérations. Toutefois, elle empêche certains arbitres de s'exprimer. D'où la nécessité pour la Chambre de procéder à une exploration de ce mécanisme (B).

A- La non-prévision par le Règlement de procédures de la Chambre

638. Le Règlement de procédures de la Chambre ne contient aucune disposition sur la possibilité pour les arbitres, membres du collège arbitral, d'émettre des opinions individuelles ou dissidentes. Simplement, l'article 50 dudit texte prévoit que « *la sentence porte les noms des arbitres qui ont pris part aux délibérations. Elle est paraphée et signée de ceux-ci* ».

639. Il n'existe donc pas un moyen pour un arbitre de marquer son désaccord à l'égard du dispositif ou des motifs d'une sentence arbitrale. Ni le refus de signature, ni même de demander à ce que la sentence précise expressément que le dispositif ou tel motif a été adopté ou retenu à la majorité et non à l'unanimité, ni encore de rédiger une opinion individuelle ou dissidente, comme le font fréquemment les arbitres de l'AAA [785]. En réalité, bien que les opinions individuelles ne soient pas formellement prohibées, l'exigence de signature de la sentence par tous les arbitres de la formation collégiale ne laisse aucun choix.

B- La nécessité d'une exploration dudit mécanisme

640. La possibilité pour les arbitres d'émettre des opinions individuelles ou dissidentes permettrait à ceux-ci de s'exprimer sur les multiples questions abordées par la Chambre dans l'affaire, autant que ses choix. À travers leur institution, « *il y a une garantie de la liberté d'expression et de la bonne administration de la justice* »[786]. En réalité, la sentence arbitrale finale étant le résultat d'un travail d'ensemble, on ne peut exiger une unanimité de nature à gripper son fonctionnement pacifique. Les arbitres doivent donc être libres de joindre au moins leurs opinions individuelles aux décisions finales de la Chambre.

641. Tout compte fait, à la fin de cette phase de détermination du droit applicable, la Chambre livre une sentence arbitrale assortie d'une application au cas d'espèce du droit en général, et du droit du sport en particulier, en fonction de la nature du litige, et des particularités du droit applicable à celui-ci. Cette

[785] Voir notamment AAA, Aff. 30-190-00814-02 USADA c/K. ina, sentence du 25 octobre 2002 (opinion dissidente C. Campbell), publ. Internet. AAA, Aff. 30-190-0071-03, USADA c/ A. Neben, sentence du 20 octobre 2003 (opinion dissidente C. Campbell), publ. Internet.
[786] METOU (M.M.B), Le rôle du juge dans le contentieux international, le Cas de la Cour Internationale de Justice, op. cit, p. 497.

sentence entraîne le dessaisissement de la formation et est, en principe, applicable de bonne foi par les parties dès sa signification[787].

Section 3 : L'examen des demandes de tierce d'opposition

642. La tierce opposition est une « *voie de recours extraordinaire de rétractation ou de réformation, ouverte aux personnes qui n'ont été ni parties ni représentées dans une instance, leur permettant d'attaquer une décision qui leur fait grief et faire déclarer qu'elle leur est inopposable* »[788]. De par cette procédure, les tiers demandent la rétractation ou la réformation d'une sentence arbitrale qui leur fait grief[789]. La spécificité de ce recours « *est qu'il concerne les tiers au procès et permet de rétablir la relativité de la chose jugée* »[790]. Si la sentence arbitrale lie les parties à l'arbitrage, elle est en outre opposable, du seul fait de son existence, aux tiers à l'arbitrage. La tierce opposition viserait à protéger ces tiers. L'examen d'une demande de tierce opposition introduite par un tiers contre une sentence arbitrale a toujours été un casse-tête chinois pour la Chambre. En l'absence de la prévision de la tierce opposition comme procédure arbitrale devant la Chambre, et du débat et de la confusion qui se font autour, cette imprévision rend difficile le travail de la Chambre dans cette situation. La tierce opposition est souvent confondue à la procédure d'opposition. Et de façon péremptoire, Serge GUINCHARD et Thiery DEBARD pensent que l'opposition « *est exclue contre certaines décisions : (...) sentence arbitrale* »[791]. Pour ces derniers, « *la sentence arbitrale définitive (...) dès qu'elle est rendue (...) n'est susceptible d'opposition (...) elle peut faire l'objet d'un recours en annulation pour des causes limitativement énumérées (incompétence, violation du contradictoire...)* »[792]. Or, la tierce opposition et l'opposition sont des procédures qui ne se recoupent pas. La dernière est une « *voie de recours ordinaire de rétractation ouverte au plaideur contre lequel a été rendue une décision par défaut, lui permettant de saisir le tribunal qui a déjà statué, en lui demandant de juger à nouveau l'affaire en fait et en droit* »[793] . Laure BERNHEIM-VAN DE CASTEELE est plus précise sur le sort de la tierce opposition. Pour elle, si la tierce opposition contre la sentence est irrecevable en matière internationale, elle

---

787 Voir article 52 du Règlement de procédures de la Chambre intitulé « *Effets de la sentence* ».
788 GUINCHARD (S.) et DEBARD (Th.), Lexique des termes juridiques, 29e éd. 2017-2018, op. cit, p. 1105.
789 Voir CCA du CNOSC, Tierce opposition en procédure ordinaire d'arbitrage, Aff. n° CCA/2023/019 du 4 juillet 2023, DJIKO FC c/ AVION ACADEMY FC, UMS de Loum et FECAFOOT.
790 BERNHEIM-VAN DE CASTEELE (L.), Les principes fondamentaux de l'arbitrage, Bruylant, 2012, p. 725.
791 GUINCHARD (S.) et DEBARD (Th.), *Lexique des termes juridiques, 29e éd. 2017-2018,* op. cit, p. 1038.
792 Idem, p. 1038.
793 Ibid., p. 787.

est en revanche admise dans l'arbitrage interne[794]. Que l'on soit en matière d'opposition ou de tierce opposition, des ambiguïtés procédurales caractérisent la logique de la gestion par la Chambre de ces procédures de rétractation ou de réformation des sentences arbitrales dont la pratique ne permet pas toujours de lever suffisamment le voile sur ces institutions. Certaines confusions règnent sur les étapes de la procédure que doit suivre la requête aux fins de la tierce opposition. Aucune disposition du Règlement de procédures devant la Chambre ne permet de savoir si la Chambre dispose d'un pouvoir discrétionnaire de décision ou si sa décision en la matière est liée aux observations des parties à l'instance principale, quelles sont les conditions de la tierce opposition et leur satisfaction sur le fond. Tout cela est dû à une absence d'expérimentation de cette procédure par la Chambre. Depuis la création de la Chambre en 2001, et jusqu'à l'audience du 18 octobre 2019 sur l'Affaire M. BALLA FOUDA Luc c/ EFBC et FECAFOOT[795] et celle du 11 janvier 2023 relative à l'Affaire Me EMAHA Bertin et consorts c/ NYAMSI Paul et consorts[796], soit en l'espace de près de 20 ans, elle n'a pas eu l'occasion de connaître d'une affaire y relative. Dans tous les cas, la Chambre vérifie au préalable la régularité de la présentation de la demande de la tierce opposition (§ 1) avant de prendre une décision (§ 2).

§ 1- La vérification de la régularité de la tierce opposition

643. Pour connaître d'une requête relative à la tierce opposition, la Chambre vérifie d'abord la régularité de sa saisine[797]. Aucun article du Règlement de procédures de la Chambre ne permet de mesurer exactement le pouvoir dont dispose la Chambre en matière de vérification de la régularité de la présentation de la tierce opposition. C'est la pratique qui permet de détecter les grandes lignes à travers lesquelles elle examine la requête y relative sur le plan formel. Il en ressort qu'elle apprécie le moment auquel la demande intervient (A) et le contenu de cette demande (B).

A- Le moment auquel intervient ladite demande

644. N'ayant pas prévu le mécanisme de la tierce opposition, le Règlement de procédure de la Chambre ne permet pas non plus de mesurer à quel moment devrait intervenir la demande y relative. Compte tenu des failles contenues dans ce texte, la Chambre apprécie le moment auquel doit intervenir la demande en se basant sur la législation d'emprunt. En vertu de cet emprunt, la pratique de

---

[794] BERNHEIM-VAN DE CASTEELE (L.), *Les principes fondamentaux de l'arbitrage*, op. cit, p. 725.

[795] Voir CCA du CNOSC, Arbitrage en procédure d'urgence n° CCA/2019/009, Affaire M. BALLA FOUDA Luc c/ EFBC et FECAFOOT, 18 octobre 2019, inédit.

[796] Voir CCA du CNOSC, Arbitrage en procédure ordinaire n° CCA/2022/016, Affaire Me EMAHA Bertin et consorts c/NYAMSI Paul et consorts, 11 janvier 2023, inédit.

[797] Voir CCA du CNOSC, Tierce opposition en procédure ordinaire d'arbitrage, Aff. n° CCA/2023/019 du 4 juillet 2023, DJIKO FC c/ AVION ACADEMY FC, UMS de Loum et FECAFOOT.

l'auguste institution montre que la requête doit intervenir « le plus tôt possible ». Mieux, le tiers opposant devrait faire un effort de saisir la Chambre « au bon moment ». C'est dire qu'à tout moment, avant que la sentence arbitrale ne soit frappée d'appel[798]. En effet, dès lors que le jugement en premier ressort est frappé d'appel, la tierce opposition ne peut plus viser les chefs qui font l'objet de cet appel[799]. Cette solution s'explique logiquement par le fait que l'effet dévolutif attaché à l'appel conduit au transfert de l'affaire à l'instance d'appel sur tous les points critiqués : la CCA du CNOSC étant obligatoirement dessaisie ne saurait déclarer sa décision inopposable à un tiers. En revanche, on doit admettre la possibilité d'une tierce opposition sur les points qui ne sont pas soumis à l'instance d'appel. Ainsi, dans l'affaire Me EMAHA Bertin c/ NYAMSI Paul et Consorts du 11 janvier 2023[800], en prenant appui sur le Code de procédure civile et commerciale du Cameroun qui prévoit que, lorsqu'une affaire est portée en appel, les tiers intervenants ne peuvent revenir en instance faire tierce opposition, mais ont la possibilité de faire une demande en tierce opposition incidente auprès de la Cour d'appel, il est rappelé au requérant que l'affaire étant déjà pendante devant le TAS, les tiers intervenants ne peuvent porter leur action que devant elle, et non revenir à la CCA.

B- Le contenu de la demande de la tierce opposition

645. La tierce opposition n'étant pas prévue par le Règlement de procédures de la Chambre, aucune indication n'est donnée s'agissant du contenu de la demande. Les arbitres se déportent dès lors vers l'article 20 dudit Règlement relatif à l'introduction de la procédure devant la Chambre de Conciliation et d'Arbitrage pour détecter les grandes lignes à travers lesquelles elle examine la demande en tierce opposition. Il ressort de l'alinéa 3 de cet article que « *la requête aux fins d'arbitrage doit comporter : les noms/prénoms des personnes physiques ou dénominations non équivoques de la personne morale requérante, qualités et adresses de chacune des parties ; un exposé sommaire de la nature et des circonstances du litige à l'origine de la demande, l'objet de la demande et notamment, les mesures réclamées (condamnation pécuniaire, exécution d'une obligation, etc.), la décision contestée, la copie du procès-verbal de non-conciliation ou de conciliation partielle et toutes pièces utiles pour l'examen de la requête* ». Si l'indication de l'identité du requérant permet à la Chambre de s'assurer que la demande en tierce opposition est celle d'un tiers (1), celle de l'objet la renseigne sur l'intérêt excipé par l'acteur du mouvement sportif tiers opposant (2) et sur sa compétence (3).

---

[798] Idem.
[799] Voir l'article 554 du Code de procédure civile.
[800] Voir CCA du CNOSC, Arbitrage en procédure ordinaire n° CCA/2022/016, Affaire Me EMAHA Bertin et consorts c/NYAMSI Paul et consorts, 11 janvier 2023, inédit.

1- Une demande écrite par un tiers

646. Pour connaître d'une demande en tierce opposition, la Chambre vérifie d'abord la régularité de sa saisine, car, en principe, cette demande ne doit pas être l'accessoire d'un recours déjà introduit[801]. Il s'agit en fait de la vérification du caractère tiers et autonome d'une telle demande. En effet, le Code de procédure civile et commerciale camerounais exige qu'elle émane d'un tiers qui n'a ni été partie, ni représenté au jugement qu'il attaque. Dès l'instant que l'intéressé a cette qualité de tiers, les exigences du procès équitable imposent de lui ouvrir la tierce opposition pour la défense de ses intérêts. C'est pourquoi, face à ce type de demande, dans le respect du § VI de l'article 18[802] et de l'alinéa l'article 47[803] du Règlement de procédures de la Chambre qui prescrit le respect du procès équitable, la Chambre reçoit d'abord le tiers opposant sans s'attarder au préalable sur sa qualité intrinsèque[804].

2- L'intérêt excipé par l'acteur du mouvement sportif tiers opposant

647. La tierce opposition est recevable si le tiers opposant a intérêt à faire modifier la sentence arbitrale rendue par la Chambre. Ainsi, au cours de l'analyse de la recevabilité de la requête en tierce opposition, la Chambre vérifie que l'acteur du mouvement sportif, tiers opposant, allègue un intérêt juridique en cause dans une affaire dont il n'était ni partie ni représenté. Il est donc nécessaire que la personne qui exerce ce recours puisse démontrer un préjudice. L'appréciation de cet intérêt est discrétionnaire, et la Chambre n'a pas à se référer aux parties en cause à cet effet. De même, aucun principe ne guide son appréciation portant sur le préjudice, si ce n'est sa propre conscience.

3- La compétence de la Chambre

648. La Chambre ne peut statuer sur une demande en tierce opposition qu'une fois sa compétence sur le litige établie. En principe, il est vrai qu'un acteur ne saurait arguer d'un risque d'atteinte à ses intérêts juridiques par une décision de l'arbitre que s'il est établi que cette juridiction pourra être exercée. Dans certains cas cependant, l'intérêt allégué peut ne pas être de la compétence de la

---

801 Voir CCA du CNOSC, Arbitrage en procédure ordinaire n° CCA/2022/016, Affaire Me EMAHA Bertin et consorts c/NYAMSI Paul et consorts, 11 janvier 2023, inédit ; CCA du CNOSC, Arbitrage en procédure d'urgence n° CCA/2019/009, Affaire M. BALLA FOUDA Luc c/ EFBC et FECAFOOT, 18 octobre 2019, inédit.

802 Aux termes de ce paragraphe, « la Chambre de Conciliation et d'Arbitrage statue conformément au principe du procès équitable… ».

803 Selon cet alinéa, la procédure d'arbitrage « *est conduite dans le strict respect des règles du procès équitable* ».

804 CCA du CNOSC, Arbitrage en procédure d'urgence n° CCA/2019/009, Affaire M. BALLA FOUDA Luc c/ EFBC et FECAFOOT, 18 octobre 2019, inédit ; CCA du CNOSC, Arbitrage en procédure ordinaire n° CCA/2022/016, Affaire Me EMAHA Bertin et consorts c/NYAMSI Paul et consorts, 11 janvier 2023, inédit.

Chambre. Il appartient dès lors à celle-ci de vérifier à chaque fois le lien entre l'intérêt allégué et sa compétence.

§ 2- La décision sur la tierce opposition

649. À la fin de cette phase, la Chambre prend une décision sous forme de sentence arbitrale qui est dictée par des considérations d'opportunité liées aux circonstances de l'espèce. Par usage de cette opportunité, elle peut alors donner une réponse positive à la demande, mais surtout, et jusqu'alors, une réponse négative si elle estime que les conditions nécessaires à l'acceptation de cette demande ne sont pas remplies, ou encore lorsqu'elle a trouvé un autre motif pour écarter la demande. S'il appartient à la Chambre de donner une suite à la tierce opposition, elle ne le fait pas de façon arbitraire. L'opportunité dont elle dispose dans l'appréciation de la demande relative à la tierce opposition peut la pousser à la rejeter lorsqu'elle estime que celle-ci n'a pas respecté l'ensemble des conditions liées au mécanisme de la tierce opposition (A) ou un aspect particulier de la procédure y relative (B).

A- Le rejet de la tierce opposition fondé sur le non-respect de l'ensemble des conditions

650. Le rejet de la tierce opposition est fortement marqué par le souci de la Chambre pour le respect des conditions liées au mécanisme de la tierce opposition. Lorsque celles-ci ne sont pas respectées par le tiers opposant, elle rend une sentence arbitrale qui déclare irrecevable la requête en tierce opposition. Dans l'affaire M. BALLA FOUDA Luc c/ EFBC et FECAFOOT, avant de confirmer la sentence arbitrale faisant l'objet de tierce opposition, elle « *déclare la tierce opposition irrecevable pour non-respect des conditions prévues à l'article 217 du Code de Procédure civile et commerciale* »[805].

B- Le rejet de la tierce opposition fondé sur le non-respect d'un aspect particulier de la procédure

651. Certes, la tierce opposition est ouverte aux tiers n'ayant été ni parties au procès ni représentés. Cependant, elle n'est pas ouverte à n'importe quel tiers. Celui-ci doit avoir qualité d'acteur du mouvement sportif, dans le respect des conditions prévues par l'association sportive dont il prétend être membre. Dans l'affaire Me EMAHA Bertin et consorts c/ NYAMSI Paul et Consorts, la Chambre, après avoir dénié la qualité de Président de l'organe juridictionnel interne de la FECANA à Me EMAHA Bertin pour non-respect des dispositions légales et statutaires, et la qualité de membre de l'Assemblée générale aux personnes dont les noms suivent : TACHEM Michel, NAMA François, BOBO NGANGUE Francis, NDOH ATANGANA Gervais Désiré, FEUDONG

[805] CCA du CNOSC, Arbitrage en procédure d'urgence n° CCA/2019/009, Affaire M. BALLA FOUDA Luc c/ EFBC et FECAFOOT, 18 octobre 2019, inédit.

Catherine, WETIE DIDDJO Nadine, Dr NGUEUMACHI Pierre, MBOLE François, ELANGUE Aaron Emmanuel, FON KWO Peter, MVENG MENYE Klara, potentiels candidats à la présidence de la FECANA, lesquels donnent leur droit de saisine sur leur qualité de membres de l'Assemblée générale du 9 février 2013, « *déclare irrecevable la tierce opposition à la sentence arbitrale n° CCA/2022/012 du 15 novembre 2022 rendue par la Chambre de céans, formée* » par ces derniers.

CONCLUSION GÉNÉRALE

652. S'achève l'exploration de *Justice sportive, genèse et dynamiques du processus de règlement des litiges par la Chambre de Conciliation et d'Arbitrage (CCA) du Comité National olympique et sportif du Cameroun (CNOSC).* Au demeurant, si la Chambre a été boudée dès le départ par des tentatives de déstabilisation et la pratique de certaines institutions sportives nationales, elle n'a résisté qu'à la condition de s'être reposée sur des bases aussi solides qu'incontestables. C'est dans ce sens que le renforcement du Statut de la Chambre par la loi portant organisation et promotion des activités physiques et sportives et la forte publicité faite par elle-même à travers ses décisions confirmées par le TAS et les séminaires se sont imposés. Celles-ci sont apparues à la fois comme le révélateur de la Chambre, puisqu'elles étaient la composante qui manquait pour qu'elle prenne son envol, et comme la seule capable de briser la défiance des associations sportives nationales vis-à-vis d'elle. Elle a favorisé la vulgarisation de cette institution de conciliation et d'arbitrage mi-privée mi-publique. Elle attire désormais ceux qui la méconnaissaient, par suspicion ou par ignorance.

653. Une fois débarrassée de ses fossoyeurs et des tentatives de déstabilisation, la noble mission de règlement des litiges d'ordre sportif dévolue à la Chambre ne peut qu'être accomplie. Dans le déploiement de sa plénitude juridictionnelle, et partant de l'idée qu'une décision juridictionnelle n'est pas le seul produit des sources d'inspiration formelles, mais essentiellement le produit de la rationalité élaborée par les pratiques mêmes du droit en général, et du droit du sport en particulier, la Chambre joue un rôle original dans le règlement des litiges d'ordre sportif au Cameroun. À cet égard, on peut en distinguer trois grandes composantes :

- La première est la mise en place de la procédure d'arbitrage ;
- La détermination du droit et les solutions applicables au litige ;
- La dernière est l'adoption fréquente et circonstancielle des décisions acceptables.

654. La première est caractérisée par une organisation démocratique du déroulement de l'instance d'abord, fondée sur la vérification clairvoyante de sa compétence d'administrer le litige d'une part, et la conduite participative de l'audience ; par une gestion rapide et soigneuse des (éventuelles) procédures

incidentes ensuite, comportant à la fois l'administration rapide et préventive des mesures conservatoires, l'examen profond des exceptions préliminaires, et l'analyse méticuleuse des demandes reconventionnelles ; et par une définition bien agencée de l'objet du litige enfin, consistant en l'établissement souverain des faits litigieux et l'analyse convenable des prétentions des plaideurs.

655. Le second phénomène consiste, d'abord, en une analyse réfléchie de l'applicabilité des règles invoquées par les parties, marquée par le contrôle rationnel de la validité des règles en cause dans les ordres juridiques en matière de sport, d'une part, et la recherche d'une application convenable des règles valides au cas d'espèce ; puis, par un renforcement subtil du droit du sport, caractérisé par la consolidation de la cohérence des ordres juridiques en matière de sport d'une part, le renforcement subtil du régime des rapports entre les acteurs du mouvement sportif d'autre part, et la participation active et modérée à l'édification du régime des associations, enfin.

656. La dernière étape fait apparaître la recherche régulière des décisions harmonieuses d'une part, qui se distingue par l'encouragement des parties à la négociation et à l'accueil favorable du désistement et le refus d'opter pour des décisions accablantes, et d'autre part, par l'élaboration des décisions satisfaisantes marquées à la fois par l'adoption d'un profil de motivation des sentences persuasives, une délibération démocratique sur le projet de sentence arbitrale, et l'acceptation de l'examen de la tierce opposition.

657. L'avenir devrait permettre de remonter toujours plus loin dans l'histoire et le rôle de la Chambre pour découvrir des aires encore vierges. On peut tout de même prophétiser en pensant qu'elle sera soumise dans le futur à des questionnements nécessitant le déploiement de nouveaux examens.

658. Mais en attendant, la présente étude a également fait apparaître qu'en dépit de la volonté de la Chambre de motiver fortement ses décisions dans le but de persuader le justiciable, la mise en conformité de celles-ci avec l'exigence de motivation des décisions de justice appelle encore une réforme d'envergure. Certaines décisions ne sont pas souvent suffisamment motivées, manifestant au mieux un souci de concision et d'économie de procédure, et au pire, une propension (…) à reléguer à l'arrière-plan une norme au tantinet insolite, déroutant ou suspect, laissant penser que l'arbitre tente de réagir face aux idéaux prônés par le droit du sport par des solutions lacunaires, tatillonnes, ou même fébriles. Il est indispensable que tous les arbitres de la CCA du CNOSC élargissent leur raisonnement. Cette exigence devrait à terme leur imposer de revoir la structure des arrêts souvent trop courts et pas assez intelligibles, pour susciter l'engouement des autres acteurs judiciaires.

659. Une telle démarche est d'autant plus urgente, qu'au plan international, les appels contre les décisions de la Chambre ont franchi un pas décisif devant le TAS. En effet, la marge d'interprétation doctrinale des arrêts est extrêmement

réduite. Et s'il n'est pas possible d'avoir accès aux avis et aux rapports des membres de la CCA du CNOSC dévoilant une véritable application des règles du droit du sport, il serait envisageable, à la simple lecture de certains visas lapidaires, de s'interroger sur la rigueur de l'application opérée par la Chambre. La faiblesse de la motivation ne facilite pas l'analyse des décisions judiciaires. Elle pousse les commentateurs à considérer que la justification de la référence aux règles du Droit du sport n'est pas véritablement donnée et paraît superflue.

660. La décision de justice intervient dans un litige où des personnages s'affrontent jusqu'à ce que leur environnement soit modifié par la sentence arbitrale qu'ils sont tenus d'exécuter. Il est indispensable qu'ils la comprennent et qu'ils adhèrent par un mouvement que la seule force obligatoire de la décision ne saurait susciter si elle ne s'alimente pas de l'essence des raisons qui la fondent.

661. Analysé sous l'angle démocratique, l'élargissement du raisonnement de l'arbitre des litiges d'ordre sportif devra favoriser la discussion et le dialogue nécessaires pour faire progresser le droit. Portalis avait déjà montré qu'il appartenait aux tribunaux de dégager les règles précises découlant des grands principes du code et des lois, afin que le droit réponde aux besoins sociaux de son temps. Cette triple mission ne peut être remplie et l'unité du droit assurée que si les décisions sont motivées, car il n'y a d'unité du droit que dans la clarté de sa formulation.

662. Par ailleurs, dans la mesure où les normes du Droit du sport sont pour la plupart abstraites, présentant un caractère inachevé, où les décisions judiciaires préparent les réformes législatives futures, l'obligation ainsi faite aux tribunaux d'expliquer pourquoi ils statuent dans un certain sens, sans rien cacher des éléments qu'ils prennent en considération donnerait à leurs décisions plus de poids. Elle entretiendrait un climat réceptif et unirait d'une manière beaucoup plus intime les efforts des arbitres et de la doctrine pour l'élaboration d'une politique législative véritablement créatrice. Elle propagerait aussi l'aura du droit du sport et stimulerait son invocation. Si c'était le cas, les arbitres seraient dans la voie de la raison et de la loi, qui est celle d'une motivation judicieuse des décisions de justice. La protection des droits du justiciable en dépend. Dans le passé, la motivation des décisions de justice pouvait être envisagée du point de vue du seul souverain par rapport auquel se positionnait le juge ; aujourd'hui, la motivation est envisagée à partir d'un autre pôle de positionnement, celui des individus qui sont directement concernés par ses décisions et en sont les premiers destinataires. Ainsi, de nos jours, la motivation doit être regardée comme l'expression de la fonction pédagogique du pouvoir judiciaire qui répond ainsi à une demande sociale des États démocratiques.

INDICATIONS BIBLIOGRAPHIQUES

I- Ouvrages

A- Ouvrages généraux

ACCT, La justice dans les pays francophones, Coll. DDD, Toulouse, 1995.

ADJIMAN A, Justice, Avocats. Litiges. Modes d'emploi ; l'Harmattan, Paris, 2017.

ANDRIANTSIMBAZOVINA (J.), GAUDIN (H.), MARGUENAUD (J-P.), RIALS (S.), et SUDRE (F.), (Dir.), Dictionnaire des droits de l'homme, PUF, 2012.

BASDEVANT (J), Dictionnaire de la terminologie du droit international public, Paris, Sirey, 1960.

CHANGEUX (J.P.) (dir.), Fondements naturels de l'éthique, Odile Jacob, 2005.

CLAY (T.), L'arbitre, Dalloz, 2001.

DOMAT (J.), Les lois civiles dans leur ordre naturel ; le droit public ; et Legum delectus. À Chevallier, Luxembourg, 2e éd., 1702,

FOUCHARD (P.), GAILLARD (E.) et (GOLDMAN (B.), Traité de l'arbitrage commercial international, Litec, 1995, n° 1444 et s.

GRAWITZ (M.), De l'utilisation en droit des notions sociologiques, Paris, PUF, 1960,

GUINCHARD (S.) et DEBARD (Th.), Lexique des termes juridiques 25e édition 2017-2018, Dalloz, 2017.

KELSEN (H.), Théorie pure du droit, Trad. EISENMANN Charles, 2e éd. Dalloz, 1962.

KUATE TAMEGHE (S. S.), La justice, ses métiers, ses procédure, 4e édition, L'harmattan, 2021.

LEGAL (A) et BRETHE DE LA GRESSAYE, Le pouvoir disciplinaire dans les institutions privées, Sirey, 1938.

LALIVE, POUDRET et RAYMOND, Le droit de l'arbitrage interne et international en Suisse, Payot, Lausanne, 1989

PERELMAN (C.) et FORIERS (P.), (Dir.), La motivation des décisions de justice, Trav. du Centre National de recherches de logique, Bruylant, 1978.

POUDRET (J. F.) et BESSON (S.), Droit comparé de l'arbitrage international, Schulthess, 2002, n° 691 ; FOUCHARD (P.), GAILLARD (E.) et (GOLDMAN (B.), Traité de l'arbitrage commercial international, Litec, 1995, n° 1444 et s.

SOCKENG (R.), Les institutions judiciaires au Cameroun, MACACOS, 2005.

TANKEU (M.), L'administration de la justice au Cameroun, Vers un dépassement de la colonialiste, L'Harmattan, Yaoundé 2019.

TCHAKOUA (J-M.), Introduction générale au droit camerounais, L'harmattan, 2017.

B- Ouvrages spécialisés

BOURNAZEL (E.) (Dir.), Sport et droit, IIIe Congrès de l'Association égyptienne des juristes francophones, XXVIIème Congrès de l'Institut International de Droit d'Expression et d'Inspiration Françaises, 2000.

CAMILLE (L.) et YBOUD (L.), (S. la Resp. scient. De), Le concept d'arbitrage, Regards croisés entre droit et sport, L'Harmattan, 2017.

CHAUSARD (C.), Les voies de règlement des litiges sportifs. Essai sur la coexistence des différentes formes de justice, Université de Bourgogne, 2006.

CHEVE (L.), La justice sportive, Lextenso éditions, 2012.

DIKOUME (F.), Le service public du sport en Afrique, L'exemple du Cameroun, 2e éd. revue et augmentée, L'Harmattan, 2012.

DUGOGNON (C.) et alii, Règlement des litiges au sein du mouvement sportif, Dalloz, Juris Editions, 2012.

MAISONNEUVE (M.), L'arbitrage des litiges sportifs, LGDJ, 2008.

MBEYAP KUTNJEM Amadou, Introduction générale au Droit camerounais du sport, l'Harmattan, 2023.

RGOZZI (Antonio), L'arbitrage international en matière de sport, Helbing et Lichtenhahn, 2005, n° 164.

ZEN-RUFFINEN (Piermarco) (dir.), Droit et sport, Staempfli, 1995.

II- Articles

A- Articles généraux

CONAC (G.), « Les politiques juridiques des États d'Afrique francophone au lendemain des indépendances », in Mélanges à Gustave Peiser, Droit public, Presses univ. de Grenoble.

BERNHEIM VAN de CASTEELE (L.), Les principes fondamentaux de l'arbitrage, Bruylant, 2012.

ENGEL (L.), « Vers une nouvelle approche de la responsabilité. Le droit français face à la dérive américaine », Esprit n° 192, 1993.5.

KESSEDJIAN (C.), « Principe de la contradiction et arbitrage », Rev. arb. 1995.

MEZGER (E.), « La jurisprudence allemande en matière d'arbitrage depuis 1950 (suite) », Rev.arb, 1995.78

ROSS (A) « Sur les concepts État et organes d'État en droit constitutionnel », in Introduction à l'empirisme juridique : textes théoriques, trad. Françaises, MILLARD (E.) et METZNER (E.), LGDJ, 2004.

B- Articles spécialisés

AHO (F.), « Sport et harmonisation du droit des affaires en Afrique. Quelles perspectives ? », BOURNAZEL (E.) (Dir.), Sport et droit, IIIe Congrès de l'Association égyptienne des juristes francophones, XXVIIème Congrès de l'Institut International de Droit d'Expression et d'Inspiration Françaises, 2000.

MBEYAP KUTNJEM (A.), « Le règlement des litiges d'ordre sportif au Cameroun (à propos de la loi n° 2018/014 du 11 juillet 2018 portant organisation des activités physiques et sportives au Cameroun », Le Nemro, Revue trimestrielle de droit économique, n° 20, avril-juin 2021.

LOQUIN (E.), « L'utilisation par les arbitres du TAS des principes généraux du droit et le développement d'une *Lex sportiva* », in RIGOZZI (Antoine) et BERNASCONI (M.) (ed.), The Proceedings before the Court of Arbitration for sport, Weblaw, 2007.

SIMON (Gérald), « L'arbitrage des conflits sportifs », Rev. arb., p. 215.

III- Thèses et mémoires

A- Thèses

1- Thèses spécialisées

COUESSU (J-M.), La nature juridique des fédérations internationales de Sport, Thèse pour l'obtention du Doctorat en Droit public, Université de Yaoundé II, 2016.

BAKEHE ZAM (B.), Les conflits sportifs et leurs règlements, Thèse pour l'obtention du Doctorat en Droit public, Université de Bourgogne, 2018.

FEZE (A-C.), Organisations sportives nationales et souveraineté des États, Thèse pour l'obtention du Doctorat en Droit public, Université de Dschang, 2020.

BEKOMBO JABEA (C.), L'interaction entre la lex sportiva nationale et la *lex sportiva* internationale, Réflexion à partir du cas Cameroun, Thèse pour l'obtention du Doctorat en Droit International, 2016.

NGANDOMANE (J-B.), L'exploitation commerciale du sport professionnel : aspects juridiques, Thèse pour l'obtention du Doctorat en Droit des Affaires, Université de Toulouse 1, 2001.

DIKOUME (F.), L'organisation du sport au Cameroun, Thèse pour l'obtention du Doctorat en Droit public, Université de Limoges, 1986.

MESSANGA NYAMDING (P. C.), Football, État, Droit et Société : Anthropologie juridique des enjeux de la refondation de l'État du Cameroun, Thèse pour l'obtention du Doctorat en Droit Public, Université de Paris 1, 2001.

2- Thèses générales

THERY (P.), Pouvoir juridictionnel et compétence (étude de droit international privé), thèse, Paris 2, 1981.

B- Mémoires

IV- Dictionnaires et lexiques

ANDRIANTSIMBAZOVINA (J.), GAUDIN (H.), MARGUENAUD (J-P.), RIALS (S.), et SUDRE (F.), (Dir.), Dictionnaire des droits de l'Homme, PUF, 2012.

GUINCHARD (S.) et DEBARD (Th.), (S. la dir.), Lexique des termes juridiques, 25e édition 2017-2018, Dalloz, 2017.

V- Textes juridiques

A- Constitution

Constitution du Cameroun du 18 janvier 1996.

B- Lois

- Loi n° 2018/014 du 11 juillet 2018 portant organisation et promotion des activités sportives.
- Loi n°2011/018 du 15 juillet 2011 relative à l'organisation et à la promotion des activités physiques et sportives.
- Loi n° 96/09 du 5 août 1996 fixant la charte des Activités Physiques et Sportives.

C- Règlements

Arrêté n° 018A/MINSEP/SG/CJ du 24 octobre 2006 fixant les modalités d'octroi et de retrait des agréments aux Associations sportives et d'éducation physique.

Décret n° 75/1 du 02 janvier 1975, portant réorganisation de la Charte des sports, in ministère de la Jeunesse et des sports, République Unie du Cameroun, Recueil des textes de base de 1949 à 1979, éd., 1982.

D- Codes

Code civil

Code de procédure civile

Code des procédures devant la Chambre

Code Disciplinaire de la FECAFOOT

E- Chartes, statuts, Décisions

Charte des sports du Cameroun de 1996

Charte olympique, éditée par le Comité International olympique, juillet 2020.

Décision n° 332/CNOSC/P/SG du 1er décembre 2009 portant modalités d'organisation et de fonctionnement de la CCA

Statuts du Conseil du sport de l'Union Africaine

Statuts et règlements de procédure de la Chambre

VI- Jurisprudence

A- Jurisprudence des institutions sportives

1- De la CCA

- **Arbitrage**

CCA du CNOSC, Arbitrage, Affaire ABDOURAMAN HAMADOU BABBA, Joseph Antoine Bell-Loga C/ FECAFOOT,

CCA du CNOSC, Arbitrage, Affaire NKOU MVONDO Prosper C/ FECAFOOT, 09 septembre 2010, inédit.

CCA du CNOSC, Arbitrage en procédure d'urgence, Affaire News Stars FC de Douala C/ Ligue de Football Professionnel du Cameroun (LFPC), n° CCA/2019/0023

CCA du CNOSC, Arbitrage, Affaire Caïman de Douala c/Unisport Football Club du Haut Nkam, 28 février 2013, inédit.

Voir CCA du CNOSC, Arbitrage, Aff. Association des Footballeurs Camerounais c/ FECAFOOT, 26 juillet 2012, inédit

CCA/ CNOSC. Voir Aff. n° 003/SA/CCA/16, Membres du Bureau Exécutif et du Conseil d'Administration de la FECAKADA c/ Fédération Camerounaise de Karaté et Disciplines affinitaires, 31 mars 2016

CCA/CNOSC, Arbitrage, Aff. n° 010/SA/CCA/15, Membres de l'Assemblée générale de la FECAFOOT et ABDOURAMAN HAMADOU BABBA c/ Fédération Camerounaise de Football, 16 juillet 2015 ;

CCA/CNOSC, Arbitrage (référé sportif), Aff. n° 005/SA/CCA/16, Ligue de Football Professionnel du Cameroun (LFPC) c/ La Fédération Camerounaise de Football, 05 avril 2016 ;

CCA/CNOSC, Arbitrage (référé sportif), Aff. n° 006/SA/SA/CCA/16, Ligue de Football Professionnel du Cameroun (LFPC) c/ La Fédération Camerounaise de Football, 14 juillet 2016 ;

CCA/CNOSC, Arbitrage, Aff. n° 012/SA/CCA/15, Étoile filante de Garoua (ABDOURAMAN HAMADOU BABBA) c/FECAFOOT, 1er octobre 2015 ;

CCA/CNOSC, Arbitrage, Aff. n° 015/SA/CCA/15, Ligue départementale du Dja et Lobo c/ FECAFOOT, 10 novembre 2015 ;

CCA/CNOSC, Arbitrage, Aff. Société Anonyme Sportive et Professionnelle CANON de Yaoundé c/Fovu Club de Baham, 17 septembre 2015, in Recueil Thématique des sentences de la Chambre de Conciliation et d'Arbitrage, Tome II, inédit.

CCA/CNOSC, Arbitrage, n° 002/CCA/SA/18, L'Association Sportive Les Astres Football Club de Douala c/ TOWA Richard, 23 septembre 2018, in Recueil Thématique des sentences de la Chambre de Conciliation et d'Arbitrage, Tome II, inédit.

CCA/CNOSC, Arbitrage, Aff. Union sportive de Douala C/ MBAI Junior Rostand, 21 mars 2013, Recueil Thématique des sentences de la Chambre de Conciliation et d'Arbitrage, Tome II, inédit ;

CCA/CNOSC, Arbitrage, Aff. n° CCA/2019/007L'Ecole de Football des Brasseries du Cameroun (EFBC) c/FECAFOOT, 18 juin 2019, Recueil Thématique des sentences de la Chambre de Conciliation et d'Arbitrage, Tome II, inédit.

CCA du CNOSC, Arbitrage, Aff. LITTO Team Academy c/ Bafia Volley Ball dame Evolution et Fédération Camerounaise de Volleyball, 03 décembre 2013, Recueil Thématique des sentences de la Chambre de Conciliation et d'Arbitrage, Tome I, inédit.

CCA du CNOSC, Arbitrage, Aff. FOVU CLUB de Baham c/ FECAFOOT et renaissance de Ngoumou, 08 novembre 2010, Recueil Thématique des sentences de la Chambre de Conciliation et d'Arbitrage, Tome I, inédit.

CCA du CNOSC, Contentieux n° 003/SA/CCA/17, Arbitrage, Aff. BOTAFOGO de Douala c/FOVU Club de Baham et FECAFOOT, 06 novembre 2017, Recueil Thématique des sentences de la Chambre de Conciliation et d'Arbitrage, Tome I, inédit.

CCA du CNOSC, Arbitrage, Aff. LITTO Team Academy c/ Bafia Volley Ball dame Evolution et Fédération Camerounaise de Volleyball, 03 décembre 2013, Recueil Thématique des sentences de la Chambre de Conciliation et d'Arbitrage, Tome I, inédit.

CCA/CNOSC, Arbitrage, Aff. n° 001/SA/CCA/16, Ligue de Football Professionnel c/ AS BELABO, 07 janvier 2016, Recueil Thématique des sentences de la Chambre de Conciliation et d'Arbitrage, Tome I, inédit.

CCA/CNOSC, ADD, Aff. ONANA Vincent c/ FECAFOOT, 25 avril 2017, Recueil Thématique des sentences de la Chambre de Conciliation et d'Arbitrage, Tome I, inédit.

CCA/CNOSC, Arbitrage en procédure d'urgence, Aff. n° CCA/2019/007, L'École de Football des Brasseries du Cameroun (EFBC) c/ FECAFOOT, 18 juin 2019, Recueil Thématique des sentences de la Chambre de Conciliation et d'Arbitrage, Tome II, inédit.

CCA/CNOSC, Arbitrage, Aff. n° 003/SA/CCA/17, BOTAFOGO FC c/ FOVU Club de Baham, 06 novembre 2017, Recueil Thématiques des sentences de la CCA, Tome I, inédit.

CCA du CNOSC, 07 janvier 2016, affaire Ligue de Football Professionnel c/ AS BELABO, n° 001/SA/CCA/16, Recueil thématique des sentences de la Chambre de Conciliation et d'Arbitrage, Tome 1.

CCA du CNOSC, affaire Dynamo FC c/FECAFOOT, 14 décembre 2019, n° CCA/2019/0011, Recueil thématique des sentences de la Chambre de Conciliation et d'Arbitrage, Tome 3, inédit.

CCA du CNOSC, affaire Ngaoundéré FC et autres clubs de la Ligue Régionale de football de l'Adamaoua c/ Ligue Régionale de Football de l'Adamaoua et FECAFOOT, 26 mars 2013, Recueil thématique des sentences de la Chambre de Conciliation et d'Arbitrage, Tome 3, inédit ;

CCA/CNOSC, Arbitrage en procédure d'urgence, Aff. n° CCA/2019/0011, DYNAMO FC de Douala c/ FECAFOOT, 14 juin 2019 ; CCA/CNOSC, Aff. LFPC (Barrister-DANG Elise-NGOS Daniel –WAMBA MAKOLLO) V FECAFOOT (Barrister ABDOUL AZIZ) 18 octobre 2019 ;

CCA/CNOSC, Arbitrage, Aff. MAYEBI David c/ FECAFOOT, 26 juillet 2012 ;

CCA/CNOSC, Arbitrage, Aff. Ngaoundéré FC et autres clubs de la Ligue Régionale de Football de l'Adamaoua c/ Ligue Régionale de Football de l'Adamaoua et FECAFOOT, 28 mars 2013 ;

CCA/CNOSC, Arbitrage, Aff. n° 004/SA/CCA/16, ABENA FOE Jean Louis c/ La Fédération Camerounaise de Cyclisme, 07 avril 2016, in Recueil Thématique des sentences de la Chambre de Conciliation et d'Arbitrage, Tome III, inédit.

CCA du CNOSC, affaire MAYEBI David c/ FECAFOOT, 26 juillet 2012, Recueil thématique des sentences de la Chambre de Conciliation et d'Arbitrage, Tome 3, inédit.

CCA/CNOSC, Arbitrage, Aff. Syndicat National des Footballeurs Camerounais c/FECAFOOT, 10 mai 2013, Recueil Thématique des sentences de la Chambre de Conciliation et d'Arbitrage, Tome I, inédit.

CCA/CNOSC, Arbitrage, Aff. NKOU MVONDO Prosper et Clubs du Cameroun c/FECAFOOT, 24 mai 2013

CCA/CNOSC, Arbitrage (référé sportif) n° 005/SA/CCA/16, Aff. Ligue de Football Professionnel du Cameroun (LFPC) c/ La Fédération Camerounaise de Football, 14 juillet 2016 ;

CCA/CNOSC, Arbitrage, Aff. Ligue Régionale de Volley-Ball. BADJECK Didier c/ AMOKO Lizouret Marcel, 22 février 2013 ;

CCA/CNOSC, Arbitrage, n° 0033, Aff. ATAH Robert BAHAZAH c/ IYA MOHAMED et FECAFOOT, 24 mai 2013 ;

CCA/CNOSC, Arbitrage, Aff. Syndicat National des Footballeurs Camerounais c/ FECAFOOT, 10 mai 2013 ;

CCA/CNOSC, Arbitrage, Aff. Me André-Merlin TOTO SOPPO et Daniel NGOS c/ FECAFOOT, 22 mai 2013 ;

CCA/CNOSC, arbitrage, Aff. MENDOUGA Bertrand Magloire c/ TCHWEM Justin et NWAHA Boniface, 10 mai 2013 ;

CCA/CNOSC, Arbitrage, Aff. Dr ABENA FOE Jean Louis c/ ATEBA KOUNGOU Fabien, 1er Avril 2013 ;

CCA/CNOSC, Arbitrage, Aff. YOMBA Vincent c/ Qui de droit, 10 mai 2013 ;

CCA/CNOSC, Arbitrage, Aff. ABDOURAMAN HAMADOU BABBA c/ Ligue Régionale de football du Nord et FECAFOOT, 22 mai 2013 ;

CCA/CNOSC, Arbitrage, Aff. TCHENTYO Alex Glenn et MEMPOULIA Cyrille c/ Ligue Régionale de Football du Sud, 24 mai 2013 ;

CCA/CNOSC, Arbitrage, Aff. n° 0038/SA/CCA du 20 juin 2013, DARWE François-Xavier c/Qui de droit, et FECAFOOT, 20 juin 2013 ;

CCA /CNOSC, Arbitrage, Aff. n° 0040/SA/CCA, ATEBA KOUNGOU Fabien et ESSONO Thierry c/ DOGO Moustapha et BIDJA Didier, 23 juillet 2013 ;

CCA/CNOSC, Arbitrage, Aff. n° 001/SA/CCA du 21 janvier 2014, Conseil des sages du Canon sportif de Yaoundé c/ FECAFOOT et Présidente du Conseil d'Administration du Canon sportif de Yaoundé, 21 février 2014 ;

CCA/CNOSC, Arbitrage, Aff. n° 011/SA/CCA/14, ABDOURAMAN HAMADOU BABBA c/ FECAFOOT, 28 novembre 2014 ;

CCA/CNOSC, Arbitrage, Aff. n° 003/SA/CCA/15, KAMENI John et BIDJA Didier c/ NJELE François, 23 avril 2015 ;

CCA/CNOSC, Arbitrage, Aff. n° 005/SA/CCA/15, LIKALE Jean Daniel c/ NGONSU TCHONLAHUI et BISSO Alfred, 07 mai 2015 ;

CCA/CNOSC, Arbitrage, Aff. n° 007/SA/CCA/15, BELLO BOURDANNE, BIYAG Antoine, et NGOMCHI Félix c/ ABOUEM Julien Serge et consort, 21 mai 2015 ;

CCA/CNOSC, Arbitrage, Aff. n° 014/SA/CCA/15, ETOILE filante de Garoua, BANDJOUN FC, LOGA c/FECAFOOT, 12 novembre 2015 ;

CCA/CNOSC, Arbitrage, Aff. n° 002/SA/CCA/16, BENDE Martin c/ KINGUE DIHAND Alain Christian, 18 février 2016, in Recueil Thématique des Sentences de la Chambre de Conciliation et d'Arbitrage, Tome III, inédit.

CCA du CNOSC, 07 janvier 2016, affaire Ligue de Football Professionnel c/ AS BELABO, n° 001/SA/CCA/16, Recueil thématique des sentences de la Chambre de Conciliation et d'Arbitrage, Tome 1.

CCA du CNOSC, Arbitrage en procédure d'Urgence, Aff. n° CCA/2022/012 du 15 novembre 2022 NYAMSI Paul et consorts c/ Fédération Camerounaise de NANBUDO (FECANA)

CCA du CNOSC, Arbitrage en procédure Ordinaire, Aff. n° CCA/2022/003 du 28 juin 2022 GUIBAI GATAMA c/ Fédération Camerounaise de Football (FECAFOOT).

CCA du CNOSC, Arbitrage en procédure ordinaire (tierce opposition), Aff. n° CCA/2022/016 du 11 janvier 2023, Me EMAHA Bertin et consorts c/ NYAMSI Paul et consorts.

CCA du CNOSC, Arbitrage en procédure d'extrême urgence, Aff. n° CCA/2021/029 du 08 décembre 2021 MABOANG KESSACK Emmanuel c/ FECAFOOT.

CCA du CNOSC, Arbitrage, Aff. n° CCA/2021/0006 FECAFOOT Comité Exécutif Provisoire du 02/02/21 c/ Comité Exécutif du 12/12/2018.

CCA du CNOSC, Arbitrage en procédure d'extrême urgence, Aff. n° CCA/2021/028 du 08 décembre 2021, MABOANG KESSACK Emmanuel c/ Fédération Camerounaise de Football (FECAFOOT).

CCA du CNOSC, Arbitrage, Aff. n° CCA/2021/008 du 21 septembre 2021 MAYAM RE-NIOF Blaise c/ Fédération Camerounaise de Volleyball (FECAVOLLEY).

CCA du CNOSC, Arbitrage, Aff. n° CCA/2021/006 du 10 juin 2021 FECAFOOT Comité Exécutif Provisoire présidé par Albert MBIDA c/ FECAFOOT Comité Exécutif élu le 12 décembre 2018 présidé par M. Seidou MBOMBO NJOYA.

CCA du CNOSC, Arbitrage en procédure ordinaire, Aff. n° CCA/2021/009 MAYAM RE-NIOF Blaise c/ Fédération Camerounaise de Volleyball.

CCA du CNOSC, Arbitrage en procédure ordinaire, Liquidation d'astreintes), Aff. n° CCA/2020/0003 du 21 janvier 2021 NKOU MVONDO Prosper, Ngaoundéré FC et autres c/ FECAFOOT.

CCA du CNOSC, Arbitrage en Procédure ordinaire, Aff. n° CCA/2021/008 du 21 septembre 2021 TIMBA MAJORE Louis c/ Fédération Camerounaise de Volleyball.

CCA du CNOSC, Arbitrage, Aff. n° CCA/2021/030 du 03 mars 2022 ASTRES FC de Douala c/ Fédération Camerounaise de Football (FECAFOOT).

CCA du CNOSC, Arbitrage en procédure d'extrême urgence, Aff. n° CCA/2023/017 du 12 mai 2023 AVION ACADEMY FC c/ UNION DES MOUVEMENTS SPORTIFS (UMS) de LOUM et FECAFOOT.

CCA du CNOSC, Arbitrage en procédure d'extrême urgence, Aff. n° CCA/2023/005 du 18 janvier 2023 BIDJ SIH Pierre c/ Fédération Camerounaise de Cyclisme (FCC).

CCA du CNOSC, Arbitrage en procédure d'extrême urgence, Aff. n° CCA/2023/007 du 11 janvier 2023 BIDJ SIH Pierre c/ Fédération Camerounaise de Cyclisme (FCC).

CCA du CNOSC, Arbitrage (Tierce opposition) Aff.n° CCA/2023/019 du 4 juillet 2023 DJIKO FC c/ AVION ACADEMY FC, UMS de LOUM et FECAFOOT.

CCA du CNOSC, Arbitrage en procédure d'extrême urgence, Aff. n° CCA/2023/002 du 09 janvier 2023 HAKAPOKA TCHIDJO Hermann c/ Commission Electorale Indépendante de la Fédération Camerounaise de Tennis.

- **Conciliation**

CCA/CNOSC, Procès-verbal de non-conciliation, n° 182/CCA/PVNC/19, Aff. Ligue de Football Professionnel du Cameroun (LFPC) c/ FECAFOOT, 29 janvier 2020, Recueil Thématique des sentences de la Chambre de Conciliation et d'Arbitrage, Tome II, inédit ;

CCA/CNOSC, Procès-verbal de non-conciliation, Aff. n° 187/CCA/PVNC/19, NKOU MVONDO Prosper, NGAOUNDERE FC et autres c/FECAFOOT, 18 aout 2020, Recueil Thématique des sentences de la Chambre de Conciliation et d'Arbitrage, Tome II, inédit ;

CCA/CNOSC, Procès-verbal de non-conciliation, Aff. ASTRES FC de Douala c/ PWD de Bamenda, 1er novembre 2019, Recueil Thématique des sentences de la Chambre de Conciliation et d'Arbitrage, Tome II, inédit ;

CCA/CNOSC, Procès-verbal de non-conciliation, Aff. n° 148/CCA/PVNC/19, LFPC c/FECAFOOT, 02 octobre 2019, Recueil Thématique des sentences de la Chambre de Conciliation et d'Arbitrage, Tome II, inédit ;

CCA/CNOSC, Procès-verbal de non-conciliation, Aff. n° 140/CCA/PVNC/19, LFPC c/FECAFOOT, 09 septembre 2019, Recueil Thématique des sentences de la Chambre de Conciliation et d'Arbitrage, Tome II, inédit ;

CCA/CNOSC, Procès-verbal de non-conciliation, Aff. n° 130/CCA/PVNC/19, VOLCAN FC du NOUN c/ RIZIERE, 23 aout 2019, Recueil Thématique des sentences de la Chambre de Conciliation et d'Arbitrage, Tome II, inédit ;

CCA/CNOSC, Procès-verbal de non-conciliation, Aff. n° 103/CCA/PVNC/19, EDING SPORT de la Lékié c/UMS de Loum, 23 juin 2019, Recueil Thématique des sentences de la Chambre de Conciliation et d'Arbitrage, Tome II, inédit ;

CCA/CNOSC, Procès-verbal de non-conciliation, Aff. n° 085/CCA/PVNC/19, Association DYNAMO FC c/ FECAFOOT, 11 avril 2019, Recueil Thématique des sentences de la Chambre de Conciliation et d'Arbitrage, Tome II, inédit ;

CCA/CNOSC, Procès-verbal de conciliation totale, Aff n° 126/CCA/PVCT/19, NKOU MVONDO et NGAOUNDERE FC c/ FECAFOOT, 21 décembre 2018, Recueil Thématique des sentences de la Chambre de Conciliation et d'Arbitrage, Tome II, inédit ;

CCA/CNOSC, Procès-verbal de non-conciliation, Aff. n° 078/CCA/PVNC/19, L'École de Football des Brasseries du Cameroun (EFBC) c/ FECAFOOT, 13 décembre 2018, Recueil Thématique des sentences de la Chambre de Conciliation et d'Arbitrage, Tome II, inédit ;

CCA/CNOSC, Procès-verbal de non –conciliation, Aff. n° CCA/2019/0004, Club Membres de la FECAFOOT c/ FECAFOOT, 10 décembre 2018, Recueil Thématique des sentences de la Chambre de Conciliation et d'Arbitrage, Tome II, inédit ;

CCA du CNOSC, Conciliation en extrême urgence, n° 026/CCA/PVNC/, n° CCA/2024/007 du 14 mars 2024, Union des Mouvements Sportifs (UMS) c/ Victoria United FC et FECAFOOT

CCA du CNOSC, Conciliation en procédure d'extrême urgence, n° 021/CCA/PVNC/23 du 27 janvier 2023, Aff. BIDJA SIH Pierre Didier c/ FECACYCLISME.

CCA du CNOSC, Conciliation en procédure d'extrême urgence, n° 253/CCA/2021/0013, Aff ? MABOANG KESSACK Emmanuel c/ FECAFOOT, 26 août 2021.

CCA du CNOSC, Conciliation en extrême urgence, n° 026/CCA/PVNC/, n° CCA/2024/007 du 14 mars 2024, Union des Mouvements Sportifs (UMS) c/ Victoria United FC et FECAFOOT.

CCA du CNOSC, Conciliation en procédure d'extrême urgence, n° 269/CCA/PVNC/21, Aff. STADE RENARD DE MELONG FC c/ Décision n° 011/FCF/CR/2021 et DRAGON FC DE YAOUNDE s/c FECAFOOT, 21 septembre 2021.

CCA du CNOSC, Conciliation en procédure d'extrême urgence, Procès-verbal de conciliation totale n° CCA/2023/026 du 07 juillet 2023 Sieur NOUBISSI Jean Claude Félicité et consorts c/ FECABOXE.

CCA du CNOSC, Conciliation en procédure d'extrême urgence, Procès-verbal de conciliation totale n° 126/CCA/PVCT/19 du 23 juillet 2019 NKOU NVONDO Prosper et NGAOUNDERE FC c/ FECAFOOT.

CCA du CNOSC, Conciliation en procédure d'extrême urgence, Procès-verbal de conciliation totale n° CCA/2020/0005 du 13 octobre 2020 Lion Blessé de Fotouni c/LFPC.

CCA du CNOSC, Conciliation en procédure d'extrême urgence, Procès-verbal de conciliation totale n° CCA/2020/0004 du 13 octobre 2020 Aigle Royal de la Menoua c/LFPC.

CCA du CNOSC, Conciliation en procédure ordinaire, Procès-verbal de conciliation totale n° CCA/2023/028 du 28 novembre 2023 AVION ACADEMY FC c/ MBENDJA GOMADJI Francis.

CCA du CNOSC, Conciliation en procédure d'extrême urgence, Procès-verbal de non-conciliation n° CCA/2022/014 du 12 Janvier 2023 NEWS STARS FC de Douala c/ Fédération Camerounaise de Football (FECAFOOT).

CCA du CNOSC, Conciliation en procédure d'extrême urgence, Procès-verbal de conciliation de non-conciliation contenant fixation des mesures conservatoires, Aff. n° CCA/2021/0013 du 26 août 2021 MABOANG KESSAKC Emmanuel c/ FECAFOOT.

CCA du CNOSC, Conciliation en procédure d'extrême urgence, Procès-verbal de conciliation de non-conciliation contenant fixation des mesures conservatoires, Aff. n° CCA/2021/016 du 21 septembre 2021 STADE RENARD de Melong FC c/ Décision n° 011/FCF/CR/2021 et DRAGON FC de Yaoundé S/C FECAFOOT.

CCA du CNOSC, Conciliation en procédure d'extrême urgence, Procès-verbal de conciliation de non-conciliation, Aff. n° CCA/2021/0027 du 06 décembre 2021 MABOANG KESSAKC Emmanuel c/ FECAFOOT.

CCA du CNOSC, Conciliation en procédure d'extrême urgence, Procès-verbal de conciliation de non-conciliation contenant fixation des mesures conservatoires, Aff. n° CCA/2023/016 du 12 mai 2023 Union des Mouvements Sportifs (UMS) de Loum c/ Avion Academy FC et FECAFOOT.

CCA du CNOSC, Conciliation en procédure d'extrême urgence, Procès-verbal de conciliation de non-conciliation contenant fixation des mesures conservatoires, Aff. n° CCA/2023/003 du 12 janvier 2023 BIDJA SIH Pierre Didier c/ Fédération Camerounaise de Cyclisme.

CCA du CNOSC, Conciliation en procédure d'extrême urgence, Procès-verbal de conciliation de non-conciliation contenant fixation des mesures conservatoires, Aff. n° CCA/2022/018 HAKAPOKA TCHIDJO c/ Commission Electorale Indépendante de la Fédération Camerounaise de Tennis.

2- Du TAS (CAS)

CAS, aff. 2000/A/312, A. Leipoid c/FILA, sentence du 13 mars 1997,

CAS, aff. 2007/A/1395, AMA c/National shooting association of Malaysia et al., sentence du 31 mars 2008

TAS 2012/A/3027, Jacques Anouma c. Confédération Africaine de Football (CAF)

TAS 2015/A/4229 du 1er Juillet 2016, Fovu Club de BAHAM c/ Conon Sportif de Yaoundé.

TAS 2018/A/5662 du 28 décembre 2018, FECAFOOT c/ BENOIT ASSAM ASSAM et TAS/ 2019/A/6258 du 15 janvier 2021

TAS 2017/A/5442 du 18 octobre, Aff. FOVU CLUB de BAHAM c/ BOTAFOGO FC, Ligue de Football Professionnel du Cameroun,

TAS 2014/A/3830 du 6 juillet 2015, Aff. FECAFOOT c/ ABDOURAMAN HAMADOU BABBA.

TAS 2016/A/4415 du 27 février 2017, Aff. Étoile filante de Garoua c/ FECAFOOT.

TAS/2010/A2248 du 23 mars 2011. M. Prosper NKOU MVONDO.

TAS FECAFOOT c/ NGAOUNDERE FC, DYNAMIQUE FC, BANYO FC, RENAISSANCE FC, ESPOIR FC.

TAS 2013/A/3197 du 10 juin 2013, John BEGHENI NDEH c/ FECAFOOT et MOHAMED IYA.

TAS 2018/A/5548 du 10 septembre 2018, Jeunesse Stars de Yaoundé et Al. c/ Chambre de Conciliation et d'Arbitrage du CNOSC

TAS 2018/A/5625 du 25 septembre 2018, FECAFOOT c/ Vincent ONANA.

TAS/2019/A/6623 du 24 novembre 2020 FECAFOOT c/ NEWS STARTS de Douala.

TAS. aff. 2004/A/776, Fédération catalane de patinage c/FIRS, sentence du 15 juillet 2005.

TAS JO, aff. 98/004 et 005, Comité national Tchèque et al. C/IIHF, sentence du 18 février 1998, Rec. TAS, II, p. 445 et s., spéc. p. 452, § 29.

TAS, aff. 2007/O/1361, Fédération Espagnole de Football c/ Ligue Nationale de Football Professionnel, sentence du 13 novembre 2007.

TAS JO. aff. 96/006. Mendy c/AIBA, sentence du 5 février 2002, Rec. TAS, I, p. 409.

CAS OG, aff. 02/001, S. Prasis c/CIO et al/ ; sentence du 27 août 2004, public. Internet, § 27.

TAS, aff. 94/128, UIC et CONI, avis du 5 juillet 1995, Rec. TAS, I, p. 477.

TAS, aff. 2003/0/530, AJ Auxerre c/M. Sissoko et al. Sentence du 27 août 2004, public. Internet, § 48.

CAS, aff. 98/215, International Baseball Association, avis du 4 janvier 1999, Rec. TAS

3- Du Tribunal fédéral suisse

Affaire AC Bellinzona c/ Ligue Nationale de Football, ATF 97 1488.

Tribunal fédéral Suisse, 31 mars 1999.

B- Jurisprudence des tribunaux étatiques

1- Camerounaise

2- Etrangère

CE, section 22 novembre 1974, Fédération des industries Françaises d'articles de sport.

CE, sect, Association handball club de Cysoing 13 juin 1984,

CE, 19 décembre 1988, n° 79-962, Mme Pascau et autres c/ Fédération française d'aérobic et de Stretching,

C- Cour Européenne des Droits de l'Homme

Arrêt Guzzardi c. Italie du 06 novembre 1980.

Arrêt Cardot c. France du 19 mars 1991.

Arrêt Castells c. Espagne du 23 avril 1992.

Arrêt Akdivar c. Turquie du 16 septembre 1996.

Arrêt Fressoz et Roire c. France du 21 janvier 1999.

INDEX ALPHABETIQUES

(Les chiffres renvoient au numéro de paragraphes)

D

P

Q

R

TABLE DES MATIERES

Structures éditoriales du groupe L'Harmattan

L'Harmattan Italie
Via degli Artisti, 15
10124 Torino
harmattan.italia@gmail.com

L'Harmattan Hongrie
Kossuth l. u. 14-16.
1053 Budapest
harmattan@harmattan.hu

L'Harmattan Sénégal
10 VDN SICAP AMITIE 3
BP 45034 Dakar-Fann
direction@senharmattan.com

L'Harmattan Cameroun
Tsinga/Derrière polyclinique FECAFOOT
BP 11486 Yaoundé
Jacques.koukam@harmattan.fr

L'Harmattan Burkina Faso
Villa 281, secteur 23 623, rue 14.32
Ouagadougou
zagbie@outlook.fr

L'Harmattan Guinée
Almamya, rue KA 028 OKB Agency
BP 3470 Conakry
harmattanguinee@yahoo.fr

L'Harmattan RDC
185, avenue Nyangwe
Commune de Lingwala – Kinshasa
matangilamusadila@yahoo.fr

L'Harmattan Congo
219, avenue Nelson Mandela
BP 2874 Brazzaville
deunovmikhael@gmail.com

L'Harmattan Mali
Immeuble Mgr Jean Marie Cissé
Aci Hamadallaye
BP 145 Bamako
syllaka@yahoo.fr

L'Harmattan Togo
Djidjole – Maison Amela
face EPP BATOME
02 BP 20680 Lomé
didieramela11@gmail.com

L'Harmattan Côte d'Ivoire
Résidence Karl – Cité des Arts
Abidjan-Cocody
03 BP 1588 Abidjan
harmattan.ivoire@gmail.com

L'Harmattan Bénin
Rue 604, (Immeuble à l'entrée
de la rue UCAO- Cite de Saint-Jean)
Cotonou
stepcorpus@gmail.com

Nos librairies en France

Librairie internationale
16, rue des Écoles
75005 Paris
librairie.internationale@harmattan.fr
01 40 46 79 11
www.librairieharmattan.com

Librairie des savoirs
21, rue des Écoles
75005 Paris
librairie.sh@harmattan.fr
01 46 34 13 71
www.librairieharmattansh.com

www.ingramcontent.com/pod-product-compliance
Lightning Source LLC
LaVergne TN
LVHW011434061026
849535LV00004BA/804